项目资助

安徽省哲学社会科学规划青年项目"安徽省地方特色高水平大学内涵式发展评价模型建构与提升策略研究"（AHSKQ2020D170）

滕曼曼 著

中国大学本科
毕业率问题研究

A Study on the Undergraduate
Graduation Rate of Chinese Universities

中国社会科学出版社

图书在版编目（CIP）数据

中国大学本科毕业率问题研究/滕曼曼著. —北京：中国社会科学出版社，2024.4

ISBN 978－7－5227－3050－9

Ⅰ.①中… Ⅱ.①滕… Ⅲ.①本科—教育研究—中国 Ⅳ.①G649.21

中国国家版本馆 CIP 数据核字（2024）第 037452 号

出 版 人	赵剑英
责任编辑	赵 丽
责任校对	刘 念
责任印制	王 超

出　　版	中国社会科学出版社
社　　址	北京鼓楼西大街甲 158 号
邮　　编	100720
网　　址	http://www.csspw.cn
发 行 部	010－84083685
门 市 部	010－84029450
经　　销	新华书店及其他书店

印　　刷	北京明恒达印务有限公司
装　　订	廊坊市广阳区广增装订厂
版　　次	2024 年 4 月第 1 版
印　　次	2024 年 4 月第 1 次印刷

开　　本	710×1000　1/16
印　　张	21.5
插　　页	2
字　　数	322 千字
定　　价	108.00 元

凡购买中国社会科学出版社图书，如有质量问题请与本社营销中心联系调换
电话：010－84083683
版权所有　侵权必究

大学生毕业率与质量底线

质量是教育学人最熟悉的一个概念，也是一个难以准确界定的概念。在浩瀚的中外高等教育研究成果中，不知有多少学人发表过关于质量的高见，关于质量的讨论始终没有停下来的意思，尤其在中国高等教育领域，今天又提出了"高质量"的命题，重新掀起了讨论质量的高潮。滕曼曼的博士论文在此时出版，也算是对这场高等教育高质量讨论的一个贡献，只是她表达的内容与他人完全不同，弦外之音令人深思。从本科生毕业率的视角研究高等教育质量，滕曼曼的博士论文是第一篇，但我却认可这个视角，欣赏这个视角，支持这个视角。

质量在高等教育研究领域，是一个常见的概念，可是一旦当你"较真"的时候，却发现很难说清楚这个概念的内涵与外延，既有"刻舟求剑"式的质量观，也有"无所不包"的质量观。而滕曼曼的这部书稿给了读者一个清晰的"抓手"，那就是本科生毕业率。当人们都在从"大学生满意度"或"学习体验"的视角研究质量时，从本科生毕业率的视角研究质量让人耳目一新，且增强了说服力。得知她的论文《中国大学本科毕业率问题研究——基于质量的视角》即将由中国社会科学出版社出版，十分为她高兴。她委托我为之作序，更是期待已久。因为这是一篇让我记忆犹新的博士论文，是我介入较深的博士论文。

看到滕曼曼这部书稿，回忆实在太多。我对大学生毕业率与质量关系的关注源于十几年前看到的一份资料，说的是美国前总统奥巴马于2009年在国会上做的第一次演讲，他迫切地强调了美国"进入大学的学生，有一半不能顺利毕业"的现状，表达了对美国大学本科生低毕业率的高度担忧，提出"必须为青年人提供必要支持以完成大学学业，力争到 2020 年，美国再次成为全世界拥有大学毕业生比例最高的国家"。这是我首次了解美国大学本科毕业率，查询相关数据后的发现更让人吃惊。根据经济合作与发展组织统计数据，2009 年美国大学本科毕业率为 41%，世界排名仅为第 16 位。2020 年已经过去了，奥巴马的期望并未实现，所查数据显示，2020 年美国大学本科毕业率为 51%，世界排名为第 12 位，同年美国大学本科生六年毕业率虽有所提高，也仅为 64%。美国高等教育水平一直令他国难以望其项背，没想到十余年过去之后，本科生毕业率还是如此之低，而中国大学本科生毕业率总体保持在 90% 以上。这样的反差，不禁让我思考背后的原因是什么。大学本科生毕业率与高等教育质量之间究竟存在怎样的关系？毕业率的高低是否关乎一个国家的人才培养质量？是否关乎中国提倡高等教育高质量发展？一系列问题萦绕心头，只是对该问题的深入研究因为种种事务搁置了。

直到 2014 年，在我分管本科教学多年之后，面对高校不断增大的就业率压力，开始意识到大学本科生毕业率是一个值得研究的问题，随即安排刚入学的博士生滕曼曼和硕士生李端淼着手进行探究，开始搜集世界各国大学本科生毕业率数据。2015 年上半年，我给厦大教育研究院博士生开设"中国高等教育问题专题研究"这门课，其中的一讲是"从部分统计数据看高等教育质量"，恰巧美国雪城大学的马颖毅副教授作为访问学者来到厦门大学，她常来课堂上学习交流，正是在这次课上，她介绍了美国本科生毕业率的数据，让我知道了许多有关美国大学毕业率的数据以及中美在这一问题上的深层次问题。也是在这次课上，有同学提到了"清考"现象，这是我第一次听到"清考"这件事，在同学们给我讲解之后，我立即把"清考"作为课堂作业布置下去。一周之后，同学们的调查数据上来了，没有想到竟有众多高校以制度或者非制度形式实行毕业前的"清考"，让每一位同学毕业是"清考"的目的，也不知是谁"发明"了这项制度，这种做法合适吗？背后的动因是什么？同年 7 月在北京参加一个教育主管部门召开的小型"闭门"会议，主题是"高等教育改革与发展形势研判会"。在会上我第一次抛出了前期收集的中美本科生毕业率数据，指出了"清考"在许多高校中的泛滥，建议有关部门取消"清考"，实行"严进严出"。回到厦大，我在学校办公会上再一次呼吁厦大在全国带头实行"严进严出"的教学方略，但响应者寥寥。这两次经历愈加坚定了我研究本科生毕业率的想法。

经过近一年的数据收集，我与滕曼曼、李端淼于2016年合作完成了一篇论文《大学本科毕业率与高等教育质量相关性分析——基于中美大学本科毕业率数据比较分析》，发表在《高等教育研究》上，文中通过分析中美大学本科生毕业率的数据，得出两国高等教育在毕业率和高等教育质量上存在着"两个反差"：即"美国大学本科低毕业率"和"美国高等教育质量相对高"的反差，以及"中国大学本科高毕业率"和"中国高等教育质量相对低"的反差，并就中国大学追求过高毕业率带来的若干衍生质量问题进行了反思。这篇论文应该是国内首篇关于中国大学本科生毕业率的研究成果，文章发表后被《新华文摘》全文转载，且获得福建省第十三届社会科学优秀成果奖的二等奖。通过这篇论文，我们关于本科生毕业率问题的研究有了数据和理论的双重基础，既获得了学术界的关注与肯定，也让我们获得了信心。

为深入研究本科生毕业率这个被人忽略的话题，我建议滕曼曼把该问题作为博士论文选题。我认为这是一项弥补空白的工作，有许多值得深挖的问题。虽然国外大学本科生毕业率问题与我国的现实情况差异较大，在研究方向上也有诸多不同，尤其在理论探讨和实证研究方面都有较大的难度，但需要有人捅破这层"窗户纸"。她接受了这个选题，并啃下了这块"硬骨头"。犹记得担任滕曼曼博士学位论文的答辩主席熊庆年教授说的一句话："一个博士生敢于挑战这样一个有难度的选题，其勇气值得肯定。"本书是滕曼曼博士学位论文《中国大学本科毕业率问题研究——基于质量的视角》的进一步拓展与完善，该学位论文入选了2019年"中国高等教育学会学术创新计划——高等教育学博士学位论文文库"，并被评为"2019年福建省优秀博士学位论文"。

在滕曼曼毕业之后，我依旧关注这个话题，在后续的一些研究中，或多或少都与这篇博士论文的主题有关。滕曼曼是从"横断面"研究大学生毕业率，那么如果从历史的视角来研究又是一种什么样的状态？恰巧2018年1月我在中南大学参加一个学术会议时，该校陈翔副校长在致辞中提供了原湘雅医学院本科生毕业率的一组数据：1949年之前的淘汰率最高的年份是1917年，为50%；淘汰率最低的年份是1938年，为25%。新中国成立后，淘汰率最高的年份是1956年，为18%，其次是1984年，淘汰率为17%。总体而言，湘雅医学院的淘汰率越来越低，从最初的50%、45%、44%下降到之后的5%、4%。会议后回到厦大，我按照同样的方法，对厦门大学近百年的毕业率进行了统计，随后又依据《中国教育统计年鉴》对新中国成立后的大学生毕业率进行了统计，统计结果与湘雅医学院的情况差不多。这一发现让我的心中五味杂陈，这意味着新中国成立后尤其是进入20世纪90年代以来，我国大学生的毕业率不断攀升，而与之相对应的是对我国高等教育人才培养质量下降的担忧越来越多。一个让人困惑的问题出现了：大学生毕业率高是好事还是坏事？是进步还是退步？为何毕业率越高，人们对高等教育质量的信任反而在"下降"？

质量这个概念既简单又复杂，说这个概念简单，在于它最能体现教育的本质功能，例如人们常用"生命线""永恒"的说法阐述质量的重要性。但后来之所以变得复杂，在于人们不断赋予教育质量越来越多的本质功能之外的东西，使其不堪重负，这个概念正在从一个简单的概念走向复杂。这个变化也不难理解，因为质量既是一个历史的且来自外部的概念，也是一个时代不断赋予其新内涵的概念。在高等教育领域，质量既有广义与狭义之理解，也有外部与内部不同利益相关者的各自解读。质量既体现了一个国家对大学的期待以及政府向大学传导的外部压力，也隐含着一所大学持续追求的一种内在品质；前者折射的是"从上至下"的国家意志，后者是一所大学"从下至上"的本体追求。总之，质量在高等教育领域既是一个体现价值判断的概念，也是一个在特定时空条件下有相对客观标准的"技术"，追求质量保障和标准的最终目的是实现具有"生态"性质的质量文化，它是高等教育系统和机构不可或缺的独特文化。今天，让质量这个概念重归简单似乎不可能了，让其不复杂也不可能了，只能想办法厘清其复杂之处，在简单与复杂之间寻求平衡点，给质量这个概念"减负"对今天理解质量的内涵和时代意义非常重要。

一般意义上的质量，普遍被认为是"好""优秀"甚至是"卓越"

的代名词。当我们谈论高等教育质量时，通常谈的是高等教育如何在最大、最高、最远的层面上实现个体价值和社会价值，如何在人才培养质量、科学研究水平、社会服务能力的溢出效应等方面实现更合理、更优质、更卓越的发展。质量在高等教育领域的讨论不知经过了多少种表达方式，除了人们熟悉的正向表达方式之外，还有一系列的负向表达，如危机意识与质量相关，大学信任与质量相关等。在中国，从"高等教育质量"到"高质量高等教育"再到"高等教育高质量发展"的话语流变，表明了人们对高等教育发展的担忧和美好期望并存的思考。说到底，质量正在从高等教育内部的话语成为外部的话语，对高等教育质量的评价主体已经不完全是大学人说了算，今天的质量需要市场检验和评价，而且质量指标的制定以及质量评价结果的解读都体现出明显的人为性。

那么，我们究竟需要什么样的高等教育质量？"高质量高等教育"作为一种答案应运而生。把"高"置于"质量"之前来要求"质量"，质量成为了一个基准线，在基准线上面则为"高"质量，在基准线下面则为"低"质量。"高"质量是没有上限的，在于高等教育不断实现人的自由发展并推进社会经济发展；当然，突破高等教育底线的"低"质量是绝对不能接受的。因此，高质量高等教育为高等教育质量建设指明了方向，要求高等教育质量标准设置及质量评价须围绕高质量高等教育的实现进行，通过不断提高高等教育质量以无限靠近高质量高等教育。

现在我们提出的高等教育高质量发展，则是运用一种"发展观"来看待高等教育质量，相较于追求高质量的结果，更多的是强调秉持以创新为核心与时俱进，实现高等教育全面充分长远的发展。整体上看，"高等教育质量""高质量高等教育""高等教育高质量发展"三个概念围绕着质量，落脚于高等教育，要求不断推进高等教育发展范式变革，通过高等教育高质量发展实现高质量高等教育，是"往上看"的，向上诉求的，似乎永无"上线"。

令人忧虑的是，当高等教育不断调整着质量标准去推进高质量发展时，反而让人感到怅然若失。原因之一或许是，当大家急着去追求质量"上线"的时候，忽略了对"质量底线"的坚守。这让我想起在一所地方本科高校调研时，该校的教务处长十分"得意"地说："在过去5年中，我校本科生毕业率为百分之百"。对于一所大学而言，学生百分之百地毕业，真的是一件好事吗？如果是这样，我们又该如何看待剑桥大学没有补考和重修制度，学生只要有一门课考试不及格，只能退学的规定呢？我曾撰文写到：高等教育的"高质量"犹如"短板"理论，高质量发展需要底线思维，需要从高等教育的"低"入手；越是强化底线思维，高等教育才会走向真正的"高质量"。

重读滕曼曼这部书稿，更加感受到这个问题不仅没有得到解决，反而有愈演愈烈的态势，更加感受到这项研究的理论与实践意义。大学本科生毕业率是一个真实地反映高校"质量底线"失守的切口，固然它与高等教育内部治理有着复杂多元的关系，但根本在于高校放弃了应该严格坚守的质量关。我之所以一再强调高校应该推进"严进严出"，是因为大学的教育质量正在被人们熟知的一些现象"绑架"，而且在这条路上越走越远，完全背离了质量的初衷，如果这个问题不解决，真正的高质量就难以实现。该书在此时出版，应该说是恰逢其时。

从理论上说，该书揭示了大学本科毕业率与高等教育质量之间"一元"与"多元"的逻辑关系，突破了"线性"看待大学本科毕业率与高等教育质量关系的理论桎梏。大学本科毕业率是指向"一元"的，即通过大学内部教学管理实现的人才培养目标达成情况；高等教育质量是指向"多元"的，即需要满足不同利益相关者对高等教育的价值诉求，如大学遵循知识逻辑、政府遵循效率逻辑、社会遵循能力逻辑以及学生和家长追求"回报率"。因此，不能简单地用大学本科生毕业率的高低去衡量高等教育质量的高低。

从数据上说，为验证理论的适用性，本书选取了美国、法国、英国和日本等国家的数据，从历史维度、国家维度、组织维度对这些国家的大学本科毕业率数据进行分析，得出大学本科毕业率存在国别差异、院校差异和个体差异的结论。在中国大学本科毕业率研究方面，作者溯源了自民国时期、新中国成立后至20世纪60年代、20世纪80年代至今三个历史阶段的大学本科毕业率具体情况，得出中国大学本科毕业率显著较高、存在历史延续性与现状差异性弱的结论。通过大学本科毕业率的全球图景分析发现，大学本科毕业率与国家高等教育系统及运行机制等因素关系密切，不能对大学本科毕业率进行简单的国家间的比较，而是必须立足本国国情和高等教育实践对大学本科毕业率问题进行分析。

从结构上说，该书并没有完全拘泥于教育数据，而是从大学、学生、政府与社会主体出发，综合政策、制度、文化、观念等视角，运用文本分析、问卷调查以及质性访谈等方法，深入本科人才培养过程涉及的管理、教学、学习和评价等四类活动，剖析了中国大学本科生毕业率形成机制。揭示了中国大学本科毕业率的"表象问题"是大学内部教学管理"严格性"与"灵活性"不足，造成部分学生未达到大学的人才培养目标而毕业，"底线失守"在此表现得尤为明显；更为值得关注的是中国大学本科毕业率的"问题本质"，即"计划性"的高等教育无法满足"市场性"的多元需求，造成大学人才培养质量无法满足多元利益相关者需求。

从结论上说，面对中国大学本科毕业率的"表象问题"和"问题本质"，本书认为中国高等教育的发展需要"两条腿"走路：一是回归人才培养这一大学的本质功能，提高教学管理制度的"灵活性"与坚守教学管理制度的"严格性"，在坚守学术标准上绝不妥协；二是高等教育系统外部社会各方力量的协调和支持，尤其是教育行政部门的"简政放权"以及市场力量的创新驱动。只有既保障高等教育的基本质量底线，又为接受高等教育的个体提供个性化发展的机会，才能真正实现高等教育高质量发展。

专著虽已完成，但并不意味着研究的结束，更不意味着这个问题已经得到解决。就拿已经取消六年的"清考"来说，毕业率降下来了吗？如果没有降下来，是大学生的学习质量在普遍提高还是用其他做法代替了"清考"？这些问题值得进一步研究和深挖。此外，该书还有进一步完善的空间。例如在数据层面，虽然书中提及"大学本科毕业率"全球图景，但主要反映的还是高等教育发达国家的大学本科毕业率数据，因而在数据上还需要更深入更广泛地挖掘。在实证研究方面，可以选取具有代表性的大学为案例，运用"大学本科毕业率质量内涵分析框架"分析该所大学本科毕业率的形成机制，并以此验证"大学本科毕业率质量内涵分析框架"的有效性。再有，可以进行借鉴吸收国外大学在应对大学本科毕业率问题方面成熟的经验。

总之，大学本科毕业率是一个可进行长线研究的问题，对质量的追求是大学永远的使命和责任。质量建设不仅仅是制度建设，更是一种文化建设，是大学质量文化成熟的体现。作为滕曼曼的导师，我希望她继续努力，在教育质量研究领域取得更多更好的成果，切实为深化本科教育改革及推进高等教育高质量发展做出年轻人的贡献。

是为序。

2024 年 3 月 20 日

目　　录

第一章　绪论 …………………………………………………… (1)
　　第一节　研究缘起 ………………………………………… (1)
　　第二节　研究述评 ………………………………………… (11)
　　第三节　研究设计 ………………………………………… (26)

第二章　大学本科毕业率的理论探究 ………………………… (43)
　　第一节　大学本科毕业率的本质内涵 …………………… (43)
　　第二节　大学本科毕业率的质量意蕴 …………………… (50)
　　第三节　大学本科毕业率与高等教育质量的逻辑关系 …… (65)

第三章　大学本科毕业率的全球图景 ………………………… (71)
　　第一节　大学本科毕业率的世界图景
　　　　　　——以经合组织成员国为例 ………………………… (72)
　　第二节　大学本科毕业率的典型国家
　　　　　　——以美、法、英、日为例 ………………………… (91)
　　第三节　基于全球视域的典型国家大学本科毕业率
　　　　　　特征 ………………………………………………… (117)

第四章　中国大学本科毕业率历史回溯与现状考察 ………… (123)
　　第一节　中国大学本科毕业率历史演变 ………………… (123)
　　第二节　中国大学本科毕业率的现状 …………………… (147)
　　第三节　对中国大学本科毕业率历史与现状的反思 …… (154)

第五章　中国大学本科毕业率形成机制探析 ……………………（165）
　第一节　在大学本科毕业率形成中政府的作用机制 …………（166）
　第二节　在大学本科毕业率形成中社会的作用机制 …………（194）
　第三节　在大学本科毕业率形成中学生的作用机制 …………（208）
　第四节　在大学本科毕业率形成中大学的作用机制 …………（235）

第六章　对中国大学本科毕业率的反思与展望 ………………（275）
　第一节　中国大学本科毕业率问题的本质探析 ………………（275）
　第二节　中国大学本科毕业率的现象剖析与趋势研判 ………（283）
　第三节　基于当前中国大学本科毕业率现实问题的思考 ……（291）

附　录 ……………………………………………………………（300）

参考文献 …………………………………………………………（307）

后　记 ……………………………………………………………（327）

第一章 绪论

今天的大学生与前几代大学生相比,他们希望从大学经历中得到的东西大多数是相同的。他们希望获得能使其毕业后在经济上比较富裕、能够自给自足的技术和能力。他们也希望从自己、其他人以及大千世界中学到东西,以提高思维的质量。总而言之,事实上,与过去的本科生一样,多数学生都获得了他们所期望的学位。①

——[美]乔治·D. 库恩

第一节 研究缘起

一 研究背景

(一)一个现象:中国大学本科毕业率之高

作为衡量大学办学绩效和教学质量的重要指标之一,本科毕业率高本应是一所大学质量高的体现,如今却被称为"中国高校高毕业率怪象":某大学为争取建设项目获批和进一步扩大招生数量,在毕业季时,"出台"了一条不成文的规定:不管学生学习成绩和毕业论文水平如何,各科老师都必须无条件让学生通过毕业考核,以确保学校的毕业率。近

---

① [美]乔治·D. 库恩:《今天的大学生:为什么我们不能顺其自然》,载[美]菲利普·G. 阿特巴赫《为美国高等教育辩护》,别敦荣、陈艺波译,中国海洋大学出版社2007年版,第243页。

几年来，在每一届学生毕业前，学校都一再开会要求老师们睁只眼闭只眼，凡事以毕业率为重。① 无独有偶，一位大学教师撰写的《大学教学之两难：把关还是放水》博文在网上获得了极高的关注度。该文显示，该教师严格把关，拒绝一切说情要分现象，交出了一份真实的成绩单：在77人中，有51人挂科，挂科率为66.23%。② 然而，这种严格的行为却往往会给教师带来麻烦：学生不断地"求情"和领导持续地"问责"。在教师表示"把关还是放水"无奈的同时，学生也提出对"水课"的不满。如《一封来信再揭大学教育弊病》③ 显示，学生对学校的课程和教师的教学感到"十分失望"，提出了"大学究竟能教给我们什么"的质疑。面对关于本科教育教学的一系列质疑，2018年和2019年《教育部关于狠抓新时代全国高等学校本科教育工作会议精神落实的通知》和《教育部关于深化本科教育教学改革 全面提高人才培养质量的意见》先后印发，两年内紧锣密鼓地出台两份文件，说明本科教育教学质量问题积重难返，必须实施改革。

毋庸置疑，"宽进"已然成为中国高等教育发展不可逆转的趋势。从"入口"数据来看，1977年，中国报名参加高考的人数为570万人，普通高等学校录取27.3万人，录取率为4.8%；1987年，报考人数为227.5万人，普通高等学校录取59.7万人，录取率为26.2%；1997年，报考人数为284.3万人，普通高等学校录取108万人，录取率为38%；2006年，报考人数886.5万人，普通高等学校录取546万人，录取率为61.6%；④ 2021年，报考人数为1078万人，普通高等学校录取1001.3万人，录取率约为92.9%。可见，恢复高考四十多年以来，高考录取率由1977年的4.8%上升到2021年的92.9%。在本科招生方面，1987年，普通高校本科招生33.2万人，占当年报名参加高考人数的14.6%；

---

① 吴雪君：《中国高毕业率怪象》，《工人日报》2013年6月25日第1版。
② 马慧娟、张茜：《大学教师的挣扎：严格还是放水》，《中国青年报》2015年8月10日第9版。
③ 樊静、邱晨辉：《一封来信再揭大学教育弊病》，《中国青年报》2015年7月13日第9版。
④ 刘海峰：《高校招生考试制度改革研究》，经济科学出版社2009年版，第38页。

1997年，普通高校本科招生57.97万人，占当年高考报名人数的20.4%；2006年，普通高校本科招生253.1万人，占当年高考报名人数的28.5%；2021年，普通高校本科招生444.6万人，占当年高考报名人数的41.2%。从1987年至2021年的三十多年间，中国高校本科录取率由14.6%提高到41.2%，增长了近两倍。

高等教育录取率大幅度提高，带来高校生源多样化和高等教育结构复杂化的问题，"高考"的筛选功能较之以往减弱，参差不齐的生源质量需要高校在人才培养过程中把好质量关。就客观而言，中国高等教育的主要矛盾已经由"入口"转到了"出口"，加强人才培养过程和结果上的质量管理应该是当前与未来中国高等教育改革的重中之重。然而，现实情况是，中国高等教育方面关于"严出"的改革一直滞后于关于"宽进"的改革，公众对中国"本科毕业率之高"以及高等教育质量产生了双重质疑。对此，学术界普遍认为，"宽进"和"严出"的改革失衡，成为制约中国高等教育质量提升的瓶颈。当然，"严出"是否可以作为提高中国高等教育人才培养质量的一剂良药仍有待商榷。但"毕业率"作为高等教育人才培养的量化结果，它的形成与整个高等教育系统的制度和运行机制密不可分。因此，探究中国大学本科毕业率的形成机制事不宜迟，并应将此作为透视中国高等教育质量问题的重要视角。

（二）两对悖论：中美大学本科毕业率和本科教育质量的差异

"美国位居高等教育'世界系统'的核心，它拥有世界上最为成功的高等教育系统和大学。"[①] 在各大全球知名大学排行榜中，美国大学的表现着实令他国难以望其项背。然而，若按照大学本科毕业率进行排名的话，恐怕世界前两百强的大学都在中国。之所以会有如此"调侃"，是因为享有"世界高等教育中心"的美国在大学本科毕业率上的表现并不占上风，相反却处于劣势。美国国家教育统计中心公布的数据显示，自2000年以来，美国四年制大学本科毕业率略高于40%，而六年毕业率则不到60%。通过对比中美大学本科毕业率及其高等教育质量，发现

---

① ［日］天野郁夫：《日本高等教育改革：现实与课题》，陈武元等译，厦门大学出版社2014年版，第4页。

有两个明显的悖论，即"美国大学本科毕业率低"而"美国高等教育质量相对高"的悖论，以及"中国大学本科毕业率高"而"中国高等教育质量低"的悖论。[①] 当然，不容忽视的是，大学本科毕业率关乎教育政策，这与不同国家的政策制度环境存在密切的关系。因此，应审慎进行国家间大学本科毕业率的比较。

美国高等教育入学率较高，2020 年高等教育毛入学率达到 98.3%[②]，但成人拥有高等教育学位比例却相对不高。从全球来看，根据经济合作与发展组织（Organization for Economic Cooperation and Development，以下简称经合组织）公布的 25—34 岁成人中高等教育学位拥有者比例的数据，2001 年，美国以 39% 位居全球第五[③]，虽然 2009 年该比例上升至 41%，但由于其他国家成人拥有高等教育学位比例的提升，美国排名跌至第 16 位[④]，2021 年则以 51% 上升至第 12 位，但同年位居第一的韩国成人拥有高等教育学位比例高达 69%。[⑤] "美国学位完成率停滞不前，而其他国家则取得了显著的改善，这导致美国的国际地位逐步下降。"[⑥] 对此，美国联邦政府认为，高学历劳动力占比排名的下降会影响其国家经济发展以及全球竞争力，早在 2009 年就提出以提高美国高等教育毕业率为核心的 2020 年高等教育改革和发展目标，即"力争到 2020 年美国成年人口拥有高等教育学位占总人口比例重回世界第一"[⑦]，显然，这一目

---

① 邬大光、滕曼曼、李端淼：《大学本科毕业率与高等教育质量相关性分析——基于中美大学本科毕业率数据的比较分析》，《高等教育研究》2016 年第 12 期。

② 联合国教科文组织统计研究所（The Institute for Statistics，UNESCO，简称 UIS）公布的高等教育毛入学率数据。UIS 网址：http://data.uis.unesco.org/#。

③ Organization for Economic Co-operation and Development, "Education at a Glance 2002: OECD Indicators," https://www.oecd-ilibrary.org/education/education-at-a-glance-2002_eag-2002-en.

④ Organization for Economic Co-operation and Development, "Education at a Glance 2011: OECD Indicators," https://www.oecd-ilibrary.org/education/education-at-a-glance-2011_eag-2011-en.

⑤ Organization for Economic Co-operation and Development, "Education at a Glance 2022: OECD Indicators," https://www.oecd-ilibrary.org/education/education-at-a-glance-2022_3197152b-en.

⑥ P. G. Rubin, C. J. Hearn, "The Policy Filtering Process: Understanding Distinctive State Responses to the National College Completion Agenda in the United States," Education Policy Analysis Archives, Vol. 26, No. 60/61, 2018, pp. 1–24.

⑦ U. S. Department of Education, "U. S. Department of Education Strategic Plan for Fiscal Years 2011–2014," https://www2.ed.gov/about/reports/strat/plan2011-14/draft-strategic-plan.pdf.

标并未达成。美国仍旧较低的大学本科毕业率在一定程度上说明，美国大学并未因为国家政策导向、低毕业率带来的财务负担以及社会舆论等多方面的压力，而随意地通过提高毕业率来解决所有问题。坚守质量标准，可以说是美国保证高等教育繁荣发展的根本所在。

自1999年高等教育扩招以来，中国高等教育招生规模持续扩大：2002年中国高等教育毛入学率达到15%，进入高等教育大众化阶段；2007年，中国高等教育毛入学率达到23%，在校生人数跃居世界第一位。2021年，高等教育毛入学率达到57.8%，全国各类高等教育在学总规模达到4430万人，本科生俨然占据着"半壁江山"：2021年，普通本科、专科在校生总数为3496.1万人，其中本科在校生数为1906万人，所占比例为54.5%；2021年，普通本科、专科毕（结）业生总数为826.5万人，其中本科毕（结）业生数为428.1万人，所占比例为51.8%。[1] 2011—2021年，普通本科累计毕业生（不含成人和网络）达到3992.1万人，相当于三年新增城镇就业人口总量（2019—2021年三年新增的城镇就业人口为3807万人）。与此同时，新增城镇就业人口中普通本科毕业生所占的比例从2011年的22.9%提高到2021年的33.7%。[2] 显而易见，本科毕业生已经成为中国新增人力资源的重要来源。

高等教育规模的扩大，为民众提供了更多接受高等教育的机会，提高了民众文化素养和市场中劳动力的就业能力以及国家的国际竞争力。然而，自大学扩招以来，中国高等教育未能很好地满足各方期望，甚至引发了各方对高等教育质量的质疑，并将质疑的焦点指向大学本科毕业率：在高等教育生源层次多样化的情况下，大学却一而再、再而三地降低学业标准，使得高校向社会输送了一批不合格的毕业生。由此可见，对中国与美国大学本科毕业率之间差异的质疑，实则是基于对两国高等教育质量之间差异的考量。解答中美大学本科毕业率与高等教育质量之间的"悖论"关系，需要进一步探究大学本科毕业率的本质为何？大学

---

[1] 中华人民共和国教育部：《2021年全国教育事业发展统计公报》，http://www.moe.gov.cn/jyb_sjzl/sjzl_fztjgb/202209/t20220914_660850.html。

[2] 根据国家统计局数据统计中心（http://data.stats.gov.cn/easyquery.htm?cn=C01）公布数据进行的整理。

本科毕业率的质量意蕴是什么？大学本科毕业率与高等教育质量之间究竟存在怎样的逻辑关系？从理论上将大学本科毕业率的本质及其与高等教育质量之间的逻辑关系阐释清楚，是探究中国大学本科毕业率形成机制，并进一步探究高等教育问题的必要前提。

（三）三角关系：政府、大学和社会的拉扯

加快推进高等教育高质量发展是国家教育政策导向，为全面建设中国式高等教育现代化提供了支撑。高等教育高质量发展的目标就是要充分实现人的发展与经济社会发展之间的平衡或协调[①]，最终还是要落实在人才培养质量上面。对中国大学本科毕业率之高的质疑从根本上讲是对中国高校人才培养质量的质疑。从本质上理解，大学本科毕业率是学生通过教育教学活动所取得的学习成果与大学通过管理活动对学生学习成果评价认可的量化结果，取决于大学的学术要求以及学生的努力程度，反映的是大学教学管理质量和学生学习质量的综合。从这个层面上说，大学本科毕业率是大学教育活动和教学管理水平的体现。然而，现实情况是，大学本科毕业率和人才培养质量一方面关涉学生个体及其家长，另一方面关涉社会用人单位和政府。大学要保证自身向社会输送合格的毕业生，以满足社会需求；大学毕业生需要得到个体能力的提升；学生家长则需要通过学生的个体发展（高质量的升学或者就业等）来评价高等教育的"性价比"。政府、大学（包括教师）、学生、家长及社会等主体存在相互影响关系，一方的行为和需求均会对其他各方的行为产生推动力或抑制力。

中国大学本科毕业率之所以成为人们关心的问题，是因为政府和高校对就业率和就业质量的追求。为解决大学毕业生就业难问题，中央和地方政府均采取一系列措施，并将就业率列为高校办学水平评估核心标准之一。此外，就业率还与高校招生、财政经费和专业设置相挂钩。可以说，当毕业遇上就业时，"毕业率"问题变得更为复杂。

从理论上讲，毕业率与就业率存在本质上的差异，学生毕业与否体现在学生所取得的学业水平是否达到高校制定的学业标准，完全由高校

[①] 王建华：《什么是高等教育高质量发展》，《中国高教研究》2021年第6期。

负责和把关。学生就业则更为复杂，一方面与毕业生的就业能力息息相关；另一方面则与经济发展以及劳动力市场结构与需求密切相关。正如有学者所言："就业率在很大程度上是由社会经济发展水平以及毕业生个人选择等因素决定的，并不是学校单方面可以解决的问题。"[①] 大学生毕业与大学生就业之间的良性关系可简单地描述为：大学生高质量的毕业可以促进大学生高质量的就业，对大学生高质量就业的追求反过来可以推动大学生高质量的毕业。然而，目前中国高等教育中的毕业与就业存在不良关系，为了避免大学生因无法正常毕业而带来的就业压力和社会压力，学业要求一降再降，大学生就业已然对毕业形成了"倒逼"机制。除了降低学业要求所造成的低质量问题外，还有高校制定的人才培养目标和学业标准与劳动力市场需求产生的错位，即使学生学业水平完全符合高校制定的学业标准，也并不意味着满足了劳动力市场需求，这是无法实现大学生高质量毕业和高质量就业的深刻原因。概述之，中国大学生毕业和就业的关系反映了两个问题：一是大学生就业对大学生毕业产生"倒逼"机制；二是大学生毕业背后所反映的高校人才培养与大学生就业背后所反映的市场需求之间存在错位。

如此看来，大学本科毕业率的形成涉及多元利益主体。对中国大学本科毕业率问题的研究，不应局限于中国大学内部质量管理问题，而应综合高等教育内外部系统进行通盘考察，从而更深刻、更全面地认识中国高等教育人才培养质量问题。

二 研究问题

（一）大学本科毕业率的本质及其与高等教育质量的逻辑关系

毕业率是国际通用的衡量高校教学绩效的指标。对一所高校而言，毕业率是学生完成学业的重要绩效指标；在一些权威的大学排行榜和国际组织发布的教育发展报告中，毕业率均被作为衡量大学办学质量的重要指标。在中国，毕业率不仅是社会判断大学生学习成果最直观的工具，

---

① 邬大光、滕曼曼、李端淼：《大学本科毕业率与高等教育质量相关性分析——基于中美大学本科毕业率数据的比较分析》，《高等教育研究》2016年第12期。

也是教育主管部门评判一所高校教育质量和办学水平的标尺。从对中国大学本科毕业率之高的质疑出发，发现问题的根源是对中国高等教育质量的质疑。那么，大学本科毕业率与高等教育质量之间是否存在关系？如果有，究竟是怎样的关系？

上述问题可具体分解为以下三组子问题：

1. 大学本科毕业率的本质，即解决"大学本科毕业率是什么"的问题。就本质而言，大学本科毕业率存在怎样的基本特性？

2. 大学本科毕业率的价值，即解决"大学本科毕业率的作用"的问题。个体、大学、政府和社会等不同主体对大学本科毕业率这一客体存在怎样的认识以及主体需求？之间是否存在内在的联系？

3. 大学本科毕业率和高等教育质量之间的关系。个体、大学、政府和社会等不同主体对于这两者关系存在怎样的认识？大学本科毕业率和高等教育质量在本质属性上存在什么关系？

（二）中国大学本科毕业率形成机制及其反映的高等教育质量问题

探究大学本科毕业率的本质属性及其与高等教育质量的内在联系，可以为揭示中国大学本科毕业率形成机制，及进一步解决中国高等教育质量问题提供理论研究框架。众所周知，大学发展与国家政治、经济、社会形态以及文化传统密不可分，对大学发展过程中所出现的问题的分析无法脱离大学所依存的政治体制、经济制度、教育制度以及文化传统等具体的内外部制度环境。因此，探究中国大学本科毕业率的形成机制，既需关注大学在历史发展阶段中所形成的制度惯性的影响，还需与大学发展内部制度环境分析相结合。只有在系统性的视角下，才能更好地解读中国大学本科毕业率形成机制及问题本质。

上述问题可具体分解为以下三组子问题：

1. 追溯新中国成立以来中国大学发展的历史轨迹，分析中国大学本科毕业率在历史演变中的特征，探究中国大学本科毕业率成为高等教育质量问题的时间节点。

2. 探究中国大学本科毕业率的形成机制。不同的主体（政府、社会、大学和学生等）通过怎样的方式作用和影响中国大学本科毕业率的形成？

3. 中国大学本科毕业率成为高等教育质量问题的本质？

（三）中国大学本科毕业率问题的解决之路

在社会经济外部环境的巨大变化和高等教育规模快速扩张的背景下，中国高等教育发展无法很好地适应外部环境和满足外部需求，由此引发了社会各方对高等教育质量的质疑。对中国大学本科毕业率的质疑绝非针对数字的"高"或者"低"，而是由于中国高等教育质量无法满足多元主体的需求。基于此，本书在透视大学本科毕业率的本质特征及质量内涵的基础上，立足于中国高等教育发展的特殊性与阶段性，探究大学如何在坚守学术标准的同时，合理回应来自社会各方对高等教育质量的价值诉求。

上述问题可具体分解为以下三组子问题：

1. 在大学本科毕业率问题的解决上，政府、社会（市场）以及大学等不同主体应该发挥怎样的作用？如何发挥作用？

2. 在高等教育质量问题上，大学坚持自主办学与回应外部多方诉求存在怎样的关系？高等教育系统内外部运行机制保持怎样的逻辑关系更有利于中国高等教育高质量发展？

3. 世界高等教育发达国家（美国、英国、法国、日本）的大学本科毕业率如何？这些国家的大学本科毕业率问题与中国存在什么异同？它们在解决大学自主性与大学顺应社会质量诉求方面可以提供哪些有效借鉴？

三　研究意义

（一）揭示大学本科毕业率的本质及其质量意蕴，突破理论桎梏

纵观世界各国的高等教育发展，"毕业率"作为一个国家高等教育质量和衡量高校办学水平的重要指标得以普遍使用。一方面，虽然普遍被用于衡量高等教育质量，但毕业率与高等教育质量之间的关系在学理上并未得到"证实"；另一方面，虽然存在对"把毕业率作为衡量高等教育质量指标的合理性"[①]的质疑，但却未能从学理上"证伪"毕业率与高等教育质量之间的关系。这种既未得以"证实"也未得以"证伪"

---

① A. W. Astin, "To Use Graduation Rates to Measure Excellence, You Have to Do Your Homework," *Chronicle of Higher Education*, Vol. 51, No. 9, 2004, pp. 1–4.

的尴尬局面，导致毕业率与高等教育质量之间错综复杂的关系始终无法明晰。

针对大学本科毕业率的本质及其与高等教育质量关系存在的理论盲点，本书直面大学本科毕业率与高等教育质量的复杂关系。一方面，基于大学本科毕业率的本质内涵和高等教育质量内涵，本书突破"毕业率与高等教育质量两者之间线性关系"的固有观点，论证大学本科毕业率与高等教育质量之间存在"一元"与"多元"的逻辑关系；另一方面，基于社会、市场、高校与学生对高等教育质量的价值期望，探究大学本科毕业率的质量意蕴，构建"大学本科毕业率质量内涵分析框架"，说明不同主体是如何基于各自对高等教育质量的价值诉求，通过不同方式方法作用于大学，最终影响大学本科毕业率形成的，从而为大学本科毕业率形成机制的实证研究提供理论分析框架。

（二）探究中国大学本科毕业率形成机制，揭示问题本质

在中国，"大学本科毕业率是否过高"和"高等教育质量下降"的质疑似乎总是同时出现：一种质疑是："中国高等教育质量低，为什么大学本科毕业率这么高？"；另一种质疑是："中国大学本科毕业率这么高，为什么高等教育质量这么低？"之所以出现此类"循环论证"式的质疑，除了对大学本科毕业率的本质及其与高等教育质量的复杂关系缺乏科学认识之外，还因为对中国大学本科毕业率形成机制缺乏完整的认识，尚未触及中国大学本科毕业率问题的本质。

本书通过对中国大学本科毕业率形成机制的探究，发现中国大学教学管理制度中所出现的种种不规范行为，在很大程度上是受到外部环境和相关主体诉求的影响。因此，在毕业率与高等教育质量之间"一元"与"多元"的逻辑关系指导下，结合中国大学本科毕业率的形成机制，揭示中国大学本科毕业率问题的本质。

（三）反思中国大学本科毕业率问题解决之道，回应高等教育高质量发展

面对中国大学本科毕业率高的现状，如果政府和教育行政部门，或者高校给出的解决方案是简单地降低本科毕业率的话，这种忽略问题本质所采取的行为无异于削足适履、本末倒置。应该明确的是，公众对中

国大学本科毕业率的质疑，其问题的落脚点在对高等教育质量的质疑，从提高高等教育质量的视角解决中国大学本科毕业率问题才是根本之道。因此，本书在分析中国大学本科毕业率的形成机制，揭示中国大学本科毕业率问题的本质的基础上，探究中国大学本科毕业率问题的解决之道，这对于回应中国高等教育高质量发展具有重要意义。

第二节 研究述评

大学本科毕业率问题是一个涉及高等教育内外部因素的复杂研究，很难对所有相关的研究进行全面梳理。因此，本书以大学本科毕业率的形成机制为研究核心，梳理目前国内外学者在大学生毕业问题、辍学问题等方面的研究成果，寻找可资借鉴的研究成果，以为后续研究提供参考。此外，梳理和总结国内外研究者在大学本科毕业率问题研究中的关注点，以找到中国大学本科毕业率问题研究的切入点。

一 国外研究现状

（一）国外关于大学本科毕业率问题研究的简述

从全世界范围，尤其是西方国家来看，"大学本科毕业率被视为持续关注的政策问题，高等教育的公共投入在于期望看到更多的学生可以从大学毕业，而大学本科毕业率低下意味着高等教育系统效率低下，如此大学必须受到政府或者社会的问责"[1]。在通常情况下，在大学本科毕业率状况越是受到社会关注的时候，尤其是在大学本科毕业率较低的国家，有关大学本科毕业率问题探讨的研究文献就越多。

毕业率低是美国高等教育发展中长期存在的问题，探究不同类型高校的学生群体辍学或者无法顺利毕业的原因成为美国学者研究的焦点，因而他们积累了丰硕的研究成果。可以说，在关于大学本科毕业率相关问题的研究成就方面，美国学者关于高等教育的研究不管是在数量上还

---

[1] P. G. Carpenter, M. Hayden, M. Long, "Social and Economic Influences on Graduation Rates from Higher Education in Australia," *Higher Education*, Vol. 35, No. 4, 1998, pp. 399–422.

是在质量上均处于领先地位。基于此,本书关于国外大学本科毕业率的研究综述主要以美国大学本科毕业率问题研究文献为主。

美国学者通常从大学生毕业率、辍学率、保持率等方面,从大学内部微观视角出发,通过实证研究的方式探讨造成大学生辍学或者无法顺利毕业的原因,并提出解决之策。部分研究者在大量实证研究的基础上,对研究成果进行了高度的提炼和深化,形成了颇具影响力的理论。例如,"辍学理论""学生发展理论"及"院校影响理论"成为美国学者研究美国大学本科毕业率及相关问题十分重要的理论基础。

(二)国外大学本科毕业率研究的理论基础

最初,美国学者对大学生辍学问题的研究主要集中在心理学领域,普遍认为辍学行为是由个体因素造成的。随着研究的不断深入,美国学者开始将学生个体的辍学行为与个体特质、学习经历及社会经历等方面联系起来,逐渐将学生的学习成果与院校影响联系起来,并拓展到非院校因素对大学生学习的影响方面。

威廉·斯帕蒂可以说是美国高等教育辍学理论研究的领路者。基于学生互动理念,他通过对芝加哥大学683名大一新生的长期跟踪研究发现,学生之间的活动以及学生与院校层面的互动可以更好地解释大学生辍学问题。除此之外,威廉·斯帕蒂首次提出大学制度与大学生之间的"适切性"对大学生是否辍学具有重要影响,因而辍学问题并非大学生个体的问题,而是与其所处的环境存在密切关系。[1] 在这些前期研究的基础上,威廉·斯帕蒂提出了大学生辍学理论模型。[2] 大学生辍学理论模型由11个变量组成:家庭背景、学习潜能、规范一致性、学业表现、同伴支持、智力发展、社会整合、满意度、院校承诺、第一学年辍学率和毕业率。斯帕蒂的大学生辍学模型把学生与所处的社会、学术环境之间的互动引入辍学问题研究中,对促进大学生辍学理论的发展具有重要作用。

---

[1] G. W. Spady, "Dropouts from Higher Education: An Interdiscipline Review and Synthesis," *Interehange*, Vol. 1, No. 1, 1970, pp. 65–85.

[2] G. W. Spady, "Dropouts from Higher Education: Toward an Empirical Model," *Interchange*, Vol. 2, No. 3, 1971, pp. 38–62.

文森特·汀托继承和发展了威廉·斯帕蒂的大学生辍学理论，于 1975 年提出大学生辍学纵向理论模型，后经过不断修改，于 1993 年提出了更为完善的大学生辍学纵向理论模型。[①] 文森特·汀托认为，学生能否成为学术与社会环境共同体中的成员，并更好地与社会整合是决定他们是否离校的关键，只有对学生与环境之间的互动进行长期跟踪研究才能更好地分析辍学问题。[②] 例如，学生个体特质（家庭背景、个体特征、能力、入学前教育经历和成就）、学生的大学学习目标与承诺、在学术系统与社会系统中的正式经历与非正式经历、就读期间学习经历与社会经历的良好整合、学生入学前所处的群体观念、学生新的目标和承诺这六类因素会影响大学生的学习情况，即做出辍学的决定。文森特·汀托认为，学生的院校承诺主要分为两种方式：目标承诺和制度承诺。目标承诺即是学生的个人目标、教育目标和职业目标，即学生为达成目标的努力程度；制度承诺是学生对入学院校的承诺，即学生希望在正式机构中实现自身目标的程度。学生在实现目标承诺和制度承诺方面的意愿越强烈，则其完成学业的可能性就越大。概括而言，文森特·汀托的辍学纵向理论模型重视学生与学生、教师、学校和环境之间的互动。

美国学者曼茨·约克认为："汀托的模型忽略了院校在学生辍学问题上面所应承担的责任……如果院校没有为学生的学术融合做出任何努力，就像没有为学生提供良好的学习环境一样，那么就是院校失职。"[③]针对汀托的理论模型忽视院校机构和组织特点对学生的影响这一缺陷，欧内斯特·帕斯卡雷拉加入院校结构因素，提出了"学生成长变化评估的一般模型"。该模型认为，学生的改变或者成长主要由五种变量组成：院校的结构或组织特点（入学率、生师比、筛选率等）、学生背景（大学前学业成就、种族等）、院校环境、学生与校园内社会化媒介（老师、

[①] V. Tinto, *Leaving College: Rethinking the Causes and Cures of Student Attrition* (2nd ed.), Chicago: The University of Chicago Press, 1993, p. 296.

[②] V. Tinto, "Dropout from Higher Education: A Theoretical Synthesis of Recent Research," *Review of Educational Research*, Vol. 45, No. 1, 1975, pp. 89 – 125.

[③] M. Yorke, *Leaving Early: Undergraduation Non-completion in Higher Education*, London: Falmer Press, 1999, p. 10.

同伴群体）的互动以及学生学习投入和努力的质量。[①] 其中，院校的结构或组织特点和学生背景共同产生院校环境，而学生学习投入和努力的质量主要受到学生背景特征、院校环境及与社会化媒介互动这三个因素的影响。欧内斯特·帕斯卡雷拉的理论模型关注了院校结构因素，因而通常会被用于院校结构或者环境对学生学习成果影响方面的研究。

亚历山大·阿斯汀的"投入—环境—产出"（Input- Environment-Outcome，简称I-E-O）模型是最早提出的院校影响理论模型。在"投入—环境—产出"模型中，学生发展由三部分组成，即投入、环境和产出。[②] 投入主要包括三个方面：首先为学生的个体背景特征，如性别、种族等；其次为学生的家庭背景，如父母亲职业、父母亲文化程度、家庭收入等；最后为学生进入大学之前的学习和社会经历。"I-E-O"模型与"汀托模型"很相近，不同之处在于亚历山大·阿斯汀并不强调完全的学术整合或者社会整合，而是关注学生参与，强调学生应该积极主动地投入学校学习中去，这样才能学得更好。衡量一所高校的教学质量，更多的是衡量学生参与到学习中的程度。亚历山大·阿斯汀提出五条原则[③]：（1）参与要求学生精力（脑力和体力）的投入；（2）学生在面对不同任务时会有不同程度的参与；（3）参与具有量化和质性的双重特征；（4）学生的学习成果与其参与的数量和质量直接相关；（5）教育政策或实践效能的发挥取决于引导学生参与的程度。以上五条原则说明，学生发展需要学生个人努力或/和院校提供的支持相结合，才能加强学生的学业承诺，实现学习成果增值，顺利完成学业则是"增值"的主要表现。

[①] E. Pascarella, "College Environment Influences on Learning and Cognitive Development: A Critical Review and Synthesis," J. Smart, *Higher Education: Handbook of Theory and Research*, New York: Agathon, 1985, pp. 1 – 64.

[②] A. W. Astin, "The Methodology of Research on College Impact, Part One," *Sociology of Education*, Vol. 43, No. 3, 1970, pp. 223 – 254; A. W. Astin, "Student Involvement: A Developmental Theory for Higher Education," *Journal of College Student Personnel*, Vol. 25, No. 4, 1984, pp. 297 – 307.

[③] A. W. Astin, *Achieving Educational Excellence*, San Francisco: Jossey-Bass, 1985, pp. 58 – 59.

基于对非传统大学生（成人和远程学习者等）流失问题的研究，约翰·比恩在1980年首次提出非传统大学生辍学模型，并于1982年进行了修正。[1] 最终于1987年提出了非传统大学生辍学的概念模型。[2] 该理论认为，针对那些对非传统院校的成人学习者而言，环境变量也许比学术和社会变量的影响更大。约翰·比恩将非传统学生界定为"至少具有走读、年龄大于24岁、非全日制学生三个特点之一的学生"[3]，"糟糕的学业表现和强烈的学习承诺的缺乏是非传统大学生离校的关键原因"[4]。非传统大学生辍学的概念模型强调学生与学校环境中社会整合的重要性。该模型包括三个影响学生社会化过程的因素：（1）大学的学习成绩（学业的）；（2）学校满意度（社会的）；（3）院校承诺（个人的）。约翰·比恩假设三个影响学生社会化过程的因素对学生的辍学决定都有着直接的作用。影响辍学的四个显著的因素是：（1）学习成绩；（2）潜在的辍学意愿（其他变量都可能对其产生影响）；（3）背景和特定变量（年龄、入学排名、住所、教育目标、高中成绩、种族、性别）；（4）环境变量（工作时数、外部鼓励、家庭责任、工作变换）。约翰·比恩等人研究发现，四个变量中对学生辍学影响最大的是环境变量，由此可以看出，约翰·比恩模型强调外部环境变量对成人学习者保持或辍学具有重要影响作用。

综上所述，美国学者提出的大学生辍学理论，首先肯定了学生努力与学生参与在变化过程中的主要作用，并且将学生的个人背景（性别、学业成就、能力倾向等）和社会背景（种族、家庭情况等）考虑在内；其次关注到了院校环境的积极作用，院校应该在学生与校园环境融合上

---

[1] J. P. Bean, "Student Attrition, Intentions, and Confidence: Interaction Effects in a Path Mode," *Research in Higher Education*, Vol. 17, No. 6, 1982, pp. 291-319.

[2] J. P. Bean, B. S. Metzner, "A Conceptual Model of Nontraditional Undergraduate Student Attrition," *Review of Educational Research*, Vol. 55, No. 4, 1987, pp. 485-540.

[3] J. P. Bean, "Interaction Effects Based on Class Level in an Explanatory Model of College Student Dropout Syndrome," *American Educational Research Journal*, Vol. 22, No. 1, 1985, pp. 35-64.

[4] J. P. Bean, "Dropouts and Turnover: The Synthesis and Test of a Causal of Student Attrition," *Research in Higher Education*, Vol. 12, No. 2, 1980, pp. 155-187.

做出积极的推动,强调院校在促进学生学业发展方面需要有所作为。因此,在学生获得学习成果的过程中,既需要个体保持高的院校承诺、高的学习投入以及与院校环境进行良好的交往,也需要院校为学生提供正向适度的刺激和干预,而刺激和干预的性质和强度,则会潜在地影响学生成长变化的程度。可以说,在大学内部,学生努力和院校环境是影响学生完成学业十分重要的影响因素,学生作用于院校,同样,院校也作用于学生,两者存在相互作用的关系。大学生辍学理论、学生发展理论和院校影响理论,对于从大学内部分析本科毕业率的形成起到了非常重要的作用,院校制度环境和学生学习表现都是分析大学本科毕业率形成不可或缺的因素。当然,这些理论主要是把毕业率问题放在大学内部来讨论,用来解释大学本科毕业率形成的个体因素和院校影响因素。

(三) 国外大学本科毕业率的实证研究

美国大学本科毕业率的实证研究大致可分为两类:一类是以普通高校或者群体作为研究对象,在进行大量调查的基础上,探究学生辍学或者毕业率低的原因;另一类是以特殊性质的高校或者群体作为研究对象,有针对性地探究他们辍学的原因。

1. 普通高校学生毕业率低的原因探析

其一,学生学业准备和院校资源两个因素可以用来解释大学生学位完成问题。约翰·邦德等人(2010)[1] 通过对美国高等教育的入学率和毕业率的研究,提出自1980年大学生的薪资待遇有了实质性增长后,高中毕业生进入大学的比例明显高于25年前。然而,大学入学率的增加并未带来大学毕业率的提高。统计数据显示,目前美国高校大学生完成学位的比例低于20世纪70年代,某些高校的毕业率已经从70年代的45%下降为现在的40%左右。研究者通过分析1972届高中学生长期跟踪调查数据和1988年美国国家教育跟踪调查数据,比较1972届和1992届高中毕业生在八年内完成学业的情况。结果显示,大学毕业率由50.5%下降到45.9%,20

---

[1] J. Bound, F. M. Lovenheim, S. Turner, "Why Have College Completion Rates Declined? An Analysis of Changing Student Preparation and Collegiate Resources," *American Economic Journal*: *Applied Economics*, Vol. 2, No. 3, 2010, pp. 129–157.

年间降低了 4.6 个百分点。因而，该研究提出疑问：在入学率扩大和大学生薪资待遇提高的背景下，大学毕业率反而下降的原因是什么？

通过进一步的数据挖掘和分析，邦德等人发现，导致大学毕业率变化的因素应该包括学生学业准备和院校特征，即学生不同的学业准备情况，院校之间的差异都会导致大学毕业率的变化。通过对学生数学成绩、院校师生比、父母受教育程度以及不同竞争力院校相关数据的分析，研究者发现，准备升入大学的学生学业准备（数学考试分数）不足所导致的学位完成率下降约占自 20 世纪 70 年代以来总下降率的三分之一，院校资源（高校师生比增加）的原因则大约占四分之一，学生首次进入院校层次的原因约占四分之三。该研究还发现，以上这些影响因素在不同类型和不同层次的院校中所产生的作用存在差异。就排名落后的公立高校而言，学生学业表现的变化对大学毕业率不会产生明显的影响，而师生比的提升对大学毕业率下降比例的解释力为 75%；就社区学院而言，学生人均经费和生师比的变化对大学毕业率的影响微乎其微，而学生的学业准备变化对毕业率下降比例的解释力为 90%。最后，研究者认为，高等教育"供给侧"因素在影响毕业方面起到了最关键的作用。虽然"学生入学准备情况"和"院校特征"这两个因素在解释毕业上起着作用，而"供给侧"的特征（即院校特征）在其中起着更关键的作用，而这一方面在之前的学术研究中经常被忽视。该研究说明，探究大学本科毕业率问题，需要根据不同类型高校特征进行具体分析，以发现最根本的影响因素，从而更有针对性地服务于提升大学本科毕业率活动。

其二，学生入学前的个体特征和学习经历对毕业率产生着影响。盖瑞·皮克等人（2014）[1]在参照阿斯汀和汀托等学者的辍学理论模型的基础上，认为学生入学前的个体特质和学习经历等对他们在高校中的学业表现有着重要影响，并提出十分重要的四个变量：入学前个体特质，如性别、家庭背景等；高中学习经验，如 GPA、ACT 成绩等；入学期

---

[1] R. G. Pike, J. M. Hansen, E. J. Chldness, "The Influence of Student' Pre-College Characteristics, High School Experiences, College Expectations, and Initial Enrollment Characteristics on Degree Attainment," *College Student Retention*, Vol. 16, No. 1, 2014, pp. 1-23.

望，学习目标和期望等；入学后个体特质，如全日制与非全日制学生之间所存在的差异。在既有理论框架的指导下，研究者回答的关键问题是：入学前特质、高中学习经历、入学期望和院校录取状态在多大程度上影响学生4年、5年和6年（或者更短的时间）的毕业率。通过对4006位（2004年秋季和2005年秋季）首次入学的全日制本科生的问卷调查，结果发现：（1）学生个体特质因素与学生学位完成率的相关性总体呈现为，有两个因素与三种学位完成状态（4年、5年和6年）直接相关，有两种因素与5年和6年获取学位直接相关。具体而言，国际学生背景和SAT成绩这两个因素直接影响着大学生4年、5年和6年学士学位完成率；第一代大学生背景和非传统大学生（年龄超过25岁）与学生5年和6年学士学位完成率呈负相关；黑人（美国黑人）学生背景与学生4年学位完成率呈负相关，而白人学生与此则呈正比关系。（2）高中学习经历直接影响着学生学位的完成。高中阶段学术表现，包括班级排名和学生对自己阅读能力等方面的自我报告，与4年、5年和6年学位完成存在正相关关系。（3）在入学期望方面，学生计划在打工方面花费的时间与学生的学位完成呈负相关关系。（4）在入学后个体特质方面，在第一学期入学的全日制学生这一特征与学生的学位完成呈正相关关系。研究结果表明，院校在促进学生学位完成方面，需要重视对学生入学前背景的分析，有的放矢，从而减少学生的辍学风险。

其三，学业表现以及学生自我认知在学生学位完成方面的重要影响作用。学生学业表现与学生辍学之间究竟存在什么关系？这一问题一直为学者所困惑。在理解学生辍学方面，一直以来存在着一个"传统的"难题，如威廉·鲍文和德里克·博克所言："问题在于，在多大程度上，一个国家高等教育学位完成率低是由家庭无法支付相应的费用造成，而非学业困难或者其他因素。"[1] 拉尔夫·斯蒂尼布莱克纳等人（2008）[2]

---

[1] W. Bowen, D. Bok, *The Shape of the River*, Princeton, NJ: Princeton University Press, 1998, p. 65.

[2] R. Stinebrickner, T. Stinebrickner, "The Effect of Credit Constraints on the College Drop-out Decision: A Direct Approach Using a New Panel Study," *American Economic Review*, Vol. 98, No. 5, 2008, pp. 63 – 84.

研究发现,信贷约束仅会影响少数学生,在论证学生整体辍学率方面并没有起到实质性的作用。因此,对这些低收入家庭的辍学生而言,非经济因素对他们的选择起着主导作用。继而,拉尔夫·斯蒂尼布莱克纳等人(2014)[①]基于"学生期望",即学生在进入高校后如何认识自己的学业表现,建立了估算大学生辍学的动态学习模型。研究结果显示,大学生辍学发生在大学第一年的比例为45%,发生在大学头两年的比例为45%,有36%的辍学则发生在大学的第三年。这种现象可以归因为学生对自己学业表现的认知会影响他在辍学方面的决定,学业表现不良往往让学生觉得留在学校是无价值的。亚历山大·卡特进一步发现:"学生的平均SAT成绩和教学学生人均支出与大学毕业率呈正相关。与获得的经济援助相比,能力在他们的教育成功中发挥着重要作用。财政援助可为贫困学生提供接受大学教育的机会,但金钱并不能保证学生的成功。"[②] 因此,改善学生学业表现对提升毕业率意义重大,院校应该在这个过程中发挥作用。

2. 特殊性质高校及群体毕业率低的原因探析

其一,社区学院学生毕业率问题研究。关于社区学院学生毕业率普遍较低的原因,现有研究主要集中在学术准备不足和经济贫困方面。有研究认为,"社区大学生的学术准备不足,结果普遍令人失望"[③],也有研究发现,"非学术障碍可能是低收入学生辍学率的主要驱动因素。许多低收入社区大学生没有完成学位的一个关键原因是,他们在平衡工作和家庭生活需求与学业时面临着无数挑战。综合案例管理干预可以提高

[①] R. Stinebrickner, T. Stinebrickner, "Academic Performance and College Dropout: Using Longitudinal Expectations Data to Estimate a Learning Model," *Journal of Labor Economics*, Vol. 32, No. 3, 2014, pp. 601–606.

[②] A. Carter, S. Gutierrez, M. Pulido, "College Completion Rates: Does the Type of Financial Aid Received Influence Student College Completion?," *Issues in Political Economy*, Vol. 30, No. 1, 2021, pp. 4–17.

[③] P. Martorell, I. Jr. McFarlin, "Help or Hindrance? The Effects of College Remediation on Academic and Labor Market Outcomes," *The Review of Economics and Statistics*, Vol. 2, No. 93, 2011, pp. 436–454.

低收入社区大学生的入学率和学位完成率"[1]。托马斯·贝利（2005）通过对社区学院的研究发现，学生获取学位证书的意愿对毕业率和转学率存在影响。好的学习体验有利于学生树立学习目标和期望，因而学院可以为学生提供更好的学习体验。[2] 约翰·邦德等人（2010）研究认为，随着入学率的提高，越来越多的学生进入"门槛"比较低的高校就读，而这些学生使得院校原本就不充足的资源更加紧张，继而会影响学生正常完成学业，而这一问题在社区学院普遍存在。[3]

其二，特殊群体毕业率问题研究。美国国家教育统计中心经过长期追踪调查研究发现，白人、黑人、西班牙裔和亚裔学生毕业率存在显著差异。托马斯·瓦塔尼安研究发现，黑人的成长环境对大学毕业率没有影响，而白人的成长环境则对大学毕业率产生了显著影响。阿图罗·维嘉和鲁本·马丁内兹（2012）通过对田纳西州的拉美裔学生的研究发现，他们所享有的资源、支付能力对他们的毕业率产生着显著影响。[4] 基于"院校支持"理论，瓦莱丽·佩雷斯（2011）对拉丁美洲学生辍学问题进行了研究，研究结果显示，拉丁裔学生学术表现不佳的原因是复杂的，包括低学业期望、语言限制、缺乏教育成功的榜样、消极的同伴压力以及家庭背景。此外，课堂因素，如教师的期望、教学策略和语言指导，同学业评估方式一样，在促进学生完成学业方面起着重要作用。[5]

---

[1] W. N. Evans, M. S. Kearney, B. Perry, J. X. Sullivan, "Increasing Community College Completion Rates among Low-income Students: Evidence from a Randomized Controlled Trial Evaluation of a Case Management Intervention," *Journal of Policy Analysis and Management*, Vol. 39, No. 4, 2020, pp. 930 – 965.

[2] T. Bailey, D. Jenkins, T. Leinbach, "Graduation Rates, Student Goals, and Measuring Community College Effectiveness," https://eric.ed.gov/contentdelivery/servlet/ERICServlet?accno = ED489098.

[3] J. Bound, F. M. Lovenheim, S. Turner, "Why Have College Completion Rates Declined? An Analysis of Changing Student Preparation and Collegiate Resources," *American Economic Journal: Applied Economics*, Vol. 2, No. 3, 2010, pp. 129 – 157.

[4] A. Vega, R. Martinez, "A Latino Scorecard for Higher Education: A Focus on Texas Universities," *Journal of Hispanic Higher Education*, Vol. 11, No. 1, 2012, pp. 41 – 54.

[5] V. V. Perez, *Conceptualizing Latino Dropout: How the School System Contributes*, University of Chicago Doctoral Dissertation, 2011, pp. 1 – 7.

二　国内研究现状

目前国内对大学本科毕业率问题的研究较为匮乏。从现有的研究成果来看，大致可以分为三个部分：其一是自 20 世纪 90 年代至今关于"严进宽出"和"宽进严出"问题争论的研究成果；其二是关于国外大学本科毕业率的研究成果；其三是将大学本科毕业率与高等教育质量问题相结合的研究成果。

（一）关于"严进宽出"和"宽进严出"问题的争论

20 世纪 90 年代中期，中国高等教育学术界展开了一场关于"严进宽出"和"宽进严出"问题的争论。迄今为止，对这一问题的讨论经历了三个阶段。第一阶段（1995—1998），针锋相对期。1995 年，唐安国在《上海教育科研》杂志上发表的《试论上海高校实行"宽进严出"办学模式的必要性和可行性》一文拉开了争论的序幕。这一时期，争论的焦点是，是否应该扩大招生规模和实现招生规模的灵活度，并在提升学生学习的自由度和加强质量管理的基础上实现高等教育"严出"的问题。[①] 在这场争论中，有学者从中国传统文化、高等教育规模和高等教育资源矛盾以及社会制度等视角出发对此予以质疑和反对。[②] 第二阶段（1999—2002），争论缓和期。这一时期仍存在少数质疑"宽进严出"的声音，但讨论的焦点由是否进行"宽进严出"改革发展到探究"宽进严出"改革之路，不过，其重心仍在"宽进"，即高等教育"入口"问题的探究上。第三阶段（2003 年至今），争论平缓期。2003 年以来，学术界的讨论集中在论证"宽进严出"是中国高等教育发展的必然趋势上[③]，尤其是随着高等教育大众化的推进，讨论的焦点日益由"宽进"向"严

[①] 唐安国：《试论上海高校实行"宽进严出"办学模式的必要性与可行性》，《上海教育科研》1995 年第 7 期；唐安国、张云鹰：《对上海高校实行"宽进严出"办学模式的探讨》，《高等教育研究》1997 年第 2 期。

[②] 李均：《"宽进严出论"质疑》，《电力高等教育》1995 年第 4 期；刘海峰、李均：《中国高校不宜推行"宽进严出"》，《高等教育研究》1996 年第 3 期；张应强：《宽进严出论评析——与唐安国同志商榷》，《中国电力教育》1996 年第 4 期。

[③] 杨德广、李梅：《"宽进严出"是我国高校发展的必然趋势》，《现代大学教育》2011 年第 3 期。

出"倾斜,"在高考平均录取率'破九'的高等教育普及化时代,所有大学都必须提高淘汰率,实行'严出'的培养模式"①,高校应关注人才培养过程和培养结果,强调高等教育人才培养质量保障。经过近 30 年的争论,学术界对"宽进严出"的内涵基本认定为:"宽进"即"放宽适龄青年的入学比例,放宽不同层次的入学率,放宽入学模式";"严出"可以理解为"学生在求学期间,一方面每个人都享有'自由选择学习'的权利,另一方面又赋予遵守校方严格规定的义务"②。"宽进"和"严出"必须相结合,"严出"需要人才培养模式"灵活性"和"严格性"的结合,需要"活"与"严"的结合。

(二)关于国外大学本科毕业率的比较研究

关于国外大学本科毕业率的研究成果,主要是国内学者通过对美国大学本科毕业率的现状及形成原因的探讨,提出美国的"宽进严出"政策对中国提高人才培养质量的借鉴。例如,胡伟卿通过分析录取率、留校率和新生大学入学考试成绩等数据与毕业率之间的因果关系,探究对毕业率形成重要影响的留校率和新生大学入学考试成绩两个因素,基于此,美国大学在坚守学业标准的前提下,通过院校影响、师生互动、改进教学等方法在保证高等教育质量的同时提高毕业率。③ 冯宏义通过"对近年来美国提高高校毕业率的主要措施进行研究,希望能为中国高等教育发展提供参考"④。林松月等通过对美国高校记分卡大数据的分析发现,"美国高校全日制学生毕业率远低于中国大学本科生毕业率;美国不同层次、不同类型的高校全日制学生毕业率之间存在显著差异,且研究型大学的排名、录取率与本科生毕业率之间存在紧密联系,表现为'越是好大学,毕业率越高'"⑤。对美国高校本科毕业率的相关研究在反

---

① 熊丙奇:《高等教育进入"宽进严出"新阶段》,《在线学习》2020 年第 7 期。
② 钟启泉:《准确地把握"宽进严出"的内涵》,《上海高教研究》1996 年第 3 期。
③ 胡伟卿:《影响美国大学毕业率的相关因素研究》,《广东工业大学学报》(社会科学版)2010 年第 6 期;《美国大学毕业率相关因素分析及启示》,《中国高等教育》2009 年第 Z3 期。
④ 冯宏义:《近年来美国提高高校毕业率的主要措施及对我国的启示》,《内蒙古师范大学学报》(教育科学版)2012 年第 1 期。
⑤ 林松月、雷鹏飞:《美国高校毕业率特征及启示——基于对高校记分卡 2001—2018 年的大数据分析》,《理论月刊》2021 年第 5 期。

思我国大学本科毕业率标准以及学业质量保障方面均有重要意义。

（三）基于高等教育质量视角探讨大学本科毕业率的研究

近几年来，逐渐有学者关注大学本科毕业率与高等教育质量的关系，批评因追逐高的本科毕业率而对高等教育质量所产生的损害。这类研究成果以评论、批判或者反思性的短篇文章为主，一般刊登在有影响力的报纸或者网站上面。如2011年北京大学卢晓东以"毕业率90%何以成为新闻"为题发表在《中国教育报》上的文章，认为"一些大学悄然降低学术水准和要求，清考现象普遍存在，毕业率不断升高"，只有当"清考和95%以上的毕业率反而成为新闻之时，我们的高等教育质量才能让社会放心！"[1] 2013年，熊丙奇以"放弃质量标准是大学真正的危机"为题发表在《中国教育报》上的文章，认为"按教育规律办学，坚持培养质量，这是一所大学的根本，反观中国的大学，在很多时候，因为利益的考量，放弃了质量标准，学生很容易毕业混到一张文凭，其结果是导致大学公信力下降，这是最严重的教育危机"[2]。北京大学秦春华多次发文关注大学毕业率的问题，引入美国大学"宽进严出"的教学模式，对中国大学本科毕业率及其质量问题进行反思。[3] 以上学者对中国大学毕业率高的忧思，表现出高等教育研究者对高等教育现实问题的关注。以上学术成果和学术观点起到了重要的警示和启发作用，但是在系统性学术研究方面仍存在不足。

基于高等教育质量视角探究中国大学本科毕业率问题的学术论文成果较少，具有代表性的研究成果如下：

其一是李子丰等人的《高等学校学生的毕业率与毕业证的含金量和社会投资回报率》一文。该文对中国大学本科毕业率过高对高等教育和社会所带来的损害做出了尝试性讨论，认为"我们国家高等教育的高毕业率存在着它的弊端——过高的毕业率极大地冲击了学生的学习竞争机制，直接导致了毕业证的含金量的降低，进而影响了学生毕业后对国家

---

[1] 卢晓东：《毕业率90%何以成为新闻》，《中国教育报》2011年7月4日第5版。
[2] 熊丙奇：《放弃质量标准是大学真正的危机》，《中国教育报》2013年7月26日第3版。
[3] 秦春华：《"宽进严出"的大学真的有吗》，《光明日报》2015年6月2日第14版。

和社会的贡献",通过对"毕业证含金量、入学学生成才率、毕业生成才率以及相对社会投资回报率"四组数据进行数理分析,结果显示,"对于高考统一录取的学校的学生毕业率在70%—90%(不高于90%)时,收益最高",并"表明各高校都有自己的学生毕业率最优值,应据此合理控制学生毕业率"①。

其二是卢晓东的《本科教育质量核心数据再探讨》一文,该文阐释了四年(六年)学位率的质量内涵,它代表了学校的学术要求和学生的努力程度双重因素,即教师教学质量和学生学习质量。② 该文把"毕业率"作为本科教育质量核心数据指标之一,并对"毕业率"的质量内涵进行了分析,具有一定的启发意义。

其三是刘强的《我国高校毕业率衡量高等教育质量何以可能——再论高校毕业率与高等教育质量的相关性》一文,认为"高校毕业率是社会文化观念、教育体制机制、学校教育质量、教育教学模式等方面因素共同作用的产物,尽管高校毕业率受到学校教育质量的直接影响,但是由于各个国家或地区的教育体制机制、社会文化观念、教育收益效果等方面的差异会影响学生的教育选择和教育安排,进而对高校毕业率产生重要的影响"③,意在说明高校毕业率与高等教育质量之间的复杂性。

其四是邬大光等人的《大学本科毕业率与高等教育质量相关性分析——基于中美大学本科毕业率数据的比较分析》④ 一文。该文首次尝试对大学本科毕业率与高等教育质量之间的逻辑关系进行理论探究,并通过对中美大学本科毕业率现状差异的分析,得出中美两国高等教育在毕业率和高等教育质量上有两个明显的悖论,即"美国大学本科低毕业率"和"美国高等教育质量相对高"的悖论,以及"中国大学本科高毕业率"和"中国高等教育质量相对低"的悖论。基于这"两个悖论",

---

① 李子丰、李雪娇、王鹏:《高等学校学生的毕业率与毕业证的含金量和社会投资回报率》,《中国西部科技》2010年第36期。
② 卢晓东:《本科教育质量核心数据再探讨》,《中国大学教学》2013年第3期。
③ 刘强:《我国高校毕业率衡量高等教育质量何以可能——再论高校毕业率与高等教育质量的相关性》,《黑龙江高教研究》2018年第10期。
④ 邬大光、滕曼曼、李端森:《大学本科毕业率与高等教育质量相关性分析——基于中美大学本科毕业率数据的比较分析》,《高等教育研究》2016年第12期。

研究者对因追求过高的大学本科毕业率而对高等教育质量产生损害的若干重大问题进行了反思。笔者有幸参与了该文的撰写，该文是系统性地探究中国大学本科毕业率问题的一次重要尝试，而且是本书研究的源头。

三 文献简评

从研究视角来看，国外研究者更倾向于把大学本科毕业率问题作为大学内部管理问题来研究，从"学生发展"与"院校影响"层面探究了学生的辍学行为，以及由此引发的大学毕业率低问题。可以说，国外关于大学本科毕业率的研究偏向于微观层面的实证研究，基于多层次的分析维度，大致包含社会层面（学生的社会阶层、性别、种族以及年龄等的分布）、组织层面（院系类别、组织架构）、个体层面（师生互动、同辈互动、学习参与等就读经历）[1]，探究大学或者学生群体毕业率低现状形成的具体原因。很显然，这与美国"分权制"的高等教育管理系统，以及长期以来的自治传统，保证大学在决定和管理大学内部事务方面享有高度的自治权的关系密切。很显然，在中国高等教育管理体制下，"辍学理论""院校影响"等理论对于解释中国大学本科毕业率形成的内部影响方面具有重要的参考价值，但在解释外部因素影响方面则存在不足。因此，本书需要在理论基础上有所突破，为研究大学本科毕业率提供一个可操作的分析框架。

就目前国内关于大学毕业率的研究成果来看，普遍的观点是：中国大学本科毕业率高是一个问题，而这一问题直接指向的是中国高等教育质量。然而，不管是在"大学本科毕业率与高等教育质量之间逻辑关系"的理论诠释方面，还是在"中国大学本科毕业率的形成机制"的实证研究方面，现有的研究成果仍存在不足。总而言之，现有的关于中国大学本科毕业率问题的研究，大都偏向经验式的、偏于表象的，因而忽略了从系统论的视角，从政府、社会和大学的相互作用方面探究大学本科毕业率的形成机制，没有揭示出中国大学本科毕业率问题的本质。基

---

[1] D. Dannefer, "Adult Development and Social Theory: A Paradigmatic Reappraisal," *American Sociological Review*, Vol. 49, No. 1, 1984, pp. 100–116.

于此，本书从现有的研究中吸取有益经验，并从现有研究的不足和空白之处寻找研究的空间。

第三节 研究设计

一 理论基础

理论的价值和意义在于它可以很好地帮助解释和分析研究中所遇到的现实问题。通过研究发现，大学本科毕业率问题并非仅仅是大学内部管理的问题，而是一个涉及政府、社会、文化等多方面因素的系统性问题。首先，必须把高等教育内外部系统纳入研究中来，运用系统性思维研究具体问题；其次，毕业率问题涉及高等教育的多元主体，这些主体通过不同的方式方法作用于大学；最后，毕业率所涉及的微观层面问题，需要深入大学教学管理和学生学习的过程中去探究，以发现院校是如何影响学生学习成果的。基于此，本书选择"系统论""利益相关者理论"和"院校影响理论"，通过宏观研究和微观研究的有机结合，对大学本科毕业率问题进行研究。

（一）系统论

高等教育是一个由简单到复杂、不断发展着的系统，高等教育系统与外部系统关系的复杂化使得越来越多的难解课题涌现出来，而解决这些难题需要有更为整体的思维。根据系统论的观点，"系统的概念就是要强调整体，强调整体是由相互关联、相互制约的各个部分所组成的"[1]。中国著名教育学家潘懋元认为："按照一般系统论的观点，世界上万事万物都可以看成是性质不同、大小不等、层次有高低的系统，都是由一定的要素、按一定的方式联系在一起，构成一个整体、以发挥整体的功能。"[2] "教育只是一个更大的社会体系的一部分。只有在这样的背景中，我们才能满意地理解和探讨许多教育问题。这些教育问题不能

---

[1] 钱学森等：《论系统工程》，湖南科学技术出版社1982年版，第204页。
[2] 潘懋元：《潘懋元文集 卷一·高等教育学讲座》，广东高等教育出版社2010年版，第84页。

单靠采用教育体系的策略去求得解决。我们还需要社会相互作用的各个部门的那些广泛的、综合的策略。"① 自"系统论"被引入高等教育研究领域后，已经被用来探究高等教育数量、高等教育质量、高等教育效益、高等教育国家化等诸多问题，系统论的基本范畴，如"系统与要素""结构与功能""系统与环境""输入与输出"等，为解决高等教育中的复杂性问题提供了一种新的思考路径。例如，伯顿·克拉克提出的"国家、市场和学术权威"三角关系就很好地阐释了高等教育系统与社会系统的密切联系，使用整体的、系统的思维研究高等教育问题，对高等教育发展产生了极大的促进作用。大学本科毕业率问题并非仅仅是高校内部管理问题，甚至并非高等教育系统内部问题，而是与国家的社会系统（政治、经济、文化）不可分离。由此可见，将"系统论"引入大学本科毕业率问题的研究十分适切，可以从更为宏观的角度把握高等教育系统诸要素与外界环境之间的相互作用，把高等教育系统和社会系统有机地整合在一起，以揭示大学本科毕业率问题的本质。正如有学者所言，"系统论"所倡导的复杂性思维要求我们放弃一种直线式的解释方式而采取一种动态的、循环的解释方式，在其中我们既从部分到整体又从整体到部分以力图理解一个现象。② 因此，对大学本科毕业率问题的研究，不能脱离高等教育系统以及高等教育系统所生存其中的整个社会系统而进行。通过对大学本科毕业率问题的研究，发现中国高等教育发展中存在的问题，是本书的研究旨意。

（二）利益相关者理论

利益相关者理论认为，利益相关者是"那些能够影响企业目标实现，或者能够被企业实现目标的过程影响的任何个人和群体"③。亨利·罗索夫斯基将大学的利益相关者分为四个层次：第一个层次，即教师、行政

---

① 联合国教科文组织国际教育委员会编著：《学会生存——教育世界的今天和明天》，华东师范大学比较教育研究所译，教育科学出版社1996年版，第216页。

② ［法］埃德加·莫兰：《复杂思想：自觉的科学》，陈一壮译，北京大学出版社2001年版，第142页。

③ ［美］R.爱德华·弗里德曼：《战略管理：利益相关者方法》，王彦华等译，上海译文出版社2006年版，第63页。

主管和学生是大学最重要的群体;第二个层次,即董事、校友和捐赠者是重要的利益相关者;第三个层次,即政府和议会是"部分拥有者"的利益相关者;第四个层次,即市民、社区、媒体等是次要层次的利益相关者。① 在此分类基础上,胡赤弟将利益相关者划分为三个层次:教师、学生、出资者、政府等是大学的权威利益相关者;校友、捐赠者和立法机构是潜在的利益相关者;市民、媒体、企业界、银行等是第三层利益相关者。② 可以说,随着高等教育市场化和大众化的发展,大学逐渐走进社会的中心,其合法性基础也从得到内部人员的认可发展到需要得到外部社会力量的承认,大学利益相关者也应包含大学内部人员和政府、企业和社会公众更大的范围。总而言之,大学的利益相关者存在由内到外、由亲到疏的差异结构,这要求大学在发展中既要兼顾各方,又要有所侧重。

不同利益相关者因价值取向、个体特性和使命的不同,会对高等教育的发展提出符合自身利益的诉求和期望。至于哪个主体、哪部分价值观、知识、技能和利益诉求可以被纳入高等教育的政策和运行机制中,则有赖于这些主体之间的相互博弈。毋庸置疑,在这个博弈过程中,大学的行动逻辑和发展轨迹不可能完全按照高等教育的"知识逻辑"进行,政府"行政逻辑"和社会"市场逻辑"对大学行为亦产生着不可规避的影响。基于此,关于大学本科毕业率问题的研究,不能囿于大学和学生这两个主体。虽然大学的教学管理质量和学生学习质量是影响本科毕业率形成的重要原因,然而,政府的政策规定、行政指令及社会群体对高等教育在经济效益或者经济回报方面的诉求,都对大学本科毕业率产生着直接或者间接的影响。更为重要的是,不同利益相关者关于高等教育质量有着不同的界定,在教育目标、教育产出和评价标准方面各有见解和需求。因此,探究政府、社会、大学、学生和家长不同主体的不同高等教育质量观,有利于厘清本科毕业率和高等教育质量之间的关系,在探究本科毕业率形成机制的同时,透视大学本科毕业率问题的本质。

---

① 胡赤弟:《教育产权与现代大学制度构建》,广州高等教育出版社2008年版,第160—161页。

② 胡赤弟:《高等教育中的利益相关者分析》,《教育研究》2005年第3期。

（三）院校影响理论

20世纪60年代末至70年代初期，关于大学生变化的理论和模型不断地出现并得以完善，其中"院校影响理论"成为主要的理论流派之一。院校影响理论把研究的重点放在大学生变化的环境根源上，强调院校之间或者院校内部因素对大学生变化可能产生的效应，探讨大学应该采取怎样的干预措施才能有效地推动院校教育目标的实现。

院校影响理论的早期代表是亚历山大·阿斯汀的"投入—环境—产出"模型，和以威廉·斯帕蒂、文森特·汀托等为代表的大学生辍学模型。这一阶段的研究把院校内部因素（如师生、同伴等）作为影响学生变化的主要因素，强调学生和环境的融合程度影响着学生的成长变化，而在一定程度上忽略了院校结构和组织特征对学生成长的影响，其关键在于忽略了学生自身努力的作用。约翰·韦德曼[1]的社会化模型则提出了非院校因素（如家人、企业、社区等）对大学生学习成果的影响，亚历山大·阿斯汀、罗伯特·佩斯、乔治·库恩则侧重于学生参与与学生努力等对学生学习成果的影响；之后，文森特·汀托进一步完善了自己的理论，力求说明院校应该如何加强学生参与，并提出聚焦于院校内的条件（院校承诺、院校期望、支持、反馈）的院校行动模型[2]，以此提高学生成功的可能。院校影响理论将院校行动与学生参与（学生努力）相结合，深刻地揭示了大学生成长过程及其成长过程中的影响因素，这些变量可能与学生相关（如性别、学术倾向及学业成就、社会经济地位、民族或种族等），也可能与组织及结构相关（如规模、控制的类型、筛选率等），还可能与环境有关（如大学师生共同营造的学术、文化、社会或政治等校园氛围）。[3]

作为大学生成长变化结果（学生学习成果）的直观表现，大学

---

[1] J. Weidman, "Undergraduate Socialization: A Conceptual Approach," John C. Smart, *Higher Education: Handbook of Theory and Research*, New York: Agathon, 1989, pp. 299–322.

[2] V. Tinto, B. Pusser, *Moving from Theory to Action: Building a Model of Institutional Action for Student Success*, National Postsecondary Education Cooperative, 2006, p. 9.

[3] 吴凡：《我国研究型大学本科人才培养质量研究——基于"985工程"高校大学生学习经验调查》，博士学位论文，厦门大学，2013年。

本科毕业率是院校影响和学生参与（学生努力）相互作用的结果。因而，"院校影响理论"作为考察大学生成长变化的理论依据，有助于从微观层面上解释和说明大学本科毕业率形成的内部原因，将问题聚焦在大学教学管理和学生学习两个层面。此外，院校影响理论模型的构建基于大量的实证研究，每一个影响因素的提出都有据可循，因而为透视大学生变化的影响因素提供了重要的依据，运用此理论研究本科毕业率问题，在方法论层面和实际操作层面均能发挥重要作用。当然，院校影响模型是在以美国大学生为研究对象的基础上提出的，对于解释中国大学生的成长可能不完全适切，需要进行本土化的调整。

二 研究界定

研究界定主要分为两个方面：一是概念界定，围绕本书的关键词"毕业率"以及相关概念进行研究界定，二是研究对象界定，对研究对象的类型与层次进行规定性定义，划定研究范围。

（一）本科毕业率及相关概念界定

本科毕业率、辍学率、留存率、转学率是与毕业率相关的概念，为了避免在研究中出现概念混淆和模糊的问题，本书需要对这些概念进行界定。

1. 本科毕业率

在学术界，从理论上对毕业率的认识视角和框架进行研究的成果较少，从现有的研究成果上看，对毕业率的概念界定相对比较简单，以统计方式的描述性界定为主。对毕业率本质的认知模糊，造成在不同的高等教育系统中研究毕业率相关问题时，容易产生分歧与误解，由此对毕业率概念进行厘清十分必要。

对大学本科毕业率的研究需要从以下三个问题着手：第一，明确大学本科毕业率的本质内涵；第二，明确大学本科毕业率的质量意蕴；第三，结合不同主体视角的价值诉求探究大学本科毕业率与高等教育质量的逻辑关系。基于此，本书在第二章里将对"本科毕业率"的内涵进行深入解读。

2. 新生保留率

新生保留率是指大一学年入学的学生在大二学年开学时返回学校学习的人数占大一学年入学总人数的比例。在美国高等教育系统中，新生保留率这一数据的价值举足轻重。它不仅是测量学生在第一学年学习经历和学习成果的重要方法，而且是衡量高校办学绩效的关键指标之一，并且与大学毕业率之间存在正相关关系，新生保留率高一般预示着毕业率高。①《美国新闻和世界报道》发布的大学排行榜以及奥巴马政府推行的"高校计分卡"都将"新生保留率"作为主要的指标之一。

3. 转学率

转学率是指一所大学学生在规定学制期间转移到另一所大学就读的学生人数占学生总人数的比例。在高等教育系统"开放性"较强的国家，如美国，由于"转学机制"和"学分互认"制度的存在使得学生在高校之间的流动现象比较常见。美国联邦政府在统计大学毕业率时，转学率一般不统计在内，意味着把未在首次入学高校毕业的学生视为学业失败，不管他们是否在转学后的高校顺利毕业，显然，这种统计方式存在缺陷。

4. 辍学率

辍学是指学生未能完成某一特定阶段的学业要求而中途退出，未能毕业获得学历证书。中国教育部在教育事业发展统计过程中对辍学的界定是：辍学学生是指除正常的毕业（结业）和升级、留级、转学、死亡以外，其他所有中途不再上学而离开学校的学生，包括休学、退学（办手续和不办手续）、开除、转学但未在另一学校继续上学的学生。辍学率即是辍学学生占在校生总数的百分比。根据美国教育统计中心的界定，辍学率分为个体辍学率和国家辍学率，前者被界定为"在上一学年伊始离开学校，到下一学年开始为止未在任何一所学校注册并获得学历证书的学龄学生占学龄在校生总数的百分比"；后者被界定为"在学业完成

---

① B. J. Hosch, "Institutional and Student Characteristics that Predict Graduation and Retention Rates," http：//www.ccsu.edu/uploaded/departments/AdministrativeDepartments/Institutional_ Research_ and_ Assessment/Research/20081104a.pdf.

之前离开学校,并未在任何一所学校注册或者毕业的学龄学生占全国学龄总人口数的百分比"①。从概念的定义来看,辍学率、转学率和毕业率之间存在紧密且复杂的关系,辍学学生、转学学生和毕业学生的界定直接影响着毕业率数据的统计,如经合组织所指出的,"对许多国家而言,中断学业与未完成学业很难区分"②。

(二)质量、高等教育质量与人才培养质量

1. 质量

长期以来,学者从不同的角度对"质量"的概念进行了阐释,莫衷一是。戴安娜·格林在1994年综合了各家的研究,认为主要存在以下几种质量观:(1)质量就意味着卓越;(2)质量就是符合标准;(3)质量就是目标达成或适于目的;(4)质量就是达成机构目标的效益;(5)质量就是顾客需要的满足。③ 本书在既有研究观点的基础上,提出对教育领域内"质量"概念的看法和观点。

首先,从哲学层面而言,质量是指"质"或者"特性",指的是事物的内在规定性,是一个事物不同于其他事物的根本属性。质量表现为事物存在的固有的特性,是事物的客观属性。这也就意味着,一个事物具有这种内在规定性,它就存在;如果失去了这种内在规定性,它就不存在了。"质"表明了事物自身的统一性,以及与其他事物的根本区别。虽然,哲学层面关于"质量"的理解与其他学科关于"质量"的理解存在差异,但必须承认,哲学层面对于"质"的认识说明一个事物若想存在,或者对其他事物产生影响,就必须拥有自己固有的或者根本的属性,如果舍弃或者偏离根本属性,则无任何意义了。这也是进行"质量"内涵研究的一个根本前提。

其次,从比较的层面定义质量。基于公众的理解,"质量"即是

---

① National Center for Education Statistics, "Trends in High School Dropout and Completion Rates in the United States: 2014," https://nces.ed.gov/pubs2018/2018117.pdf.

② Organization for Economic Co-operation and Development, "Education at a Glance: OECD Indicators 2013," http://www.oecd-ilibrary.org/education/education-at-a-glance-2013_eag-2013-en.

③ 参见陈玉琨等《高等教育质量保障体系概论》,北京师范大学出版社2004年版,第64页。

"好"，例如有质量的东西即是好的东西。随着认知的加深，有部分学者认为质量总是与比较相关的，没有比较的话，就难以评定质量，质量具有高低之分。当与同类进行横向比较时，这种比较的质量定义是"卓越"的，是最好的、最优的。在这里，质量意味着最高水平的代名词，代表着其产品或者是服务等都达到了极高水平。这种质量观也是比较传统的质量观。当与自己做比较时，这里的质量意味着现在比过去有所提高和发展，也即"增值"，实现的"增值"越大，相应的质量也就越高。目前，"增值"在教育评价和高等教育评价中使用得较为频繁，常常作为评估学生学习成果与院校影响的重要指标。

再次，按符合的程度定义质量。最初，在产业领域，符合"产品标准"或者"产品规格"即是质量。具体而言，使用事先制定的客观的产品标准或者规格来评价产品，质量意味着产品符合规格，即客观的评价标准。在这个层面上，质量是产品与客观的评价标准的统一体。在教育领域，学者更倾向于使用"符合目的"或者"符合目标"来定义质量。这里包含两个问题：一个是目的或者目标的合理性；另一个是对目的或者目标的达成度，前一个问题是后一个问题的前提条件，如果前一个问题提出的条件没有达成的话，后面的目标达成度究竟如何，都不能称之为"质量"。在这个层面上，质量是目的或者目标设定的合理程度与目的或者目标达成度的统一体。按照符合目标或者标准来定义质量，即基于组织内部的视角，只要产品符合事先制定的标准、目的或者目标，即为质量。这就带来一个问题，标准或者目标制定应该符合谁的目的？如何判断标准、目的或者目标的合理性？

最后，从满足的程度定义质量。满足需求通常是从使用者或者是顾客的角度来看待产品质量的。约瑟夫·朱兰在《朱兰质量手册》中提出"小质量"和"大质量"的概念："小质量"是指与工厂规格、程序和标准的符合性；"大质量"是指与顾客需要的对应。对大多数的质量部门而言，长期以来，质量的定义就是"符合规格"，它们认为，符合规格的产品也会满足顾客的需要。这种认识可能是合乎逻辑的，因为这些部门很少直接与顾客接触；但这种认识可能又是十分错误的，在顾客需要中包括很多找不到的产品规格，由此，"质量"意味着能够满足顾客的需要从而使顾客满意的那些产品特性①，强调产品目标的制定应根据市场需要。② 从顾客满意的角度来看，质量更多地体现为一种基于自身利益需求而对产品或者服务等满足需求程度的价值判断。就目前市场组织或者社会组织发展的复杂程度而言，顾客这一概念应该为利益相关者概念所取代，与组织产生利益关系的所有主体都可以对组织的产品或者服务进行价值判断。不同主体的需求可能会随着地点、时间、对象或者环境等条件的变化而变化。

因此，质量是一个多主体、多维度、处于不断变化中的概念，它要求组织可以根据具体的社会、经济、技术、服务对象等条件的变化而改变，满足主体的需求，即为最恰当。从这个层面来理解，"符合规格""符合目标"和"满足需求"三者则可以达成一致，即产品的规格应该先符合顾客的目的，而顾客的目的是由他们的需求决定的，因此应该将顾客的需求或者目的转化为产品的规格。在激烈的市场竞争下，生产者必须不断地把顾客的个性化需求融合到产品规格中，否则可能导致竞争失败。

在教育领域，随着教育逐渐拉近与社会的距离，利益相关者对教育过程和教育成果的价值需求日益多样化，而且以比从前更为直接的方式反馈到教育发展中，因而满足需求亦逐渐成为衡量教育质量的重要标准。当然，"教育产品"与"市场产品"存在本质上的差异，毕竟，大学不同于市场组织，其运行必须符合学科知识的本质规律和内在逻辑，不能一切以满足需求为标准，这会导致高等教育质量内涵更为复杂化。

可以说，以上关于质量的定义在一定的时代背景或者研究视角下都具有合理性。基于以上研究结果，本书认为，质量的内涵至少应包括两个层面：第一，质量是事物的内在规定性。这种内在规定性是事物区别于其他事物的特有属性，属于客体属性。例如，高等教育具有人才培养这一根本属性。第二，质量作为事物的内在规定性，必须满足主体的价

---

① [美]约瑟夫·M. 朱兰：《朱兰质量手册》，焦叔斌等译，中国人民大学出版社2003年版，第8页。

② J. C. Doaney, *The Quality Education Challenge*, Thousand Oaks: Corwin Press, 1994, p. 8.

值需求才能得以实现，并表现为满足程度的高低。由此可见，质量是由事物的客体属性与主体的价值需求结合而形成的，体现了客体属性对于主体价值需求满足与否与满足程度。如果不与主体的价值需求相结合，质量则毫无意义。客体属性对于主体价值需求满足程度的高低则代表着质量的高低。本书关于质量的定义为：事物的内在规定性对于相关主体价值需求的满足程度。

2. 高等教育质量

高等教育是一项复杂的活动，既包括直接的产品——学生，还包括其他相关的管理和服务活动。高等教育既需要向学生提供教育教学、管理和服务活动，又需要高等教育产品满足社会需求，因而高等教育质量就成为一个符合的质量概念，既需要满足学生个体的价值需求，又需要满足社会对于高质量人才的需求。

安心在概括国内外学者系统研究成果的基础上，提出了"适宜质量"这一新视角，即指在一定的办学条件下，满足国家、社会和受教育者实际需要的质量。[1] 这一概念可以引发两点思考：一是质量意味着高等教育符合不同国家和地区的社会、经济、文化等发展阶段的实际需要，具有特殊性、阶段性和流变性特征；二是高等教育质量主体具有多元性。

陈玉琨提出了高等教育"内适质量""外适质量"和"个适质量"的概念。"内适质量"是一种"学术中心主义"的质量观，强调高等教育系统的发展应符合高深知识生产的逻辑；"外适质量"则以外部对高等教育的需求来定义质量，以高等教育对外部需求的满足程度作为衡量教育质量的标准；"个适质量"是"以学生为中心"的质量观，教育质量就是学生个体认知、情感等个性发展程度的反映。[2] "内适质量"对于高等教育质量的解读，意味着"质量"是对大学预定规格或者目标的达成，或者"质量"是达成大学办学目标的有效性，质量的评价主体是大学。"外适质量"对于高等教育质量的解读，最直接地体现在"质量"

---

[1] 安心：《高等教育质量保证体系研究》，甘肃教育出版社1999年版，第71页。
[2] 陈玉琨等：《高等教育质量保障体系概论》，北京师范大学出版社2004年版，第64—65页。

是大学对劳动力市场的满足程度,质量的评价主体是社会。"个适质量"对于高等教育质量的解读,意味着学生自我增值的实现,质量的评价主体可以是大学、社会和学生的任何一方。

此外,赵文华认为,高等教育不仅仅是指活动结果,而且包括活动的全过程。基于此,高等教育质量是指高等教育的过程和结果满足明确或隐含需要能力的特性的总和。高等教育质量特性是高等教育区别于其他活动的属性和特征,也就是培养人。高等教育要求是指把各方面对高等教育质量的要求转化为高等教育的特性,与高等教育目标同义。[①]

综上所述,不同主体对于质量的观点都体现着其自身对高等教育的价值期望:政府希望高等教育可以更好地服务于国家政治、经济和社会发展需要;大学希望提高教育效率,人才培养质量达到学校制定的目标,满足不同利益相关者的需求;企事业用人单位的雇主们希望高等教育的产出可以满足自己的需求,提升经济价值;学生个体希望通过高等教育达成自我增值的期望,不管是在学识还是人力资本上。正如学者所言:"高等教育价值观是高等教育的价值在人们观念上的反映。"[②] 如政府管理人员关注的是高等教育系统的效率,高校关注的是办学效率和声望,社会用人单位关注的是毕业生的职业能力,学生和家长关注的是高校提供的教育资源和就业前景等。可以说,当他们各自对高等教育的价值期望达成时,高等教育质量自然可以实现。

可见,高等教育质量所具有的主体多样化、价值取向多元化以及适宜性(阶段性)特征,使其成为具有众多面相的复杂概念。本书认为,高等教育质量是指在既定的社会条件下,高等教育实践的过程和结果对不同主体的高等教育价值期望的满足程度。

3. 人才培养质量

基于上文的分析不难认识到,高等教育质量是一个多维度、多层次、多标准的概念,随着高等教育所处社会的政治、经济、文化环境的变化,高等教育的历史发展,以及不同主体的需求变化而产生变化。从法理上

[①] 赵文华:《高等教育系统论》,广西师范大学出版社2001年版,第208页。
[②] 胡建华等:《高等教育学新论》,江苏教育出版社1995年版,第174页。

看，《中华人民共和国高等教育法》规定："高等教育的任务是培养具有社会责任感、创新精神和实践能力的高级专门人才，发展科学技术文化，促进社会主义现代化建设。"① 李福华从高等教育的人才培养、科学研究和社会服务的三大职能出发，认为"高等教育质量至少包含三个重要组成部分，即教学和人才培养质量、科学研究质量、社会服务质量"②。张安富等人进一步提出"提高高等教育质量最核心的是要提高人才培养的质量"③。

在高等教育演进的过程中，人才培养始终是高等教育最基本的职能和根本使命，人才培养质量是高等教育质量的核心内涵。胡建华认为：

> 作为教育机构，作为拥有大量学生的学校，教育学生、培养人才仍然是高等学校的最主要的工作，社会诉诸高等学校的最主要的任务，高等学校能为社会作出的最主要的贡献。因此，衡量高等学校工作成效大小、任务完成好坏、社会贡献高低的主要尺度就只能是培养人才的数量与质量，高等教育质量的基本指向就应该是教育学生的质量、人才培养的质量。"④

基于以上观点，本书认为，以高等教育质量的核心指向，即"人才培养质量"作为谈论的对象更为恰当。黄海涛将大学人才培养质量界定为：大学生在接受特定阶段的高等教育之后，其知识、技能、态度、能力等学习成果得以改进的程度。⑤ 美国学者马尔科姆·弗雷泽指出："高等教育的质量首先是指学生的发展质量，即学生在整个学习历程中所学

---

① 中华人民共和国教育部：《中华人民共和国高等教育法》，http：//www.moe.edu.cn/s78/A02/zfs_ _ left/s5911/moe_ 619/201512/t20151228_ 226196.html。
② 李福华：《高等教育质量：内涵、属性和评价》，《现代大学教育》2003年第2期。
③ 张安富、靳敏、施佳璐：《高等教育质量与水平及相关概念辨析》，《高等教育研究》2009年第11期。
④ 胡建华：《高等教育质量内部管理与外部监控的关系分析》，《高等教育研究》2008年第5期。
⑤ 黄海涛：《学生学习成果评估：美国高等教育质量保障研究》，教育科学出版社2014年版，第6页。

的'东西'（所知、所能做的及其态度），学生在认知、技能、态度等方面的收益是衡量高等教育质量的核心标准。"[①] 然而，本书并非一项大学生学习调查研究，无意研究本科毕业生具体的增值情况，以"人才培养质量"为对象，是区别于"科学研究质量"和"社会服务质量"而言的；基于此，本书致力于从"人才培养质量"的视角探究高等教育的实践过程和结果对不同主体价值期望的满足程度。

（三）研究对象界定

任何研究的开展都必须以明确研究对象为前提条件。在本书中，首先需要确定教育层次及高校类型，尤其是在进行国内外大学本科毕业率的比较分析时，更需要明确各个国家高等教育分类，否则会产生偏差，缺乏对话的基础。因此，需要对本书的研究对象层次和类型进行界定。

1. 层次界定

本科教育是高等教育的重要组成部分，与高等教育中的专科层次教育或者研究生层次教育存在着较大差异，因而必须对本科教育阶段的毕业率问题进行单独考察。同时，本科人才是高等教育人才的主力军，本科人才培养质量关系到高等教育人才培养质量的根本，关系到高等教育可以为经济社会发展提供的智力支持和人才保障的程度，因而必须对本科教育质量予以高度关注。基于以上两点考虑，本书把"毕业率"的研究对象界定为本科教育层次。中国大学本科毕业率以获得毕业证书和学士学位为基准；国外大学本科毕业率一般以获得学士学位为基准，其中，副学士学位不包括在研究范围内。

2. 类型界定

为了探究高等教育系统内部不同类型高校的本科毕业率是否存在差异，本书试图对中国和所选取的美国、英国、法国和日本四个国家的大学类型进行划分，由于获取资料的有限性，本书主要对中国、美国和日本的大学类型进行了划分。中国大学类型被划分为研究型高校（"985工程"高校、"211工程"高校）、普通本科院校和新建本科院校；美国大

---

① 转引自陈玉琨等《高等教育质量保障体系概论》，北京师范大学出版社2004年版，第59页。

学类型则按照美国卡耐基高等学校分类中"按照学位授予比例和学位涵盖的学科领域"的划分，分为学士学位授予学院、硕士学位授予学院和大学、博士学位授予大学、专业性四年制大学；日本大学类型则被划分为国立大学、公立大学和私立大学。

本书中出现的"大学"一词也不是在最严格意义上使用的。基于行文的需要，书中会出现"大学""高校"以及"院校"等词汇，涉及国外大学的情况，则会出现"学院和大学""学院或大学"的表述方式。

三　研究方法

（一）文献检索法

文献检索法是研究者基于研究目的对相关领域的文献及其内容进行寻找及分析，一为帮助研究者发现和确定研究问题，二为研究者提供研究所需要的背景资料，因此是帮助研究者熟悉研究领域发展历史和现状以提高研究效率的必要保证。本书搜集到的文献主要包括四个方面：一是国内外学者关于大学毕业率、高等教育质量管理和保障方面的著述；二是政府（包括国内和国外的）颁布的有关学历学位管理、高校学生管理、教育评估以及高校就业管理等方面的法律法规、教育档案及政策规定；三是中华人民共和国成立以来与高校学生毕业相关的教育统计以及大事纪年表等，国外与高校学生毕业相关的教育统计以及大事纪年表等；四是国内外高校制定的学生学位管理规定、人才培养方案、课程成绩管理规定等文件。所搜集到的文献资料，一部分在本书"文献综述研究"中有所体现，另一部分则贯穿于全书之中，在深入分析问题时作为辅助资料。

（二）定量研究与定性研究相结合

本书的目的在于呈现中国大学本科毕业率的现状并探究其反映的本质问题，由此本书既需要采用定量研究的方法，以对真实和充分的数据和事实材料进行分析，又需要以理论诠释、逻辑推演、政策解读、价值判断以及制度分析等为基础的定性研究过程来阐释中国大学本科毕业率现状所反映的本质问题。本书事实分析主要分为两个方面：一方面是面板数据分析，从历史发展、横向国家对比、院校组织层面等维度对大学本科毕业率（包括国内和国外）数据进行描述性统计分析，考察大学本科毕业率的"全球图景"及大学本科毕业率的特征；最重要的是考察中国大学本科毕业率的历史演变及现状特征。另一方面是通过学生问卷调查，在了解学生学习经历的同时，通过学生的视角来反映大学的教学管理制度及其实施过程。

在定性研究方面，主要分为两个方面：一方面是借助于定性研究方法的理论研究。理论研究从本质上讲是一种诠释、批判和创造性认识的过程①，本书的理论研究主要体现在第二章和第六章，第二章"大学本科毕业率的理论探究"，解释大学本科毕业率的本质及其与高等教育质量之间的关系；第六章"对中国大学本科毕业率的反思与展望"，则是结合已有的理论研究框架，进行逻辑推演及价值判断。另一方面是在数据分析及问卷调查定量研究的基础上，通过访谈为定量研究所发现的事实依据提供辅助性材料。本书主要采取半开放式访谈，访谈对象分为三类，即高校主管本科生教学、就业和学位工作的行政人员，高校教师、高校在读生以及毕业生。针对不同主体特征提出具有针对性的访谈问题，针对高校行政人员主要从管理的视角了解受访者对毕业率问题的基本看法；针对高校教师主要从教学的视角了解受访者对毕业率问题的基本看法；针对高校在读生以及毕业生，主要从学习经历视角了解他们对毕业率问题的基本看法。在本书中，定量研究和定性研究有机结合，定量研究为定性研究提供事实依据，定性研究则为定量研究提供理论依据，并进一步深化定量研究的成果，以达到探究问题本质的作用。

（三）比较研究法

不同国家的高等教育系统因生成的土壤和环境的差异，高等教育机构的学生毕业率的现状及其形成的原因也必然有所不同，任何脱离各个国家的具体国情和特殊的高等教育系统来谈论毕业率问题，都没有实际意义，甚至会扭曲事实。因此，本书在前期研究成果的基础上，选取西方高等教育系统中具有代表性的国家——美国、英国和法国，以及亚洲

---

① 王旭辉：《我国高等教育的供求问题研究——教育"专业"层面的探讨》，博士学位论文，厦门大学，2017年。

高等教育系统中具有代表性的国家——日本，围绕大学本科毕业率问题与中国进行比较分析。其中，既涉及大量数据统计和数据分析，又包括深入高等教育中法规政策、管理制度、运行机制的比较分析，以期从"表层的数据描述"上升至"深层的要素分析"[①]，旨在探究中国大学本科毕业率现状的内在逻辑及问题的本质，并通过比较研究为中国高等教育质量改革提供有益借鉴。

四 研究创新点

本书的创新点主要体现在三个方面：一是从理论上揭示大学本科毕业率的本质及其与高等教育质量的关系；二是基于全球视野考察大学本科毕业率现状；三是通过实证研究分析中国大学本科毕业率的形成机制，并从中探究中国大学本科毕业率问题的本质。

（一）揭示大学本科毕业率的本质及其与高等教育质量的关系

本书在一定程度上填补了大学本科毕业率与高等教育质量关系理论研究现状的不足。就目前国内关于大学本科毕业率研究成果而言，基本上偏向于在立足本国国情的基础上对大学本科毕业率进行实证研究，但这种实证研究缺乏理论指导，极易造成以毕业率数据高低来判断高等教育质量高低的线性联系问题。因而，本书正面回应公众对大学本科毕业率高现状的疑惑，以及对大学本科毕业率与高等教育质量之间关系的认知偏差。在"系统论"方法的指导下，构建"大学本科毕业率质量内涵框架"，论证大学本科毕业率与高等教育质量之间存在着"一元"与"多元"的关系，即大学本科毕业率指向的是人才培养目标的达成，而高等教育质量指向的则是满足多元利益相关者的价值需求。

（二）基于全球视野考察大学本科毕业率现状

在已有研究的基础上，本书进一步扩大研究视野，即不局限在某一国大学本科毕业率的现状上，而是将视野拓展到全球。经合组织成员国的大学毕业率整体景象，以及具有代表性和典型性的国家——美国、法

[①] 冯增俊、陈时见、项贤明：《当代比较教育学》，人民教育出版社2008年版，第9、82页。

国、英国和日本的大学本科毕业率，生动描绘了具有差异性的大学本科毕业率特征。研究表明，不同国家大学本科毕业率的差异，与国家高等教育系统及运行机制等因素不无关系，因此必须立足国情和高等教育实践对中国大学本科毕业率问题进行研究。

（三）透视中国大学本科毕业率问题的本质

已有的关于中国大学本科毕业率问题的研究，大多数停留在对"现象"的描述上，或者针对"现象"中存在的问题，提出一些细枝末节的建议，尚未能触及问题的本质。本书从大学本科毕业率与高等教育质量之间"一元"与"多元"的矛盾关系入手，分析中国大学本科人才培养成果所呈现出的本科毕业率高现象，探究中国大学本科毕业率问题的本质，指出大学本科毕业率高形成高等教育的表面繁荣，实际上没有解决高等教育质量无法满足相关利益主体价值期望的根本问题。

第二章　大学本科毕业率的理论探究

> 一个理论不是认识，它只是使认识可能进行的手段。一个理论不是一个目的地，它只是一个可能的出发点。一个理论不是一个解决方法，它只是提供了处理问题的可能性。换句话说，一个理论只是随着主体的思想活动的充分展开而完成了它的认识作用，而获得它的生命。[①]
>
> ——[法] 埃德加·莫兰

第一节　大学本科毕业率的本质内涵

德国社会学家马克斯·韦伯曾言："直接决定人的行为的是物质和观念的利益，而非观念。但是观念所创造的'世界观'往往像扳道工规定着利益驱动行为前进的轨道。"[②] 这句话体现出理念或者观点对行为的指导作用。大学本科毕业率作为大学教学管理和学生学习成果的一种量化结果，其背后蕴含着丰富的教育理念和质量内涵。如果不从理论上追根溯源大学本科毕业率的本质及其质量内涵，那么很容易陷入高等教育评价中的"数字陷阱"[③]，盲目追逐数量上的"高"，忽略其质量意蕴只能

---

① [法] 埃德加·莫兰：《复杂思想：自觉的科学》，陈一壮译，北京大学出版社2001年版，第271页。
② 参见陈洪捷《德国古典大学观及其对中国的影响》，北京大学出版社2006年版，第6页。
③ 刘少雪：《高等教育评价中的"数字陷阱"》，《苏州大学学报》（教育科学版）2016年第1期。

是掩耳盗铃，本末倒置。

一 本科和本科教育

本科和本科教育的英文原文是"undergraduate"和"undergraduate education"，同时，"undergraduate"通常也被理解为"本科生，是指尚未在所学领域获得学士学位或者第一学位的学生"；"undergraduate education"则被翻译为本科生教育，有"尚未获得毕业资格的大学生教育"或"尚未取得学位的大学生的教育"[①] 之义。本科教育从属于高等教育，是高等教育中中级层次的教育。当今世界各国的高等教育体系基本上分为三个等级：专科教育、本科教育和研究生教育。如联合国教科文组织2011年发布的《国际教育标准分类法》（International Standard Classification of Education，ISCED）将教育分为8个等级，其中高等教育由5级、6级、7级和8级四个等级构成，分别为短线高等教育、本科或等同水平、硕士或等同水平、博士或等同水平；本科或等同水平属于总第六等级教育层次，与专科教育、研究生教育共同构成高等教育。[②]《中华人民共和国高等教育法》第十六条规定，"高等学历教育分为专科教育、本科教育和研究生教育"[③] 三个阶段。在学制要求方面，世界各国本科教育修业年限大多是3—4年，如 ISCED 规定"第六级教育的课程学习时常为3—4年"[④]，第十七条规定"本科教育的基本修业年限为四—五年，高等学校根据实际需要，报主管的教育行政部门批准，可以对本学校的修业年限作出调整"[⑤]。在本科教育人才培养规格方面，世界各国因政

---

① 来茂德：《中国研究型大学本科教育探索：浙江大学的思考与实践》，浙江大学出版社2002年版，第16—17页。

② United Nations Educational, Scientific, and Cultural Organization, "International Standard Classification of Education 2011," http：//www.uis.unesco.org/Education/Documents/isced-2011-ch.pdf.

③ 中华人民共和国教育部：《中华人民共和国高等教育法》，http：//www.moe.cn/s78/A02/zfs_ _ left/s5911/moe_ 619/201512/t20151228_ 226196.html。

④ United Nations Educational, Scientific, and Cultural Organization, "International Standard Classification of Education 2011," http：//www.uis.unesco.org/Education/Documents/isced-2011-ch.pdf.

⑤ 中华人民共和国教育部：《中华人民共和国高等教育法》，http：//www.moe.cn/s78/A02/zfs_ _ left/s5911/moe_ 619/201512/t20151228_ 226196.html。

治、经济、社会、文化等制度环境的差异，关于人才培养目标和质量的要求莫衷一是。《中华人民共和国高等教育法》第十六条规定："本科教育应当符合下列学业标准：应当使学生比较系统地掌握本学科、专业必需的基础理论、基本知识，掌握本专业必要的基本技能、方法和相关知识，具有从事本专业实际工作和研究工作的初步能力。"[1] 当学生满足高校所设定的学业要求和学业标准，达到人才培养目标，并通过资格审核后，则应当毕业。

二 大学本科毕业

在不同国家及不同教育体制内，"毕业"的内涵存在着差异。如《美国遗产辞典》对"毕业"的定义是"完成学业并被授予或收到学位或文凭证书"[2]。《远距离开放教育辞典》对"毕业"的阐释为："具有学籍的学生，德、智、体合格，学完教学计划规定的全部课程，考试及格或修满规定的学分，准予毕业，发给毕业证书。本科生按照《中华人民共和国学位条例》规定的条件授予学士学位。毕业证书由相应的高等学校发给"[3]。基于"毕业"的内涵，《教育大词典》对于"毕业生"的含义进行了阐释：在中国，"毕业生"指按学制规定修业期满，成绩及格，取得学校某一阶段学历资格的学生。由学校将规定格式的毕业证书报经主管教育行政部门审核验印后，发给学生。本学年毕业者为应届毕业生，本年度以前毕业者为往届毕业生。在英国，毕业生指在高等教育机构完成某一阶段学习或取得学位的学生。在美国，"毕业生"则指在各级学校完成其学业，取得合格成绩的学生。[4] 如《韦氏新世界大学辞典》对"毕业生"的定义为："在学校或大学中完成课程学习并获得相应的学位或文凭的人。"[5]

---

[1] 中华人民共和国教育部：《中华人民共和国高等教育法》，http：//www.moe.edu.cn/s78/A02/zfs_ _ left/s5911/moe_ 619/201512/t20151228_ 226196.html。

[2] 参见《美国遗产辞典》，http：//americanheritage.yourdictionary.com/。

[3] 谢新观主编：《远距离开放教育词典》，http：//mall.cnki.net/Reference/ref_ search.aspx？bid = R200 607317&inputText = % E6% AF% 95% E4% B8% 9A% E7% 8E% 87。

[4] 教育大辞典编纂委员会编：《教育大辞典》，上海教育出版社1990年版，第239页。

[5] 参见《韦氏新世界大学辞典》，http：//websters.yourdictionary.com/。

归纳以上关于"毕业"的定义，可以发现这样几个要素：年限（学制）、学业要求、学业水平、学位证书或学历证书等。其中，年限是时间要求，学业要求属于高校教学管理范畴，包括培养目标的制定，课程安排、学分要求、毕业论文等一系列环环相扣的过程；学业水平是学生学习成果的体现；学位证书或者学历证书是"毕业"这一结果的物化标识，标志着高校和社会对于学生学习成果的一种认可。如《普通高等学校学生管理规定》第三十二条规定："学生在学校规定学习年限内，修完教育教学计划规定内容，成绩合格，达到学校毕业要求的，学校应当准予毕业，并在学生离校前发给毕业证书。符合学位授予条件的，学位授予单位应当颁发学位证书。"①

中国在规定高校学生毕业以及颁发学位证书和学历证书方面有严格的法律依据。《中华人民共和国教育法》第二十二条规定："国家实行学业证书制度，经国家批准设立或者认可的学校及其他教育机构按照国家有关规定，颁发学历证书或者其他学业证书"；第二十三条规定："国家实行学位制度，学位授予单位依法对达到一定学术水平或者专业技术水平的人员授予相应的学位，颁发学位证书。"②《中华人民共和国高等教育法》第二十条规定："接受高等学历教育的学生，由所在高等学校或者经批准承担研究生教育任务的科学研究机构根据其修业年限、学业成绩等，按照国家有关规定，发给相应的学历证书或者其他学业证书。"③此外，1993年《普通高等教育学历证书管理暂行规定》强调："为加强普通高等教育学历证书管理，维护国家学历教育制度和学历证书的严肃性，保证高等教育的质量和规格，特制定本规定；学历证书的获得者必须是按国家规定招收，入学后取得学籍的学生；具有学籍的学生学完教学计划规定的全部课程，考试成绩及格（或修满学分），德育体育合格，

---

① 中华人民共和国教育部：《普通高等学校学生管理规定》，http：//www.moe.cn/srcsite/A02/s5911/moe_ 621/201702/t20170216_ 296385.html。
② 中华人民共和国教育部：《中华人民共和国教育法》，http：//www.moe.cn/s78/A02/zfs_ _ left/s5911/moe_ 619/201512/t20151228_ 226193.html。
③ 中华人民共和国教育部：《中华人民共和国高等教育法》，http：//www.moe.cn/s78/A02/zfs_ _ left/s5911/moe_ 619/201512/t20151228_ 226196.html。

准予毕业者，可取得毕业证书。"① 按照《中华人民共和国学位条例暂行实施办法》的规定："高等学校本科学生完成教学计划的各项要求，经审核准予毕业，其课程学习和毕业论文（毕业设计或其他毕业实践环节）的成绩，表明确已较好地掌握本门学科的基础理论、专门知识和基本技能，并具有从事科学研究工作或担负专门技术工作的初步能力的，授予学士学位。学士学位由国务院授权的高等学校授予。"②

按照教育法律和法规规定的制度框架，中国高等教育存在学历证书和学位证书的"双证制"，其中学历证书表达的是高等学校发给受教育者的受教育程度（教育经历）的凭证；学位证书表达的是受教育者学术水平的凭证。在中国，虽然获取学历证书和学位证书的要求不一致，但在实际操作过程中，大学生通常以同时获得学历证书和学位证书代表学业的结束，即"毕业"。由此，中国大学本科生真正意义上的"毕业"包括四个核心要素：（1）具有学籍；（2）修习规定的课程，通过课程考核，成绩合格，达到学分要求；（3）德体合格；（4）完成毕业论文并达到规定的学术要求。虽然中国"双证制"不同于其他国家通行的"学位制"，但一般来说，"高等学校本科学士只要完成教学计划的各项要求，经审核准予毕业，其课程学习和毕业论文（包括毕业设计或其他毕业实践环节）成绩表明确已较好地掌握本学科的基础理论、专门知识和基本技能，并具有从事科学研究工作或担负专门技术工作的初步能力者，都可授予该学位"③。

根据上文关于本科教育、毕业以及学位制度的概念分析，大学本科毕业的概念可表述为：本科生在规定年限内完成大学规定的学业要求并达到规定的学术水平，并以获得学士学位证书（在中国还有本科毕业证书）作为学习结束的标志。在通常情况下，学业要求与教学计划（课程计划）是同一种意义，高校制订的教学计划即是对学生的学业要求。进

---

① 中华人民共和国教育部：《普通高等教育学历证书管理暂行规定》，http://old.moe.gov.cn/publicfiles/business/htmlfiles/moe/moe_621/200409/2725.html。

② 中华人民共和国教育部：《中华人民共和国学位条例暂行实施办法》，http://www.moe.edu.cn/s78/A02/zfs__left/s5911/moe_620/tnull_3133.html。

③ 康翠萍：《学位论》，人民教育出版社2005年版，第46页。

一步分析而言，人才培养目标通常是高校制订教学计划和学业要求的基础，具体来说，本科教育人才培养目标是依据一定的教育目的、社会需要和本科教育理念提出的关于人才培养的基本规格要求和质量标准。[①]从这个层面来理解，本科生"学业要求"和"学术水平"的达成实则是大学制定的人才培养目标的达成，基于此，本科生毕业即意味着本科人才培养目标的达成。

三　大学本科毕业率

从字面上理解，"毕业率"由"毕业"（毕业生）和"率"两个概念组成，即"毕业生的比例"，那么"毕业率"的内涵在一定程度上是由"毕业"（毕业生）的内涵所赋予的。在《教育大辞典》中，"毕业率"是指在某阶段教育入学的总人数中，按规定学制如期毕业（指获得毕业证书）的学生所占的百分比，标志着学校按规定目标培养合格学生的情况，反映学校办学的内部效益。[②]国内有很多学者持这一观点，如谢新观认为，"毕业率"是教育质量和投资效率指标之一，是指在某阶段入学的学生数中，按规定如期毕业的学生所占的百分比，它反映学校按规定目标培养人才的情况，以及表明了教育质量和办学效益情况，也可以进行班级、校际的考察。[③]

经合组织发布的《教育概览 1998：OECD 指标》首次使用毕业率指标，并指出毕业率意味着就读于某一教育阶段并在这一阶段获得至少一个学位的毕业新生的比例。由此，高等教育毕业率为进入高等教育系统的学生成功获得第一个学位即毕业的比例。毕业率的计算方法是获得初始学位的人数与 n 年前新入学者人数的比值，n 是完成学位所需全日制学习的年数。在美国，高等教育毕业率问题受到极大的关注，各高校每年都需要向美国国家教育统计中心上报毕业率数据，根据美国国家教育

[①] 杨志坚：《中国本科教育培养目标研究（之二）——本科教育培养目标的基本理论问题》，《辽宁教育研究》2004 年第 6 期。

[②] 顾明远：《教育大辞典·增订合编本》（上），上海教育出版社 1998 年版，第 88 页。

[③] 谢新观主编：《远距离开放教育词典》，http：//mall.cnki.net/Reference/ref_search.aspx？bid=R200607317&inputText=%E6%AF%95%E4%B8%9A%E7%8E%87。

统计中心的规定，四年制大学本科毕业率是指四年制学院（大学）首次入学的全日制本科生在规定的学制内正常毕业并获得学士学位的学生比例，具体的计算公式为：本科毕业率＝学制年限内（一般为四年）或者150％的时间内（一般为六年）在入学时大学正常毕业并获得学士学位的学生/四年制学院（大学）首次入学的全日制本科生；统计数据需要注意以下两点：一是统计对象限于首次入学的全日制本科生；二是入学和毕业必须在同一所大学。由于美国高等教育系统具有较强的开放性和流动性，大学生在校际的流动较为常见，每年美国大学生的转学率大概为20％，按照美国国家教育统计中心规定的毕业率官方统计数据，这些学生在离开的大学和最终毕业的大学中都被视为非毕业生，因而美国国家教育统计中心发布的毕业率数据往往因不包括这部分转学学生而遭到质疑。

在中国，应届本科生毕业率和应届本科生学位授予率是本科教学质量评估的重要指标，而且自2010年教育部要求"985工程"高校制定《本科教育质量报告》起，两者就是其中重要的支撑数据。然而，教育部并未公布本科生毕业率和学位授予率的精确定义和统计方法，由此造成各个高校统计数据的口径不一，在可比性方面存在不足。通过文献材料分析，中国大学本科毕业率和学位授予率的统计方法通常有两种：一种是应届本科毕业率（学位授予率）＝毕业生人数（授予学位人数）/应届毕业生数，这里应届毕业生数是统计了学籍变动者之后的数据；另一种是应届本科毕业率（学位授予率）＝毕业生人数（授予学位人数）/四（五）年前入学学生数，这里入学学生数通常不包括学籍变动情况；高校一般按照学制年限（四年或者五年）进行统计。针对这一情况，有学者提出，要准确计算本科生四年和六年学位率，其核心是处理好学生的学籍变动。根据国内高校学籍管理的一般情况，休学、停学和复学学生应在统计数据的分母中予以减去或加上；而对于转学和退学的学生则应该在分母中予以保留。[①] 从一个国家在本科毕业率统计方式上的争议，以及不同国家在本科毕业率统计方式的差异中，不难看出，如何统计本科毕业率与一个国家高等教育系统的制度环境存在着很大

[①] 卢晓东：《本科教育质量核心数据再探讨》，《中国大学教学》2013年第3期。

关系。

通过对大学本科毕业和毕业率的概念梳理，可以发现，本科毕业是指大学本科生在规定年限内完成学校规定的学业要求并达到规定的学术水平，并以获得学士学位证书（在中国还有本科学历证书）作为学习结束的标志。本科毕业的意义在于个体人才培养目标的达成。相对于作为个体概念的本科毕业，大学本科毕业率则是一个群体概念，即一个群体人才培养目标达成的情况，可以表述为：大学本科毕业率是指在规定年限内完成大学规定的学业要求，达到规定的学术水平，并顺利获得学士学位证书或者学历证书的本科学生数的比例。简言之就是，通过大学和学生的努力，最终有多少本科生顺利通过所就读大学和专业（课程）制订的教学计划并实现人才培养目标，本科毕业率即是本科人才培养目标达成比例的量化结果，是一个数量概念。

第二节 大学本科毕业率的质量意蕴

大学本科毕业率这一数据的重要性以及争议性源自高等教育利益相关方赋予它的质量内涵。大学本科毕业率内涵并不复杂，但当它被作为一种数字化的评价方法去衡量高等教育质量时，它就变得扑朔迷离了：本科毕业率究竟代表着什么？它与高等教育质量究竟存在怎样的逻辑关系？作为本科人才培养目标达成的量化结果，本科毕业率高通常意味着人才培养目标达成率高，而"人才培养目标是规定受培养者的具体质量要求，衡量人才是否合格的质量规格"[1]，在此层面上，本科毕业率与高等教育质量存在着一定的联系。然而，如果把本科毕业率的高低与高等教育质量的高低线性地联系起来，则可能演变为单纯地追求本科毕业率数字的高低。相较于本科毕业率，高等教育质量的内涵则要复杂得多，因而只有对本科毕业率与高等教育质量之间的逻辑关系进行探究与说明，才有利于下一步的研究。

---

[1] 教育大辞典编纂委员会编:《教育大辞典》第1卷《教育学、课程和各科教学、中小学校》，上海教育出版社1990年版，第24页。

一　大学本科毕业率质量内涵的分析框架

经合组织认为，高等教育毕业率可以作为衡量高等教育系统内部效率的一个有效指标，但是高等教育毕业率作为一个政策问题，在不同的国家存在着差别，因此对毕业率的解释必须审慎。[①] 无独有偶，美国学者亚历山大·阿斯汀明确提出"要慎用毕业率衡量高等教育效率"，他是基于美国高等教育系统的高流动性特征提出这一观点的，转学现象在美国高校较为普遍，在一所大学辍学的学生或许会在别的院校获得学位，以毕业率衡量高等教育效率，往往会造成"毕业率在全国性观点和院校观点的混淆，前者意味着'毕业生是否在某一院校完成学业'，后者意味着'某一院校是否为学生在该院校完成学业提供条件'"，然而，亚历山大·阿斯汀也肯定了"学生是否在其中完成学业是反映院校是否可以为学生毕业提供支持的重要的效率指标"[②]。普林斯顿大学名誉校长威廉·鲍恩认为："高等教育生产率的组成要素，强调既要降低院校成本（比率的分母），也要提高学生学习效果（比率的分子），如提高毕业率及缩短获得学位的时间"[③]，同时，他提到，"在（高等）教育效率的评定中，人们越来越关注毕业率"[④]。由此看来，威廉·G.鲍恩同样认为毕业率在衡量高等教育效率中具有重要作用。美国国家科学院在2012年发表的《提高高等教育生产率》的报告中声称："在探讨生产率问题时，质量应该始终处于核心位置，即使它无法完全通过指标来衡量。"[⑤] 中国学者卢晓东也提出应该把"学位完成率"作为本科教育质量的核心数据。[⑥] 通过以上分析，可以归结出两个重要观点：一是本科毕业率可以

[①] Organization for Economic Co-operation and Development, "Education at a Glance: OECD Indicators 1998," http://www.oecd-ilibrary.org/education/education-at-a-glance-1998_eag-1998-en.

[②] A. W. Astin, "To Use Graduation Rates to Measure Excellence, You Have to Do Your Homework," *The Chronicle Review*, Vol. 51, No. 9, 2004, p. 20.

[③] [美] 威廉·G.鲍恩：《数字时代的大学》，欧阳淑铭、石雨晴译，中信出版社2014年版，前言第XXIV页。

[④] [美] 威廉·G.鲍恩：《数字时代的大学》，欧阳淑铭、石雨晴译，第30页。

[⑤] 参见 [美] 威廉·G.鲍恩《数字时代的大学》，欧阳淑铭、石雨晴译，第9页。

[⑥] 卢晓东：《本科教育质量核心数据再探讨》，《中国大学教学》2013年第3期。

作为衡量高等教育质量的指标;二是由于大学本科毕业率形成因素的复杂性,对大学本科毕业率的质量解读必须审慎。

如前文所述,大学本科毕业率的本质内涵是大学人才培养目标达成的量化结果。从本质上看,本科毕业率的形成过程主要涉及两个主体:大学和学生;由这两个主体出发,可以衍生出四类活动:教育、学习、管理和评价,学生是学习活动的主体,而大学是提供教育、实施管理和评价的主体。在两个主体和四类活动的分析框架下,大学本科毕业率的形成过程是本科学生通过教学活动取得的学习成果与大学通过管理活动对其学习成果的评价认可的统一体。

从大学内部来看,在大学为学生提供了优质的教育资源、规范的管理制度和科学的评价体系的前提下,学生通过自己的努力达到学业标准而顺利毕业,由此形成的毕业率可以作为反映人才培养质量的指标;相反,如果是大学通过降低学术标准而使得学生达到学业要求,甚至是学生的学业水平未达到学业要求,仅仅通过牺牲管理底线而取得的本科毕业率,大学本科毕业率则不可以作为反映人才培养质量的指标。因此,大学本科毕业率的质量内涵,主要取决于大学的学术要求以及学生的努力程度,反映的是大学教学管理质量与学生学习质量的统一。

然而,当深入探究大学本科人才培养的各个环节时,可以发现,政府和社会对大学本科毕业率保持着热切的关注,而且不可避免地渗透到大学管理之中。其一,本科教育人才培养目标的制定不仅基于学科专业的知识体系要求,而且要结合教育目的和社会需要,在本科人才培养的起点处,大学就不可能完全独立地设定一切标准;其二,政府颁布的学历学位制度相关法律法规、学生学籍管理规定、政府主导的本科教学工作质量评估以及财政资源拨款方式,社会中介组织开展的大学评价、社会舆论和民众观念等,都在不同程度上干预着人才培养的过程和成果。

从学生的培养目标、培养过程和培养结果来看,大学并非唯一主体,政府和社会在人才培养过程中起着必要的干涉和影响作用。从这个层面来看,学生的学习成果最终接受的是由政府、大学和社会共同作用下的学术标准的管理或者评价,而大学在一定程度上被政府和社会赋予权力,因而成为直接的管理者和评价者。高等教育质量具有主体差异性,不同主体对高等教育质量的价值期望不同。政府和社会对于大学本科毕业率赋予它们自身对高等教育质量的价值期望；同理，在高等教育实践活动中，对政府和社会而言，如果本科人才培养质量符合了它们对高等教育质量的价值期望，那么大学本科毕业率无论高低，它都是合理的以及合乎质量的。

综上所述，对于大学本科毕业率的理解应涉及四个主体和四类活动：四个主体即学生个体、大学机构、政府部门、社会群体；四类活动即管理、教学、学习和评价。它们与本科毕业率的形成紧密相关：学生个体是完成学业要求（学习活动）的主体；大学机构是提供教育资源条件以及实施管理、评价学生是否达到毕业要求的主体；政府部门是政策管理、资金投入以及评价院校教育质量和办学绩效的主体；社会群体是评价院校办学质量的重要利益相关者。如果对其关系进行具体阐述的话，大学本科毕业率的形成是本科学生通过教育活动取得的学习成果与大学、政府及社会三者通过管理活动对其学习成果评价的量化结果。需要注意的有两点：一是大学、政府、学生和社会都会对大学本科毕业率产生影响，但是大学和学生通常是直接影响因素，政府和社会通常是间接影响因素；在不同国家和地区，以及不同高等教育系统中，政府、大学、学生和社会对大学本科毕业率形成的影响方式和程度存在着差异，尤其表现在政府和社会的影响作用上。二是四个主体与四类活动之间并非一一对应的，一个主体可能会实施多种活动，如大学在本科毕业率的形成过程中实施教学、管理和评价三种活动。基于四个主体和四类活动，本书形成了"本科毕业率质量内涵分析框架"（见图2-1），探究政府、大学、学生和社会四大主体如何通过教育、学习、管理和评价四类活动促使大学本科毕业率的形成。

二 大学本科毕业率的内部质量意蕴

如图2-1关于大学本科毕业率质量内涵分析框架所示，大学和学生共同经历了从入学、培养过程和毕业三个阶段，虽然毕业率看起来是"毕业"这个阶段的量化结果，但其实则是由这三个阶段共同形成的，因此对本科毕业率的分析并非孤立的，而是应该扩展到整个人才培养过

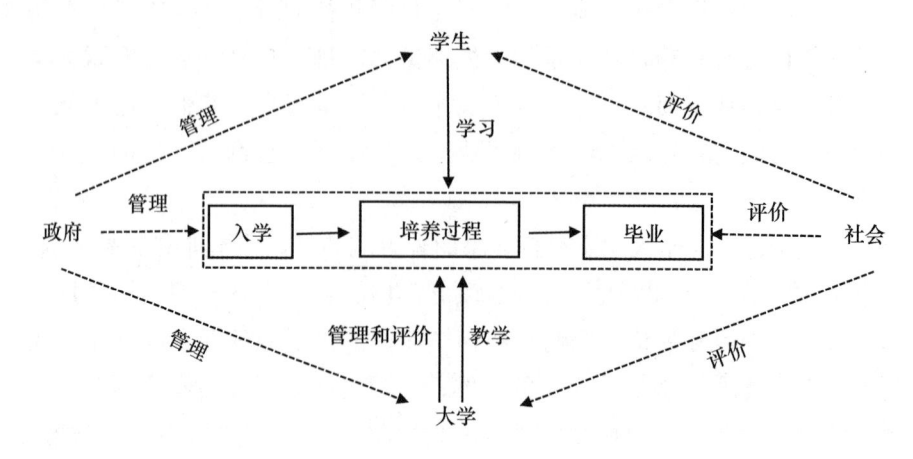

图 2-1　大学本科毕业率质量内涵分析框架

说明：实线箭头代表活动的直接作用；虚线箭头代表活动的间接作用。

程中。从大学本科毕业率形成的内部逻辑来看，大学本科毕业率体现的是本科学生通过教学活动取得的学习成果与大学通过管理活动对其学习成果的评价认可的量化结果。在大学本科毕业率形成的过程中，大学和学生分别通过不同的活动来实现自己的目标和价值诉求。

（一）本科毕业率之于大学的质量意蕴：通过教学、管理和评价活动确保人才培养目标达成的程度

从大学和本科毕业率的关系来看，本科毕业率意味着大学通过教学、管理和评价活动来确保人才培养目标达成的程度。对此，我们可以从四个方面进行分析：首先是人才培养目标制定的合理性；其次是教学活动安排和教学资源配置的科学性；再次是管理制度和实施过程的规范性；最后是评价体系和实施过程的有效性。

第一，本科人才培养目标是高校制订教学计划和开展教学活动的一个基点。"本科教育培养目标是关于本科教育人才培养活动的一种预期。具体来说，它是依据一定的教育目的、社会需要和本科教育理念提出的关于人才培养的基本规格要求和质量标准。而这些基本规格要求和质量标准必须体现教育目的的根本要求，体现高等教育的一般要求，体现本

科教育的特殊要求。"① 具体而言，高校本科教育培养目标的制定通常包含学校层次的本科培养目标和学科专业层次的本科培养目标，即高校结合办学层次、办学条件、社会需求等因素制定学校层面的本科人才培养规格和质量标准，各个学科专业根据学校层面的本科人才培养目标，结合学科专业性质、社会需求、区域经济结构等因素制定具体的培养规格和质量标准。当然，高校和学科专业制定本科人才培养目标必须结合国家层面的人才培养规格和质量标准，而后者的制定与国家的历史传统、经济发展、社会需求和教育需求紧密相关。因此，在学校层面和学科专业层面的本科人才培养目标的制定中，符合高等教育内在规律和外部需求是两个重要原则。本科人才培养目标的制定并非易事，如果本科人才培养目标制定得不合理的话，那么，教学资源的投入和管理过程的严谨似乎都不能保证本科人才培养质量。

第二，教学活动是进行人才培养的主要活动，这里的教学是"大教学"的概念，包括课程教学、科学研究、实验实习等多种活动。教学资源的投入和配置是高校进行教学活动的保障。有学者概括说，教学资源从外延上主要应包括四个方面的内容：一是课程资源，包括开设课程的数量（包括网络课程）；二是人力资源，诸如教师、教学辅助人员数量等；三是空间资源，诸如教室、实验场所、操场等相关的办学空间场所以及空间场所附属的仪器设备；四是时间资源，指学生和教师可用于自主支配的时间。而教育资源配置则是如何使这些教育资源得到最充分有效地利用。② 课程安排、学分要求、学术要求以及考核标准等都是大学进行教学活动安排的重点，并且需要教育资源的充分投入，它通过影响学生的学习经历以及学习成果，从而影响大学本科毕业率这一结果。

第三，规范而严格的管理制度和实施过程是保证高等教育质量的"底线"。比如说，中国大学本科毕业率高现状受到质疑，一个很重要的原因在于大家普遍认为大学管理过程一再地降低质量标准，俗称"放

---

① 杨志坚：《中国本科教育培养目标研究（之二）——本科教育培养目标的基本理论问题》，《辽宁教育研究》2004 年第 6 期。

② 薛成龙：《中国研究型大学学分制与教学资源配置的相关性研究——课程改革与资源配置视角》，博士学位论文，厦门大学，2010 年。

水";而美国大学本科毕业率之低却被中国学者奉为质量高的典范（虽然这一判断有待商榷），其中，很重要的原因在于大家普遍认为是美国高校严守质量标准造成的，因此本科毕业率可以被用来衡量高等教育质量。在中国，与大学生人才培养过程相关的高校内部管理通常大致分为学校、学院、学科专业和课程四个由上到下的层次，在政府和教育行政部门颁发的一系列法律法规的要求下，高校制定学校层面的学生管理条例和规定，学院和学科专业再在遵循学校层面的学生管理规定下，结合自身发展情况制定具体合理的管理规则；而关乎人才培养过程质量的第一道"关卡"，即教师提出的具体的课程学术要求是基本的质量标准，通过严格的管理促使学生通过努力达到学术要求，是保证人才培养质量的根基。因此，规范而严格的管理制度和实施过程对本科毕业率的影响颇大，而且关乎毕业率被用来衡量高等教育质量的科学性。

第四，本科生的学习过程（课程、学分、绩点等）和代表学术水平的成果形式（如学位论文）等需要接受高校所规定的学术标准的检验和衡量，这个过程即是评价的过程。评价对人才培养质量所起到的作用，主要是用学术标准来控制、管理人才培养过程中的所有活动，以保证这个过程的规范、有序，而不至于让学生在毕业的关口出现无标准、无秩序的状态。如美国高校通常设置校内课程评价机构，如学业成绩管理委员会等，专门对学生学习成果进行评价。

概而述之，人才培养目标的达成对于大学而言则是高等教育质量的达成，本科毕业率即是人才培养目标达成的量化结果，而人才培养目标的达成需要大学进行物力、人力以及时间等资源的投入，因此它在一定意义上等同于大学的"投入与产出之比"。如果大学为学生提供了合理的人才培养目标、充分的教学活动资源保障、规范而严格的教学管理以及科学的评估评价，学生按照计划进行学业学习，并最终通过考核，达成人才培养目标而毕业，那么大学本科毕业率无论高低，都是大学人才培养过程的最终结果，对大学而言，则意味着达到了其对高等教育质量的价值期待。因此，大学是否制定出合理的人才培养目标、严守质量标准，合理而科学地进行管理和评价，对本科毕业率质量内涵的实现至关重要。

(二) 本科毕业率之于学生的质量意蕴：通过教学和学习活动实现个体增值的程度

从本科生和毕业的关系来看，毕业意味着本科生通过大学教育活动和自己的学习活动实现个体增值，因此，本科毕业率就意味着实现个体增值的概率。对学生而言，一所大学本科毕业率代表着它帮助学生实现个体增值的能力，本科毕业率高意味着学校在资金投入、师资力量、学术水平、管理制度等方面具有较强的实力，可以通过提供丰富的教学资源、学业帮扶，以及严格的教学管理等方式帮助学生获得满足学业要求标准的学习成果，以实现个体增值的目的。例如，在本科毕业率差异较大的国家，如美国、英国、澳大利亚等，大学申请者更倾向于选择本科毕业率高的大学，因为代表着学生可以拥有更大的、获得个体增值的机会。

何为增值？增值关注学生从进入大学到毕业离开大学期间所发生的变化，指出学生质量是大学质量的根本体现，真正的质量在于大学对学生认知和情感发展的影响程度，学生在大学期间学习和发展的变化越大，学校对学生发展的影响也越大，因而学校的质量就越高。[1] 增值意味着不仅仅是智力与学术能力的发展，"大学本应让学生在成长的关键时期，养成一些极为重要的素质。……例如，表达能力、批判性思维能力、道德推理能力、公民意识、适应多元文化的素养、全球化素养、广泛的兴趣以及为就业做准备的能力"[2]。可以说，增值是指学校教育对大学生学业成就以及毕业后的工作生活所带来的积极影响。[3]

当本科生毕业后，经过高等教育活动所取得的学业成就并没有为他们毕业后的生活带来积极影响，尤其是当学生所在的大学本科毕业率高时，如果他们对自己经过高等教育的教学和学习活动获得的能力素养，

---

[1] A. W. Astin, *Achieving Educational Excellence: A Critical Assessment of Priorties and Practices in Higher Education*, San Francisco: Jossey-Bass, 1985, p. 23.

[2] [美] 德里克·博克：《回归大学之道——对美国大学本科教育的反思与展望》，侯定凯等译，华东师范大学出版社2008年版，第35—48页。

[3] A. W. Astin, *Achieving Educational Excellence: A Critical Assessment of Priorties and Practices in Higher Education*, San Francisco: Jossey-Bass, 1985, pp. 60–61.

以及毕业后的升学、工作不满意的话，那么，自然就会对大学的教学质量产生质疑，质疑毕业率究竟代表了什么。因而，学生对本科毕业率的质疑是对大学教学质量的质疑，是对自身能力和素养的质疑，是对发展前景的质疑，而这些质疑可以统一为一句话：大学是否真正地履行了自身的职责？对于学生而言，如果个体增值达到了自己对高等教育的价值期望（能力、素养、就业、升学），那么，他们对本科毕业率就不会如此关注；如果个体增值没有达到自己对高等教育的价值期望，那么，他们就会质疑本科毕业率。事实上，学生质疑的仍然是自己所接受的高等教育的质量。

三　大学本科毕业率的外部质量意蕴

作为影响高等教育系统发展的重要外部力量，政府和社会在大学本科毕业率的形成方面起着不可回避的作用。正如有学者所言："在任何时候，只要政府想对高等教育负起某些责任，某些机关就会成为行政管理的执行机构。但是各机关官员介入行政管理的程度却有很大差别。这方面的差别取决于国家与高等教育的历史联系，以及这种关系在最近政策中如何表现。"[①] 政府的力量存在于任何国家的高等教育运行环境和运行机制中，只是发挥作用的形式和产生的影响大小存在差异而已。此外，在现代社会里，随着高等教育进入大众化阶段，抑或经济体制的转轨，高等教育的办学环境发生了显而易见的变化，高校开始面向社会办学，满足社会和市场的需求已经是高校生存和发展的题中之义。毋庸置疑，政府和社会成为影响高等教育发展的重要力量，它们同高校一起构成影响高等教育质量的三大主体。然而，政府和社会作为影响高等教育质量的外部力量，它们基于自身的组织特性、组织使命和价值追求，形成各自对高等教育质量的价值期望，而满足这些价值期望才是高等教育质量的体现。政府和社会的管理或者评价活动对高等教育人才培养过程产生着直接或者间接的影响，以此影响到本科毕业率。

---

① ［加］约翰·范德格拉夫：《学术权力：七国高等教育管理体制比较》，王承绪译，浙江教育出版社 2001 年版，第 194 页。

(一) 本科毕业率之于政府的质量意蕴：高等教育系统的生产力

从世界范围来看，受到不同的历史背景、社会文化、政治制度和经济体制的影响，高等教育管理体制存在着不同的模式，如以欧洲大陆国家为代表的中央集权制管理模式，以美国为代表的地方分权制的管理模式。在不同的高等教育管理体制下，随着高等教育规模的扩大以及社会力量的不断加入，政府在高等教育发展中更多地扮演着"掌舵者"角色，而非"划桨者"角色。因此，政府和大学、社会之间的关系十分微妙。在市场经济体制下，政府意志是一种政治意志，但通常需要考虑和反映社会的需求，如为用人单位提供"令人满意"的大学毕业生；政府需要尊重大学的自治和学术自由的组织特性，遵循大学的学术发展规律，但又不能无视社会需求而放任大学发展。政府对本科毕业生的质量要求会考虑整个社会、政治、经济发展的需求，建立在高等教育发展规律和社会组织、政治组织和经济组织的具体要求之上，如果说高校和社会对本科毕业生的质量要求是具体的，那么本科生毕业对于政府而言，则是宏观层面上高等教育人才培养基本规格的达成，是更为综合和抽象的要求。政府对高等教育系统的价值期望，是在充分利用政府和社会提供的教育资源的条件下，为国家的政治、经济和社会发展提供合格甚至是高质量的劳动力资源。毋庸讳言，这是一个成本和产出的问题，是高等教育系统生产力的问题。由此，在一定程度上，大学本科毕业率越高，就意味着为国家的建设发展提供了越多的合格的高等教育劳动力，意味着大学具有较高的生产力。

基于此，政府以立法规范、行政管理、经济调控和评估评价等手段对大学进行宏观管理。政府希望可以通过立法政策确保高等教育的发展方向，规定高等教育的人才培养目标，引导高校各专业人才培养目标和质量规格的确定；以宏观调控手段矫正市场机制在高等教育中所存在的失范现象，提供政策、经济等方面的保障；以评估评价等反馈调节手段保障学生达到人才培养质量规格，确保高等教育系统的生产力。

第一，立法规范。法律法规是一种规范性手段。为了确保高等教育的办学方向，规定基本人才培养规格，规范高校的办学行为，政府（国家层面或者地方政府层面）需要颁布一些与高等教育相关的法律、条例、规则、章程等法律法规。比如，《中华人民共和国高等教育法》《中华人民共和国学历条例》《中华人民共和国学位暂行实施办法》《中华人民共和国学历证书暂行管理规定》和《普通高等学校学生管理规定》的颁布，引导了高校专业人才培养目标和质量规格的确定，规范了各高校在专业人才培养过程中的管理行为等。由此可见，政府通过立法规范制定的相关毕业标准和学位标准以及具体的学生管理规章，如关于考试、毕业、退学等方面的规定，对高校人才培养过程产生了根本性的影响，毫无疑问，对本科毕业率的影响也是直接的。立法规范的规定性和合法性对本科人才培养质量的影响是重大的。

第二，行政管理。行政管理是立法规范的协调性手段，在高校运行过程中，政府通常会根据社会形势发展的需要，制定质量标准和办学标准，通过政策政令等措施对教育活动进行协调，控制高校整体办学思想，规范高等教育活动。例如，中国教育主管部门对高校内部人才培养活动的作用和影响在高等教育的入口处就已经产生。《普通高等学校本科专业目录和专业介绍》详细规定了所有本科专业的培养目标，不同层次和类型高校的专业培养目标均趋于一致，中国高等教育的招生录取和人才培养仍然没有摆脱计划经济时代的路径。然而，在高等教育的出口处，毕业生们面对的是开放的市场经济，这种入场和过程的计划性，到了出口处却要求学生的质量符合市场经济的需求，似乎并不合理。政府运用行政权威对高校人才培养活动进行宏观管理和调控，同时政府的行政管理通过高校的微观管理直接作用于人才培养过程。

第三，经济调控。经济调控是目前各个国家比较偏向的高等教育管理手段。政府通过拨款、资助、投资等方式对大学的发展产生诱导作用。高等教育财政资源仍然是稀缺性资源，政府可以通过资源配置对高等教育的质量进行引导和调控。政府通过一些"项目"和"工程"等对部分高校实施重点政策倾斜，而受益高校所得到的则并不限于财政经费支持方面，还有其他可能的优惠或者机会。这种激励措施的确可以引导高校贯彻国家政策，形成高校之间的良性竞争，提高人才培养质量。然而，也可能事与愿违，为了获取这部分稀缺资源，处于边缘的高校则会向处于"塔尖"或者利益既得者高校趋同，不顾层次和类型的差异而追求人才培养目标的一致，甚至为了获得政府的财政投入和支持，而追求"美丽"的办学绩效数字，不可否认，本科毕业率在其中占据着重要位置。

第四，评估评价。教育评价是指在系统收集有关信息的基础上，运用有效的评价技术和手段，对教育活动和结果达到教育目标的程度或者绩效进行测定分析以及价值判断。大学的外部评价主体可以分为政府评价和社会评价。政府评价的目的在于对高等教育的质量起到重要、有效的监控和信息反馈，起到监控和督促大学办学行为的作用。《中华人民共和国教育法》规定："国家实行教育督导制学校及其他教育机构教育评估制度。"[①] 以立法的形式把教育评估制度作为我国教育制度的重要组成部分，以保障大学的办学质量。与政府的行政管理和资源配置政策不同，政府组织的大规模评估对大学发展所起到的作用较为间接，即便如此，教育评价始终是大学生存制度环境中不可忽视的一个重要因素，在一定程度上影响着大学的办学方向和发展特征。例如，中国政府组织的大规模本科教学评价经历了合格评估、优秀评估和随机性水平评估。2002年，教育部在总结上述三类评估经验的基础上形成了《普通高等学校本科教学工作水平评估方案（试行）》，继而形成了五年一轮的高校办学评估制度，2011年，教育部下达了《开展普通高等学校本科教学工作合格评估的通知》，以未经评估的新建普通本科院校为评估对象。虽然政府在评价方式方法上一再进行调整，但是教学评估工作仍然因"行政化"倾向而遭受诟病：高校被动受评，弄虚作假时有发生。如"就业率"和"就业质量"是本科教学评估指标体系中的重要指标，为了达到较高的"就业率"，"毕业率"和"学位授予率"常成为高校"美化"办学成果的重要指标；在大学高度依赖政府经费的现实下，为了获得政府的财政资助，大学保持着较高的"毕业率"，以显示自身的办学绩效，是将风险降到最低的"明智"选择。

---

① 中华人民共和国教育部：《中华人民共和国教育法》，http：//www.moe.edu.cn/s78/A02/zfs_ _ left/s5911/moe_ 619/201512/t20151228_ 226193. html。

（二）本科毕业率之于社会的质量意蕴：人才培养质量符合社会需求的程度

在高等教育发展的历史长河中，大学逐渐由"象牙塔"或者"僧侣居住的村庄"走向社会的中心，在对社会的发展产生重大影响的同时，社会的力量也不断壮大，并介入高等教育发展事务中来。在计划经济时代，高等教育是计划经济体制的一部分，政府和教育行政部门在高等教育的发展中拥有绝对的权力，大学的招生和就业分配完全服从国家的行政命令。改革开放以来，经济体制由计划经济体制向市场经济体制转变，经济体制的改革引发了高等教育领域的改革，1985年《中共中央关于教育体制改革的决定》提出关于高校招生制度和就业制度的改革，扩大高校的办学自主权，提高高校面向市场办学和满足社会需求的意识和能力。计划经济向市场经济的转变对于高等教育运行机制的影响无疑是重大的，市场逻辑意味着大学不仅不再可以"自己证明自己的质量"，也不再仅仅是向政府"证明质量"，而是更加意味着大学需要向社会"证明质量"。高等教育系统是输出社会需要的合格劳动力的主体，大学毕业生质量的高低对于各类社会组织的发展至关重要，因此它会确立自己的质量标准，引导大学培养"适销对路"的人才，为大学的发展提供必要的资源保障，并通过就业市场的调节、评估评价、社会舆论等方式对高等教育运行情况进行监督，以防高等教育运行偏离正确的轨道，保障大学为它们培养满足需求的高质量的高等教育人才。

第一，市场调节。高等教育市场机制的建立，用市场来调节高等教育的服务行为，引导、检验和提高高等教育人才培养质量。在高等教育大众化及普及化阶段，高校面向市场办学，就业市场绝对是首要考虑的因素。"就业难"并非我国独有的问题，而是世界上各个国家都需要应对的重要难题。"结构性失业"是目前分析就业难问题的主要判断，即高等教育人才培养与经济产业结构发展不一致；虽然高等教育为市场提供了大量的高等教育人才，但却仍然无法满足用人单位或者企业雇主的需求；而高等教育人才培养与社会需求之间的关系随着大学对市场的适应程度而产生差异。"需求问题"和"质量问题"成为社会和高等教育之间关系的写照。社会用人单位和企业雇主确立了自己的质量指标："希望聘请具有广泛知识和技能的毕业生，他们不仅仅掌握具体知识，而且应具有可转移学习的能力，如批判性思维能力、问题解决能力以及有效的沟通能力。"[①] 市场的规则是竞争，竞争的核心在于质量，高校处于竞争的环境之中，如果其人才培养质量未能满足市场的需求，那么它们在资源竞争中则处于劣势。就业市场的调节作用为高等教育提出了两个要求：一是就业的数量，学生需要就业，高校必须保证就业率，而在中国高等教育就业体制下，实现就业率高的前提是毕业率高，这就意味着就业市场对高校的人才培养过程产生了间接的影响；二是就业质量，人才培养质量对雇主需求的满足程度，但是，毕业并不意味着一定会满足社会需求，毕业率高并不意味着质量高。然而，"就业引导教育"的现象，在中国的确存在。

第二，社会评价。与政府实施的自上而下的行政性评估活动不同，社会中介组织承担的大学评估评价活动，避免了对大学办学的直接干涉。纵观全球高等教育，政府组织的大规模评估已经逐渐摆脱以往的"行政化"倾向，而是借助于非政府组织的中介评估机构进行评估或者认证工作，政府组织仅作为"调控者"的角色。社会中介机构往往受政府的委托，或者接受高校的申请，凭借自身服务的专业性和权威性，开展对高等教育质量的评价活动，鉴定高校办学水平，承担着保障高等教育质量的任务。一方面，社会中介机构把高校办学水平和人才培养质量告知社会；另一方面，社会中介机构把社会对高等教育人才的培养目标和质量规格反馈给高校，从一定程度上保证高校办学不游离于社会之外。"独立性"和"专业性"是社会中介组织的基本特点。作为为高校提供认证服务的社会中介机构，它们的生存不依赖于政府的经费支持，而是通过收取高校的服务经费维持运转，由此权衡政府、高校和社会的关系，对高校办学起着监督作用。高校一旦没有通过评估或者认证，一方面无法得到政府的经费支持，另一方面也失去了高校之间学分互认的资格，因

---

① Lumina Foundation, "What Is the Issue?," https：//www. luminafoundation. org/goal_ 2025#goal-urgent.

此必须重视中介组织机构的认证。"诚信原则"在认证制度中尤为重要。一旦高校出现故意隐瞒信息、不根据认证标准提交相关自评评估资料等问题，高校则可能丧失"会员"资格。因而，高校必须根据认证标准执行教学与科研活动，如实反映教学质量和学习质量方面的信息，以昭众信。

第三，社会文化。在高等教育发展中，社会文化所发挥的作用不容小觑。传统文化观念和社会舆论等都代表着社会文化。一方面，传统文化中的价值取向、思维方式和行为习惯等通过各种渠道从根本上影响着政府、大学和社会民众。传统文化在社会群体中的承载者主要是作为高等教育受教育者的家长。对于学生家长而言，自己的孩子是否可以在毕业后找到一份好的工作是头等重要的问题，尤其对处于社会底层或者中层的普通家庭而言。就业的好坏成为大多数家长评价高等教育质量的首要指标，他们心里有一本"经济账"："值不值得""划不划算"比较重要。如果他的孩子在毕业后并未谋得好的发展（就业或者升学），则会认为接受高等教育是不"划算的"，即高等教育质量是不高的。与就业不同，毕业率尚未成为全民关注的问题，原因在于中国大学生的"毕业"并没有成为一个问题。受计划经济时代统一规划办学思想的影响，教师、学生、学生家长和社会民众普遍形成了学生只要上四年大学之后应当顺理成章毕业的观念，加之大学生就业的现实因素作用，不难理解为何中国高校学生统一追求在学制内（四年或者五年）毕业。在中国，社会群体可能并没有那么关注学生是否达到人才培养目标（即毕业），他们关注的是为什么学生毕业后没有获得合理的回报（就业情况），基于此质疑高等教育质量明显与高等教育的知识逻辑是错位的。另一方面，随着信息技术的快速发展，社会舆论在高等教育发展中的作用越来越凸显。借助于信息交通工具，社会舆论具有现实性强、传播快、范围广等特点。它可以通过多种媒介方式，把社会群众普遍关注的高等教育领域所存在的问题或者一些怪象传播开来，推动高校采取各种措施和方式把公众关注的问题提到议事日程上加以解决，以保障高等教育质量。

第三节　大学本科毕业率与高等教育
质量的逻辑关系

大学本科毕业率不仅是评价大学本科生毕业状况的指标，同时也被视为与高等教育人才培养质量密切相关的一项重要指标。因此，人们在潜意识里对毕业率赋予了质量含义，以毕业率来衡量大学办学绩效，推断大学的教学质量和管理质量。然而，随着社会改革和市场经济改革的进一步推进，以及高等教育系统的变革，高等教育系统与社会系统之间的边界日趋模糊和关系日益复杂，本科毕业率在反映大学的办学效率、教学质量、管理水平、教学质量方面存在着不同程度的局限性，它是否可以如实反映大学的办学质量等需要一定的前提和条件。由此，下文就大学本科毕业率与高等教育的逻辑关系进行探究，并就"毕业率"如何可以真正成为衡量高等教育质量的指标进行回答。

一　大学本科毕业率本质上指向一元：达成人才培养目标

从大学本科毕业率的本质内涵来看，它仅是一个数量概念，指的是在一定年限内顺利达到大学学业要求或者人才培养目标的本科毕业生所占的比例。如上文所述，一所大学本科人才培养目标，是依据一定的教育目的、办学理念、办学目标、办学定位以及结合社会需要而提出的关于人才培养的基本规格要求和质量标准。简而言之，即大学对于要培养什么样的本科毕业生（最终成果）的基本质量要求和期望。从这个层面上看，人才培养目标的制定既是大学人才培养过程的开端，又是大学衡量人才培养成果的终极指标，还是大学制定具体的学业要求和学业标准的重要依据，学业要求和学业标准则是指导学生学习的具体制度安排。与人才培养目标的制定一样，学业要求的设定并不是随意的，既必须尊重高等教育中"高深知识"的知识逻辑，又需要体现社会对大学毕业生能力的需求，往往反映着大学对人才培养目标的期望以及对人才培养质量的要求。因而具有不同人才培养目标的大学，其学业要求存在着差异。由此可见，不管是人才培养目标还是学业要求（标准）都应该由大学根据具体情况而制定,其关键在于符合自身定位和发展需要。

在大学本科毕业率形成的过程中,主要涉及两个主体,即大学和学生。大学是制定人才培养目标和学业要求的主体,而学生则是通过自己的努力以达到学业要求的主体。学生的学习成果需要得到评价,而最终对学生学业水平是否达到学业要求进行评价的主体则是大学,大学对学生学业水平的评价结果决定了学生是否可以毕业。大学的知识逻辑和独特的组织使命,已经决定了其作为组织内部一切与知识有关活动的评价主体地位;尤其在评价学生学业水平是否达到大学学业要求方面,作为承载"高深知识"的机构,大学始终是唯一的具有决定性的评价主体。这意味着只要大学评定学生学业水平满足了学校的学业要求并达到人才培养目标,对于大学而言,该学生就已经达到"合格"水平,应该毕业。由此可见,大学本科毕业率的指向是"一元"的,即大学评定的人才培养目标达成情况。

二 高等教育质量指向多元:满足利益相关者需求

质量没有一个统一的概念,它应该是复数。[①] 质量作为一个话语最早源于企业,并迅速扩展到社会生活的各个领域。在企业的产品生产领域,质量的概念也从最初单纯地追求"合乎规格"和"合格率",演变为"满足顾客需求",并发展为今日的"满足顾客个性化需求"。企业通过"质量"来满足顾客并创造顾客。之所以如此,是因为在市场竞争条件下,顾客是企业最为重要的利益相关者,而质量则是现代企业在激烈的市场竞争中制胜的法宝。

"质量"理念被引入高等教育的根本原因在于,高等教育在发展过程中遭遇了挫折和危机,而企业领域的质量管理等制度或者理念恰巧可以为高等教育所用。在"精英教育"阶段,因秉持自治原则,"质量"一直是大学的内部事务。从中世纪大学到 20 世纪大学的漫长的时间里,"大学和其他高等教育机构都拥有自己的一套机制确保它们的工作质量。

---

① D. V. Andrea, D. Gosling, *Improving Teaching and Learning in Higher Education*, Berkshire: Open University Press, 2005, p. 171.

在这套机制中,人的品质和工作的质量直接产生联系:学生要具备必要的资格才能进入高等学府,乃至最终取得学位;教职员工要具备必要的资格才能上岗,乃至获得提升,直至升至教授"[①]。随着政治、经济、社会条件的变迁,不同利益相关者需求的变化及其博弈力量的此消彼长,高等教育质量的内涵随之发生变化。进入大众化及普及化阶段后,高等教育规模的扩大导致外部对高等教育的关注度不断增加,教育资源的有限性与入学人数激增之间的矛盾激化了高等教育质量问题。各国有关高等教育质量的报告、政策、研究机构等不断涌现,高等教育质量不再是大学内部的事情,转而成为一个公共问题。[②] 当高等教育不再是少数人的特权,而成为大众都可以接受的一种教育权利的时候,关注高等教育发展的群体和与高等教育发展紧密相关的群体都在增加,这些群体组成了高等教育的利益相关者。

从本质上看,高等教育质量是高等教育的过程和结果满足多元主体价值期望的程度,是一种主体的价值判断和评价。就高等教育利益相关者而言,这些主体包括高校管理者、学生、教师、政府、用人单位、家长等。基于不同的个体需求或组织需要,不同主体对高等教育在人才培养、科学研究以及社会服务方面的成果有着不同的价值期望,当满足了各自的价值期望时,他们自然会认可高等教育质量。反之亦然。

由此可见,高等教育质量是指向"多元"的,即需要满足不同利益相关者对高等教育的价值诉求。大学自身对高等教育质量的诉求更多的是基于知识逻辑,政府对高等教育质量的诉求更多的是基于效率逻辑,市场或者用人单位对高等教育质量的诉求更多的是基于能力逻辑的,学生或者家长对高等教育质量的诉求更多的是基于"回报率"取向。这些主体都将他们对高等教育质量的价值期望与大学本科毕业生质量联系起来,与高等教育质量联系起来。

[①] [美]约翰·布伦南、特拉·沙赫:《高等教育质量管理——一个关于高等院校评估和改革的国际性观点》,陆爱华译,华东师范大学出版社2005年版,第2页。

[②] 滕曼曼:《荷兰高等教育质量保障中大学自治与政府问责之间的张力关系及其实现路径》,《外国教育研究》2017年第9期。

三 一元与多元——大学本科毕业率与高等教育质量的现实冲突

从上文对大学本科毕业率与高等教育质量的本质内涵分析来看，两者之间存在着"一元"与"多元"的冲突。大学本科毕业率仅是考察大学人才培养目标达成情况的量化指标，仅代表大学对本科人才培养质量价值期望的完成情况；至于其是否满足了其他主体对本科人才培养质量的价值期望，则需要看大学在人才培养目标的制定与人才培养过程中是否满足了其他主体的价值期望。与之不同，高等教育质量的指向是多元的，其需要满足不同利益相关者对高等教育的价值期望。举例来说，对大学而言，人才培养目标作为大学的质量标准，培养的学生满足了所规定的学业要求和人才培养目标，则意味着学生是合格的，达到了大学对人才培养质量的价值期望，学生顺利毕业并取得学位是理所当然的。然而，对社会而言，符合了大学人才培养质量价值期望的毕业生，并非必然符合用人单位对大学毕业生培养质量的价值期望，而且，当这样的大学毕业生越多，意味着被市场无法认同的劳动力就越多，最终造成了市场对大学毕业生质量低的认知。以此类推，对学生、家长、政府而言也是如此，因为他们对高等教育质量的认知和价值期望不尽相同，而且倾向于用自己对高等教育质量的价值期望去衡量高等教育的成果。由此可见，人们在潜意识里把毕业率与高等教育质量之间的关系进行了线性连接，忽略了本科毕业率与高等教育质量之间是一元与多元的关系，最终出现了把对大学本科毕业现状的疑惑与对高等教育质量的质疑联系在一起的问题。

换言之，如果大学本科毕业率与高等教育质量之间存在"一元对一元"的逻辑关系，在这种情况下，大学是人才培养目标的唯一制定者和评价者，也是人才培养质量的唯一诉求者和评价者；那么，从院校办学定位、人才培养目标和质量规格的确立、专业设置、教学计划和人才培养方案的设计、教学管理制度的制定，全部由大学独立自主地决定，并且按照既定的程序和制度进行人才培养，达到大学制定的人才培养目标和学业要求的学生得以毕业，而未达到的学生则不能毕业。也即意味着，只要学生顺利完成高校学业要求，达到人才培养目标，就意味着他们是合格的，是符合质量要求的。然而，这种"一元对一元"的关系需要大学是完全独立于政府、社会之外的组织，只有在政府和社会均不对大学提出任何要求或诉求的情况下才能实现。在现实中，这种情况基本上无法出现，即使是中世纪的大学也不可能完全隔离于外部力量的影响。尤其是随着高等教育慢慢走向社会的中心，政府和社会多方力量通过各种途径对高等教育提出自己的要求，影响了高等教育的发展轨迹。

在大学本科毕业率与高等教育质量之间"一元"与"多元"的逻辑关系下，大学应该恰如其分地融合政府、社会对其提出的要求或诉求，而且可以在整个人才培养过程中进行充分的资源投入以及严格的质量把关。所谓"恰如其分"，是指大学基于自身的知识逻辑和学科规律，对政府和社会提出的要求和诉求进行甄别和选择，选取对本科人才培养有利的部分融合在人才培养制度设计中。大学需要确保人才培养目标和质量规格的合理性，专业设置、教学计划和人才培养方案设计的科学性，教学管理制度制定的规范性，尤其是在人才培养目标的制定方面要符合国家和社会对高等教育人才的需求。大学要在人才培养目标的指导之下，在教育教学管理及实施、教学质量检测反馈方面进行严格把关，保证不会出现管理制度实施不规范的现象。在合理的人才培养目标的指导下，以及在严格的教学管理的保证下，达到大学制定的人才培养目标和学业要求的学生毕业，而未达到的学生则不能毕业。在这种情况下，大学本科毕业率可以作为衡量高等教育质量的指标。

当然，在实现大学本科毕业率质量意蕴的过程中，需要处理好政府、大学和社会三者之间的关系，以防止政府和社会等外部力量对大学人才培养的标准和管理过程产生不合理的负面影响。比如，政府在大学的人才培养目标制定、专业设置及培养标准、教学管理过程中严格把控，必然阻碍大学及时回应社会需求，而且极易造成为了迎合政府的行政指令而做出违背大学内在逻辑和组织使命的行为，这样一来，社会各界对大学毕业生质量的质疑就在所难免了。可以说，只有在确保处理好政府、大学和社会关系的前提下，大学严格把关教学管理过程才是有意义的。美国高等教育系统的运行机制就是很好的例子。

值得关注的是，在一个社会系统中，政府、大学和社会之间的关系不同，说明高等教育系统的运行机制存在差异；而在不同的高等教育系统中，大学本科毕业率无法进行比较，更遑论基于此进行质量的比较了。比如，美国大部分大学本科毕业率整体情况并不高甚至是很低的，而中国大学中大部分大学本科毕业率很高，但是这并不能说明美国大学的教育质量就低于中国大学的教育质量，反之亦然。总而言之，撇开高等教育系统运行机制的差异，进行大学本科毕业率的比较，甚或以此得出高等教育质量差异的结论，并在此基础上采取了改革措施，就犹如"敝鼓丧豚"，徒劳而无益。

第三章 大学本科毕业率的全球图景

> 对欧洲国家的大学、美国大学或者是亚洲国家大学之间的毕业率进行比较存在极大的局限性。[①]
> ——［瑞士］斯特凡·沃尔特、安德烈亚·迪耶姆、
> 多洛雷斯·梅塞尔

作为大学生毕业情况的最直观体现,以及与高等教育质量密切相关的一项重要指标,毕业率成为一些国际组织机构(如经济合作与发展组织)、国家教育行政机构(如美国国家教育统计中心、英国高等教育统计局)以及大学排行榜(如美国 US News 大学排行榜、福布斯大学排行榜等)、高校制定并发布的报告(如中国《大学本科教学质量报告》)等所关注的重要指标。为深入探究大学本科毕业率与社会系统、高等教育系统之间的关系,探析大学本科毕业率与高等教育质量的关系,首先需要基于全球视野呈现尽可能多的国家和地区大学本科毕业率的情况,否则就犹如"管中窥豹",会造成偏见和误解。受可获得资料的限制,本书主要选取具有代表性的国家,展现出一幅大学本科毕业率的全球图景,发现大学本科毕业率的特征,从而引发进一步的思考,指明下一步的研究方向。

[①] C. S. Wolter, A. Diem, D. Messer, "Drop-outs from Swiss Universities: An Empirical Analysis of Data on All Students between 1975 and 2008," *European Journal of Education*, Vol. 49, No. 4, 2014, pp. 471–485.

第一节　大学本科毕业率的世界图景
——以经合组织成员国为例

作为世界范围内有着重要影响的全球性经济组织，经合组织每年都会出版大量的研究报告和相关书籍，对全球范围内的经济、贸易、金融、财政、税收以及治理等问题进行调查研究，并从国际比较的视角对全球的经济发展总趋势进行预测，不同国家可以同他国进行指标比较，在政策制定方面予以参考。值得关注的是，经合组织不仅在经济领域对各国有着深刻影响，而且自1991年起逐年发布的《教育概览》涵盖了从教育入口到教育过程以及教育成果所需要的资源投入、学历完成情况、就业情况等重要的教育发展指标。1998年，经合组织首次将"高等教育完成率"[①]指标纳入《教育概览》中，作为衡量教育成果的重要指标。对经合组织"高等教育完成率"指标的内涵以及主要国家高等教育完成率的了解，有利于形成对全球高等教育完成率的整体认知。

一　经合组织的教育发展指标体系及特征

《教育概览》的教育指标会随着成员国教育的发展重点和社会经济情况的变化而进行调整，这与其政策性的价值取向以及为政策制定的服务宗旨相一致，经过几十年的发展已经形成了一套相对完整而且具有国际比较性的教育指标体系。其指标体系的制定结合了不同国家的政治、经济、发展的背景，使得教育指标具有极大的参考性，不仅在经合组织成员国之间，而且在全世界都产生了重要的影响。

（一）经合组织的教育指标体系

经合组织教育发展指标体系以经济学的输入—输出模式为基础，形成了背景（Context）—投入（Input）—过程（Process）—产出（Product）的分析模式，简称CIPP模式。[②] 教育发展指标体系大致包括四类指

[①] OECD《教育概览》"完成率"（completion rates）指标与本书"毕业率"所指一致。
[②] 张国强：《OECD教育发展指标体系分析及启示——以教育概览：OECD指标（2003）为例》，《外国教育研究》2006年第11期。

标：一是教育背景；二是教育投入；三是受教育的机会、教育参与与教育成就；四是教育产出，包括学历完成、就业情况、学业成绩等。在《教育概览（2022）》中共分为四项一级指标、27 项二级指标（见表 3-1）。其中，A 章指标说明的是教育成就与教育影响，反映一个国家的教育发展程度及其与经济发展之间的关系，学生由学校到社会的过渡如何成功完成，反映学生学习成果，以及教育系统和社会系统的关系；B 章指标说明的是教育机会、教育参与及进展，表明一个国家的公民接受教育的机会状况，反映国家在扩大教育计划方面的努力；C 章指标说明的是教育资源投入，分析不同国家的教育投资趋势，分析不同供给和投资主体之间如何互相影响；D 章指标说明的是教师、学习环境与学校组织的状况。从师资情况、师生比、教师专业化发展等方面分析环境对学生学习效率的影响。

表 3-1　　2022 年经合组织教育发展指标体系框架

一级指标	二级指标
教育成就与教育影响	A1 成人学历水平
	A2 从教育到工作的过渡：青年人的就业和工作情况
	A3 受教育程度对市场参与情况的影响
	A4 教育的回报：薪酬
	A6 教育的回报：社会效益
	A7 成年人接受教育和培训的情况
教育机会、教育参与及进展	B1 预期受教育年限与入学率
	B2 学前教育系统的国别差异
	B3 高中教育毕业情况
	B4 高等教育的入学机会
	B5 高等教育毕业情况
	B6 高等教育中的留学生情况
教育资源投入	C1 生均教育经费支出
	C2 教育支出占 GDP 的比重
	C3 公共教育投资与私人教育投资的相对比例
	C4 公共教育支出总额
	C5 学生在高等教育上的支出及政府对学生的公共补贴
	C6 教育支出结构

续表

一级指标	二级指标
教师、学习环境与学校组织	D3 教师和学校管理者的薪资
	D4 教师和学校管理者的教学和工作时间
	D6 教师和学校管理者的专业成长途径
	D7 教师和学校管理者的专业发展活动
	D8 学校管理者的特征及生师比

说明：在 OECD《教育概览》中，关于教育成就与教育影响（A 指标）的 A5 指标缺失；关于教师、学习环境与学校组织（D 指标）的 D1、D2 和 D5 指标缺失。

资料来源：Organization for Economic Co-operation and Development, "Education at a Glance 2022: OECD Indicators," https://www.oecd-ilibrary.org/docserver/3197152b-en.pdf?expires=1675002882&id=id&accname=guest&checksum=A7DD7E5AC9C14A54E928C1548D2F2FF3.

（二）经合组织教育发展指标体系的特征

经合组织教育发展指标体系分为教育背景、教育投入、教育过程与教育成果四个维度。在这四个维度上，既有数量指标也有质量指标，在教育成果上尤其重视质量指标。在经合组织 2022 年《教育概览》的 27 项二级指标中，主要关注教育成果的质量，而且着重分析影响教育成果的政策、经费、师资、环境等因素，以及由教育成果所带来的个人和社会回报等，形成了教育体系的参与者、教育成果、教育成果的政策影响因素以及影响政策因素的组织框架。经合组织教育发展指标体系是一个兼顾教育内部系统与社会外部系统的完整的、多元化的指标体系，具有以下鲜明特点。

第一，政策性价值取向，为各国政策制定提供服务。经合组织教育发展指标体系的一个鲜明特征是政策相关性，每一部分的指标都包括政策背景对数据的解释，每年伴随着《教育概览》同时出版的还有《教育政策分析》，进行政策分析和解读。其目的旨在既实现教育水平指标化和量化，又保证与当时的政策重点或者政策背景相联结，避免因制度环境和政策环境的不同而造成数据的误读。成员国政府可以从具体的指标数据和政策解读中发现其教育水平的合理性，以及教育系统存在的问题。此外，还可以在同他国的比较中，对自身教育水平进行定位，寻找发展优势，同时找出发展短板。

第二，与经济、社会发展密切相关，不局限于教育系统内部指标。一个完善并且具有政策性价值的指标体系，必须置于特定的政治、经济、社会发展背景之中。经合组织教育发展指标体系中不仅对教育成果（不同教育阶段的学业完成率、高等教育毕业率、学业成绩）进行分析，还注重分析教育对社会、经济和个体的影响（就业薪资水平、人力资本与经济发展等）。此外，经合组织教育发展指标体系关注对影响教育发展的宏观经济社会背景的描述，如教育中的财政与人力资源投入、师资力量的投入等因素。深刻理解这些背景状况，可以更好地把握一国教育发展的实际水平。

第三，围绕多元主体进行统计和调查，体现出指标体系的完整性。经合组织指标体系涵盖了教育体系内的参与者，即个体学习者与教师、教学环境与学习环境、教育服务提供者以及整个教育系统，关注了个体、国家、教育系统多元主体和多个层面，以此对一国教育体系中各种复杂关系进行分析，防止对教育系统理解的片面化。

第四，数据的国际可比性与高准确性。经合组织教育发展指标的分类按照国际标准进行，避免因高等教育系统的不同而造成国际比较中的错位。经合组织教育发展指标具有可比性，合理考虑各国历史、制度和文化的差异，从而可以更好地反映特殊国情，这点对于分析教育发展水平至关重要。在数据搜集和技术处理方面，经合组织对各个国家的调查、交流、核实、调整以及修正都秉持着科学性原则和严格性原则，从而为面临不同教育挑战的各国政策制定者提供有用的信息。

二 经合组织的高等教育毕业率指标说明

《教育概览》中的教育阶段按照联合国教科文组织制定的国际教育标准分类（International Standard Classification of Education，ISCED）进行划分，以保证教育指标的国际可比性。据目前可获取的《教育概览》材料，1998—2014 年出版的《教育概览》按照 ISCED 1997 进行教育阶段的划分，并以此作为数据搜集的依据；2014 年之后出版的《教育概览》按照新的国际教育标准分类（ISCED 2011）进行教育阶段的划分，并以此作为数据搜集的依据。

(一) 经合组织《教育概览》关于高等教育阶段的划分

联合国教科文组织发布的 ISCED 2011 年《教育概览》是在 ISCED 1997 版本基础上的修订版。ISCED 1997 版本把教育划分为 6 个阶段,高等教育是第 5 和第 6 个阶段;ISCED 2011 年版本则把教育阶段划分为 8 个阶段,重要的改变在于对高等教育阶段的划分更为细致和清晰,第 5—8 阶段属于高等教育阶段。

图 3-1 和图 3-2 分别是根据 ISCED 1997 版和 ISCED 2011 版对教育阶段的划分和内涵说明,归纳、总结的高等教育分类示意图。如图 3-1 所示,高等教育的第一阶段分为大专、本科和研究生教育,这一阶段又分为 5A 类和 5B 类。5A 类高等教育基本上是以理论为基础的教育,为研究生提供资格或者使其掌握高级技能;学制通常为 3—4 年,或者更长;5A 类高等教育包括第二级学位,如美国的硕士研究生学位。5B 类高等教育侧重于职业所需要的实践型、技术型的或者职业型的技能,与市场直接对接,在课程设置方面也包括一些理论知识的学习,但并不直接通向高等研究课程;5B 类高等教育学制比 5A 类高等教育学制更短,通常为 2—3 年。各国在高等教育课程组织结构上的差异很大,5A 类高等教育和 5B 类高等教育之间的划分需要根据办学实际进行。按照中国高等教育办学实际,中国大学本科教育阶段基本上对应的是 5A 类高等教育。如图 3-2 所示,联合国教科文组织对于高等教育阶段的分类更为细致和清晰,从 ISCED 2011 版的阶段划分来看,中国大学本科教育阶段基本上对应的是第 6 阶段。

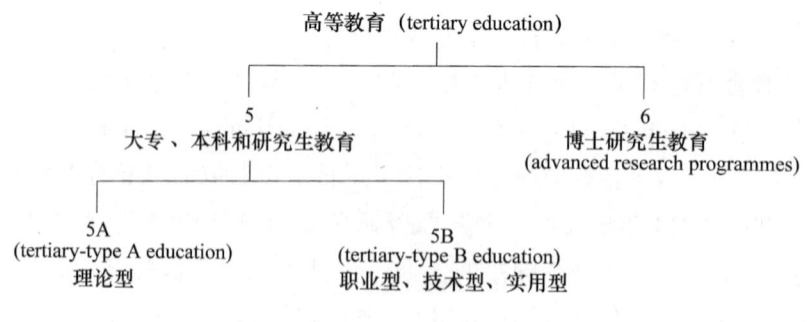

图 3-1 联合国教科文组织 1997 版本高等教育分类

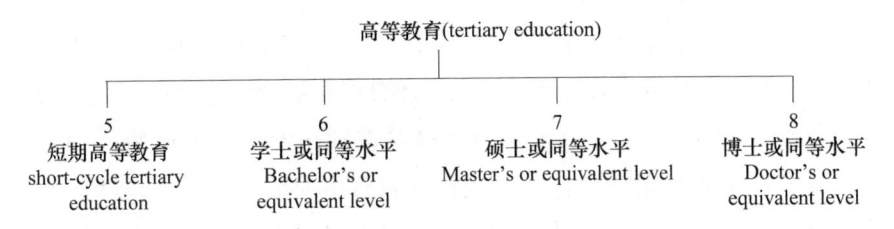

第三章 大学本科毕业率的全球图景 77

```
                    高等教育(tertiary education)
         ┌──────────────┬──────────────┬──────────────┐
         5              6              7              8
    短期高等教育      学士或同等水平    硕士或同等水平    博士或同等水平
  short-cycle tertiary  Bachelor's or   Master's or equivalent  Doctor's or
     education       equivalent level       level          equivalent level
```

图 3-2 联合国教科文组织 2011 版本高等教育分类

（二）高等教育毕业率指标内涵及统计方式

高等教育完成率指标首次被使用是在经合组织 1998 年出版的《教育概览》中。在 1998—2007 年的《教育概览》中，高等教育完成率的英文原文为"tertiary survival rates"，自 2008 年起则用"tertiary completion rates"替代了"tertiary survival rates"，"tertiary completion rates"与本书所指的毕业率相一致；而经合组织《教育概览》中的另一个指标——"tertiary graduation rates"是指一个年龄组的人口在其一生中完成高等教育的人口估算百分比，与本书所指的毕业率存在差异。为统一表述，本书所指的经合组织成员国高等教育毕业率是 tertiary completion rates 数据，其定义是指新生进入特定高等教育阶段学习并最终获得第一学位的学生比例。教育完成率和完成数指标主要考察在规定的期限内完成高中教育或高等教育的学生数、未完成数及其影响因素（课程选择不当、未达到毕业要求和课程要求、毕业前已找到工作），继而分析未完成高等教育的学生的选择等问题。[①] 在《教育概览》中与毕业率指标相对应的是辍学率指标，是指没有获得第一学位就离开高校的学生比例。其中，第一学位指的是在学位课程结束时获得的任何学位，在获取这个学位之前不需要获得其他的学位。

高等教育毕业率计算的是"顺利完成"高等教育的学生，考虑到了高等教育系统中转学机制的问题。根据 ISCED 1997 版高等教育分类情况，2015 年之前经合组织《教育概览》中高等教育毕业率的数据被分为

---

① 邵泽斌：《OECD 教育产出指标的内涵与启示》，《南京师大学报》（社会科学版）2020 年第 6 期。

五种情况：（1）A类高等教育毕业率是指进入A类高等教育学习并最终首次从A类高等教育毕业的学生比例；（2）B类高等教育毕业率是指进入B类高等教育学习并最终首次从B类高等教育毕业的学生比例；（3）未完成A类高等教育毕业率但成功转向B类高等教育毕业的学生比例；（4）未完成B类高等教育但成功转向A类高等教育毕业的学生比例；（5）接受博士研究生教育毕业的学生比例。根据ISCED 2011版高等教育分类情况，在2015年之后的《教育概览》中高等教育毕业率的数据统计被分为四种情况：（1）进入短期大学并最终首次从短期大学毕业的学生比例；（2）进入学士或同等水平教育并首次从学士或同等水平教育毕业的学生比例；（3）进入硕士或同等水平教育并首次从硕士或同等水平教育毕业的学生比例；（4）进入博士或同等水平教育并首次从博士或同等水平教育毕业的学生比例。

相应的高等教育毕业率的统计方法被分为三类（见表3-2）：（1）跨群组法；（2）同一群组法；（3）复合群组法。第一，跨群组法是指某一年获得学位的毕业生人数占N年前入学新生人数的比例，其中，毕业生群体是指当年毕业的所有学生。它假设学生流动保持着恒定，换言之，在一定时间内其入学和毕业情况保持稳定，某年的毕业生群体和N年前的入学群体一致。虽然这种假设显得简单化，但是在有限的条件下，可以反映一国高等教育的毕业率情况。第二，同一群组法是基于人口群组分析的固定样本数据来计算毕业率，即跟踪个体学生从入学到毕业的全过程。入学年份是学生进入大学的年份，对这些学生进行跟踪调查，直到调查的基准年份，以确定他们是否毕业或辍学。相较于跨群组方法，同一群组方法可以更准确地展现高等教育毕业率情况。第三，复合群组法是根据入学人数和毕业生人数的数据特征建立一个毕业率统计模型，并对毕业率进行估算。复合群组方法在经合组织搜集数据中使用得较少，在2002年后不再使用。在2022年《教育概览》中高等教育毕业率的数据统计方式包括跨群组方法和同一群组方法，只是在原来的基础上增加了"N+3"的高等教育毕业率，即在完成学位所需全日制学习年限三年后的高等教育毕业率。

表 3-2　　　　　　　　经合组织高等教育毕业率统计方法

名称	统计方法
跨群组法	某一年获得学位的人数与 N 年前入学新生人数的比值，N 是完成学位所需全日制学习的年限
同一群组法	同一入学群体在规定的学制年限内毕业的学生比例
复合群组法	根据两组不同年份（入学人数和毕业生人数）的数据特征建立毕业率模型

三　经合组织成员国高等教育毕业率状况

1998—2022 年，共有 13 个年份的《教育概览》呈现了高等教育毕业率数据，而且个别年份进行了重复统计，因而最终呈现的是 1996 年、2000 年、2004 年、2005 年、2008 年、2011 年、2014 年、2017 年、2020 年的高等教育毕业率。由于各个国家高等教育系统存在不同程度的差异，因而在高等教育分类以及高等教育毕业率统计方法上不可避免地具有复杂性。一方面，因为国际教育分类方式对于高等教育阶段的划分，很难准确区分各个国家的本科教育阶段；另一方面，经合组织教育指标的政策相关性价值取向又使得它每一年进行各个国家的高等教育毕业率数据调查时，都会随着不同国家的政策变动和需求而进行调整，因此每一年高等教育毕业率的呈现方式都存在着不同程度的差异。因此，下文根据时间划分，展现出具有代表性年份的高等教育毕业率数据。

（一）20 世纪 90 年代经合组织成员国高等教育毕业率情况

经合组织于 1998 年出版的《教育概览》中对其成员国在 1996 年左右的大学教育毕业率进行了数据收集与分析（见表 3-3）。所谓的"大学教育"（university-level）是相对于非大学教育而言的。《教育概览》指出，高等教育毕业生包括大学教育毕业生和非大学教育毕业生，因此学生毕业后获得的学历资格可以分为五类，这五类大致等同于：（1）非大学的高等教育资格；（2）学制等于或者少于 4 年的第一学位；（3）学制长于 4 年的第一学位；（4）硕士研究生阶段第二学位；（5）博士研究生学位。因而表 3-3 中的大学教育层次包含后四种情况。

如表 3-3 所示，20 个经合组织成员国的大学教育毕业率平均值为

67%，日本大学教育毕业率以90%占据首位；其次是英国和匈牙利大学教育毕业率，这两国以81%的毕业率并列第二位；7个国家的大学教育毕业率分布在70%—80%，占国家总数的35%；5个国家的大学教育毕业率分布在60%—70%，占国家总数的25%；葡萄牙和意大利两个国家的大学教育毕业率均未超过50%，尤其是意大利以35%的大学教育毕业率处于末位。显而易见，经合组织成员国大学教育毕业率存在着较大差异。

表3-3　　20世纪90年代经合组织成员国大学教育毕业率

国家	基准年份	入学年份	方法	学制	毕业率（%）	辍学率（%）
日本	1995	1992	跨群组法	4	90	11
匈牙利	1996	—	复合群组法	—	81	9
英国	1996	—	跨群组法	—	81	19
捷克共和国	1995	1992	跨群组法	4	79	21
爱尔兰	1995	1992	跨群组法	4	77	23
新西兰	1995	1992	跨群组法	4	76	24
芬兰	1996	1985	同一群组法	5	75	25
瑞士	1996	1991	跨群组法	6	74	30
德国	1995	1990	跨群组法	6	72	28
墨西哥	1996	1992	跨群组法	5	68	32
澳大利亚	1996	1994	跨群组法	3	65	35
比利时	1996	—	跨群组法	—	63	37
法国	1995	1991	跨群组法	5	55	45
土耳其	1995	1992	跨群组法	4	55	45
奥地利	1996	1989	跨群组法	7	53	47
葡萄牙	1993	1991	跨群组法	3	49	51
意大利	1996	1991	跨群组法	6	35	66
荷兰	—	—	同一群组法	—	70%	30
美国	1994	1990	同一群组法	4	63	37
丹麦	1995	—	复合群组法	—	67	33

续表

国家	基准年份	入学年份	方法	学制	毕业率（%）	辍学率（%）
均值	—	—	—	—	67	32

说明："—"表示数据缺失。

资料来源：Organization for Economic Co-operation and Development,"Education at a Glance 1998: OECD Indicators," https://www.oecd-ilibrary.org/docserver/eag-1998-en.pdf?expires=1675342661&id=id&accname=guest&checksum=36C63046EF8F9F0BC5DE8FB1808990C5.

（二）21世纪前20年经合组织成员国高等教育毕业率情况

1. 2005年经合组织成员国高等教育毕业率

如表3-4所示，使用"跨群组法"和"同一群组法"对5A类和5B类高等教育毕业率进行分类统计。从使用"跨群组法"的15个国家毕业率数据来看，至少完成首个5A类和5B类高等教育的毕业率均值为70%，完成首个5A类高等教育的毕业率均值为71%，完成首个5B类高等教育毕业率均值为67%；从使用"同一群组法"的12个国家毕业率数据来看，至少完成首个5A类和5B类高等教育的毕业率均值为68%，完成首个5A类高等教育的毕业率均值为66%，完成首个5B类高等教育毕业率均值为56%。

在各成员国至少完成首个5A类和5B类高等教育毕业率方面，日本以90%的高等教育毕业率居于首位，5A类高等教育毕业率更是高达91%，比居于第二位的丹麦高出10个百分点；而丹麦则在5B类高等教育毕业率方面表现最好。从5A类高等教育毕业率的数值分布区域来看，数值在70%—80%的国家共有12个，占比为44%；数值在60%—70%的国家共有9个，占比为33%；新西兰、匈牙利和美国的5A类高等教育毕业率均未超过60%；意大利以45%居于末位。由此可见，各个国家的高等教育毕业率差异巨大的状况并未发生改变。

从表3-4可以看出，在一些国家里，学生在进入特定的高等教育阶段后，在完成学业之前转入其他类型高等教育阶段学习并最终取得学位是十分常见的现象。如在法国未完成5A类高等教育的学生转向5B类高等教育成功毕业的比例高达15%，新西兰和丹麦也有3%；在美国未完

表3-4　2005年经合组织成员国高等教育毕业率

(%)

国家	方法	新生入学年 5A	新生入学年 5B	高等教育 完成首个5A或5B项目	A类高等教育 5A毕业率	A类高等教育 未完成5A，转向5B并毕业	B类高等教育 5B毕业率	B类高等教育 未完成5B，转向5A并毕业
日本	跨群组法	2000—2002	2004	90	91	—	87	—
英国	跨群组法	2003—2004	2003—2004	64	79	—	43	—
德国	跨群组法	2001—2002	2003—2004	77	77	—	77	—
比利时	跨群组法	1998—2001	2003—2004	82	76	—	88	—
葡萄牙	跨群组法	2001—2006	2004	69	73	—	59	—
澳大利亚	跨群组法	2003—2005	—	—	72	—	—	—
奥地利	跨群组法	2000—2003	—	—	71	—	—	—
斯洛伐克	跨群组法	2000—003	2003—2004	70	70	—	72	—
捷克	跨群组法	—	—	—	68	—	—	—
波兰	跨群组法	2001—2004	2003—2004	64	63	—	71	—
墨西哥	跨群组法	2002—2003	2004—2005	61	61	—	64	—
匈牙利	跨群组法	2001—2004	2004—2005	55	57	—	44	—
爱沙尼亚*	跨群组法	2003	2003	63	67	—	59	—
斯洛文尼亚*	跨群组法	2001—2002	2001—2002	65	64	—	67	—
俄罗斯*	跨群组法	2001—2002	2001—2003	77	79	—	76	—
均值				70	71		67	
丹麦	同一群组法	1995—1996	1995—1996	85	81	3	88	3
加拿大	同一群组法	2000	2000	72	75	—	63	—

第三章 大学本科毕业率的全球图景

续表

国家	方法	新生入学年 5A	新生入学年 5B	高等教育 完成首个5A或5B项目	A类高等教育 5A毕业率	A类高等教育 未完成5A，转向5B并毕业	B类高等教育 5B毕业率	B类高等教育 未完成5B，转向5A并毕业
芬兰	同一群组法	1995	1995	72	72	—	—	—
荷兰	同一群组法	1997—1998	1997—1998	71	71	—	—	—
瑞士	同一群组法	1996—2001	1996—2001	—	70	—	—	—
瑞典	同一群组法	1995—1996	1995—1996	69	69	1	33	—
挪威	同一群组法	1994—1995	1994—1995	65	67	—	66	—
冰岛	同一群组法	1996—1997	1996—1997	70	66	1	55	22
法国	同一群组法	1996—2003	1996—2003	79	64	15	78	2
新西兰	同一群组法	1998	1998	54	58	3	30	9
美国	同一群组法	1999	2002	47	56	—	33	27
意大利	同一群组法	1998—1999	1998—1999	—	45	—	—	—
均值				68	66		56	

说明：1. 跨群组法是指该项目的毕业生人数除以入学年份入学的新生人数，毕业生数为2005年度毕业的学生数。同一群组方法则采用了一群组分析和固定样本数据。对于美国，5A毕业率包括注册于四年制项目下而而在三年内完成学业的学生。5B毕业率包括注册于两年制项目下而在三年内完成学业的学生。2. 只统计全日制学生。3. "—"代表数据缺失。

* 爱沙尼亚，斯洛文尼亚和俄罗斯在2005年为非经济合作组织成员国，后来均成为OECD成员国。

资料来源：Organization for Economic Co-operation and Development, "Education at a Glance 2008: OECD Indicators," https://www.oecd-ilibrary.org/docserver/eag-2008-en.pdf?expires=1675342710&id=id&accname=guest&checksum=03363FE6E317A707279416F7E0245AB.

成5B类高等教育的学生转向5A类高等教育成功毕业的比例高达27%，冰岛也高达22%。因此，这部分学生应该算入顺利完成高等教育的学生群体之中，这部分学生的存在在一定程度上体现了国家高等教育系统的灵活性。

2. 2014年经合组织成员国学士或同等水平教育阶段毕业率

如表3-5所示，2014年，经合组织对其成员国进入学士或同等水平教育阶段学生的毕业率进行了调查，数据统计使用"同一群组法"，按照修业时间长短进行划分：一是在规定的学制年限内（N）；二是在规定的学制年限加上3年（N+3）；说明的是同一学年进入学士或同等水平教育阶段的学生群体在学制年限内和超出学制年限3年后的毕业情况，反映的是以学制年限内和超出学制年限3年后为时间标准，从进入学士或同等水平教育阶段的学生的五个方面对毕业率进行考察：（1）毕业于学士或同等水平课程；（2）毕业于短期高等教育课程；（3）毕业于研究生或同等水平课程；（4）尚未毕业但继续课程学习；（5）尚未毕业但不再进行课程学习。因此，这项调查反映了从不同教育水平上毕业的学生比例，没有毕业但仍继续学习的学生比例，以及离开教育系统没有毕业的学生比例。"毕业于短期高等教育课程"和"毕业于研究生或同等水平课程"两个指标说明了不同国家高等教育系统间的流动性，进入学士或同等水平教育阶段的学生可能最终毕业于其他的教育层次。与表3-5不同，表3-6显示的是使用"跨群组法"对经合组织成员国进入学士或同等水平教育阶段学生的毕业率进行的调查统计结果，在这种方法下毕业生包含当年该教育阶段的所有毕业生，而不仅仅是三年或者四年（学制年限）前入学的学生，可能还包含更早之前入学的学生，所以一般其数值要高于统一群组法的统计数据。

首先，如表3-5所示，在规定的学制年限内进入学士或同等水平教育阶段的学生中，最终有41%的学生顺利毕业，有40%的学生没有顺利毕业但留在学校继续修习学业，有18%的学生没有毕业但离开了学校；在规定的学制年限3年后，在进入学士或同等水平教育阶段的学生中，最终有69%的学生顺利毕业，有8%的学生没有顺利毕业但留在学校继续修习学业，有23%的学生没有毕业但离开了学校。如表3-6所示，爱尔兰（94%）、西班牙（94%）、日本（92%）和韩国（85%）在学士或同等水平教育阶段的毕业率均较高，葡萄牙（65%）、巴西（48%）和斯洛伐克（47%）则较低。由此可见，高等教育毕业率的国别差异较大。

其次，如表3-5所示，在规定的学制年限内进入学士或同等水平教育阶段的学生中，最终从该教育阶段毕业的学生比例平均值仅为40%，除了英国达到71%之外，其余国家在该数据上的表现均不是很好，奥地利仅为23%；而在规定的学制3年后的学生毕业率呈现出明显的增高趋势，毕业率均值已达到68%，各成员国的毕业率均呈现出较大幅度提高，大多数国家几乎以两倍的速度在增长，如比利时、丹麦、美国、新西兰等；有些国家虽然增长幅度较大，但是该项毕业率数据仍然较低，如奥地利、爱沙尼亚、瑞典。图3-3形象地展现出学生的毕业或者未毕业情况在"N"和"N+3"不同时间上的对比情况。此外，在进入学士或同等水平教育阶段的学生中，在规定的学制年限内，有1%的学生毕业于短期高等教育课程；在规定的学制年限3年后，亦分别有1%的学生毕业于短期高等教育课程，或者有1%的学生毕业于研究生或同等水平课程。

再次，如表3-5所示，在规定的学制年限内，没有顺利毕业但继续学业的学生比例整体较高，均值达到40%，这意味着学生在学制内没有顺利毕业，但通常会选择留在学校继续学业，这部分学生仍然有获得学位的可能性。而在规定的学制年限3年后，该项毕业率均值大幅下降，这意味着不能在此时间范围内毕业的学生，通常会选择不再攻读学位而离校，或者因学制要求而不再具备继续攻读学位的资格。如英国在规定学制年限3年后学生毕业率为84%，而未毕业的16%的学生均已经离开学校。

最后，如图3-3所示，从没有顺利毕业但已经离开学校的学生比例方面，可以看出，修业的时间拖延得越久，这一数值越大，如在学制年限内"未毕业且未在学"的均值为18%，而在3年后这一数值增加到23%；也就意味着修业的时间越长，那些最终无法完成学业并离开学校的学生越多。有些国家这一数据高得惊人，如爱沙尼亚高达43%，这意味着该国有近一半的本科生不能完成学业。

表3-5　　　　　　　　2014年经合组织成员国学士或同等水平
　　　　　　　　　　教育阶段的毕业率（同一群组法）　　　　　　　　（%）

国家	毕业于学士或同等水平		毕业于短期高等教育		毕业于研究生或同等水平	整体毕业情况		未毕业但在学		未毕业且未在学	
	N	N+3	N	N+3	N+3	N	N+3	N	N+3	N	N+3
澳大利亚	31	70	—	—	—	31	70	54	9	15	20
奥地利	23	53	1	—	4	24	57	57	19	20	24
比利时	38	73	—	—	—	38	73	48	5	14	22
捷克	37	60	0	0	—	37	60	36	9	26	31
丹麦	49	79	1	2	—	50	81	40	6	10	13
爱沙尼亚	34	51	—	—	—	34	51	35	5	31	43
芬兰	43	68	—	—	—	43	68	42	12	15	21
法国	36	62	8	8	0	44	70	39	8	18	21
以色列	47	70	—	—	—	47	70	22	5	31	26
荷兰	31	65	0	0	0	31	65	51	12	17	22
挪威	50	76	—	—	—	50	76	44	3	6	21
新西兰	33	79	2	3	—	35	82	54	3	11	16
瑞典	36	51	1	1	2	37	54	34	13	29	34
英国	71	84	—	—	—	71	84	16	0	13	16
美国	46	74	3	3	—	49	77	36	6	15	17
均值	40	68	1	1	1	41	69	40	8	18	23

说明：1. 表中毕业率数据统计使用的方法是"同一群组法"。2. N代表规定的学制年限；N+3代表规定的学制年限加上3年时间。3. 美国"N+3"数据等同于"N+2"的数据，该数据为2009年的统计结果。4. "—"代表数据缺失。

资料来源：Organization for Economic Co-operation and Development, "Education at a Glance 2016: OECD Indicators," https://www.oecd-ilibrary.org/docserver/eag-2016-en.pdf? expires = 1675342815&id = id&accname = guest&checksum = B4B4C9CEADC681409CE6383B94F51587。

表3-6　　2014年经合组织成员国学士或同等
水平教育阶段的毕业率（跨群组法）　　（%）

国家	方法	毕业率
爱尔兰	跨群组	94
西班牙	跨群组	94
日本	跨群组	92
韩国	跨群组	85
葡萄牙	跨群组	65
巴西	跨群组	48
斯洛伐克	跨群组	47
均值	跨群组	75

资料来源：Organization for Economic Co-operation and Development,"Education at a Glance 2016：OECD Indicators," https：//www.oecd-ilibrary.org/docserver/eag-2016-en.pdf? expires=1675342815&id=id&accname=guest&checksum=B4B4C9CEADC681409CE6383B94F51587.

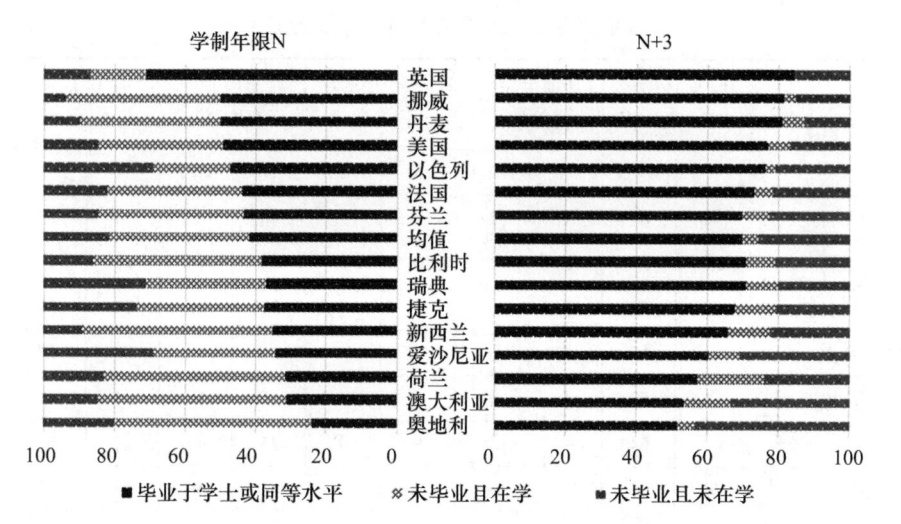

图3-3　2014年经合组织成员国进入学士或同等水平教育阶段学生
不同学制年限下毕业率对比（%）

资料来源：Organization for Economic Co-operation and Development,"Education at a Glance 2016：OECD Indicators," https：//www.oecd-ilibrary.org/docserver/eag-2016-en.pdf? expires=1675342815&id=id&accname=guest&checksum=B4B4C9CEADC681409CE6383B94F51587.

3. 2020年经合组织成员国学士或同等水平教育阶段毕业率

对比2014年经合组织成员国学士或同等水平教育阶段毕业率，2020年毕业率数据浮动并不明显，如表3-7所示，在进入学士或同等水平教育阶段的学生中，有38%的学生在学制年限内顺利毕业，有1%的学生从短期高等教育课程中转学并毕业，有40%的学生仍在接受高等教育（即使处于不同的水平），而21%的人没有毕业，也不再参加任何高等教育课程。随着时间的推移，这一情况发生了很大的变化，在规定的学制3年后，就均值而言，有65%的学生毕业于学士阶段，有2%的学生毕业于短周期高等教育课程，有1%的学生毕业于研究生或同等水平阶段，约有9%的学生仍在接受教育，但是未毕业且未在学的学生比例提高到23%。

表3-7　　2020年经合组织成员国学士或同等水平教育阶段的毕业率（同一群组法）　　（%）

国家	毕业于学士或同等水平 N	毕业于学士或同等水平 N+3	毕业于短期高等教育 N	毕业于短期高等教育 N+3	毕业于研究生或同等水平 N	毕业于研究生或同等水平 N+3	未毕业且在学 N	未毕业且在学 N+3	未毕业且未在学 N	未毕业且未在学 N+3
澳大利亚	32	64	1	1	—	—	46	9	21	25
奥地利	25	58	0	1	0	1	54	17	20	23
巴西	33	49	0	0	—	—	39	16	28	36
加拿大	42	63	5	6	—	—	36	14	17	17
哥伦比亚	11	50	1	2	—	—	55	11	34	37
爱沙尼亚	43	64	—	—	0	0	35	8	22	28
芬兰	44	65	—	—	2	9	41	9	13	17
法国	28	54	9	16	0	1	47	7	17	22
冰岛	39	69	0	0	0	0	37	9	24	21
以色列	60	79	0	0	—	—	23	6	16	15
意大利	21	53	0	0	0	0	49	15	31	32
立陶宛	59	65	—	—	0	0	16	1	25	34
荷兰	29	71	0	0	—	—	54	12	16	17

第三章　大学本科毕业率的全球图景　　89

续表

国家	毕业于学士或同等水平		毕业于短期高等教育		毕业于研究生或同等水平		未毕业且在学		未毕业且未在学	
	N	N+3	N	N+3	N	N+3	N	N+3	N	N+3
新西兰	31	74	2	2	—	—	53	6	14	17
挪威	49	72	0	0	1	2	34	9	16	17
波兰	49	67	0	0	1	3	34	6	16	25
葡萄牙	38	72	0	0	0	0	50	7	12	20
斯洛文尼亚	36	52	2	4	0	0	17	4	45	40
西班牙	37	71	—		0	1	51	11	12	17
瑞典	33	59	0	0	0	1	37	12	30	26
瑞士	39	81	0	0			50	7	11	12
英国	65	79	4	6	0	0	18	0	13	15
美国	46	73	3	4	—	—	37	9	14	15
比利时（弗兰德语）	32	68	0	0	0	0	43	3	25	29
比利时（法语地区）	21	52					49	5	30	43
均值	38	65	1	2	0	1	40	9	21	23

说明：1. 表中毕业率数据统计使用的方法是"同一群组方法"。2. N 代表规定的学制年限；N+3 代表规定的学制年限加上 3 年时间。3. 美国相关数据参考年份为 2017 年，加拿大和荷兰相关数据参考年份为 2019 年。4. "—"代表数据缺失。

资料来源：Organization for Economic Co-operation and Development,"Education at a Glance 2022：OECD Indicators," https：//www.oecd-ilibrary.org/docserver/3197152b-en.pdf?expires=1676446243&id=id&accname=guest&checksum=13415B8576456015B0DB77CBB2EC685D.

表 3-8　　　　2020 年经合组织成员国学士或同等水平教育阶段的毕业率（跨群组法）

国家	学制年限	毕业率（%）
希腊	4—6	60
匈牙利	3—4	231

续表

国家	学制年限	毕业率（%）
爱尔兰	3—4	93
日本	4	93
韩国	4	94
拉脱维亚	3—4	48
卢森堡	2—4	67
墨西哥	4	66
斯洛伐克	3—4	64
土耳其	4	86
比利时（弗兰德语）	3	84
比利时（法语地区）	3	70
均值	/	89

从上文所呈现的数据来看，受制于不同的高等教育系统，以及其他一些客观条件，从各国搜集而来的数据只能尽可能地保证准确，而且统计方法未能做到完全一致，因而各国高等教育毕业率不能直接进行简单的比较。尽管如此，以上数据还是尽可能地展现了一幅高等教育毕业率的全球图景。一方面，从时间发展来看，30多年来，各国高等教育毕业率的变动幅度并不太大，不管使用何种统计方法，经合组织成员国学制年限内高等教育毕业率的平均值在30%—40%，而在规定的学制3年后的高等教育毕业率平均值保持在60%—70%。另一方面，从国别来看，经合组织成员国之间高等教育毕业率的差异明显，如日本、韩国、英国等国的高等教育毕业率始终较其他一些国家要高；而一些国家的毕业率始终较低，如美国、法国等。造成这种现象的原因是复杂的，如前文所述，高等教育毕业率是一个政策问题，因而对它的解释应该是审慎而系统的。当然，以上数据所展现的只是每个国家的整体毕业率情况，而了解国家内部不同类型或者不同层次高校的毕业率情况，对于进一步探究高等教育毕业率的特征及其生成机制更为重要。基于此，下文对美国、英国、法国、日本四国高校的本科毕业率数据进行具体分析。

第二节 大学本科毕业率的典型国家
——以美、法、英、日为例

从上文数据分析可知，美国大学本科毕业率整体较低，但美国高等教育却始终以高质量享誉世界。法国和英国作为中世纪大学的发源地，毋庸置疑，在高等教育领域，两国在高等教育改革和发展方面的经验也通常为其他国家所学习。然而，两国在大学本科毕业率方面的表现却存在着较为明显的差异。作为与我国同属"东亚文化圈"的"近邻"，日本的高等教育在国际上享有良好的声誉，其大学本科毕业率也一直保持着较高的水平。概述之，美国、法国、英国和日本四国的高等教育质量在全球享有盛誉，但是它们在本科毕业率方面的差异明显，这需要深入各国的高等教育系统中去解读。

一 美国大学本科毕业率

美国高等教育不仅因其学术机构的庞大数量和多样性而受到关注，而且因其高质量和严格的学术要求而在全球范围内受到高度评价，其诸多方面成为世界高等教育发展的风向标。从整体上看，美国大学毕业率处于较低的水平，但是不同性质高等教育机构的学生毕业率存在着较大差异，这与美国高等教育体系的复杂性及严格的学术要求密切相关。

（一）美国大学与学位制度的基本情况

美国大学数量众多，至 2021 年共有 3567 个学位授予机构，提供学士或更高学位课程的 4 年制大学有 2278 所，提供副学士学位的 2 年制学院有 1289 所。[1] 此外，美国的大学是多层次、多样性的。何晋秋等人把美国高等院校简明地分为四类：第一类，研究型大学和博士学位授予大学；第二类，综合大学和硕士学位授予大学；第三类，文理学院和四年

---

[1] National Center for Education Statistics, "Characteristics of Degree-Granting Postsecondary Institutions," https://nces.ed.gov/programs/coe/indicator_csa.asp.

制大学；第四类，社区学院和二年制大学。① 每种大学又可以细分为不同类型的大学，且包括公立大学、私立非营利性大学和私立营利性大学三类，可见美国的大学类型十分多样。

美国高等教育学位制度主要吸收英国和德国的经验，并形成了适应美国本土情况的具有特色的学位制度，包括副学士学位、学士学位、硕士学位和博士学位。副学士学位是指攻读了社区学院等 2 年制学院所获得的学历证明，但由于该学位课程偏向于职业课程，学术水平不高，且不作为攻读学士学位的必经阶段，与学士学位存在着很大差异，因而并没有被纳入第一学位。因此，目前美国高等教育中的第一学位，通常指的还是学士学位，以四年学制为主。

(二) 美国大学本科毕业率的数据来源及统计方法

首先，从数据来源上看，本书中美国大学本科毕业率的数据来源于美国国家教育统计中心官方网站。美国高等教育毕业率问题受到政府及社会各界的极高关注，1990 年，美国联邦政府出台《学生知情权及校园安全法案》，要求大学根据联邦政府规定的毕业率统计方法搜集并向美国国家教育统计中心上报年度毕业率数据。

其次，从年限来看，美国大学本科毕业率分为四年本科毕业率、五年本科毕业率和六年本科毕业率。对一所高校而言，以 2010 年首次入学的全日制本科生为例，它在四年内的毕业人数占入学人数之比则为四年本科毕业率。以此类推，在五年内的毕业人数（累加前四年毕业人数）占入学人数之比则为五年本科毕业率，在六年内的毕业人数（累加前五年毕业人数）占入学人数之比则为六年本科毕业率，这种统计方法类似于经合组织所使用的"同一群组方法"，是基于对学生的跟踪调查所取得的数据，反映的是学生在规定的学制年限内或适当延长的时限内最终毕业的情况。

再次，从分类来看，第一种是根据办学性质不同，将美国大学分为公立大学、私立非营利性大学和营利性大学，美国国家教育统计中心根据此划分标准进行大学本科毕业率等相关数据的统计；第二种是根据

---

① 何晋秋、曹南燕：《美国——科技与教育发展》，人民出版社 2003 年版，第 197 页。

2021年美国卡耐基高等学校分类中"按照学位授予比例和学位涵盖的学科领域"的划分，美国大学可分为学士学位授予学院、硕士学位授予学院和大学、博士学位授予大学、专业性四年制大学。其中，学士学位授予学院包括文理学院和多学科本科学院；按照专业规模划分，硕士学位授予学院和大学包括大型专业规模学院和大学、中型专业规模学院和大学及小型专业规模学院和大学；按照研究水平划分，博士学位授予大学包括非常高水平的研究活动大学、比较高水平的研究活动大学和有限水平的研究活动大学。本书中的部分数据按照卡耐基高等学校分类法标准进行大学类型划分，以此统计并分析不同类型大学的本科毕业率。

最后，从统计方法来看，根据美国国家教育统计中心的规定，美国四年制大学本科毕业率是指四年制学院（大学）首次入学的全日制本科生在规定的学制内或者适当延长年限（四年或者六年）正常毕业并获得学士学位的学生比例，具体的计算公式为：

$$本科毕业率（\%）=\frac{毕业学生人数}{四年或者六年前首次入学的全日制学生人数}\times100\%$$

统计数据需要注意以下两点：一是统计对象限于首次入学的全日制本科生；二是入学和毕业必须在同一所大学。由于美国高等教育系统的灵活性特征，因此大学本科毕业率一般以六年毕业率为准。

（三）美国四年制大学本科毕业率的整体情况

一方面，美国四年制大学本科毕业率整体水平不高且呈缓慢增长趋势。表3-9显示的是，美国四年制大学1996—2014年首次入学的全日制本科生在入学后四年、五年和六年内的毕业率情况。如2014年首次入学的全日制本科生的四年毕业率，即是这批学生在2018年毕业的比例；五年毕业率，即是这批学生在2019年毕业的比例；六年毕业率，即是这批学生在2020年毕业的比例。从增长趋势来看，近二十年来，美国四年制大学本科毕业率整体上呈现出缓慢增长趋势：四年毕业率由2000年的33.7%提高到2018年的46.6%，年均增长0.7个百分点；五年毕业率由2001年的50.2%提高到2019年的60.5%，年均增长0.6个百分点；六年毕业率由2002年的55.4%提高到2020年的64%，年均增长0.5个百分点。

表3-9　　美国四年制大学1996—2014年入学本科生的毕业率　　　　（%）

入学年份\毕业率	四年毕业率	五年毕业率	六年毕业率
1996	33.7	50.2	55.4
1997	34.1	51.1	56.0
1998	34.5	51.5	56.4
1999	35.3	52.3	57.1
2000	36.1	52.6	57.5
2001	36.2	52.6	57.3
2002	36.4	52.3	57.2
2003	37.0	53.2	57.8
2004	38.0	54.1	58.4
2005	38.3	54.2	58.6
2006	39.1	54.9	59.2
2007	39.4	55.1	59.4
2008	39.8	55.4	59.6
2009	39.9	55.3	59.4
2010	40.7	55.8	59.7
2011	41.6	56.6	60.4
2012	43.7	58.7	62.4
2013	45.3	59.9	63.4
2014	46.6	60.5	64.0

资料来源：根据美国国家教育统计中心 NCES 官方网站（https://nces.ed.gov/programs/digest/d21/tables/dt21_326.10.asp）公布数据整理而得。

另一方面，美国非营利性私立大学本科毕业率明显比公立大学和营利性私立大学本科毕业率要高。尤其是在四年毕业率方面，2014年入学的美国非营利性私立大学本科生于2018年毕业的比例为56.8%，而同年美国公立大学本科毕业率为42.4%。然而，美国私立非营利性大学和公立大学的六年毕业率差异并不大。在六年毕业率相较于四年毕业率的增幅方面，公立大学的表现最为突出，美国公立大学2014年入学学生六年毕业率为63.1%，比四年毕业率42.4%相比，提高了20.7个百分点。美国营利性私立大学本科毕业率表现相对较差，在1996—2014年近20年间入学学生的毕业率上下浮动比较明显（见表3-10）。

表3-10　　　　美国不同办学性质的四年制大学
1996—2014年入学本科生的毕业率　　　　　　　（%）

毕业率 入学年份	公立大学			非营利性私立大学			营利性私立大学		
	四年	五年	六年	四年	五年	六年	四年	五年	六年
1996	26.0	45.9	51.7	48.6	59.2	63.1	21.9	25.4	28.0
1997	26.4	46.9	52.8	48.9	59.9	63.0	19.1	22.5	24.0
1998	26.8	47.4	53.2	49.8	60.5	63.7	19.9	23.1	24.5
1999	27.9	48.3	54.1	50.2	61.0	64.0	22.1	26.9	29.1
2000	29.0	49.1	54.8	50.3	60.8	64.5	25.7	30.0	32.6
2001	29.4	49.1	55.0	50.9	61.6	64.4	18.6	22.4	24.5
2002	29.9	49.2	54.9	51.0	61.3	64.6	14.2	17.2	22.0
2003	30.7	50.3	55.8	51.6	62.3	65.1	14.8	20.2	23.5
2004	31.4	50.7	56.1	52.6	63.0	65.5	20.6	25.9	28.6
2005	32.0	51.1	56.6	52.2	62.6	65.2	20.0	25.5	29.1
2006	32.9	51.9	57.2	52.9	63.2	65.5	22.8	28.0	31.5
2007	33.5	52.3	57.7	52.9	63.2	65.3	22.5	27.8	31.9
2008	34.4	53.1	58.5	52.8	63.0	65.4	17.5	23.0	26.4
2009	34.9	53.4	58.6	53.1	63.3	65.6	13.9	19.5	22.7
2010	35.8	54.0	58.9	53.6	63.7	65.9	17.6	22.2	24.1
2011	36.9	55.0	59.7	54.4	64.3	66.5	14.5	19.0	20.8
2012	38.8	56.7	61.2	55.3	65.0	67.2	19.4	23.8	25.4
2013	40.7	58.1	62.4	56.4	65.9	67.9	19.7	24.2	26.3
2014	42.4	59.1	63.1	56.8	65.6	68.0	22.9	27.1	29.3
增长	16.4	13.2	11.4	8.2	6.4	4.9	1.0	1.7	1.3

资料来源：根据美国国家教育统计中心NCES官方网站（https://nces.ed.gov/programs/digest/d17/tables/dt17_326.10.asp）公布数据整理而得。

（四）美国不同类型四年制大学本科毕业率情况

根据美国国家教育统计中心公布的 2021 年美国大学毕业率数据，以"授予学士学位及以上学位的四年制大学"为筛选条件，最终选取了 1777 所美国四年制大学作为研究样本。根据美国卡耐基高等学校分类法，所选取的大学样本数量分布如表 3-11 所示。

表 3-11　　　　　1777 所美国四年制大学样本分布

大学类型		样本量	样本总量
博士学位授予大学	非常高水平科研活动	n = 145	N = 445
	比较高水平科研活动	n = 128	
	专业性大学	n = 172	
硕士学位授予学院和大学	大型专业规模	n = 302	N = 606
	中型专业规模	n = 170	
	小型专业规模	n = 134	
本科学位授予学院	文理学院	n = 215	N = 483
	多学科本科学院	n = 268	
专业性四年制大学		n = 243	N = 243

说明：N 为不同类型大学数量；n 为不同类型大学内部具体分类大学数量。

首先，美国不同类型四年制大学本科毕业率数据分布的离散趋势较大，说明本科毕业率差异明显。如图 3-4 所示，1777 所美国不同类型四年制大学六年毕业率，在 90% 以上的大学共 90 所，占总样本数的 5.1%；在 80%—89% 的大学共 127 所，占总样本数的 7.1%；在 70%—79% 的大学共 226 所，占总样本数的 12.7%；在 60%—69% 的大学共 311 所，占总样本数的 17.5%；在 50%—59% 的大学共 375 所，占总样本数的 21.1%；在 40%—49% 的大学共 264 所，占总样本数的 14.9%；在 30%—39% 的大学共 190 所，占总样本数的 10.7%；在 30% 以下的大学共 194 所，占总样本数的 10.9%。由此可见，40%—70% 是美国四年制大学六年毕业率分布的密集区域。美国不同类型四年制大学四年毕业率的分布与六年毕业率的分布有所不同，在 20%—29% 的大学共

266所，占总样本数的15%；在30%—60%的大学共815所，占总样本数的45.9%。由此可见，20%—60%是美国四年制大学四年本科毕业率分布的密集区域。

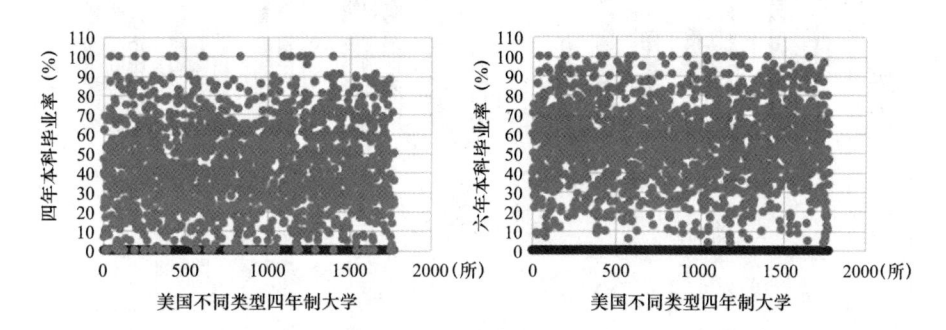

图3-4　2021年美国四年制大学四年毕业率和六年毕业率对比

资料来源：根据美国国家教育统计中心 NCES 官方网站（https：//nces.ed.gov/ipeds/data-center/reportselection.aspx? tableid = 813&permitlevel = 1&surveyName = Graduation%20rate%20data%20for%20bachelors%20degree-seeking%20cohort%20and%20other%20degree-seeking%20cohort）公布数据整理而得。

其次，美国不同类型大学本科毕业率存在着明显差异。如图3-5所示，四年毕业率是指2017年首次入学的全日制本科生在2021年毕业的比例，五年毕业率是指2016年首次入学的全日制本科生在2021年毕业的比例，六年毕业率是指2015年首次入学的全日制本科生在2021年毕业的比例。显而易见，博士学位授予大学本科毕业率的整体现状要优于其他类型的大学，从事"非常高水平科研活动"的博士学位授予大学本科毕业率居于首位，六年毕业率达到77%。然而，相较于它，从事"比较高水平科研活动"以及从事"专业性研究"的博士学位授予大学本科毕业率呈现出明显差距。因此，同属博士学位授予大学，它们之间的本科毕业率仍然存在差异。文理学院的毕业率呈现出良好的状态，四年毕业率以60.4%位居首位，六年毕业率仅次于从事"非常高水平科研活动"的博士学位授予大学。硕士学位授予学院和大学的毕业率情况整体上要优于专业性四年制大学，而多学科本科学院的毕业率整体上最低。

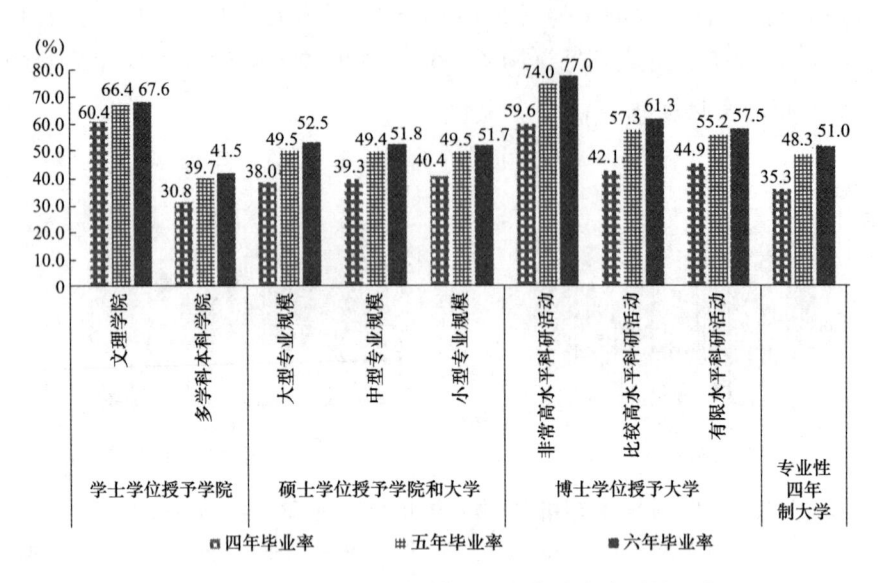

图 3-5　2021 年美国不同类型四年制大学本科毕业率

资料来源：根据美国国家教育统计中心 NCES 官方网站（https://nces.ed.gov/ipeds/data-center/reportselection.aspx? tableid=813&permitlevel=1&surveyName=Graduation%20rate%20data%20for%20bachelors%20degree-seeking%20cohort%20and%20other%20degree-seeking%20cohort）公布数据整理而得。

最后，本科毕业率的差异不仅存在于美国不同类型大学之间，在相同类型大学之间同样存在着差异。表 3-12 分别对学士学位授予学院、硕士学位授予学院和大学、博士学位授予大学和专业性四年制大学的六年毕业率进行高低排序，选取毕业率前 30% 和后 30% 的大学进行比较，结果表明，同一类型大学前 30% 毕业率与后 30% 毕业率之间的差值在 30%—40%，专业性四年制大学毕业率差值更是接近 60%；在从事"非常高水平研究活动"的博士学位授予大学中前 30% 的毕业率均值达到 92.3%。例如，普林斯顿大学（98%）、耶鲁大学（97%）、哈佛大学（97%）等世界顶尖一流大学的六年毕业率非常高。

表 3-12　　2021 年美国相同类型四年制大学六年毕业率比较

大学类型		样本量	前30%毕业率（%）	后30%毕业率（%）	两者相差（%）
博士学位授予大学	非常高水平科研活动	N=145 n=44	92.30	59.50	32.80
	比较高水平科研活动	N=128 n=38	78.70	43.90	34.80
	有限水平科研活动	N=172 n=52	73.30	38.90	34.40
硕士学位授予学院和大学	大型专业规模	N=302 n=91	70.30	33.20	37.10
	中型专业规模	N=170 n=51	68.50	33.40	35.10
	小型专业规模	N=134 n=40	69.40	33.20	36.20
本科学位授予学院	文理学院	N=215 n=65	87.90	43.10	44.80
	多学科本科学院	N=268 n=80	61.80	22.60	39.20
专业性四年制大学		N=243 n=73	80.10	21.80	58.30

说明：N 代表该类型大学总样本数；n 代表该类型大学总样本量的 30%。

资料来源：根据美国国家教育统计中心 NCES 官方网站（https://nces.ed.gov/ipeds/data-center/reportselection.aspx?tableid=813&permitlevel=1&surveyName=Graduation%20rate%20data%20for%20bachelors%20degree-seeking%20cohort%20and%20other%20degree-seeking%20cohort）公布数据整理而得。

二　法国大学本科毕业率

法国高等教育的一大特征是政府的集权制管理，高等教育制度表现为在组织和管理方面高度集中和统一。中国高等教育管理体制与法国存在着很大的相同之处，因此，法国举办高等教育的经验值得中国高等教育进行探究和借鉴。

（一）法国的大学与学位制度基本情况

法国高等教育机构种类繁多，根据学制的长短，本科教育可以分为两类：长期制教育学程和短期制教育学程。其中，长期制教育学程主要包括公立综合大学、大学校和高等专科学校，法国公立综合大学学制一般是3年，提供的是大学基础文凭；大学校和高等专科学校则较为复杂，学制时间一般在四年以上。短期教育学程主要包括大学技术学院和高等技师专科教育学院等，学制一般是2年，提供的是技术大学文凭和高级技师证书。法国公立综合大学不仅设置教学与研究单位，一些负责专门课程教学的专业学院也属于综合性大学的一部分，如大学工程师学院、大学技术学院、大学职业学院、政治学院等。

法国没有专门的大学入学考试，高中毕业会考文凭既是学生高中毕业的凭证，又是申请进入大学接受高等教育的凭证。在通常情况下，高中毕业生只要持有高中会考文凭，一般都可以被普通大学录取，进入大学一年级就读。因此，法国高等教育实行的是宽松入学但严格的淘汰制度，2016年，法国高中毕业会考后的大学录取率达到88.5%，但是2017年约有31%的学生在入学的第一年就放弃了学业。①

分阶段进行是法国高等教育的特征，按阶段授予文凭是法国学位制度的特色。在2005年之前，法国大学学制分为三个阶段：第一阶段为期两年，实施大学基础知识教育，颁发大学基础文凭，为学生提供进入学士阶段学习的资格；第二阶段为期两年，趋向于专业学习，完成第一年学习获得学士学位，完成第二年学习获得硕士学位；第三阶段为期4—5年，攻读深入研究文凭或者高级专业研究文凭需一年，攻读博士学位需3—4年。②

从2005年起，法国大学开始全面实行"LMD"（Licence-Master-Doctor），即"358"新学制。从通过中学会考起，用bac（即高中会考文

---

① L'Etudiant, "Quelles Sont Vos Chances de Réussite, Selon Votre Bac et Votre Fac ?," https://www.letudiant.fr/etudes/fac/classement-2023-de-la-reussite-en-licence-par-universite.html.
② 刘炜：《2004年法国高等教育将推行"358学制"》，《国际人才交流》2004年第2期。

凭）+X 的形式表明接受高等教育的年限，即 bac+3、bac+5、bac+8 分别表示大学本科学位 3 年、硕士学位 5 年和博士学位 8 年，以此确立了以"358"为主要架构的大学学制。例如，新旧本科学制之间的关系是，原第一阶段相当于 bac+2 水平的各项文凭和证书，如普通大学学业文凭、技术大学文凭、高级技师证书及科学与技术学大学学业文凭依然作为两级学位之间的中间学历文凭而存在，然后继续学习三年级课程，修满 180 欧洲学分后可获得学士学位。[1] 因此，在法国大学里修读的每一年课程，除能获得相应的欧洲学分外，还能得到一项法国制文凭或证书。如技术大学文凭、高级技师证书及科学与技术学大学学业文凭都是职业教育文凭，可以作为就业的凭证。

（二）法国大学本科毕业率的数据来源及统计方法

一方面，从数据来源上看，法国大学本科毕业率主要有两个来源渠道：一是法国国民教育和青年部公布的法国大学本科毕业率官方数据；二是由法国著名教育媒体《大学生》（L'Etudiant）公布的法国公立大学毕业率数据。

另一方面，从统计方法来看，法国教育部公布的法国大学本科毕业率是指首次进入法国大学本科课程学习的学生在 3 年或者 4 年（法国本科学位学制是 3 年）获得学士学位的比例。需要注意的是，在大学校、大学技术学院和高等技师专科教育学院注册的学生不包括在统计内。这一毕业率的统计方法属于"同一群组法"，即毕业学生与入学学生是同一群体。需要注意的是，法国教育部公布的大学本科四年毕业率指的是首次进入大学本科课程学习的学生在第 4 年毕业的比例，这一数据并不累计前三年的数据。但是，四年累计毕业率，则统计的是四年内毕业学生占入学学生的比例。

《大学生》公布的法国大学毕业率数据的统计范围仅限于法国公立大学。在毕业率统计方法上，与法国教育部使用的方法是统一的，即是首次进入法国公立大学本科课程学习的学生在 3 年或者 4 年里获得学士学位的比例。其不同之处在于，《大学生》公布的法国公立大学本科毕

---

[1] 杨少琳：《法国学位制度研究》，博士学位论文，西南大学，2009 年。

业率包括四个指标：3年实际毕业率（以下简称"3年毕业率"）、3年毕业率期望增值（以下简称"3年期望增值"）、3或4年实际毕业率（以下简称"3或4年毕业率"）、3或4年毕业率期望增值（以下简称"3或4年期望增值"），其中，期望增值=实际毕业率-期望毕业率。"期望增值"指标是由法国高等教育、研究和创新部提出的，根据学生获得高中会考文凭的水平或者他们的社会背景等标准，由大学计算学生的预期毕业率，通过将预期毕业率与实际毕业率进行比较，得出大学本科毕业率的"期望增值"。如果实际毕业率好于预期毕业率，则"期望增值"为正；如果实际毕业率比预期毕业率差，则"期望增值"为负。"期望增值"指标的提出基于发展的理念，即因为学生的人数、背景、质量等存在差异，依靠实际毕业率去衡量大学在学士学位完成方面的绩效大小是不全面的，而"增值"才能更好地衡量大学的办学绩效或者说办学质量，更具体地说，该数值越高，则意味着一开始没有成功机会的学生最终成功获得了文凭，这显示了大学培养学生的能力。[①]

（三）法国大学本科毕业率现状

首先，法国大学的本科毕业率相对较低。如图3-6所示，首次进入法国大学本科课程学习的学生，三年毕业率由2011年的27.5%逐步上升到2021年的34.6%，尤其是在2017年实现了较大的增长；第四年毕业率则始终位于10%—12%；四年累计毕业率由2011年的39.6%逐步上升到2021年的46.4%。能否顺利申读本科二年级对于学生顺利完成本科学业有一定的影响，法国教育部在其报告中指出，希望可以通过改革改变学生获取学士学位成功率低的现状。其中，"退学"因素应该受到重视，据调查，约有31%的本科生在入读一年级后放弃了继续就读；然而，如果学生顺利地由一年级进入二年级，那么他们成功获得学位的概率则会提高很多。[②] "自2018年《关于大学生引导和成功法案》实施以来，应届学生升读学士学位二年级的比例一直在稳步上升，2020年这

[①] L'Etudiant, "Quelles Sont Vos Chances de Réussite, Selon Votre Bac et Votre Fac?," https://www.letudiant.fr/etudes/fac/classement-2023-de-la-reussite-en-licence-par-universite.html.

[②] L'Etudiant, "Quelles Sont Vos Chances?," https://www.letudiant.fr/etudes/fac/reussite-en-licence-a-l-universite-quelles-sont-vos-chances.html.

一数据达到53.5%"①，第二年升学率的提升也对毕业率产生了积极影响。

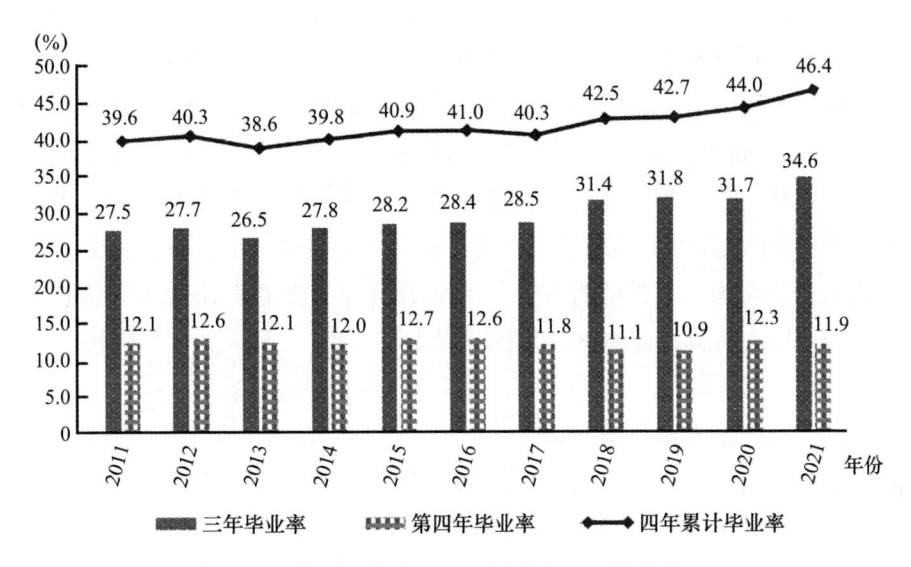

图3-6 法国大学2011—2021年应届本科生毕业率

资料来源：根据法国教育部公布数据整理而得，网址：https://www.education.gouv.fr/reperes-et-references-statistiques-sur-les-enseignements-la-formation-et-la-recherche-2019-3806#Donn%C3%A9es_publiques。

其次，法国公立大学的本科毕业率存在差异。如表3-12所示，2023年法国公立大学本科毕业率是指3年前首次入学的本科生于2023年毕业的比例。《大学生》公布的毕业率名单中共有69所法国公立大学，本书分别选取3或4年的实际毕业率前20位和后20位的大学进行对比分析，可以得出，前20位大学3年毕业率均值为42.3%，3或4年毕业率均值为53.9%；后20位大学3年毕业率均值为25.1%，3或4年毕业率均值为31%；3年毕业率均值的差值为17.2%，3或4年毕业率均值的差值为22.9%。法国公立大学本科毕业率整体偏低，但是不同大

---

① Réussite, "Assiduité en 1ère Année de Licence et passage en 2e Année：Impact de La Loi ORE et de La Crise Sanitaire," https://www.enseignementsup-recherche.gouv.fr/fr/reussite-assiduite-1ere-annee-licence-et-passage-2e-annee-impact-loi-ore-et-crise-sanitaire-89286.

学之间的差异非常明显，排名第一的米卢斯大学3年毕业率为55.5%，圭亚那大学3年毕业率仅为13.9%。即使是排名第一的米卢斯大学，3或4年毕业率仅为63.4%，这意味着该校超过三分之一的学生无法在3年或者4年里顺利毕业，而是选择继续复读或者干脆直接放弃。

最后，实际毕业率较高的大学，其增值基本上呈正向。如表3-13所示，前20位大学的本科毕业率增值基本上呈正值；这意味着这些大学办学绩效超出了预期，显示出大学在提高办学绩效方面所做出的真正努力。而后20位大学的本科毕业率增值基本上呈负值，而且有些大学实际毕业率与预期毕业率差值较大。这意味着这些大学办学绩效并未达到预期，仍需要在提高办学绩效方面做出努力。

三 英国大学本科毕业率

伯顿·克拉克根据不同的国情和文化传统来分析市场、社会、政府和大学之间的关系，并把各国高等教育体制概况分为三类：大陆模式、美国模式、英国模式。大陆模式主要是依靠国家权威的力量，法国是典型代表；美国模式主要是依靠市场权威的力量，英国模式则主要是依靠学术权威的力量。在高等教育管理体制方面，英国高等教育应该是介于法国中央集权和美国地方分权制之间的中间模式。

（一）英国的大学与学位制度基本情况

英国大学包括大不列颠及北爱尔兰联合王国的大学，大不列颠又由英格兰、威尔士和苏格兰组成。在学位制度方面，英国没有统一的学位授予办法，大学各自具有授予学位的传统和办法。学位分为三个等级：学士学位、硕士学位和博士学位。学士学位是英国高等教育的第一学位，学制一般为3—4年（医学5—6年）。目前，英国本科学位制度有两种类型：普通学士学位和荣誉学士学位。普通学士学位只起到证明大学学历的作用；荣誉学士学位分为一级荣誉学位、二级荣誉学位和三级荣誉学位，具体可划分为一等学位、二级甲等学位、二级乙等学位和三级学位。由此，英国本科学位分为五种：一级荣誉学士学位、二级甲等荣誉本科学位、二级乙等荣誉本科学位、三级荣誉本科学位和普通非荣誉本科学位。英国大学按照学业成绩对于荣誉学位的获取具有严格的规定：70分

表3-13　2023年法国公立大学本科毕业率　　　　　　　　　　　　　（%）

前20位大学	3年毕业率	3年期望增值	3或4年毕业率	3或4年期望增值	后20位大学	3年毕业率	3年期望增值	3或4年毕业率	3或4年期望增值
米卢斯大学	55.5	16.6	63.4	12.9	兰斯大学	31.4	0.1	44.0	0.5
昂热大学	48.7	9.9	59.8	8.7	塞吉大学	30.9	-1.6	41.0	-4.5
巴黎萨克雷大学	46.2	7.7	56.5	4.8	蒙彼利埃大学	30.6	-2.9	43.5	-3.2
巴黎一大学	45.4	0.8	59.0	2.1	图卢兹第二大学	30.4	-4.3	41.7	-3.6
普瓦捷大学	45.2	6.7	58.5	7.8	艾克斯—马赛大学	30.3	-2.1	42.9	-1.5
巴黎第二大学	43.9	-4.5	61.6	-0.5	图卢兹第三大学	30.0	-2.8	-44.8	-0.2
科西嘉大学	43.8	12.2	55.2	12.2	勒阿弗尔诺曼底大学	29.3	-0.1	39.6	-2.0
图卢兹第一大学	42.0	-0.9	58.1	1.4	里维埃拉大学	29.1	-2.1	41.0	-2.1
里尔第二大学	41.4	3.3	52.0	2.6	阿维尼翁大学	29.1	0.4	41.1	1.3
拉罗谢尔大学	41.3	8.9	51.4	6.8	里尔第一大学	27.8	-2.5	40.2	-1.4
商博良国立学院	41.1	8.6	52.4	7.7	图卢兹大学	27.8	1.1	37.9	-0.3
古斯塔夫埃菲尔大学	40.6	7.7	51.5	6.4	埃夫里大学	26.6	3.4	36.4	1.5
克莱蒙特大学	39.9	2.8	51.5	2.5	尼姆大学	25.9	2.1	37.4	0.6
布雷斯特大学	39.2	5.2	50.9	5.2	巴黎八大学	20.2	-2.9	32.2	-1.2

续表

前20位大学	3年毕业率	3年期望增值	3或4年毕业率	3或4年期望增值	后20位大学	3年毕业率	3年期望增值	3或4年毕业率	3或4年期望增值
雷恩第二大学	39.1	2.5	49.8	1.9	留尼汪大学	19.4	-1.4	29.1	-2.4
南布里坦尼大学	38.9	6.2	54.1	8.4	巴黎第十三大学	18.8	-4.6	27.4	-6.7
巴黎南特大学	38.5	3.8	50.5	3.1	瓦朗谢纳大学	17.8	-4.4	21.3	-11.9
法国国立滨海大学	38.5	3.2	45.4	-1.8	马约特大学	17.1	0	21.1	-7.0
圣艾蒂安大学	38.4	8.4	49.0	7.9	新喀里多尼亚大学	15.8	-10.5	27.2	-10.6
巴黎第三大学	38.1	0.6	48.1	-0.8	圭亚那大学	13.9	0.7	19.0	-2.4
均值	42.3	—	53.9	—	均值	25.1	—	31.0	—

说明:"—"代表未进行数据统计。

资料来源:根据 L'Etudiant（https://www.letudiant.fr/etudes/parcoursup/vos-chances-de-reussite-en-licence-par-universite.html）公布的数据整理而得。

以上可获得一级荣誉学位，60—69 分可获得二级甲等荣誉学位，50—59 分可获得二级乙等荣誉本科学位，45—40 分可获得三级荣誉本科学位，40—44 分则仅可获得普通非荣誉学位。通常而言，一级荣誉学位仅能占到本科学位比例的 5%，大多为顶尖大学的优秀学生可以获得。在英格兰、威尔士和北爱尔兰，一般来说本科学制是三年；在苏格兰，结束三年本科学习的学生会被授予普通学士学位，而获得荣誉学士学位则需要四年。

（二）英国大学本科毕业率的数据来源及统计方法

一方面，从数据来源上看，英国大学本科毕业率数据主要来源于英国高等教育统计署官方网站。英国高等教育统计署公布了包括英格兰、威尔士、苏格兰和北爱尔兰所有大学在内的预期本科毕业率情况。《泰晤士报》公布了较佳大学指南中的"毕业率"数据，但是该数据使用的是英国高等教育统计署官方网站公布的"预期本科毕业率"数据。因此，这两者的数据来源是一致的。

另一方面，从统计方法上看，英国高等教育统计署公布的毕业率数据是预期本科毕业率。所谓预期本科毕业率，是指根据同一年入学的本科生在统计年份学位课程完成率情况，预计完成学位课程并毕业的学生占入学学生的百分比。有两点需要注意：一是仅限于首次入学的全日制本科生；二是"统计年份"一般为入学第二年结束时，如 2019 年首次入学的全日制本科生的预期毕业率，是根据 2021 年学生课程完成率为基准进行估算的。由于毕业率数据是基于阶段性数据的估算值，容易受到数据变动的影响，但可以保证与实际毕业率相差不会太大。除了毕业率数据外，英国高等教育统计署统计并公布了转学预期率、退学预期率、获取其他学历证明预期比例等数据。

（三）英国大学本科毕业率现状

首先，英国大学本科毕业率整体水平偏高，呈现出缓慢增长的趋势。相较于经合组织其他成员国的本科毕业率而言，英国大学本科毕业率整体水平偏高。如图 3-7 所示，2001—2019 年，英国所有地区大学首次入学的全日制本科生的预期毕业率由 77.9% 提高到 82.1%，增长了 4.2

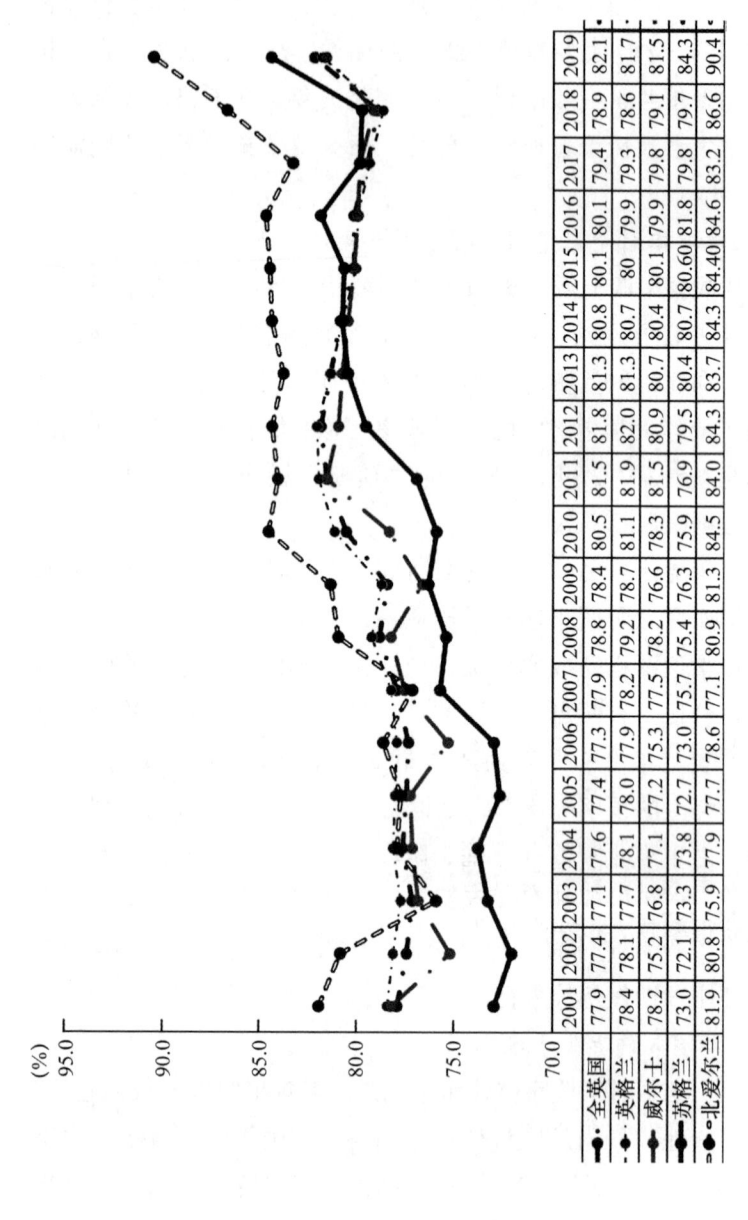

	2001	2002	2003	2004	2005	2006	2007	2008	2009	2010	2011	2012	2013	2014	2015	2016	2017	2018	2019
全英国	77.9	77.4	77.1	77.6	77.4	77.3	77.9	78.8	78.4	80.5	81.5	81.8	81.3	80.8	80.1	80.1	79.4	78.9	82.1
英格兰	78.4	78.1	77.7	78.1	78.0	77.9	78.2	79.2	78.7	81.1	81.9	82.0	81.3	80.7	80	79.9	79.3	78.6	81.7
威尔士	78.2	75.2	76.8	77.1	77.2	75.3	77.5	78.2	76.6	78.3	81.5	80.9	80.7	80.4	80.1	79.9	79.8	79.1	81.5
苏格兰	73.0	72.1	73.3	73.8	72.7	73.0	75.7	75.4	76.3	75.9	76.9	79.5	80.4	80.7	80.60	81.8	79.8	79.7	84.3
北爱尔兰	81.9	80.8	75.9	77.9	77.7	78.6	77.1	80.9	81.3	84.5	84.0	84.3	83.7	84.3	84.40	84.6	83.2	86.6	90.4

图 3-7 英国大学 2001—2019 年入学本科生的预期毕业率

资料来源：根据英国高等教育统计署官方网站（https://www.hesa.ac.uk/data-and-analysis/performance-indicators/non-continuation-summary#outcomes）数据整理而得。

个百分点；英格兰地区大学首次入学的全日制本科生的预期毕业率由78.4%提高到81.7%，增长了3.3个百分点；威尔士地区大学首次入学的全日制本科生的预期毕业率由78.2%提高到81.5%，增长了3.3个百分点；苏格兰地区大学首次入学的全日制本科生的预期毕业率由73%提高到84.3%，增长了11.3个百分点；北爱尔兰地区大学首次入学的全日制本科生的预期毕业率由81.9%提高到90.4%，增长了8.5个百分点。

其次，英国不同大学之间本科毕业率存在差异。表3-14排名数据来源于《泰晤士报》公布的《2023年最佳英国大学指南》。该排名的指标包括教学质量、学生满意度、科研质量、入学标准、生师比、设施和设备经费、毕业生前景、一级学位或2.1学位获得率和预期毕业率等指标，根据各项指标得分之和的高低进行大学排名。其中，"一级学位或2.1学位获得率"和"预期毕业率"的数据来源于《2020—2021年英国大学办学绩效指标》，因此是2019年首次入学的本科生的预期毕业率以及一级学位或2.1学位获得率。《2023年最佳英国大学指南》共公布了132所英国大学的排名，本书选取综合排名前20位和后20位的大学的预期毕业率以及一级学位或2.1学位获得率进行对比，发现综合排名前20位大学预期本科毕业率（94.9%）比综合排名后20位的大学毕业率（75.4%）高出19.5个百分点；综合排名前20位的大学一级学位或2.1学位获得率（89.4%）比综合排名后20位的大学（70.6%）高出18.8个百分点。从数据来看，综合实力越强的大学，其预期毕业率和一级学位或2.1学位获得率越大，在一定程度上说明英国大学本科毕业率与大学的综合实力存在正相关。

表3-14　英国大学2019年入学本科生预期毕业率与荣誉学位获得率　　（%）

前20位大学	预期毕业率	一级学位或2.1学位获得率	后20位大学	预期毕业率	一级学位或2.1学位获得率
牛津大学	99.0	94.5	圣大卫三一学院	79.9	75.2
圣安德鲁斯大学	95.9	92.6	伯明翰城市大学	77.8	73.1

续表

前20位大学	预期毕业率	一级学位或2.1学位获得率	后20位大学	预期毕业率	一级学位或2.1学位获得率
剑桥大学	99.0	93.5	伦敦南岸大学	81.8	69.3
伦敦政治经济学院	96.7	93.6	威斯敏斯特大学	76.0	72.6
帝国理工学院	97.9	92.4	贝德福德大学	65.6	70.3
杜伦大学	97.2	92.6	格拉斯哥喀里多尼亚大学	67.7	76.7
伦敦大学学院	94.8	91.4	格林威治大学	79.5	68.5
巴斯大学	96.2	90.0	坎特伯雷大学	74.0	71.6
华威大学	95.6	88.0	布莱顿大学	72.3	57.9
爱丁堡大学	94.3	91.5	剑桥安鲁大学	78.3	74.2
拉夫堡大学	93.4	85.8	东伦敦大学	81.6	73.7
兰卡斯特大学	94.1	82.9	伦敦艺术大学	76.3	66.1
埃克塞特大学	94.9	88.8	龙比亚大学	81.5	69.6
格拉斯哥大学	89.9	86.1	金斯顿大学	78.5	74.1
布里斯托大学	95.9	91.2	约克圣约翰大学	71.8	68.8
南安普顿大学	93.3	87.2	圣马克与圣约翰大学	68.7	64.5
约克大学	93.9	83.9	南威尔士大学	82.8	66.6
思克莱德大学	91.1	84.6	纽曼大学	79.5	81.5
阿伯丁大学	89.9	88.3	伦敦大学伯克贝克学院	77.3	72.1
伯明翰大学	95.4	88.3	利兹贝克特大学	56.2	64.8
均值	94.9	89.4	均值	75.4	70.6

说明：2.1学位是指二级甲等荣誉学位。

资料来源：根据《泰晤士报》官方网站（https://www.thetimes.co.uk/article/good-university-guide-in-full-tp6dzs7wn）数据整理而得。

四 日本大学本科毕业率

日本大学的规模和质量都位于世界高等教育前列，为其经济社会的发展做出巨大贡献。对属于"同一文化圈"的日本大学本科毕业率现状进行探究，可以起到一定的借鉴和反思作用。

（一）日本的大学与学位制度基本情况

日本高等学校包括大学、短期大学和高等专门学校。从日本文部科学省公布的数据中可知，2022年（令和4年）日本共有807所大学，309所短期大学和57所高等专门学校。[①] 日本大学学位制度分为四种：准学士（专门士）学位、学士学位、硕士学位和博士学位。大学毕业者授予学士学位，学制一般为4年（医学类学制一般为6年）。短期大学及高等专门学校毕业者授予准学士学位，也有部分专门学校授予专门士学位，这类高校学制一般是2年，不过，也有医学高校学制为3年。短期大学或者高等专门学校授予的准学士（专门士）学位是职业性的，因此这类学校并不在本书的研究范围内，以下研究的考察对象仅限于大学。

（二）日本大学本科毕业率的数据来源及统计方法

一方面，从数据来源上看，日本大学本科毕业率的相关数据，如入学人数、毕业人数、延期人数等来源于日本文部科学省每年发布的《学校基本调查》。目前，从其官网上可获取的是从1956年至2022年（昭和31年至令和4年）共67年的年度数据。由于跨越时间较长，年度调查报告中的数据统计方法有所差异。为了保证研究数据的准确性和科学性，并基于本书的具体需求，将对数据进行合理的选择性使用。

另一方面，从统计方法来看，日本大学本科毕业率并无官方方法，本书中的日本大学本科毕业率是根据可获得的日本大学入学人数和毕业人数的数据，并按照"同一群组法"和"跨群组法"统计而得。有如下四点说明：其一，大学是指国立大学、公立大学和私立大学三类，不包括短期大学和高等专门学校。其二，统计对象是学制四年的大学本科生。其三，1956—1976年的本科毕业率采用"跨群组法"，统计方法是计算

[①] 日本文部科学省，"学校基本調査 令和4年度 高等教育機関《報告書掲載集計》学校調查 総括 ｜ ファイル ｜ 統計データを探す"，https：//www.e-stat.go.jp/stat-search/files?page=1&layout=datalist&toukei=00400001&tstat=000001011528&cycle=0&tclass1=000001172319&tclass2=000001172426&tclass3=000001172427&tclass4=000001172428&tclass5val=0&metadata=1&data=1.

毕业年份的毕业本科生总人数与四年前入学本科生的比值；由于调查年份的毕业生总人数中可能包括非四年前入学的本科生，因此毕业学生与入学学生不属于同一群体。其四，1977 年至 2022 年的本科毕业率采用"同一群组法"和"跨群组法"，"同一群组法"的毕业率统计方法是四年制大学本科生在四年内毕业的学生占四年前入学学生的比例，毕业学生与入学学生属于同一群体。

下文中日本大学本科毕业率的数据是由可获得的大学入学总人数和毕业总人数，经过统计公式计算而得。需要做两点说明：一者，并非官方统计的毕业率数据；二者，并非各个大学上报的毕业率数据。因此，该数据未必完全精准，但可以在一定程度上呈现出日本大学本科毕业率的发展变化情况。

（三）日本大学本科毕业率现状

一方面，日本大学本科毕业率水平较高，且总体波动不大，只在局部呈现出明显的波动。如表 3-15 所示，自 1960 年至 1975 年的 16 年间，日本大学本科毕业率（跨群组法）存在一定的波动，在 1970 年降低为 82.2%，但又在 1973 年和 1974 年上升为 100% 以上。而这与日本 20 世纪 60 年代中期入学人数大幅度增加，1969 年却大幅度降低，20 世纪 70 年代初入学人数又迅速增长有关。

表 3-15　1960—1975 年日本大学本科毕业率（跨群组法）

调查年份	四年前入学人数（人）	总毕业人数（人）	毕业率（%）
1960	139591	119809	85.8
1961	141081	121979	86.5
1962	146377	128153	87.5
1963	155686	138479	88.9
1964	166761	149384	89.6
1965	179622	162349	90.4
1966	201125	178279	88.6
1967	215884	187418	86.8

续表

调查年份	四年前入学人数（人）	总毕业人数（人）	毕业率（%）
1968	217763	194628	89.4
1969	249917	217805	87.2
1970	292958	240921	82.2
1971	312747	272949	87.3
1972	325632	292946	90.0
1973	264234	289590	109.6
1974	282166	292390	103.6
1975	312924	305456	97.6

说明：1. 学制四年本科生统计方法使用跨群组法。

资料来源：根据日本文部科学省（https://www.e-stat.go.jp/stat-search/files?page=1&toukei=00400001&tstat=000001011528）官方数据整理而得。

在1976年至2022年的47年间，日本大学本科生四年内的毕业率（同一群组法）基本保持在70%—83%的范围内（见表3-16）。从图3-8可知，20世纪90年代日本大学本科生四年内的毕业率呈现出小幅度增长，21世纪初又呈现出下降趋势，之后趋向于平稳发展。而使用跨群组法计算的日本大学本科毕业率数据相对较高，这与经合组织调查的日本大学本科毕业率数据基本一致。以2022年大学毕业情况为例，超过学制一年、两年、三年及四年以上毕业生的数量分别为41193人、8346人、2497人和1358人，意味着有一定比例的学生需要通过延长就读时间获得毕业。

表3-16　　　　1976—2022年日本大学本科毕业率

| 调查年份 | 四年前入学人数（人） | 同一群组法 || 跨群组法 ||
		四年后毕业人数（人）	毕业率1（%）	总毕业人数（人）	毕业率2（%）
1976	376147	269377	71.6	317813	84.9
1977	389560	275631	70.8	330755	84.9

续表

调查年份	四年前入学人数（人）	同一群组法 四年后毕业人数（人）	同一群组法 毕业率1（%）	跨群组法 总毕业人数（人）	跨群组法 毕业率2（%）
1978	407528	289669	71.1	346886	81.8
1979	423942	306219	72.2	363717	86.5
1980	420616	310431	73.8	367061	85.7
1981	428412	319455	74.6	374008	87.9
1982	425718	316794	74.4	370584	90.9
1983	407635	303397	74.4	356610	86.5
1984	412437	308679	74.8	359155	86.9
1985	413236	308946	74.8	360772	87.0
1986	414536	310928	75.0	363446	86.4
1987	420458	317419	75.5	369629	88.9
1988	416002	316540	76.1	369821	89.8
1989	411993	312348	75.8	363626	83.2
1990	436896	335031	76.7	386215	83.0
1991	465503	362291	77.8	414083	87.6
1992	472965	369946	78.2	424100	88.9
1993	476786	376021	78.9	431772	90.1
1994	479118	390451	81.5	447759	88.0
1995	508778	418349	82.2	480107	90.8
1996	528488	434940	82.3	499790	92.2
1997	541812	444796	82.1	511385	93.4
1998	547750	448814	81.9	516877	93.1
1999	555262	450012	81.0	519528	91.8
2000	565825	453423	80.1	526635	91.6
2001	574618	454003	79.0	533555	92.4
2002	577312	456205	79.0	535378	92.8
2003	576665	453665	78.7	532499	90.8
2004	586242	458167	78.2	536874	90.8
2005	591319	461223	78.0	539233	90.4
2006	596777	469540	78.7	546080	92.2
2007	592310	472302	79.7	547070	93.3
2008	586394	471094	80.3	543955	91.9
2009	591947	476269	80.5	547920	92.7

第三章 大学本科毕业率的全球图景　　115

续表

调查年份	四年前入学人数（人）	同一群组法		跨群组法	
		四年后毕业人数（人）	毕业率1（%）	总毕业人数（人）	毕业率2（%）
2010	591266	453428	76.7	530122	89.9
2011	589768	466374	79.1	540961	92.6
2012	584023	460037	78.8	538910	92.1
2013	585380	463199	79.1	537496	90.2
2014	595938	472046	79.2	544750	92.3
2015	589917	471450	79.9	542973	93.3
2016	581884	469680	80.7	538187	91.3
2017	589749	478759	81.2	546070	93.5
2018	584143	476621	81.6	543569	93.1
2019	593561	485613	81.8	549813	92.6
2020	594731	486831	81.9	551411	92.7
2021	605904	485458	80.1	561184	92.6
2022	605327	503366	83.2	567760	93.8

说明：1. 毕业率1代表同一群组的毕业率；毕业率2代表跨群组的毕业率；2. 总毕业人数是指该年本科毕业生总数，不限定毕业学生的入学年份。3. 调查对象为四年学制本科生。

资料来源：根据日本文部科学省（https://www.e-stat.go.jp/stat-search/files?page=1&toukei=00400001&tstat=000001011528&metadata=1&data=1）官方数据整理而得。

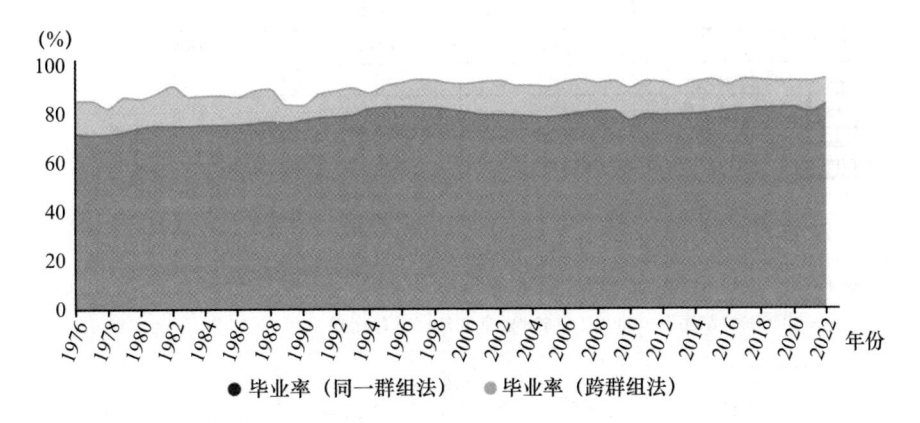

图3-8　1976—2022年日本大学本科毕业率

资料来源：根据日本文部科学省（https://www.e-stat.go.jp/stat-search/files?page=1&toukei=00400001&tstat=000001011528&metadata=1&data=1）官方数据整理而得。

另一方面，日本国立大学、公立大学和私立大学本科毕业率之间存在相对较小的差异，国立大学本科毕业率相对较高。如图3-9所示，国立大学2016年入学本科生四年毕业率为83.3%，而六年毕业率则提升到93.7%；公立大学2016年入学本科生四年毕业率为86.9%，而六年毕业率则提升到95.9%，均明显高于私立大学的毕业率。截至2022年，日本共有807所大学，其中国立大学86所，公立大学101所，私立大学620所；共有在校生2632216人，其中国立大学在校生431106人，公立大学在校生143513人，私立大学在校生2057597人。① 由此可见，日本国立大学和公立大学虽然数量和学生规模较小，但是，因其招生严格以及高质量的教学保障，基本上是日本大学中的"佼佼者"。因此，日本国立大学和公立大学本科毕业率相对较高与其生源质量、资源投入保障等关系密切。

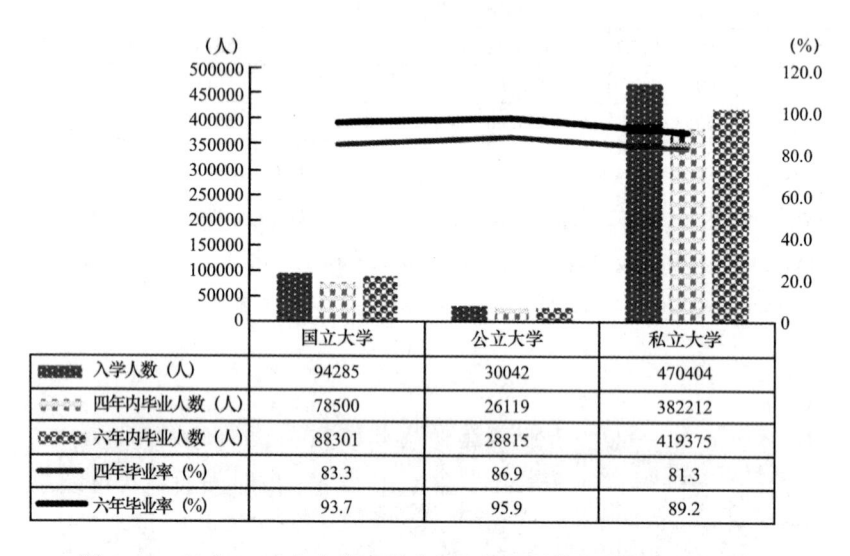

	国立大学	公立大学	私立大学
入学人数（人）	94285	30042	470404
四年内毕业人数（人）	78500	26119	382212
六年内毕业人数（人）	88301	28815	419375
四年毕业率（%）	83.3	86.9	81.3
六年毕业率（%）	93.7	95.9	89.2

图3-9　日本2016年入学大学本科生的四年毕业率和六年毕业率

资料来源：根据日本文部科学省（https://www.e-stat.go.jp/stat-search/files?page=1&toukei=00400001&tstat=000001011528）官方数据整理而得。

---

① 日本文部科学省，"学校基本調査 令和4年度 高等教育機関《報告書掲載集計》学校調査 総括 | ファイル | 統計データを探す》"，https://www.e-stat.go.jp/stat-search/files?page=1&layout=datalist&toukei=00400001&tstat=000001011528&cycle=0&tclass1=000001172319&tclass2=000001172426&tclass3=000001172427&tclass4=000001172428&tclass5val=0&metadata=1&data=1.

第三节　基于全球视域的典型国家大学
　　　　本科毕业率特征

通过上文对经合组织成员国的高等教育毕业率的呈现，以及对美国、法国、英国和日本的大学本科毕业率的具体分析，可以发现，在本科毕业率的统计方法、整体现状以及不同类型（层次）大学等方面均存在国别差异，但却又存在一些相似性，本科毕业率问题错综复杂。可见，大学毕业率与一个国家的政治体制、经济体制和社会体制以及高等教育系统的特征紧密相关，很难进行简单的比较，对大学本科毕业率的成因分析需要审慎。

一　大学本科毕业率存在国别差异

显而易见，虽然不排除在计算过程中产生的偏差，但不同国家的高等教育毕业率（包括大学本科毕业率）的确存在差异，这与一个国家的宏观社会环境和高等教育系统的体制机制有关。从就业市场机制来看，在一些国家里，许多学生成功地学完了一部分学位课程，但并没有学完整个学位课程，然而，他们通过学习学位课程所获得的技能和能力完全可以得到劳动力市场的认可，而非一定需要一张学位证书。例如在加拿大，一年的学习可以为学生提供有吸引力的就业机会，这可以解释为什么学生在毕业前选择离开教育系统；在美国，学生可以在完成 A 类高等教育之前离开学校，在工作一段时间后，再继续学业；瑞典高等教育实施模块化学位课程，即使学生的学分足以毕业，他们也可能不去申请文凭，因为从单门课程中所获得的学分同样被劳动力市场所认可。

从高等教育系统来看，一些国家的高等教育系统的转学机制和学分转换机制非常完善，学生学习的自由度相对较大，可以根据自己的学习能力和学习兴趣调整学校和专业。通过对经合组织成员国高等教育毕业率的分析，可以发现，如果学生能成功转入 B 类高等教育，就读 A 类高等教育但没有毕业并不一定意味着失败，反之亦然。例如，2008 年法国高等教育中未拿到 A 类高等教育学位，但转向 B 类高等教育并成功获得学历资格的比例为 15%。换句话说，在法国，如果有 100 名学生进入 A 类高等教育课程学习，就有 64 名学生将至少获得第一个 A 类高等教育学位，有 15 名学生将获得 B 类高等教育学历资格，只有 21 名学生未获得高等教育学历资格；而在冰岛、新西兰和瑞典的大学生由 A 类高等教育转向 B 类高等教育并成功获得学历资格的比例分别为 22%、9% 和 27%。[1] 转学在美国高等教育系统中属于十分常见的现象，每个州或者每所大学都会指定具体的转学和学分互认规定，以利于学生进行校际转换。根据美国国家教育统计中心公布的统计结果，2004—2021 年，美国四年制大学转学率由 20% 上升到 26%，而这部分转学生的毕业率情况并未计算在美国官方毕业率数据中。

高等教育系统的入学制度也应该受到重视。经合组织指出，国家之间的入学制度存在较大差异。以 2011 年经合组织发布的数据为例，美国（72%）、新西兰（76%）、挪威（76%）、波兰（81%）和葡萄牙（98%）这些国家的 A 类高等教育净入学率[2]相对较高，但是这些国家的 A 类高等教育毕业率都相对较低；而日本的 A 类高等教育毕业率虽相对较高，但其高等教育净入学率却仅为 52%。[3] 以上案例可以说明，通过降低入学门槛，鼓励更多的人进入高等教育系统中，但由于学业要求等多方面原因，可能会造成毕业率较低。而日本高等教育入学门槛较高，其毕业率相对较高也在情理之中。仅从"进口"和"出口"的数据来看，前者可以说是"宽进严出"模式，后者则是"严进宽出"模式。当然，这也并非适用于所有国家，如法国大学本科毕业率较低，但其 A 类高等教育入学率仅为 39%，与以上国家的情况都不一样。

---

[1] Organization for Economic Co-operation and Development, "Education at a Glance 2010: OECD Indicators," https://www.oecd-ilibrary.org/docserver/eag-2010-en.pdf? expires = 1680274294&id = id&accname = guest&checksum = 71CE055CFB320A1127EAD2C86CBBB717.

[2] A 类高等教育净入学率是指首次进入 A 类高等教育学习的人数占适龄人口的百分比，包括国际学生。

[3] Organization for Economic Co-operation and Development, "Education at a Glance 2013: OECD Indicators," https://www.oecd-ilibrary.org/docserver/eag-2013-en.pdf? expires = 1680273373&id = id&accname = guest&checksum = 098AB398A78B412030523863A944EEB0.

由此可见，大学毕业率可以作为衡量高等教育系统内部绩效的有效指标，但是在实际操作中，仍需要根据国家的宏观社会环境和高等教育系统的运行机制进行具体分析。

二 大学本科毕业率存在院校差异

从国家高等教育内部系统来看，不同类型（层次）、不同竞争力的大学在本科毕业率方面存在差异。从上文分析可知，美国不同类型和不同层次大学本科毕业率差异巨大，有毕业率高达近100%的大学，也有毕业率不足10%的大学。哪怕是本科毕业率相对较高的英国和日本也存在这种情况，如牛津大学的毕业率接近100%，而最低的大学毕业率不足70%。美国企业公共政策研究所2009年发布的《毕业与辍学：哪些院校的学生更可能毕业》调查结果显示："无竞争力的大学"毕业率为34.7%，"竞争力强的大学"毕业率则高达87.8%；这说明越有竞争力的大学，其毕业率越高，反之亦然。[1] 英国和法国公立大学的本科毕业率在一定程度上证明了这一结论，大学综合表现越好，或者说是为大家所共识的"好大学""高质量的大学"，其本科毕业率相对较高。在日本大学本科毕业率方面，虽缺乏具体的每一所大学的本科毕业率，但是不同类型大学的本科毕业率的均值差异已可以说明问题。相同类型或者相同竞争力大学的本科毕业率同样存在差异。美国企业公共政策研究所的调查报告指出，按照毕业率占前30%和后30%划分标准，具有同一竞争力的美国大学本科六年毕业率存在差异，"无竞争力的大学"组的差值为32%，"竞争力强的大学"组的差值则为13%。[2]

影响大学本科毕业率院校之间差异的因素非常多，如生源质量、大学教学质量、资源投入保障、教学管理水平等。比如，通过对《美国新

---

[1] American Enterprise Institute for Public Policy Research, "Diplomas and Dropouts: Which Colleges Actually Graduate Theirs Students and Which Don't," http://www.aei.org/publication/diplomas-and-dropouts/.

[2] American Enterprise Institute for Public Policy Research, "Diplomas and Dropouts: Which Colleges Actually Graduate Theirs Students and Which Don't," http://www.aei.org/publication/diplomas-and-dropouts/.

闻和世界报道》发布的《2023年美国大学排行榜》中"录取率"和"四年毕业率"进行相关性分析发现，二者之间存在负相关性[①]，这意味着录取率越低的美国四年制大学，其六年毕业率越高，如位列第一的普林斯顿大学的录取率仅为4%，而四年毕业率则高达90%。这在一定程度上说明，选拔越严格，生源质量越高，学生可以达到学业标准并最终毕业的可能性就越高。然而，通过对《泰晤士报》发布的《2023年最佳英国大学指南》中英国大学的"教学质量"和"毕业率"进行相关性分析，却发现两者之间几乎不存在相关性[②]，但也有一些研究表明应该通过提高教学质量从而保证或者提高毕业率。由此可以看出，对于本科毕业率的解释要结合具体的研究对象，论证的过程必须全面审慎，不能武断地判定本科毕业率的形成因素或者影响因素。

三 大学本科毕业率存在个体差异

大学本科毕业率最直接的相关者应该是学生。美国相当一部分关于毕业率的研究都围绕着弱势群体进行，并致力于提高弱势群体的毕业率。如2020年美国四年制大学中黑人学生、西班牙裔学生和印第安裔学生的六年毕业率分别为45%、58.7%和41.5%，而白人学生六年本科毕业率为67.4%。[③] 美国大学委员会发布的《2016年美国高等教育回报》的调查结果表明：来自不同收入家庭的学生在获得学位证书和其他资格证书上也有着不同表现，来自收入最低的25%家庭的学生获取学士学位的比例仅为26%，而来自收入最高的25%家庭的学生获取学士学位的比例是58%；来自收入最低的25%家庭的学生未获得学位并退学的比例高达38%，而来自收入最高的25%家庭的学生未获得学位并退学的比例则为20%。[④] 正

[①] 根据《美国新闻和世界报道》发布的大学排行榜相关数据整理而得，https://www.usnews.com/best-colleges/rankings/national-universities?_mode=table。

[②] 根据《泰晤士报》官方网站（https://www.thetimes.co.uk/article/good-university-guide-in-full-tp6dzs7wn）数据整理而得。

[③] 根据美国国家教育统计中心NCES官方网站（https://nces.ed.gov/programs/digest）公布数据整理而得。

[④] The College Board, "Education Pays 2016: The Benefits of Higher Education for Individuals and Society," https://trends.collegeboard.org/education-pays.

如研究所表明的，学生的社会经济背景有可能会对毕业率产生负面影响，甚至可能超过种族和性别。①

经合组织发布的调查数据表明：在挪威、法国和美国，学生的本科毕业率随着父母的教育水平的提高而提高；在美国，父母接受过高等教育的学生的本科毕业率要比父母仅接受过高中以下教育的学生的本科毕业率高出 27 个百分点，法国高出 11 个百分点，挪威则高出 10 个百分点。这些结果反映出第一代大学生更有可能面对高等教育的失败。但是并非在所有的国家都是如此，在芬兰，父母未完成高中教育的学生的本科毕业率最高，要比父母完成高等教育的学生的本科毕业率高出 10 个百分点。值得注意的是，芬兰有 64% 学生的父母接受过高等教育，而父母没有完成高中教育的只有 5%。② 由此可知，关于本科毕业率的解读必须审慎，要基于该国的具体国情进行原因探究。

在一些国家里，并不是所有的学生进入高等教育都必须获得一个学位。尤其是现在非传统大学生的增多，由于一些原因，他们要获得毕业比全日制大学生更为困难。美国鲁米娜基金会的调查显示，美国 18—21 岁的全日制学生比例在降低，有 40% 的学生是非全日制学生，有 38% 的大学生年龄大于 25 岁，有 58% 的大学生需要兼职工作（约有 40% 的社区大学生和 20% 的四年制大学生每周平均工作 20 多个小时），有 26% 的大学生需要抚养子女。③ 相比于传统大学生，非传统大学生可能还兼具工作或有家庭生活，无法全身心投入校园学习，以致这类大学生无法获得足够学分，极易中断学业，造成获得高等教育学位率偏低。

经合组织始终强调，大学辍学的人并不意味着失败：他们中的许多人提前就业或发现所学专业并不符合他们的需要。离开大学的具体原因

---

① Organization for Economic Co-operation and Development, "Education at a Glance 2016: OECD Indicators," https：//www.oecd-ilibrary.org/docserver/eag-2016-en.pdf? expires = 1680334114&id = id&accname = guest&checksum = 528EB6F25F104C912C3C627A0ADB14DD.

② Organization for Economic Co-operation and Development, "Education at a Glance 2014: OECD Indicators," https：//www.oecd-ilibrary.org/education/education-at-a-glance-2014 _ eag-2014-en.

③ Lumina Foundation, "Our Assumptions about Today's College Students are Wrong," https：//www.luminafoundation.org/todays-student.

是多种多样的：学生们可能意识到他们选择了不喜欢的学科或者专业；他们可能达不到就读高校的学业要求；他们可能发现所提供的课程计划无法符合他们的期望或劳动力市场的需要；学生可能认为接受高等教育并不能保证他们具备进入劳动力市场的能力；或者在完成学业之前找到了有吸引力的工作。在某些情况下，一些国家的劳动力市场承认部分完成的高等教育学位，这可能鼓励学生兼职工作（可能会推迟毕业）或辍学全职加入劳动力市场，学生也可能"中途退学"——在重新入学完成学业之前暂时退出高等教育领域。[1] 虽然"辍学"并不必然是失败的标志，但是高辍学率在一定程度上表明教育系统不能满足其顾客的需要。一方面，它可以被解释为低效的资源利用，增大了学生获得高等教育学位的成本；另一方面，它容易引起公众对高等教育质量的质疑。

通过以上分析可以发现，各个国家的大学本科毕业率"千姿百态"，而这些国家的大学本科毕业率形成机制更是错综复杂。正如经合组织所建议的：考虑到高等教育系统的多样性，对于教育决策者而言，应该从国家的实际情况出发制定相关的政策。

---

[1] Organization for Economic Co-operation and Development, "Education at a Glance 2022: OECD Indicators," https://www.oecd-ilibrary.org/docserver/3197152b-en.pdf？expires＝1676446243＆id＝id＆accname＝guest＆checksum＝13415B8576456015B0DB77CBB2EC685D.

第四章 中国大学本科毕业率历史回溯与现状考察

> 它（大学）保存、传播和丰富了人类的文化。它像动物和植物一样地向前进化。所以任何类型的大学都是遗传与环境的产物。①
>
> ——［英］E. 阿什比

始建于清末时期的一些新式大学，是中国现代意义上大学的开端，但真正走向成熟并不断建制化则是在民国时期。直至今日，民国时期的大学因其集聚了优秀的大师和培养了众多优秀学者而为后世敬仰，其所推崇的大学理念和大学制度仍然为我们所研究和学习。本书试图追溯从民国时期到今天的中国大学本科毕业率，探究本科毕业率在不同历史阶段的特征，以此发现"中国大学本科毕业率"成为一个"问题"的历史转折点，并结合特定的历史阶段和政策背景对大学本科毕业率"问题"进行研究。

第一节 中国大学本科毕业率历史演变

哈罗德·铂金在以"历史的观点"审视大学发展时提出："历史不

---

① ［英］E. 阿什比：《科技发达时代的大学教育》，滕大春、滕大生译，人民教育出版社1983年版，第7页。

是一件约束物，他不能约束目前的一代。虽然研究高等教育的历史学家手中没有水晶球可做语言，没有墨镜可供占卜，但他在这一领域也能为他人提供有益的东西：如果你想知道你要去哪儿，它帮助你了解你曾去过哪儿。"① 了解历史，可以让我们知道过去去过什么地方以及是如何走的，毕竟，很多高等教育问题并非目前的"社会事实"，而是有一段漫长的历史生成过程。

一 民国时期中国大学本科毕业率

(一) 民国时期大学发展情况

民国时期的大学成长在战乱纷争的年代，这一时期的大学发展也随着政治的变革而呈现出很不稳定的形态。1912年9月，民国教育部制定并公布了《壬子癸丑学制》，该学制一直实行到1922年。《壬子癸丑学制》规定，高等教育6—7年，大学预科3年，本科3—4年；专门学校预科1年，本科3年（医科4年）；大学毕业后可入大学院学习，年限不定；专门学校和高等师范学校与大学平行。据民国五年（1916）的统计，全国专科以上学校仅有86所，教师2036人，学生17241人。从大学来看，国立大学仅有北京大学一所，省立大学只有北洋大学、山西大学两所，至于私立大学，只有北京的四所和武昌的中华大学一所。②

1922年9月，北洋政府教育部颁布了"壬戌学制"。该学制对高等教育修业年限进行调整，高等教育3—6年，其中大学4—6年，专门学校3年以上；同时推行了选课制和学分制的改革。据民国十四年（1925）的统计，全国大学和专科学校共108所，学生36321人。其中，公私立大学51所，有大学教职员4669人，大学生25278人。③ 各高校毕业生数亦呈上升趋势，1926年达2841人，是1921年490人的近6倍，是1921年1428人的近2倍。可见，这一时期高等教育无论学校数、学

---

① [美]伯顿·克拉克：《高等教育新论——多学科的研究》，王承绪等译，浙江教育出版社2001年版，第49页。
② 熊明安：《中国高等教育史》，重庆出版社1988年版，第438页。
③ 熊明安：《中国高等教育史》，第438页。

生数还是毕业生数都快速增长。①

在国民党统治时期，高等教育取得了较大的发展。据统计，民国三十六年（1947），在国民党政府管辖区内有大学130所，其中国立大学31所，私立大学24所，国立独立学院23所，省立独立学院21所，私立独立学院31所，如果加上专科学校77所，则总计高等学校为207所，学生总数达到了155036人。② 由此可见，这个时期中国大学的数量和规模得到了极大增长，一些大学由之前只能招收几十人扩大到可以招收几百人甚至上千人。

在短短的20多年时间里，民国时期的大学在数量和规模上都取得了显著发展。当然，当时的大学规模与中国现在的大学规模不可同日而语。但是，在那样的历史环境下，民国时期的大学所取得的成就值得赞叹。

（二）民国时期大学毕业率情况

据可获取的数据资料，民国时期大学毕业率较低。南京大学的前身金陵大学1918—1925年毕业408人（文科214人、医科37人、神学19人、理科15人、农科62人、林科39人和留学22人），1926年毕业38人（文科25人、理科5人、农科5人、林科3人），而1926年仅有教职员200余人，在校学生600余人。金陵大学1915年入学的11名学生，至1919年有5人获得学士学位。1930—1937年，毕业生最多的是1930年，有49人，而当年注册学生为179人。如果按照两者毕业生人数与注册学生人数的比值来估算毕业率，则毕业率在30%左右。北京辅仁大学在1936年毕业率达到最高值（52%），而其在1925—1952年27年的历史中，共招收学生12355人，但正常毕业的只有本科生4812人③，照这样估算的话，毕业率也在30%左右。清华大学在1928—1937年每年的学生淘汰率为27.1%，理学院最高淘汰率达到69.8%，工学院则为

---

① 陈玉玲：《国民政府初期对高等教育的整顿：1927—1937》，中国社会科学出版社2018年版，第38页。
② 熊明安：《中国高等教育史》，重庆出版社1988年版，第438页。
③ 王玮：《中国教会大学科学教育研究 1901—1936》，博士学位论文，上海交通大学，2008年。

67.5%。据《厦大周刊》"厦门大学十三周年纪念专号"及《厦大校史资料》第六辑"学生毕业生名录"统计，1921—1936 年，厦门大学入学人数共有本科生 1287 人，预科（含高中部）学生 1146 人；1924—1937 年，十四届（含春秋两季）毕业生共计 1136 人，其中，本科毕业生 646 人，预科毕业生 490 人。入学与毕业人数两相比较，本科生总体毕业率约为 50.2%；若不计 1934—1936 年入学而尚未毕业的学生 309 人，则本科生毕业率约为 66%。① 1938 年、1940 年和 1941 年的毕业率分别为 35.03%、36.36% 和 60.9%。

在当时战争动乱的年代，造成大学毕业生数量不多、毕业率较低的原因有很多。然而，学业的高要求以及严格的考核制度是大学毕业率不高的重要原因。当然，在民国初期，由于高等教育在短时期内的"大发展"，造成了社会各界对于高等教育质量下降的担忧，上海各大学教授在协会宣言里直接批评"中国的大学毕业文凭，已成滥发贱兑的钞票"②，高校在毕业考试和文凭发放过程中出现不少问题，针对这样的情况，自 1927 年国民政府先后颁布《专门以上学生毕业资格试验委员会规则》和《国内外专门以上学校毕业生复试条例》，开始要求高校严格执行毕业考试，规定高校毕业试验由考试委员会举行，在必要时由教育部派员监视等，以此为中心，加强对学生学业的管理。③ 如 1934 年北京大学举行毕业试验，则"由校长、院长、课业主任，各系教授为校内委员，每系聘定校外委员一人"④。

当时，多数大学平时考试非常严格，对作弊者处罚很重，甚至面临开除的风险。在考核成绩方面，学校有严格的分数或学分等级（如五分制等）。如清华大学土木系，任何一门必修课成绩低于 60 分的学生都得重修。一门必修课未通过，至少要推迟一年毕业，一门选修课未通过，

---

① 张亚群：《林文庆与厦门大学早期的发展》，《厦门大学学报》（哲学社会科学版）2011 年第 2 期。
② 董任坚：《大学教育论丛·牟言》，陈玉玲：《国民政府初期对高等教育的整顿：1927—1937》，中国社会科学出版社 2018 年版，第 47 页。
③ 陈玉玲：《国民政府初期对高等教育的整顿：1927—1937》，中国社会科学出版社 2018 年版，第 146—147 页。
④ 陈玉玲：《国民政府初期对高等教育的整顿：1927—1937》，第 146 页。

则毕业至少推迟一学期。① 有研究显示，厦门大学在长汀办学时期，关于"学生考试成绩与学位授予"的问题共讨论了131次。当时的萨本栋校长严把"质量"关，对学生考试成绩不合格者，严格给予补考或退学处理；在授予学位前，学校对每名学生历年考试成绩进行逐一审查，不合格者，按照规定不予通融。② 当时就读于厦门大学的潘懋元先生回忆道，"当时我们这一级教育系七八个人，到最后毕业的时候也就四个人"③，可见当时大学毕业率的确不高。

民国时期的大学处在一个特殊的时代，影响大学生毕业的因素必然有其时代的特征。然而，民国时期大学在学习西方大学过程中进行的大学改革，获得的宝贵办学经验依然值得当今大学学习，尤其是民国时期大学严格的教学过程管理以及课程考核制度对我们今天的大学教学质量管理有着借鉴作用。

二 新中国成立后至20世纪60年代中期中国大学本科毕业率

新中国成立后，高等教育事业进入新的发展时期。1950年，中央人民政府政务院颁布了《各大行政区高等学校管理暂行办法》《关于高等学校领导关系的决定》等文件，明确教育部对高等学校的领导职责，提出"中央教育部得视条件，有计划、有步骤地将各地区高等学校收归中央教育部领导"④。具体而言，"在中央集权制管理和计划经济体制下，中央政府制定国家社会经济发展规划和相应的人才规划；国家计委和教育部据此共同制定高等教育发展规划，内容包括所需院校和学生的数量和类型，各部门各省区市的学生配额，各学科门类之间的学生分布以及各科目及专业的招生数量。高校根据国家对专门人才的需求而确定自身的课程内容。通常，学生所学专业面非常窄。毕业生分配计划由政府根

---

① 杨小辉：《看看早年的清华对学生多苛刻》，http://finance.ifeng.com/money/roll/20130327/7831077.shtml。
② 石慧霞：《抗战时期的厦门大学——民族危机中的大学认同》，厦门大学出版社2012年版，第108页。
③ 《潘懋元教育口述史》，肖海涛、殷小平整理，北京师范大学出版社2007年版，第85页。
④ 郝维谦：《高等教育史》，海南出版社2000年版，第75页。

据各部委和各省区市的人才规划进行确定"①。因此。自1949年至20世纪60年代中期,在计划经济体制下,中国大学的招生、毕业及就业都是在严格的计划性指令下进行的,具有高度的统一性。

(一)新中国成立后至20世纪60年代中期中国高等教育发展情况

新中国成立后至20世纪60年代,中国高等学校数量、高校招生数、在校生数和毕业生数都呈现出大幅度的增长。如表4-1所示,中国高等学校数量由1949年的205所增加到1965年的434所,虽然受到1952年开始的大规模的院校调整以及1958—1960年进行的"教育大革命"的影响,但就整体而言,新中国成立后的近20年间,中国高等学校数量呈现出持续增长的趋势。在学生规模方面,本、专科在校学生数由1949年的116504人增长至1965年的674436人,增长了4.4倍。其中,本科在校学生数由1949年的93917人增长至1965年的644008人,增长了近6倍。

表4-1　　　1949—1965年中国高等学校数和在校学生数

年份	学校数	在校学生数（所）			
		总数（人）	年增长率（%）	本科（人）	年增长率（%）
1949	205	116504	—	93917	—
1950	193	137470	18.0	—	—
1951	206	153402	11.6	—	—
1952	201	191147	24.6	131287	—
1953	181	212181	11.0	151533	15.4
1954	188	252978	19.2	194405	28.3
1955	194	287653	13.7	243851	25.4
1956	227	403176	40.2	350387	43.7
1957	229	441181	9.4	393329	12.3
1958	791	659627	49.5	518767	31.9
1959	841	811947	23.1	660373	27.3
1960	1289	961623	18.4	774515	17.3

---

① [美]菲利普·G.阿特巴赫、[日]马彻越:《亚洲的大学:历史与未来》,邓红风主译,中国海洋大学出版社2005年版,第41页。

第四章　中国大学本科毕业率历史回溯与现状考察　129

续表

年份	学校数	在校学生数（所）			
		总数（人）	年增长率（%）	本科（人）	年增长率（%）
1961	845	947166	-1.5	807881	4.3
1962	610	829699	-12.4	765517	-5.2
1963	407	750118	-9.6	717733	-6.2
1964	419	685314	-8.6	661885	-7.8
1965	434	674436	-1.6	644008	-2.7
增长	229	557932	—	550091	—

说明：1. 总数是指本、专科生之和；2. "—"代表数据缺失。
资料来源：中华人民共和国教育部计划财务司编《中国教育成就（1949—1983）》，人民教育出版社1985年版，第50、63页。

1949—1965年，中国高等教育在招生数和毕业生数增长方面也取得了令人瞩目的成绩。如表4-2所示，在招生数方面，本、专科学生招生总数由1949年的30573人增长到1965年的164212人，增长了近4.4倍；本科学生招生总数由1953年的54929人增长到1965年的149056人，增长了近2倍；在毕业生数方面，本、专科学生毕业生总数由1949年的21353人增长到1965年的185521人，增长了近8倍；本科毕业生总数由1953年的26584人增长到1965年的178001人，增长了近6倍。

由此可见，在新中国成立后的前20年里，中国高等教育在艰苦的条件下曲折发展，取得了不可磨灭的成就，为中国经济社会各项事业的恢复和发展做出重大贡献。

表4-2　1949—1965年中国高等学校招生数和毕业生数

年份	招生数				毕业生数			
	总数（人）	年增长率（%）	本科（人）	年增长率（%）	总数（人）	年增长率（%）	本科（人）	年增长率（%）
1949	30573	—	—	—	21353	—	—	—
1950	58330	—	—	—	17607	-17.5	—	—
1951	51689	—	—	—	18712	6.3	—	—

续表

年份	招生数				毕业生数			
	总数（人）	年增长率（%）	本科（人）	年增长率（%）	总数（人）	年增长率（%）	本科（人）	年增长率（%）
1952	78865	52.6	—	—	32002	71.0	—	—
1953	81544	3.4	54929	—	48091	50.3	26584	
1954	92280	13.2	65277	18.8	47069	-2.1	18825	-29.2
1955	97797	6.0	82689	26.7	54466	15.7	28154	49.6
1956	184632	88.8	148001	79.0	63214	16.1	36526	29.7
1957	105581	-42.8	92252	-37.7	56180	-11.1	42750	17.0
1958	265553	3.2	188604	104.4	72424	28.9	46504	8.8
1959	274143	3.2	205269	8.8	69839	-3.6	52419	12.7
1960	323161	17.9	248980	21.3	136138	94.9	89758	71.2
1961	169047	-47.7	137413	-44.8	151283	11.1	100450	11.9
1962	106777	-36.8	102065	-25.7	177255	17.2	123010	22.5
1963	132820	24.4	126542	24.0	198754	12.1	162766	32.3
1964	147037	10.7	137762	8.9	204499	2.9	187351	15.1
1965	164212	11.7	149056	8.2	185521	-9.3	178001	-5.0
增长	133639	—	—	—	164168	—	—	—

说明：1. 总数是指本、专科生之和；2. "—"代表数据缺失。

资料来源：中华人民共和国教育部计划财务司编《中国教育成就（1949—1983）》，人民教育出版社1985年版，第68—69、80—81页。

（二）新中国成立后至20世纪60年代中期中国大学本科毕业率的数据来源及统计方法

在可获得的数据材料中，没有官方发布的大学毕业率数据。因此，本书只能根据现有的数据材料对1949—1965年的大学毕业率进行估算。

一方面，与中国大学毕业率相关的数据，如本科院校招生数和本科毕业生数据，来源于《中国教育成就（1949—1983）》；另一方面，在年限方面，《中国教育成就（1949—1983）》指出，大学本科学制通常为4年，专科学制为2—3年。基于可获取的"本科毕业生数"并不一定与四年前入学的学生属于同一群体,仅仅是某一年毕业的总人数。因此,对于1949—1965年大学本科毕业率适宜采用"跨群组法",其对应的公式是:

$$本科毕业率（\%）= \frac{本科毕业生数}{四年前本科招生数} \times 100\%$$

（三）新中国成立后至20世纪60年代中期中国大学本科毕业率情况

如图4-1所示,新中国成立后至20世纪60年代大学本科毕业率呈现出大幅度波动现象,像"过山车"般骤然升高又忽然降低,呈现出不稳定的状态,同一时期的中国高等教育录取率也如"过山车"般发生着变化。以上情况的出现与新中国成立初期对人才的迫切需求,以及进行的一系列高等教育改革与政策变迁关系密切,如"院校调整"和"教育大革命"都对高等教育的发展产生了较大影响。

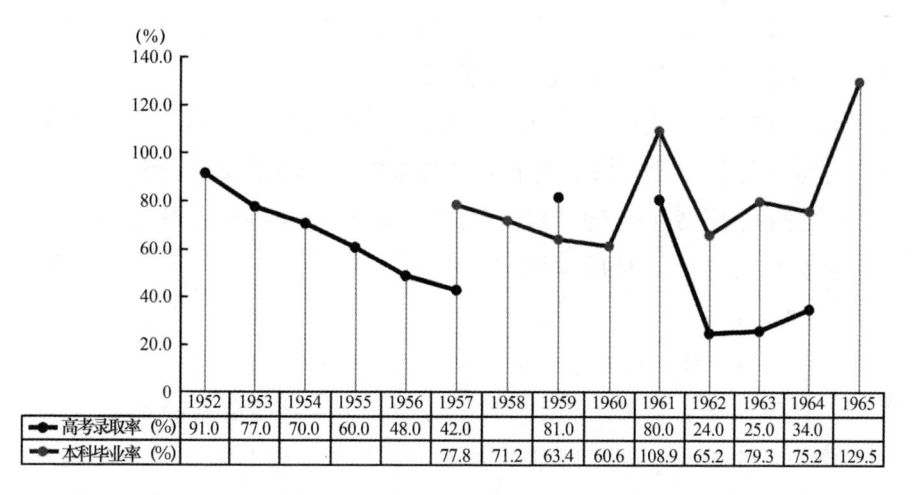

	1952	1953	1954	1955	1956	1957	1958	1959	1960	1961	1962	1963	1964	1965
高考录取率（%）	91.0	77.0	70.0	60.0	48.0	42.0		81.0		80.0	24.0	25.0	34.0	
本科毕业率（%）						77.8	71.2	63.4	60.6	108.9	65.2	79.3	75.2	129.5

图4-1　新中国成立后至20世纪60年代中期中国大学录取率和本科毕业率

资料来源：赵凌飞《建国初期我国大学生就业研究》,《科技展望》2016年第8期;中华人民共和国教育部计划财务司编《中国教育成就（1949—1983）》,人民教育出版社1985年版,第68—69、80—81页。

与政治体制和经济体制相一致,新中国成立后中国高等教育管理制度呈现出高度集权性和计划性的特征。在高度集中的高等教育管理体制下,教育行政部门通过下达"指示""批复"和"复函"等行政指令的形式对高校在课程的考试考查、毕业管理等人才培养过程中的行为进行直接干预。

在课程考试和考查方面，1955年高等教育部发布的《高等学校课程考试和考查规程》规定："有三门以下课程不及格的学生，应该进行补考。第一学期不及格的课程，如果在第二次补考后仍不及格的学生，由校、院长命令其留级或退学；第二学期不及格的课程，经补考后，仍有两门以上课程不及格的学生，由校、院长命令其留级或退学。"[1] 1962年颁布的《教育部直属高等学校学生成绩考核暂行规程（草案）》更为严格地规定："每学期有四门或四门以上课程不及格的学生，不得补考，由校（院）长令其退学""有一门课程不及格而准其升级的学生，在以后任何一学期中，再有三门不及格时，令其退学或留级。""每学期学习四门或四门以下课程有三门不及格的学生，应予留级。""如无特殊原因，本科生留级最多只能有两次""毕业设计答辩不及格的学生，应当补做，必要时，可以适当推迟毕业时间。"[2]

在学生毕业问题上，《高等学校暂行规程》（1950）规定："大学及专门学院依照规定课程修业期满，成绩合格者，由学校报请中央教育部批准发给毕业证书。"[3]《高等教育部关于1954年暑期毕业学生的毕业及发毕业证件问题》（1954）规定：

> 所学课程考试成绩及格或补考及格者，发给毕业证书。有一至二门该专业主要课程不及格或缺修者，发给修业证书分配工作，工作一定时期后学生可以申请补考一次，补考及格后换发毕业证书。一至二门非主要课程不及格、缺修或无成绩者，可发给毕业证书，不再补考。有三门以上课程不及格、缺修或无成绩者，一律发给修业证明书，以后不再补考及换发证书。[4]

---

[1] 教育部高校学生司：《中国高等教育学生管理规章大全（1950—2006）》，首都师范大学出版社2007年版，第40页。
[2] 教育部高校学生司：《中国高等教育学生管理规章大全（1950—2006）》，第86页。
[3] 教育部高校学生司：《中国高等教育学生管理规章大全（1950—2006）》，第6页。
[4] 教育部高校学生司：《中国高等教育学生管理规章大全（1950—2006）》，第35页。

1955年颁发的《高等教育部关于本年高等学校毕业班不及格学生的处理办法》中对以上规定进行了修改,增加了"留级"的规定,即"补考不及格和缺修课程累计在三门以上的学生应予以留级;留级有困难的,可发给修业证书,分配适当工作,以后不再补考。对补考不及格和缺修课程一至二门的学生,可暂发给修业证书,分配工作;允许他们在工作岗位上补修和复习后,3年内补考一次,补考及格后换发毕业文凭"[1]。《高等教育部关于1962年高等学校毕业班不及格学生的处理办法》也做出了类似的规定:

> 如有一至二门主要课程缺修或补考仍不及格的,应当留校补修,如有三门或三门以上非主要课程缺修或补考后仍不及格的,也应留校补修。留校补修有困难的,可以发给修业证书,允许他在离校后三年内向学校申请补考一次,补考及格后,换发毕业证书。毕业设计(毕业论文)答辩不及格的,学校可以发给修业证书,也不要求回校。但是,该生可以在离校后三年内以工作经验总结或其他方式(如论文)代替,由学校审查合格后,换发毕业证书。[2]

从以上规定中可以看出,在高等教育人才匮乏的时期,首先要保证大学生可以先"分配工作",在限定条件下,一些不及格课程可以在工作后再补修。

新中国成立后至20世纪60年代中期,为了保证高等教育人才培养的数量与质量,中国教育行政部门制定了相对严格且细致的成绩考核和管理制度,对高校的教学管理工作起到规范作用。然而,因国家建设对高等教育人才的迫切需求,在政策规定上出现了反复修改、不同政策之间相互矛盾甚至冲突的情况。从知识逻辑和高等教育内在规律来看,基于满足国家建设需要制定的一些政策规定从根本上违背了人才培养规律,最明显之处

---

[1] 教育部高校学生司:《中国高等教育学生管理规章大全(1950—2006)》,首都师范大学出版社2007年版,第48页。

[2] 教育部高校学生司:《中国高等教育学生管理规章大全(1950—2006)》,第80页。

在于，为了保证学生可以按期进行就业分配，在学业规定上进行放宽或者实施"折中"措施——学习不算太差的学生可以先就业，工作后可以通过其他方式获得学位。在当时的历史条件和现实需求下，这些政策规定在很大程度上保证了国家建设所需要的人才数量，避免了资源浪费。然而，当高等教育发展到新的阶段，面对新的制度环境和社会需求时，则需要考虑进行相应的改革，以保证高等教育更符合社会发展对于高质量人才的需要。

三 20世纪80年代至今中国大学本科毕业率

"文化大革命"结束后，中国高等教育的发展逐渐步入正轨，尤其是自20世纪80年代中国开启市场经济改革后，高等教育迎来了蓬勃发展时期。1985年，中央政府出台了《中共中央关于教育体制改革的决定》该决定指出：在高等教育方面，重点在于改革高等学校的招生计划和毕业生分配制度，扩大高等学校办学自主权；尤其是在毕业生分配制度方面，由以往的"统一服从国家分配"转变为"在国家计划指导下，由本人选报志愿、学校推荐、用人单位择优录用"[1]。而在这之前，中国高等教育实施的是"统一就业分配"制度。尤其是在1983年出台的《全日制普通高等学校学生学籍管理办法》还增加了关于对毕业生服从国家统一分配的要求："学生毕业后必须服从国家统一分配，按规定时间到所分配的单位报到。对不顾国家需要，坚持个人无理要求，经批评教育拒不服从分配，从学校公布分配名单之日起，逾期三个月不去报到者，经地方主管调配部门批准，由学校宣布取消分配资格，限期离校。"[2]。可以说，在中国经济发展进入市场经济体制阶段的同时，中国高等教育也进入了发展的新时期。

（一）20世纪80年代至今中国高等教育发展情况

"文化大革命"结束后，教育部发出通知，对高等学校进行恢复和

---

[1] 中华人民共和国教育部：《中共中央关于教育体制改革的决定》，http://www.moe.edu.cn/jyb_sjzl/moe_177/tnull_2482.html。

[2] 教育部高校学生司：《中国高等教育学生管理规章大全（1950—2006）》，首都师范大学出版社2007年版，第175页。

增设。1978—1985 年，中国高等学校数量由 598 所增加到 1016 所。然而，由于在"文化大革命"后的快速恢复重建中高等教育出现了质量问题，因此 1985 年后中国政府逐步出台了若干控制高等教育发展规模的政策。1986 年，当时的国家教育委员会[①]（以下简称"教委"）主任（即教育部长）宣布控制规模，不再新建学校，该政策几乎一直持续到 1998 年。[②] 如表 4-3 所示，在 20 世纪 80 年代中期到 20 世纪末的十余年间，中国高等教育规模的发展速度相对稳定，增长缓慢。1999 年之前中国普通高等学校在校生总数年均增长数在 20 万人左右，增长率在 5%—10%。

1999 年之后，中国普通高等学校数量出现了跨越式增长。在 1999—2003 年的五年时间里，普通高校在校生数突破 1000 万人大关，达到 11085642 人，是 1999 年在校生数的近三倍；2000 年普通高校在校生增长率高达 36.1%，本科在校生增长率达到 24.8%（见表 4-3）。之所以出现这种大规模扩张现象，主要是因为 1998 年《面向 21 世纪教育振兴行动计划》的颁布。该计划指出："高等教育入学率由 1997 年的 9.1%，提高到 2000 年的 11% 左右。""到 2010 年，在全面实现'两基'目标的基础上，城市和经济发达地区有步骤地普及高中阶段教育，全国人口受教育年限达到发展中国家的先进水平；高等教育规模有较大扩展，入学率接近 15%。"[③] 至此之后，中国高等教育进入了影响巨大的"高校扩招"阶段。

如图 4-2 所示，2000 年，中国高等教育毛入学率达到 12.5%，2002 年毛入学率达到 15%，标志着中国进入大众化高等教育阶段，至此已经超额超速完成了《面向 21 世纪教育振兴行动计划》中"2010 年毛入学率达到 15%"的要求，2019 年，中国高等教育毛入学率达到 51.6%，标志着中国高等教育进入普及化阶段。在高校扩招后，中国高

[①] 中华人民共和国国家教委成立于 1985 年，在 1998 年进行机构改革后，改名为中华人民共和国教育部。

[②] 苗耀祥：《我国高等教育质量保证政策研究》，博士学位论文，东北大学，2015 年。

[③] 中华人民共和国教育部：《面向 21 世纪教育振兴行动计划》，http://old.moe.gov.cn/publicfiles/business/htmlfiles/moe/s6986/200407/2487.html。

等教育规模呈现出大幅度扩张。在1998—2021年的二十多年间，普通高等学校在校生数增长了约9.3倍，本科在校生数增长了约7.5倍；每十万人口平均在校生数由1998年的519人增加至2020年的3126人，增长了5倍多；本科院校校均规模由1992年的2676人上升到2020年的15749人，增长了约4.9倍（见表4-3）。

表4-3   1978—2021年中国普通高等学校数与在校学生数

年份	院校数量（所）全国	院校数量（所）本科	在校学生数 总数（人）	在校学生数 年增长率（%）	在校学生数 本科（人）	在校学生数 年增长率（%）	每十万人口平均在校生数（人）	本科院校校均规模（人）
1978	598	—	856322	—	458548	—	—	—
1979	633	—	1019950	19.1	671474	46.4	—	—
1980	675	—	1143712	12.1	861926	28.4	—	—
1981	704	—	1279472	11.9	1060645	23.1	—	—
1982	715	—	1153954	-9.8	928901	-12.4	—	—
1983	805	—	1206823	4.6	929319	0.04	—	—
1984	902	—	1395656	15.6	1007721	8.4	—	—
1985	1016	—	1703115	22.0	1122643	11.4	—	—
1986	1054	—	1879994	10.4	1204727	7.3	—	—
1987	1063	595	1958725	4.2	1277805	6.1	—	—
1988	1075	611	2065923	5.5	1335220	4.5	—	—
1989	1075	616	2082111	0.8	1321190	-1.1	—	—
1990	1075	620	2062695	-0.9	1320124	-0.01	326	—
1991	1075	620	2043662	-0.9	1320004	0.0	304	—
1992	1053	620	2184376	6.9	1329427	0.7	313	2676
1993	1065	626	2535517	16.1	1417357	6.6	376	3094
1994	1080	627	2798639	10.4	1516817	7.0	433	3418
1995	1054	616	2906429	3.9	1638200	8.0	457	3632
1996	1032	608	3021079	3.9	1794630	9.5	470	3857
1997	1020	603	3174362	5.1	1986125	10.7	482	4062

续表

年份	院校数量（所） 全国	院校数量（所） 本科	在校学生数 总数（人）	在校学生数 年增长率（%）	在校学生数 本科（人）	在校学生数 年增长率（%）	每十万人口平均在校生数（人）	本科院校校均规模（人）
1998	1022	590	3408764	7.4	2234647	12.5	519	4418
1999	1071	597	4085874	19.9	2724421	21.9	594	5275
2000	1041	599	5560900	36.1	3400181	24.8	723	6916
2001	1225	597	7190658	29.3	4243744	24.8	931	8730
2002	1396	629	9033631	25.6	5270845	24.2	1146	10454
2003	1552	644	11085642	22.7	6292089	19.4	1298	11662
2004	1731	684	13334969	20.3	7378436	17.3	1420	13561
2005	1792	701	15617767	17.1	8488188	13.1	1613	13514
2006	1867	720	17388441	11.3	9433395	11.1	1816	13937
2007	1908	740	18848954	8.4	10243030	8.6	1924	14057
2008	2263	1079	20210249	7.2	11042207	7.8	2042	12097
2009	2305	1090	21446570	6.1	11798511	6.8	2128	12634
2010	2358	1112	22317929	4.1	12656132	7.3	2189	13100
2011	2409	1129	23085078	3.4	13496577	6.6	2253	13564
2012	2442	1145	23913155	3.6	14270888	5.7	2335	13999
2013	2491	1170	24680726	3.2	14944353	4.7	2418	14261
2014	2529	1202	25476999	3.2	15410653	3.1	2488	14342
2015	2560	1219	26252968	3.0	15766848	2.3	2524	14444
2016	2596	1237	26958433	2.7	16129535	2.3	2530	14532
2017	2631	1238	27535869	2.1	16486320	2.2	2576	14639
2018	2663	1245	28310348	2.8	16973343	3.0	2658	14896
2019	2688	1265	30315262	7.1	17508204	3.2	2857	15179
2020	2738	1270	32852948	8.4	18257460	4.3	3126	15749
2021	3012	1238	34961307	6.4	18931044	3.7	—	—

说明：1."—"代表数值缺失；2. 总数是本、专科生之和；3. 每十万人口平均在校生数包括普通学校和成人高校。

资料来源：根据中华人民共和国教育部发展规划司编《中国教育统计年鉴（1978—2021年）》中"普通高等学校数""普通高等学校在校生规模""每十万人口平均在校生数"与"普通高等学校普通本、专科学生校均规模"相关数据整理而得。

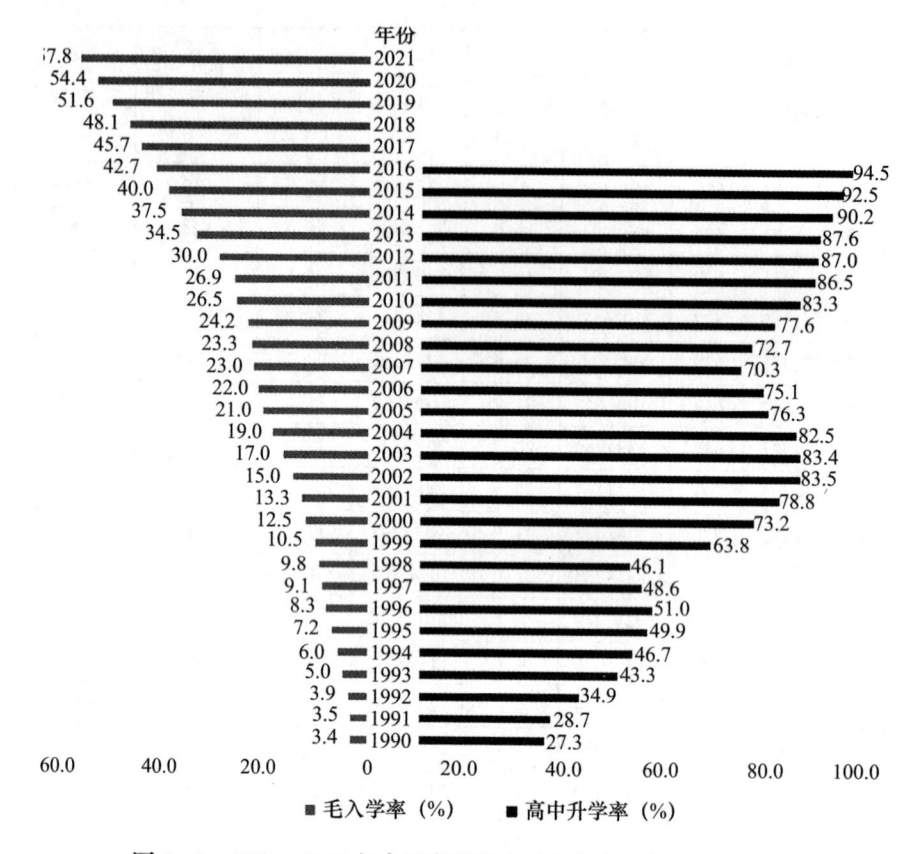

图 4-2 1990—2021 年中国高等教育毛入学率和高中升学率

说明：2016—2021 年高中升学率缺失。

资料来源：中华人民共和国教育部发展规划司编《中国教育统计年鉴（2000）》，人民教育出版社 2001 年版，第 17 页；《中国教育统计年鉴（2016）》，人民教育出版社 2017 年版，第 17—18 页；《中国教育统计年鉴（2020）》，人民教育出版社 2021 年版，第 21—22 页。中华人民共和国教育部《全国教育事业发展统计公报》，http://www.moe.gov.cn/jyb_sjzl/sjzl_fztjgb/202209/t20220914_660850.html。

如表 4-4 所示，2021 年中国普通高等学校招生数已经达到 1001.3 万人，本科生招生数也已经达到 444.6 万人；普通高等学校的毕业生数已达 826.5 万人，本科毕业生数达到约 428.1 万人。高考录取率由 1998 年的 33.9% 上升到 2021 年的 92.9%，本科录取率则由 1998 年的 20.4% 直接上升到 2021 年的 41.2%（见图 4-3）。由于招生规模的快速扩大，

2003年中国普通高等学校毕业生增长率一度高达40.4%，本科毕业生增长率更是达到41.8%，后面年度增长速度逐步放慢，实现了较为平稳地增长。

表4-4　　1979—2021年中国普通高等学校招生数和毕业生数

年份	招生数 总数（人）	年增长率（%）	本科（人）	年增长率（%）	毕业生数 总数（人）	年增长率（%）	本科（人）	年增长率（%）
1979	275099	—	204210	—	—	—	—	—
1980	281230	2.2	204142	-0.03	—	—	—	—
1981	278777	-0.9	202477	-0.8	139640	—	112	—
1982	315135	13.0	230730	14.0	457244	227.4	368217	—
1983	390800	24.0	256219	11.0	335344	-26.7	252571	-31.4
1984	286937	-26.6	204248	-20.3	286937	-14.4	204248	-19.1
1985	619235	115.8	317637	55.5	316384	10.3	201885	-1.2
1986	572055	-7.6	312124	-1.7	392792	24.2	227764	12.8
1987	616822	7.8	332365	6.5	531930	35.4	252973	11.1
1988	669731	8.6	341022	2.6	553466	4.0	279791	10.6
1989	597113	-10.8	300496	-11.9	576242	4.1	308930	10.4
1990	608850	2.0	317182	5.6	613614	6.5	307865	-0.3
1991	619874	1.8	329502	3.9	614267	0.1	323434	5.1
1992	754192	21.7	349847	6.2	604223	-1.6	332134	2.7
1993	923952	22.5	386458	10.5	570715	-5.5	298959	-10
1994	899846	-2.6	409599	6.0	637417	11.7	310291	3.8
1995	925940	2.9	447809	9.3	805397	26.4	325484	4.9
1996	965812	4.3	505323	12.8	838638	4.1	347194	6.7
1997	1000393	3.6	579679	14.7	829070	-1.1	381647	9.9
1998	1083627	8.3	653135	12.7	829833	0.1	404666	6.0

续表

年份	招生数 总数（人）	年增长率（%）	本科（人）	年增长率（%）	毕业生数 总数（人）	年增长率（%）	本科（人）	年增长率（%）
1999	1548554	42.9	936690	43.4	847617	2.1	440935	9.0
2000	2206072	42.5	1160191	23.9	949767	12.1	495624	12.4
2001	2682790	21.6	1381853	19.1	1036323	9.1	567839	14.6
2002	3204976	19.5	1587939	14.9	1337309	29.0	655763	15.5
2003	3821701	19.2	1825262	14.9	1877492	40.4	929598	41.8
2004	4473422	17.1	2099151	15.0	2391152	27.4	1196290	28.7
2005	5044581	12.8	2363647	12.6	3067956	28.3	1465786	22.5
2006	5460530	8.2	2530854	7.1	3774708	23.0	1726674	17.8
2007	5659194	3.6	2820971	11.5	4477907	18.6	1995944	15.6
2008	6076612	7.4	2970601	5.3	5119498	14.3	2256783	11.6
2009	6394932	5.2	3261081	9.8	5311023	3.7	2455359	8.8
2010	6617551	3.5	3512563	7.7	5754245	8.3	2590535	5.5
2011	6815009	3.0	3566411	1.5	6081565	5.7	2796229	7.9
2012	6888336	1.1	3740574	4.9	6247338	2.7	3038473	8.7
2013	6998330	1.6	3814331	2.0	6387210	2.2	3199716	5.3
2014	7213987	3.1	3834152	0.5	6593671	3.2	3413787	6.7
2015	7378495	2.3	3894184	1.6	6808866	3.3	3585940	5.0
2016	7486110	1.5	4054007	4.1	7041800	3.4	3743680	4.4
2017	7358287	-1.7	4107534	1.3	7358287	4.5	3841839	2.6
2018	7909931	7.5	4221590	2.8	7533087	2.4	3868358	0.7
2019	9149026	15.7	4312880	2.2	7585298	0.7	3947157	2.0
2020	9674518	5.7	4431154	2.7	7971991	5.1	4205097	6.5
2021	10013151	3.5	4445969	0.3	8265064	3.7	4280970	1.8

说明：1. 总数是本、专科生之和；2. "—"代表数据缺失。

资料来源：根据中华人民共和国教育部发展规划司编《中国教育统计年鉴（1979—2021）》中"高等教育学校（机构）学生数"相关数据整理而得。

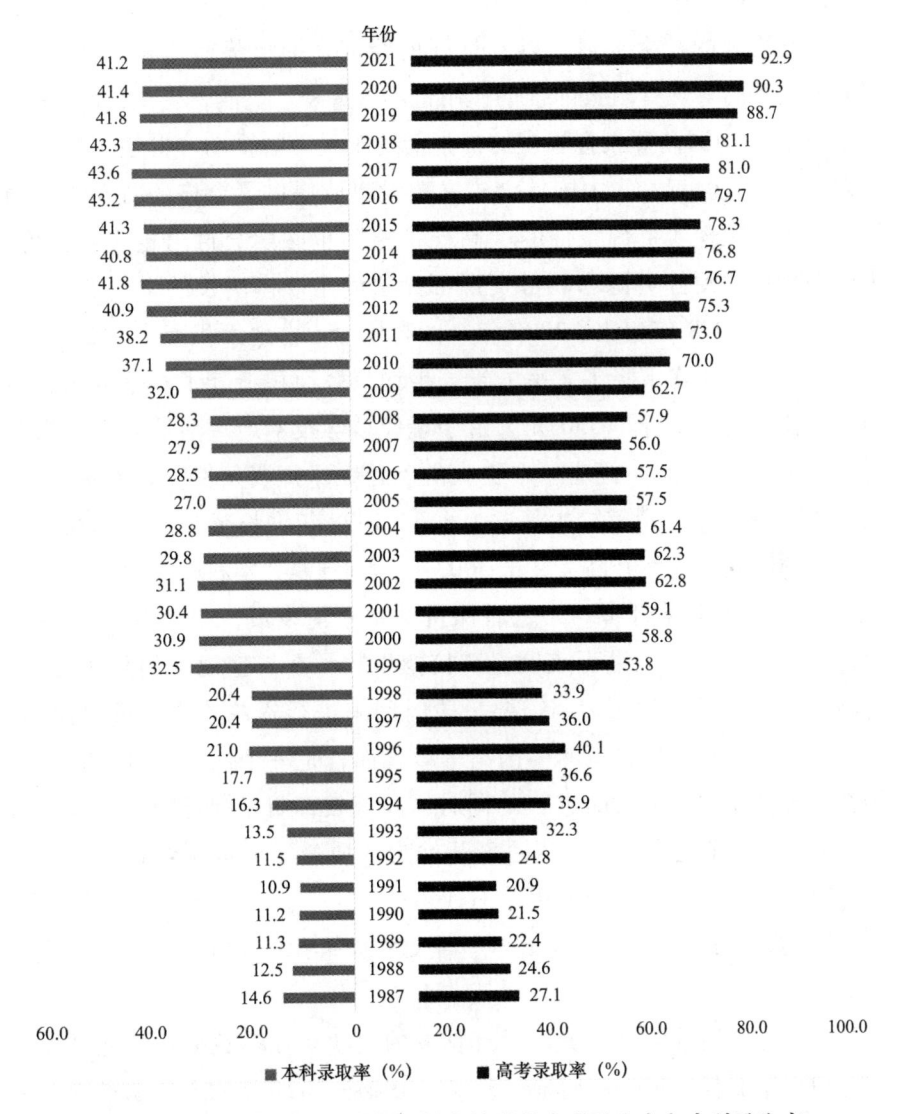

第四章　中国大学本科毕业率历史回溯与现状考察　　141

本科录取率(%)	年份	高考录取率(%)
41.2	2021	92.9
41.4	2020	90.3
41.8	2019	88.7
43.3	2018	81.1
43.6	2017	81.0
43.2	2016	79.7
41.3	2015	78.3
40.8	2014	76.8
41.8	2013	76.7
40.9	2012	75.3
38.2	2011	73.0
37.1	2010	70.0
32.0	2009	62.7
28.3	2008	57.9
27.9	2007	56.0
28.5	2006	57.5
27.0	2005	57.5
28.8	2004	61.4
29.8	2003	62.3
31.1	2002	62.8
30.4	2001	59.1
30.9	2000	58.8
32.5	1999	53.8
20.4	1998	33.9
20.4	1997	36.0
21.0	1996	40.1
17.7	1995	36.6
16.3	1994	35.9
13.5	1993	32.3
11.5	1992	24.8
10.9	1991	20.9
11.2	1990	21.5
11.3	1989	22.4
12.5	1988	24.6
14.6	1987	27.1

图4－3　1987—2021年中国普通高等学校高考录取率和本科录取率

资料来源：根据中华人民共和国教育部发展规划司编《中国教育统计年鉴（1987—2021年）》中"普通高等学校招生数""普通高等学校本科招生数"，以及中华人民共和国教育部网站（http：//www.moe.gov.cn/）发布的历年"全国高考报名人数"相关数据整理而得。高考录取率是当年普通高等学校招生数与高考报名人数的百分比；本科录取率是当年普通高等学校本科招生数与高考报名人数的百分比。

以上数据表明，自 20 世纪末以来，中国高等教育规模实现了迅猛发展，这与稳定的社会环境，以及良好的经济发展形势密切相关，当然，国家政策和高等教育政策的推动作用也不容忽视。显然，自 20 世纪末到 21 世纪初，中国高等教育规模的扩张借助于人为的推动，促使更多的年轻人接受高等教育，为中国社会主义建设事业提供了合格的劳动力。当然，这种不顾现实资源条件的"高校扩招"也必然会付出相应的代价，主要是高校的硬件资源和软件资源都无法满足规模增长的学生的需求。经调查，与 1998 年相比，2000 年全国高校生均占地面积减少了 22 平方米，生均教学用房下降了 2 平方米，生均校舍面积下降了 6 平方米，生均教学仪器设备下降了 550 元。由于现代教学技术严重落后，不少实验课成了教师演示课。① 还有一个更大的问题在于师资条件。如图 4-4 所示，1992 年中国本科院校生师比为 6.6，1998 年增长至 11.1，而在高校扩招后这一数字陡然升高，并于 2003 年达到顶峰，本科院校生师比高达 21.1，2004 年又降到 17.4，之后保持基本平衡发展，2021 年本科院校生师比为 17.9。以上数据表明，高校招生数和在校生规模的陡然提高，对高校而言是巨大的压力，需要一段时间来进行资源建设，可想而知，这对于经历了几十年波折的中国高等教育而言是一个巨大的挑战，在高等教育规模和数量"大跨进"的同时，高等教育质量问题随之出现。自 20 世纪 80 年代高等教育发达国家开始为"质量"问题所纷扰后，中国高等教育也进入了"质量危机"时代。

（二）20 世纪 80 年代末至今中国大学本科毕业率的数据来源及统计方法

在可获得的数据材料中，没有官方的大学毕业率数据。因此，根据现有的数据资料，本书使用统计公式对 1984—2021 年的大学本科毕业率进行统计。

首先，在数据来源方面，与中国大学毕业率相关的数据，如本科生的招生数据和本科毕业生数据（见表 4-4），以及下文中出现的"预计毕业生数"均来源于中华人民共和国教育部计划财务司发布的《中国

---

① 杨晓明：《高等教育政策问题研究》，大象出版社 2011 年版，第 91 页。

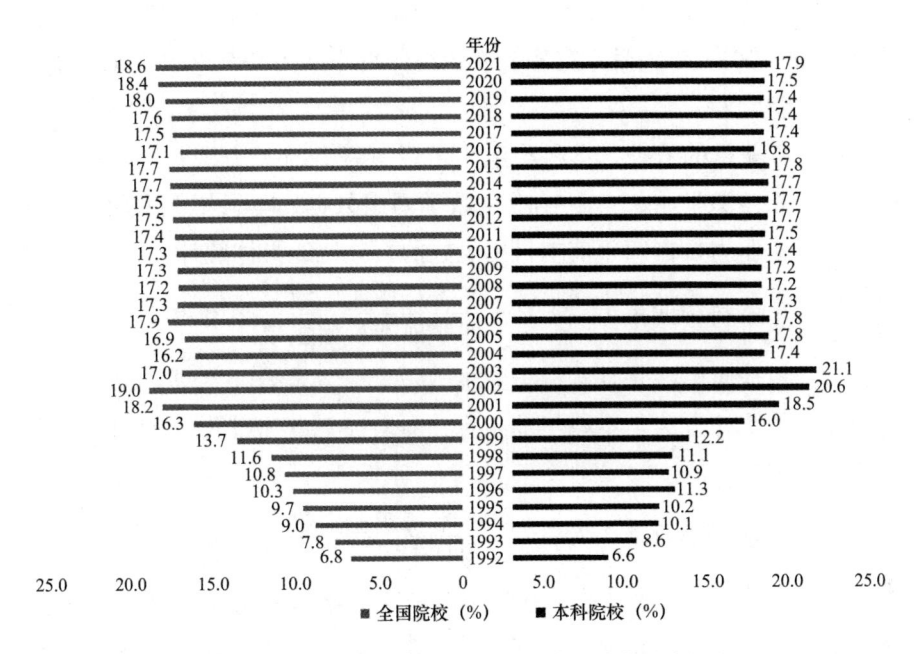

第四章　中国大学本科毕业率历史回溯与现状考察　　143

年份	全国院校(%)	本科院校(%)
2021	18.6	17.9
2020	18.4	17.5
2019	18.0	17.4
2018	17.6	17.4
2017	17.5	17.4
2016	17.1	16.8
2015	17.7	17.8
2014	17.7	17.7
2013	17.5	17.7
2012	17.5	17.7
2011	17.4	17.5
2010	17.3	17.4
2009	17.3	17.2
2008	17.3	17.2
2007	17.3	17.3
2006	17.9	17.8
2005	16.9	17.8
2004	16.2	17.4
2003	17.0	21.1
2002	19.0	20.6
2001	18.2	18.5
2000	16.3	16.0
1999	13.7	12.2
1998	11.6	11.1
1997	10.8	10.9
1996	10.3	11.3
1995	9.7	10.2
1994	9.0	10.1
1993	7.8	8.6
1992	6.8	6.6

图 4-4　1992—2021 年中国普通高等学校生师比

资料来源：中华人民共和国教育部发展规划司编《中国教育统计年鉴（2000）》，人民教育出版社 2001 年版，第 16 页；中华人民共和国教育部发展规划司编《中国教育统计年鉴（2016）》，人民教育出版社 2017 年版，第 17 页；中华人民共和国教育部发展规划司编《中国教育统计年鉴（2020）》，人民教育出版社 2021 年版，第 23 页。中华人民共和国教育部《2021 年全国教育事业发展统计公报》，http：//www.moe.gov.cn/jyb_ sjzl/sjzl_ fztjgb/202209/t20220914_ 660850.html。

教育成就（1980—1985）》《中国教育成就（1986—1990）》以及中华人民共和国规划司发布的 1987 年至 2021 年的《中国教育统计年鉴》。

其次，在数据的具体使用方面，《中国教育统计年鉴》中有"本科毕业生数"和"预计本科毕业生数"两组数据："本科毕业生数"是指某一年本科毕业的总人数，这一学生群体并非完全是同一学年入学的学生，因而常出现毕业生数超过四年前入学人数的现象；所谓"预计本科毕业生数"是指下一年应该毕业的学生数，因本科教育一般是四年学制，所以"预计本科毕业生数"一般是相对于三年前入学学生经过变动后的学生数以及其他学年入学学生在下一年应毕业的学生数之和。因此，这一学生群体也并非完全是同一学年入学的学生。基于以上数据，本部分对 1986—2021 年大学本科毕业率的统计只能采用经合组织毕业率统计中的"跨群组法"。

根据所获得的数据，本科毕业率可以有两种统计方法：第一种是使用"本科招生数"和"本科毕业生数"两组数据，本科毕业率的统计方法是本科毕业生数占四年前本科招生数的百分比，具体统计公式是：

$$本科毕业率1（\%）= \frac{本科毕业生数}{四年前本科招生数} \times 100\%$$

第二种是使用"预计本科毕业生数"和"本科毕业生数"数据，本科毕业率的统计方法是本科毕业生数占预计本科毕业生数的百分比，具体统计公式是：

$$本科毕业率2（\%）= \frac{本科毕业生数}{预计本科毕业生数} \times 100\%$$

最后，学士学位授予率。按照中国教育法律和法规规定的制度框架，存在学历证书和学位证书"双证制"，其中学历证书表达的是高等学校发给受教育者的受教育程度（教育经历）的凭证；学位证书表达的是受教育者学术水平的凭证。因此，在中国，通常会统计本科毕业率和学士学位授予率两项，从一般意义上而言，本科生顺利毕业并取得学士学位证书与国际通行的"毕业"比较相近。本部分使用的数据来源于《中国教育统计年鉴》公布的"学士学位授予数"[1] 和"预计本科毕业生数"，学士学位授予率的统计方法是某一年学士学位授予数占当年应毕业本科生数的比值，具体统计公式如下：

$$学士学位授予率（\%）= \frac{学士学位授予数}{预计本科毕业生数} \times 100\%$$

（三）中国大学本科毕业率与学士学位授予率情况

不可否认，中国大学本科毕业率始终处于一个较高的水平。如图 4-5 所示，以当年本科毕业生总数与四年前的本科招生总数的比值（本科毕业率 1）来看，中国大学本科毕业率波动加大，而且数值非常高，

---

[1] 需要特别注意的是，学士学位授予数与获得学士学位的人数不同，学士学位授予数包括双学位或多学位现象。

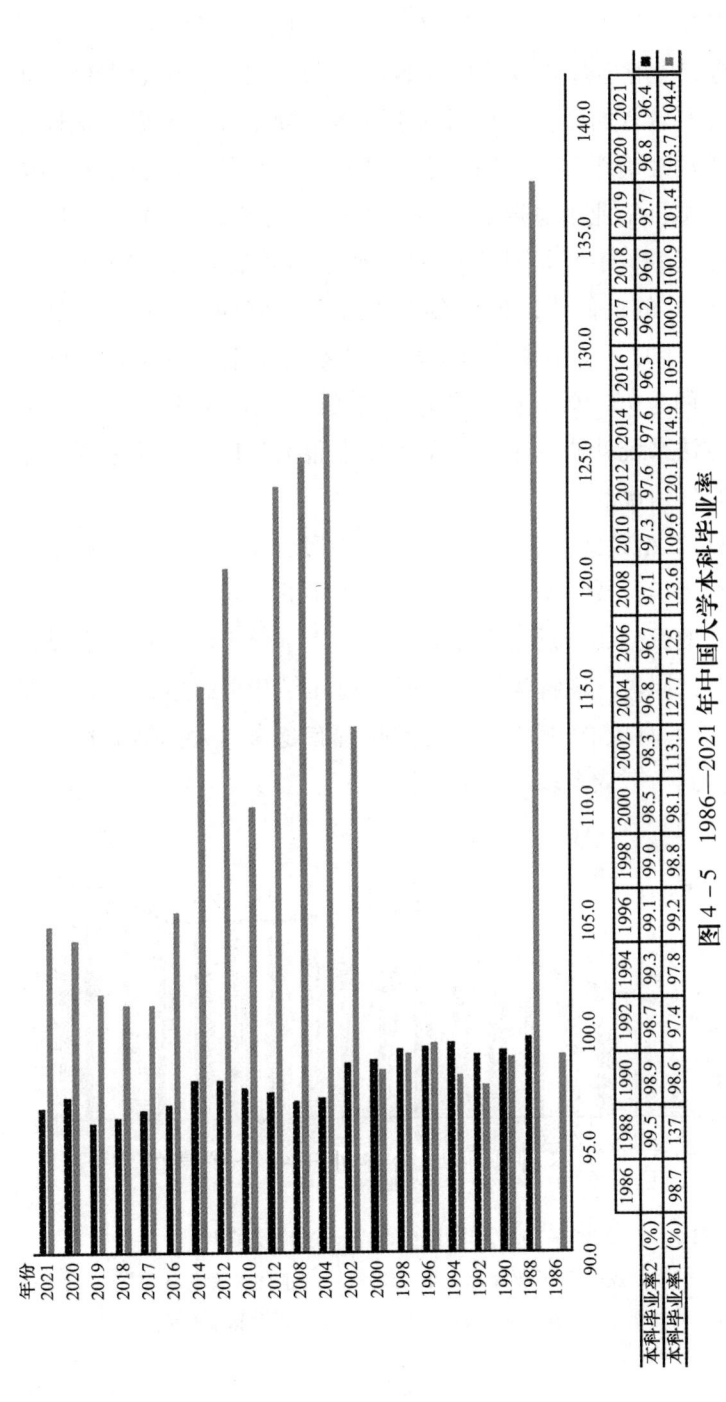

第四章 中国大学本科毕业率历史回溯与现状考察　145

年份	1986	1988	1990	1992	1994	1996	1998	2000	2002	2004	2006	2008	2010	2012	2014	2016	2017	2018	2019	2020	2021
本科毕业率2 (%)		99.5	98.9	98.7	99.3	99.1	99.0	98.5	98.3	96.8	96.7	97.1	97.3	97.6	97.6	96.5	96.2	96.0	95.7	96.8	96.4
本科毕业率1 (%)	98.7	137	98.6	97.4	97.8	99.2	98.8	98.1	113.1	127.7	125	123.6	109.6	120.1	114.9	105	100.9	100.9	101.4	103.7	104.4

图 4-5　1986—2021 年中国大学本科毕业率

说明：1. 本科毕业率 1 是指本科毕业生数占四年前本科招生数的百分比；本科毕业率 2 是指本科毕业生数占预计本科毕业生数的百分比；2. 本科毕业率 2 中使用的"预计本科毕业生数"来源于《中国教育统计年鉴（1987—2020）》，1986 年及之前年份的《中国教育统计年鉴》中无"预计本科毕业生数"数据，故 1986 年本科毕业率 2 数据缺失。

资料来源：《普通高等学校本科毕业生数》及"普通高等学校本科招生数"根据中华人民共和国教育部发展规划司编《中国教育统计年鉴（1982—2021）》中"普通高等学校本科招生数""普通高等学校本科毕业生数"相关数据整理而得。

1988年达到137%，2004年达到127.7%，而最近的高峰值则是2014年的114.9%，造成毕业生数超过录取生数的原因有很多，比如本科五年学制的学生、专科转入的学生、往届的学生等，囿于统计数据和统计方法，这一数据无法准确地反映中国大学本科毕业率现状。从当年本科毕业生总数与预计本科毕业生总数的比值（本科毕业率2）来看，中国大学本科毕业率自1988年开始呈现出相对平稳的发展趋势，2019年以95.7%达到近30年的最低值，2021年略微提升到96.4%，这一数据说明，在2020年统计的下一年预计可以毕业的本科生里，2021年实际毕业的毕业生的比例为96.4%。虽然没有严格按照学制内的毕业人数占入学人数比值的方法来统计毕业率，但是可以在很大程度上反映中国大学本科毕业率的真实情况。

图4-6包括三组数据：学士学位授予数、预计本科毕业生数和学士学位授予率，学士学位授予率即是本科毕业生中获得学士学位的数量占预计本科毕业生的百分比。近二十年来，中国大学学士学位授予数增长了约6.5倍，与此同时，本科学位授予率呈现逐年升高的趋势，由2002年的85%上升到2021年的95.7%，这意味着有越来越大比例的本科毕业生可以顺利拿到一个或者多个学士学位。

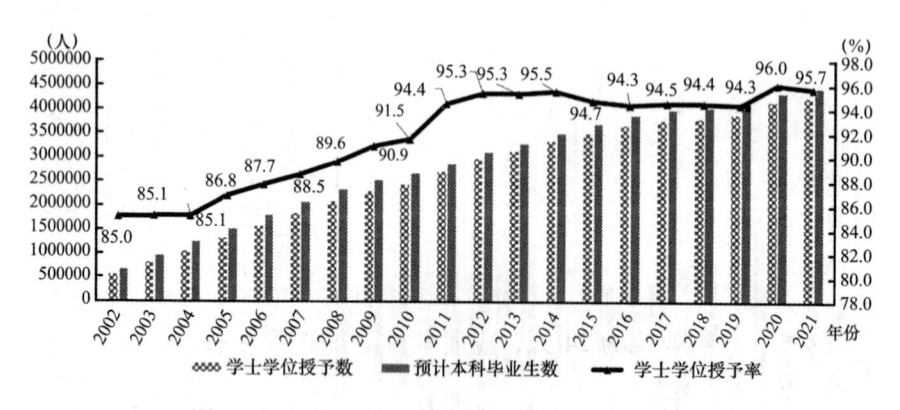

图4-6　2002—2021年中国大学学士学位授予率

资料来源：根据中华人民共和国教育部发展规划司编《中国教育统计年鉴（2002—2021)》中"学士学位授予数""普通高等学校预计本科毕业生数"数据整理而得。

第二节　中国大学本科毕业率的现状

通过对中国高等教育发展进程及大学本科毕业率发展脉络的梳理，系统了解了中国大学本科毕业率的历史演变状况。目前中国高等教育规模巨大，高校办学层次与办学类型日趋多样化，在办学宗旨和人才培养目标等方面存在差异，有必要深入研究不同类型高校的本科毕业率，以更为系统地把握中国大学本科毕业率的特征。

一　中国大学本科毕业率的数据来源及统计方法

（一）数据来源

目前获取中国各所大学本科毕业率数据的渠道主要分为两种：一是各高校发布的《本科教学质量年度报告》；二是全国高校教学基本状态数据库系统中的数据。

各高校自 2010 年开始实施《本科教学质量年度报告》制度，应届本科生毕业率和应届本科生学位授予率是重要的核心指标之一，因此从各高校发布的《本科教学质量报告》中可以获得直接的数据；问题在于，各个高校在本科毕业率和学士学位授予率的统计方法上存在差异，并且存在语焉不详的问题。例如，《厦门大学 2020—2021 年本科教学质量报告》显示，2022 届本科毕业班学生计 5477 人，其中有 4854 名学生毕业，毕业率为 88.63%；有 4850 名学生被授予学士学位，学士学位授予率为 88.55%[1]，此学士学位授予率是指授予学士学位的学生占毕业班学生的百分比。同属福建省的三明学院发布的《三明学院 2019—2020 年本科教学质量报告》显示，学校 2020 届本科生计 3269 人，其中应届毕业生为 3245 人，结业生为 24 人，应届本科生毕业率为 99.27%。在应届毕业生中，被授予学位的有 3241 人，学位授予率为 99.88%[2]，显而易

---

[1]《厦门大学 2020—2021 年本科教学质量报告》，https：//jwc.xmu.edu.cn/info/2031/61621.htm。

[2]《三明学院 2019—2020 年本科教学质量报告》，https：//www.fjsmu.edu.cn/_upload/article/files/d3/92/2cc43b6c435293eabca23eb3d7c3/836b8c0b-e855-4c8d-aed6-05c658df5bf4.pdf。

见，学士学位授予率是授予学士学位的学生占应届毕业生的比例，这与厦门大学学士学位授予率的统计方法不同。《厦门理工学院 2021—2022 学年本科教学质量报告》显示，2022 年共有本科毕业生 4779 人，实际毕业人数为 4779 人，毕业率为 100%，学位授予率为 95.04%[①]，无法得知其具体的统计方法。以上这些现象在全国高校发布的《本科教学质量报告》中属于普遍现象，而这与教育部未提供具体详细的统计方法存在很大的关系。因此，本书认为，需要制定统一的毕业率统计公式对各个高校的原始数据进行计算，以此保证高校毕业率之间的可比性。

根据 2007 年发布的《教育部、财政部关于实施高等学校本科教学质量与教学改革工程的意见》，为加强国家对高等学校教学的宏观指导，让社会及时了解高等学校的教学基本状态，为高等学校评估和高等教育研究工作提供翔实、多维度的信息，教育部启动了"全国高校教学基本状态数据库系统"项目。[②] 教育部高等教育教学评估中心每年都会发布《高等教育质量监测国家数据平台数据填报指南》，清晰地列出了高校需要填报的数据指标。其中，应届本科毕业生数与应届本科未毕业生数以及应届本科生学士学位授予数始终是重要的填报数据。根据大学上报的相关数据，设定统一的计算公式，即可获得中国大学的"应届本科毕业率"和"应届学士学位授予率"，且这些数据具有可比性。

因此，由于高校发布的《本科教学质量报告》中"本科毕业率"和"学位授予率"计算方法不统一的不足，本部分的各高校应届本科毕业生数与未毕业生数以及应届本科学士学位授予数采用 2015 年全国高校教学基本状态数据库中的数据，并按照统一的统计方法进行"应届本科毕业率"和"应届学士学位授予率"测算。

（二）统计方法

按照《高等教育质量监测国家数据平台数据填报指南》的规定，应届毕业生数是指学年具有学籍的应届学生学完教学计划规定的全部课程，

[①]《厦门理工学院 2021—2022 学年本科教学质量报告》，https://pgc.xmut.edu.cn/info/1047/1587.htm。

[②] 许晓东：《全国高校教学基本状态数据库的研究与应用》，《中国大学教学》2012 年第 4 期。

考试及格，取得毕业证书，是当年实际毕业的学生数；应届生中未按时毕业生数是指应届生中未能按时毕业的学生数；应届授予学位数是指应届毕业生数中获得学位的学生数。[①] 基于此，应届本科生毕业率是应届毕业生数占应届本科生数的百分比，具体计算公式为：

$$应届本科毕业率（\%）= \frac{应届本科毕业生数}{应届本科毕业生数 + 应届本科未毕业生数} \times 100\%$$

应届本科生学士学位授予率是指获得学位证书的应届本科生数占应届本科生数的百分比，具体计算公式为：

$$应届学士学位授予率（\%）= \frac{获得学士学位的应届本科生数}{应届本科毕业生数 + 应届本科未毕业生数} \times 100\%$$

（三）统计样本

本部分的样本量是830所普通本科高校（2015年中国普通本科院校数为1219所），涉及《学位授予和人才培养学科目录（2011年）》中除去军事学的其他12个学科门类，共计33663个专业数据。具体的样本分布如表4-5所示。

表4-5　　样本高校的学校数和专业数分布

项目		"985工程"高校	"211工程"高校	普通本科高校	新建本科高校	独立学院	全国
学校数（所）		18	37	331	264	180	830
专业数	总数	2363	3077	18263	7139	2821	33663
	哲学	13	14	25	—	—	52
	经济学	95	147	1363	576	277	2458
	法学	67	137	663	266	120	1253
	教育学	13	68	796	332	65	1274
	文学	152	246	1625	852	559	3434
	历史学	23	33	134	50	7	247

---

① 高等教育质量监测国家数据平台：《高等教育质量监测国家数据平台数据填报指南》，http：//udb.heec.edu.cn/passport/portal/index.html? returnUrl = http%3A%2F%2Fudb.heec.edu.cn%2Fweb%2F%3Fv%3D1528383332162#。

续表

项目		"985工程"高校	"211工程"高校	普通本科高校	新建本科高校	独立学院	全国
专业数	理学	843	970	5105	1974	1319	10211
	工学	834	957	5049	1969	36	8845
	农学	37	124	515	89	35	800
	医学	94	55	911	104	134	1298
	管理学	—	3	92	27	77	199
	艺术学	192	323	1985	900	192	3592

说明:"—"表示数据缺失。

资料来源:样本高校和专业的数据来源于2015年全国普通高校教学基本状态数据库。

二 中国大学应届本科毕业率与应届学士学位授予率

如图4-7所示,中国普通本科高校的应届本科毕业率和应届学士学位授予率的全国平均值分别为97.7%和94.7%。在应届本科毕业率方面,新建本科高校与独立学院比"985工程"高校、"211工程"高校和

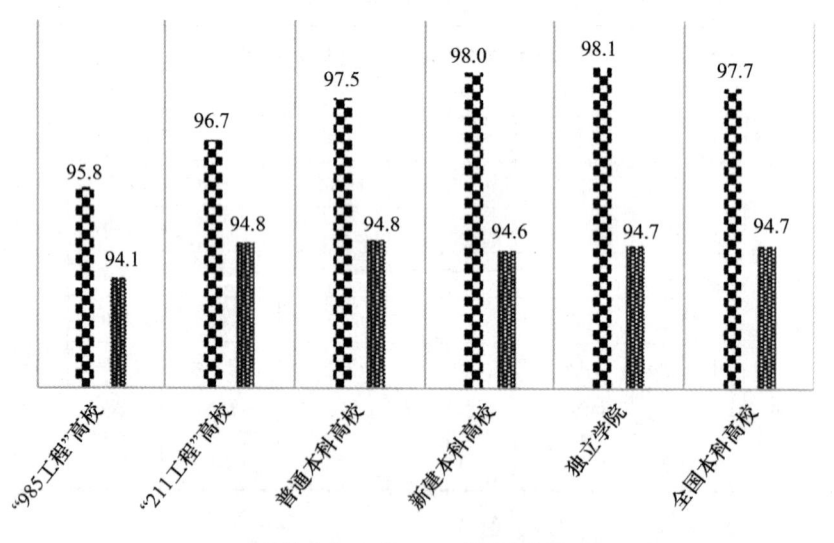

	"985工程"高校	"211工程"高校	普通本科高校	新建本科高校	独立学院	全国本科高校
本科毕业率(%)	95.8	96.7	97.5	98.0	98.1	97.7
学士学位授予率(%)	94.1	94.8	94.8	94.6	94.7	94.7

图4-7 2015年中国大学应届本科毕业率与应届学士学位授予率

普通本科高校相对高一些；在应届学士学位授予率方面，各类高校基本持平。整体而言，各类高校在应届本科毕业率和应届学士学位授予率方面的差异并不明显；"985 工程"高校的应届本科毕业率和应届学士学位授予率均值在各类高校中是最低的，这一现象值得关注。

如图 4-8 所示，从中国 830 所普通高校的应届本科毕业率和应届学士学位授予率散点分布图可以看出，应届本科毕业率集中在 95% 以上，其中有 78 所高校的本科毕业率达到 100%，占样本高校数量的 9.4%；应届学士学位授予率则集中在 90% 以上。

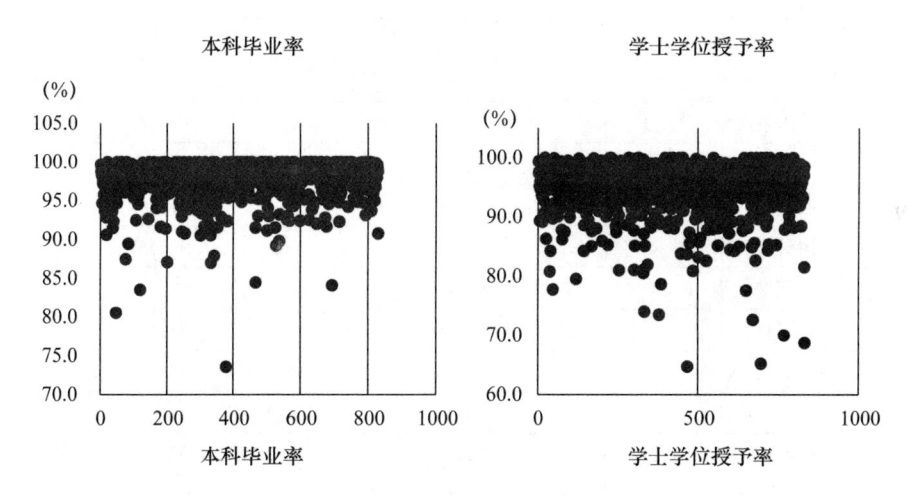

图 4-8　2015 年中国大学应届本科毕业率与应届学士学位授予率分布

从不同类型高校内部来看，如表 4-6 所示，以 18 所 "985 工程"高校为例，2015 年应届本科毕业率和应届学士学位授予率存在差异，排名靠前的西北农林科技大学、中南大学、中山大学等高校的应届本科毕业率和应届学士学位授予率都在 97% 以上，西北农林大学更是接近 100%；而厦门大学和中国海洋大学的应届本科毕业率和应届学士学位授予率刚刚超过 90%。由于中国普通高校应届本科毕业率和应届学士学位授予率的全国平均值较高，因而虽有部分高校之间存在差异，但整体而言差异并不明显。

表4-6　　　2015年中国"985工程"高校应届本科
毕业率与应届学士学位授予率

高校名称	应届本科毕业率（%）	应届学士学位授予率（%）
西北农林科技大学	99.68	99.40
中南大学	98.78	97.39
中山大学	98.28	97.69
兰州大学	98.29	95.14
华南理工大学	94.66	89.33
西北工业大学	97.98	95.97
吉林大学	97.30	94.60
四川大学	97.12	97.12
山东大学	97.17	95.50
武汉大学	95.80	95.77
西安交通大学	95.20	93.74
中国科学技术大学	94.99	93.45
湖南大学	93.67	89.14
电子科技大学	94.80	93.64
哈尔滨工业大学	94.84	89.68
浙江大学	93.12	93.04
厦门大学	92.88	92.76
中国海洋大学	90.61	90.61

资料来源：根据2015年全国普通高校教学基本状态数据库中"应届毕业生数""应届未毕业生数"与"授予学位数"统计而得。

三　中国大学不同学科应届本科毕业率与应届学士学位授予率

（一）中国大学不同学科应届本科毕业率

根据中国830所高校的33663个专业的本科生毕业情况的调查结果可知，如表4-7所示，全国普通高校不同学科的应届本科毕业率之间的差异并不明显，其中理学和工学相对低一点，分别为95.8%和96.6%；在不同类型的高校中，相对于其他学科，理学和工学的应届本科毕业率都相对较低。

表 4-7　　　　　2015 年中国大学各学科应届本科毕业率　　　　　（％）

学科门类	"985 工程"高校	"211 工程"高校	普通本科高校	新建本科高校	独立学院	全国本科高校
哲学	98.9	98.4	91.6	—	—	—
经济学	96.7	97.2	97.3	98.2	98.0	97.6
法学	98.6	98.5	93.0	99.2	98.0	97.1
教育学	93.3	96.6	97.5	98.1	98.3	97.6
文学	97.7	98.3	98.2	98.6	98.9	98.4
历史学	97.7	98.3	99.3	99.1	98.6	99.1
理学	93.8	96.6	97.3	98.0	97.8	95.8
工学	95.4	95.6	96.5	97.4	97.0	96.6
农学	98.6	97.0	97.7	96.3	97.5	97.5
医学	97.0	97.0	99.2	99.3	98.6	98.7
管理学	96.9	97.4	97.5	98.4	98.0	97.7
艺术类	94.0	96.3	97.5	97.2	97.2	97.6

说明："—"表示数据缺失。

资料来源：根据 2015 年全国普通高校教学基本状态数据库中"应届毕业生数""应届未毕业生数"与"授予学位数"统计而得。

（二）中国大学不同学科应届学士学位授予率

如表 4-8 所示，全国普通高校不同学科的应届学士学位授予率之间的差异并不明显，其中理学和工学的应届学士学位授予率相对较低一点，分别为 93.3% 和 93.7%；而且在不同类型的高校中，相较其他学科，理学和工学的应届学士学位授予率都较低。

表 4-8　　　　　2015 年中国大学各学科应届学士学位授予率　　　　　（％）

学科门类	"985 工程"高校	"211 工程"高校	普通本科高校	新建本科高校	独立学院	全国本科高校
哲学	98.9	97.1	90.0	—	—	—
经济学	95.7	95.9	94.7	95.5	95.5	95.2

续表

学科门类	"985 工程"高校	"211 工程"高校	普通本科高校	新建本科高校	独立学院	全国本科高校
法学	98.9	97.8	91.8	97.1	96.1	95.7
教育学	92.0	94.1	95.0	95.1	95.0	95.0
文学	96.8	97.3	96.7	96.4	97.2	96.7
历史学	97.4	97.4	97.5	96.4	96.7	97.2
理学	92.0	95.4	94.2	94.5	94.4	93.3
工学	92.6	93.3	94.3	92.7	93.4	93.7
农学	98.5	93.7	94.9	89.9	95.8	94.7
医学	96.1	94.5	98.7	97.0	95.8	97.7
管理学	94.8	95.9	95.3	95.3	95.3	95.2
艺术类	90.6	94.6	95.1	93.4	93.6	94.9

说明："—"表示数据缺失。

资料来源：根据 2015 年全国普通高校教学基本状态数据库中"应届毕业生数""应届未毕业生数"与"授予学位数"统计而得。

第三节 对中国大学本科毕业率历史与现状的反思

一 尚未建立完善的大学本科毕业率统计制度

中国高校统计并公开的本科毕业率和学士学位授予率数据主要出自 2010 年起高校制定并发布的《本科教学质量报告》，虽然教育部将"应届本科生毕业率"和"应届本科生学位授予率"列为教学基本状态的核心指标，然而，在每年发布的《本科教学基本状态数据填报说明》中只是列出关于"应届毕业生数""应届本科未毕业生数""应届本科生学位授予数"几个指标简单而笼统的说明，在毕业率和学位授予率的方法、内容、指标和时间等方面都没有进行具体说明，这使得高校在统计毕业率和学位授予率时没有权威性和科学性的统计方法可以依循，想当然地按照各自的标准进行统计，造成统计结果的不准确和不严谨，容易引起政府、社会和学生层面的误解。值得关注的是，虽然从表面上看，中国大学毕业率统计制度的不完善仅是一项小的制度缺陷问题，但这实际上反映了政府对毕业率的实质内涵认识不充分，对于毕业率在高等教育质量建设中的作用重视不足。出现这种现象的根本原因在于，中国高校的本科毕业率和学士学位授予率尚未成为一个迫切需要关注和解决的问题。

反观高校毕业生就业率，自20世纪末以来，一直是政府和高校关注的焦点，政府在统计毕业生毕业率的方法、内容、指标、时间等方面不断进行改革，以求更为科学化和精细化。一方面，早在2001年教育部颁布的《2011年本专科毕业生就业方案报送说明》中，已对高校毕业生初次就业率的评定指标"已就业"的7种形式、"未就业"的两种形式和"毕业生"的两种形式进行了细致的划分和说明，高校可以依据教育部的要求进行严格的统计。另一方面，严格规定就业率的统计截止时间。自2002年以来，教育部就规定就业率的统计及公布时间分别截止到当年的7月和12月（包括初次就业率和年底就业率）。显而易见，相较于本科毕业率和学位授予率，毕业生的就业率或者说毕业生的就业问题受到更多的关注。中国开展的"普通高等学校本科教学工作合格评估"和"普通高等学校本科教学工作水平评估"都将毕业生的"就业"（就业率和就业质量）作为评估的核心指标则更能说明此问题。

可以说，中国政府和高校不断完善毕业生就业率统计制度的过程，是对毕业生的就业数量、就业质量以及高等教育质量认识不断深化的过程，对就业问题的认知不断深入，可以直接体现在就业率统计方法的科学性和严谨性上。同理，中国政府和高校应该关注和着手完善毕业生毕业率和学位授予率的统计制度，以此促进更深入地探究本科毕业率的本质、质量意蕴及其在高等教育质量建设过程中的真正意义，以制度建设推动理论探究，以理论深化再助推制度完善，两者相辅相成，最终推动中国高等教育高质量发展。

完善中国本科生毕业率和学士学位授予率统计制度，其核心在于处理好中国高校学生学籍变动情况。根据中国教育部2017年颁布的《普通高等学校学生管理规定》① 关于"学籍管理规定"的要求，与"毕业率"统计相关的学籍变动主要有以下 5 种情况：休学、停学、复学、转学（转入和转出）和退学；对不同学制的毕业生数量应该进行具体说明，并且明确统计截止时间。如上海交通大学《2017—2018 年度本科教学质量报告》显示：截止到 2018 年 9 月 12 日，2018 年应届毕业本科学生（包括 2013 年入学的五年制和 2014 年入学的四年制学生）实际毕业 3461 人，授予学士学位 3455 人。应届本科毕业率和应届本科毕业生学位授予率分别为 96.88% 和 99.97%。② 此外，可以借鉴国外如美国和日本的本科毕业率的统计方法，或者高校招生数以及毕业生数等相关数据的统计方法。美国大学本科毕业率的统计方法较为明确清楚，除了美国国家教育统计中心之外，美国大学体育学会关于本科毕业率的定义也值得借鉴，即本科毕业率 = 毕业生／[毕业生 + 转学生（转入和转出）+ 非毕业生]，统计数据的分母包括转入和转出的学生，而且会追踪六年以上大学生的毕业率情况。从可获取的资料来看，日本的大学虽然没有官方的本科毕业率统计方法，但是其统计和公布招生数与毕业生数的方法值得借鉴，如分开统计四年制和五年制本科生的招生数和毕业生数，严格统计四年制学生四年后（五年制学生则为五年后）的毕业生数，对延期毕业的毕业生按照延期的年限，细分到延期一年、延期两年、延期三年、延期四年以上的学生在调查年份的毕业人数。如此一来，不仅可以明确地统计学生在学制年限内的毕业情况，还可以准确得知延期学生的毕业情况。中国教育部规划司发布的《中国教育统计年鉴》关于"毕业生总数"的统计方法，显然无法区分不同年限入学的毕业生人数，因而在统计方法上应进行修改。

二 从发展来看，大学本科毕业率的演变呈现出历史延续性

中国大学本科毕业率的演变所呈现出的深刻的历史延续性包括两个

---

① 中华人民共和国教育部：《普通高等学校学生管理规定》，http：//www. moe. gov. cn/srcsite/A02/s5911/moe_ 621/201702/t20170216_ 296385. html. 2018-01-23。

② 上海交通大学：《2017—2018 年度本科教学质量报告》，https：//gk. sjtu. edu. cn/Data/View/1382。

方面：一方面是指中国大学本科毕业率在不同的历史阶段呈现出不同的状态，与当时中国的政治、经济、社会发展情况紧密相关，政治、经济、社会发展的"动荡"通常会影响中国高等教育的发展，继而体现在大学本科毕业率上，尤其是在新中国成立至改革开放前的30年间，中国大学本科毕业率如"过山车"般忽高忽低。改革开放后，中国政治、经济和社会发展稳定，在这一外部环境下，中国高等教育发展态势良好，大学本科毕业率年度状态趋于平稳，未出现较大波动。另一方面是指中国大学本科毕业率与高等教育质量问题相联系，或者说中国大学本科毕业率成为一个高等教育质量问题，这是在历史演进中形成的。

中国近代大学发轫于中华民族内忧外患之际，发展历经坎坷。在社会动乱、列强纷争的民国时期，大学的确是黑暗中的一道曙光，为当时的社会发展与建设培养了一批优秀的高等教育人才。不可否认的是，当时政治局势的动荡、社会经济的不稳定，对学子顺利完成学业起到了不可回避的负面影响。但是，民国时期大学治学之严谨、管理之严格一直为后人所敬仰，在大学治理、教学制度与学生管理方面的宝贵经验值得学习和借鉴。

新中国成立后，随着社会发展的稳定以及经济的复苏，中国高等教育进入崭新的发展时期。新中国成立后，高度集中的政治管理体制以及计划经济体制，加之全面学习苏联模式的政治号召，使得中国高等教育在很长时间内实施计划性的人才培养制度，至今仍对中国高等教育发展产生着影响。在高度集中的政治管理体制以及计划性经济体制的双重作用下，中国高等教育的招生、人才培养以及就业都是计划性的，政府通过指令、批复、指示、复函等直接的行政手段对高校进行管理，按照社会就业岗位的需要进行专业招生人数的设置，学生毕业后由国家统一分配工作，这的确在短期内培养了新中国社会经济复苏与发展所需要的高层次劳动力。当时的中国犹如"初生的婴儿"，一直不停地探索适合中国国情的发展道路，是探索就难免会遇到坎坷和走弯路，在高等教育领域亦是如此。那个阶段，中国高等教育发展充满波折和羁绊，大学生的学习常被打断，出现滞留高校无法毕业，或者"扎堆"毕业的现象，高等教育办学的不稳定状态反映在本科毕业率上面，就是毕业率整体呈现出波浪形发展态势。

可以说，在计划经济时代，一方面中国高等教育规模较小，尚处于高等教育"精英化"阶段，大学生本身就是"精英"的代表，是珍贵的国家"干部"，似乎并没有人会质疑大学毕业生的质量；另一方面，计划经济时代高等教育的招生与就业政策都是指令性的，在就业方面，大学毕业生由政府进行指令性的计划分配。早在1951年《政务院关于改革学制的决定》中就已经规定"高等学校毕业生之工作由政府分配"[①]。当时国家强调大学生的培养质量，如1955年《高等学校课程考试和考查规程中若干问题的说明》就明确指出："教学计划是按照国家所需要的干部规格而制定，教学计划所规定的全部课程，学生都应该学好，否则就会影响培养干部的质量。"[②]然而，由于当时国家对于高等教育人才的迫切需求，也会出现放宽毕业要求或者先参加工作之后再回校补考的政策指示，甚至出现提前抽调未毕业学生的现象。针对这一问题，1961年《教育部、国家计委、内务部党组关于加强管理中央部门和省、市、区直属全日制高等学校在校学生问题的报告》指出："今后，高等学校在校学生应当一律按照学制规定学完全部课程，毕业后再行分配工作，任何单位不得抽调未毕业的学生分配工作。"[③] 在人才招生、培养和就业的指令性计划分配阶段，考入大学是最大的问题，毕业和就业问题并不那么突出，更遑论质疑高校毕业率和就业率了。综合以上两点，"精英化"高等教育阶段以及计划性的高等教育人才培养，加之当时社会经济发展对于高等教育人才的迫切需求，高等教育培养的人才符合了政府、社会以及其他主体的需求，大学毕业生质量问题并不为人所关注，大学毕业率自然也不会遭受质疑。值得关注的是，虽然改革开放后进行了更为系统且更为符合高等教育内在规律的改革，新中国成立后30年所形成的高校管理制度仍然对目前高校的管理发挥着"惯性"作用。

自1985年《中共中央关于教育体制改革的决定》颁布后，中国高等

[①] 教育部高校学生司：《中国高等教育学生管理规章大全（1950—2006）》，首都师范大学出版社2007年版，第13页。

[②] 教育部高校学生司：《中国高等教育学生管理规章大全（1950—2006）》，第42页。

[③] 教育部高校学生司：《中国高等教育学生管理规章大全（1950—2006）》，第78页。

教育进入改革发展的新阶段，然而，正如有学者所言："虽然20世纪80年代初中国开始进行经济转型和改革开放，当时的高等教育模式同50年代高度集中的计划经济体制下形成的模式没有大的区别。大学隶属于政府，仅仅是高度集中的计划体制的组成部分。该计划体制一直到20世纪90年代中期才发生转型。"[①] 最终在20世纪末至21世纪初，中国高等教育进入了发展的转折期。一方面是1999年开启的"高等教育大扩招"时期；另一方面是中国高校毕业生就业制度经历了指令性计划阶段（1984年以前）、指导性计划分配阶段（1985—1989）、一定程度上的"双向选择"阶段（1989—1993），最终进入了"双向选择，自主择业"期（1993年以后）。至此，计划调配毕业生就业的方式日渐式微，市场配置毕业生就业的作用逐渐增强。[②] 高等教育由精英化阶段向大众化阶段的转变，以及就业制度由指令性计划时期向市场竞争时期的转变，都对中国高等教育的发展产生了巨大的挑战，本科人才培养质量问题"首当其冲"。

公众对于本科人才培养质量的质疑与对大学毕业率的质疑"不期而遇"。在1998年《面向21世纪教育振兴行动计划》提出"高等教育入学率由1997年的9.1%，提高到2000年的11%左右"之前，中国高等教育发展延续着1985年以来控制高等教育规模发展的模式，乃至于1996年、1997年中央和九届人大会议出台的《九年计划和2010年愿景目标纲要》仍要求"适度发展高等教育"，并明确"只适度扩大专科教育规模"；党的十五大报告把"适度发展高等教育"的提法改为"稳步发展高等教育"；国家教委则决定，在1998年全国普通高校101万人规模上只增加7万人，且增加的7万人都有定向安排，主要用于发展高等职业教育。[③] 然而，于同年颁布的《面向21世纪教育振兴行动计划》终止了1996年、1997年和1998年刚刚制定的"控制规模"等政策，最终致使中国高校进入"大扩招"时期，直至2012年教育部发布的《教育

---

① ［美］菲利普·G.阿特巴赫、［日］马彻越：《亚洲的大学：历史与未来》，邓红风主译，中国海洋大学出版社2005年版，第41页。
② 武毅英：《高校毕业生就业问题的教育学审视》，厦门大学出版社2006年版，第164页。
③ 苗耀祥：《我国高等教育质量保证政策研究》，博士学位论文，东北大学，2015年。

部关于全面提高高等教育质量的若干意见》明确提出，今后公办普通高校本科招生规模将保持相对稳定。① 至此，一场持续了13年、对中国社会发展产生了深远影响的"大学扩招"才落下帷幕。高校学生规模迅速扩大，给高校的硬件设备资源（教室、实验室、宿舍等），尤其是师资资源和教学资源都带来了很大的压力，生师比大幅度提高，对高校进行正常教学活动带来挑战，进而影响教学质量；高考录取率的提高带来学生的多元化和学业水平的多层次化，大学生源质量下降成为共识，在教学质量和大学生生源质量双双受到影响之下，大学毕业生人才培养质量开始遭受质疑。然而，与此同时，中国大学毕业率始终保持着较高的状态，这似乎与"质量下降"形成了鲜明的对比，由此大学毕业率也成为大众质疑的对象。

20世纪末至21世纪初，围绕高等教育规模扩大问题，中国高等教育学术界展开了一场关于"严进宽出"和"宽进严出"问题的争论。随着高等教育大众化的推进，这一争论的焦点由是否应该扩大招生规模和实现招生规模的灵活度方面的"宽进"问题，逐渐转向提升学生学习的自由度和在加强质量管理的基础上实现高等教育的"严出"问题。学术界关于"严进宽出"和"宽进严出"问题的讨论，反映出在新的形势下中国高等教育人才培养质量存在着重大问题，迫切需要进行人才培养模式改革。由此可见，伴随着高等教育"大众化"阶段而来的是高等教育质量问题；而使得中国高等教育质量问题尤为凸显的是"就业难"现象的出现。

1985年《中共中央关于教育体制改革的决定》② 正式提出实行大学毕业生分配制度的改革后，中国用了约15年的时间建立起以市场为导向的就业制度。1989年国家教委、国家计委和财政部提出的《高等学校毕业生分配制度改革方案》③，1993年中共中央、国务院颁布的《中国教

---

① 中华人民共和国教育部：《教育部关于全面提高高等教育质量的若干意见》，http：//old.moe.gov.cn/publicfiles/business/htmlfiles/moe/s6342/201301/xxgk_146673。

② 中华人民共和国教育部：《中共中央关于教育体制改革的决定》，http：//www.moe.edu.cn/jyb_sjzl/moe_177/tnull_2482.html。

③ 教育部高校学生司：《中国高等教育学生管理规章大全（1950—2006）》，首都师范大学出版社2007年版，第299页。

育改革和发展纲要》①　均提出要逐步实现毕业生的"自主择业""双向选择",《中国教育改革和发展纲要》的颁布成为高校毕业生就业制度改革正式跨入市场经济体制下自主择业阶段的重要标志。1995年国家教委出台《关于1995年进行普通高等学校招生和毕业生就业制度改革的意见》,要求"普通高校在条件成熟后逐步过渡到大多数毕业生自主择业,在2000年基本实现高校毕业生就业制度改革"②。2000年教育部决定将毕业就业"派遣证"改为"全国普通高等学校本专科毕业生就业报到证"③,从性质上表明毕业生就业的自主地位。2002年国务院办公厅转发《关于进一步深化普通高等学校毕业生就业制度改革有关问题的意见》④,明确提出市场导向就业的方针;2003年国务院办公厅又下发了《关于做好2003年普通高等学校毕业生就业工作通知》⑤,进一步明确了改革方向和政策框架。至此,中国改变了统包统分的模式,建立起以市场为导向的"双向选择、自主择业"的就业制度。

随着国家统包统分制度的终结,学生被推向市场,扩招后大规模的毕业生参与到市场竞争中来,对于学生和高校而言,"就业难"问题很快出现了,而对于用人单位而言,"招工难"(劳动力质量不高)问题也逐渐浮出水面。学生因为找不到工作或者找不到满意的工作而产生对所接受的高等教育质量的质疑,用人单位因为招不到合适的大学毕业生而质疑高等教育人才培养质量,所有的质疑最终都指向高校,政府因为社会的"呼声"而对高校施压。自2002年后,中国政府相关部门每年都会针对大学生就业出台相关的政策文件,围绕形势的发展变化对大学生就业做好相关工作部署,要求高校做好大学生就业问题相关工作,为大学生就业提供相关就业创业政策支持。

---

① 教育部研究室:《中华人民共和国现行高等教育法规汇编》,人民教育出版社1999年版,第46页。
② 周艳:《论就业政策对我国大学生就业的影响》,《湖北行政学院学报》2006年第6期。
③ 韦颖:《改革开放以来我国大学生就业政策的变迁——基于支持联盟框架的分析》,《高等教育研究》2015年第5期。
④ 教育部高校学生司:《中国高等教育学生管理规章大全(1950—2006)》,第571页。
⑤ 《国务院办公厅关于做好2003年普通高等学校毕业生就业工作的通知》,http://www.gov.cn/zwgk/2005-08/12/content_22200.htm。

中国政府对于大学生就业问题的关注还体现在教育评估工作方面。自1985年《中共中央关于教育体制改革的决定》明确提出开展教育评估的要求后，中国高等教育质量保障开始从零散规定逐步走向制度化和常规化。1990年《普通高等学校教育评估暂行规定》是中国高等教育评估制度规划的开端，随着中国高等教育规模发展速度的加快，尤其是进入21世纪以来，政府相关部门更是出台了一系列高等教育质量评估的法规和政策。这说明在中国高等教育规模迅速扩大的同时，高等教育的教学质量在很大程度上受到冲击。2002年，教育部将本科教学工作的合格评估、优秀评估和随机评估三种方案合并为本科教学工作水平评估，制定了《普通高等学校本科教学工作水平评估方案（试行）》，形成了8个"一级指标"、18个"二级指标"和38个"观测点"[1]；2011年下发了《教育部办公厅关于开展普通高等学校本科教学工作合格评估的通知》，形成了7个"一级指标"、20个"二级指标"和39个"观测点"[2]。在中国开展的"普通高等学校本科教学工作合格评估"和"普通高等学校本科教学工作水平评估"中，"就业率"和"就业质量"均是"教学质量"的两大主要观测点。教育评估对大学生"就业率"和"就业质量"的重视，进一步推动高校将大学毕业生的就业问题放在重要的位置上，甚至出现了"唯就业论"的极端现象。在中国高校就业管理制度之下，保持较高的毕业率就成为实现较高就业率的第一步。

毋庸置疑，中国大学毕业率的形成有着深刻的历史原因，对大学毕业率的解释应该结合具体的政治、经济、社会发展的历史阶段。从上文对新中国成立以来高等教育的发展路径以及大学毕业率的特征分析可以发现，大学毕业率成为一个受到关注的问题，是以20世纪末开始的经济体制改革延伸到高等教育领域体制机制改革为发端，高等教育规模的扩张所带来的高等教育质量问题以及"就业难"问题加深了大众关于高等教育质量的质疑，可以说，对大学毕业率的质疑，无非是对中国高等教

---

[1] 中华人民共和国教育部：《普通高等学校本科教学工作水平评估方案（试行）》，http://www.moe.gov.cn/srcsite/A08/s7056/200404/t20040407_124458.html.

[2] 《教育部办公厅关于开展普通高等学校本科教学工作合格评估的通知》，http://www.moe.gov.cn/srcsite/A08/s7056/201802/t20180208_327138.html.

育人才培养质量的质疑。在计划经济向市场经济的转化过程中，由于高等教育"大众化"以及"普及化"进程所带来的人才培养质量问题与"就业难"问题的交织，作为体现培养合格人才的数据——"毕业率"成为众矢之的，高校教学管理制度和质量保障制度的不完善将"不合格"的毕业生推向市场，毕业生无法很好地满足市场需求几乎成为一种共识。

三　从现状来看，大学本科毕业率高且院校间差异性弱

美国、英国、法国和日本是公认的高等教育发达国家，它们的高等教育质量在全世界范围内得到认可。即便如此，它们的大学本科毕业率也存在很大的差异，但同时又存在着共同点。从数据上看，中国大学本科毕业率的现状则完全有别于以上四国。

从国别差异来看，英国和日本的大学本科毕业率在整体状态上偏高，均值约在80%；法国和美国的大学本科毕业率在整体状态上偏低，法国四年累计本科毕业率约为40%，美国六年本科毕业率约为60%。然而，这四个国家的大学本科毕业率存在一个共同点，即从国内大学之间的差异来看，大学之间本科毕业率存在差异，而且有些大学的本科毕业率差异非常大。如美国"常春藤大学"的本科毕业率普遍在95%以上，而有些大学本科毕业率可能不足50%。在日本大学本科毕业率方面，虽缺乏具体的每一所大学的本科毕业率，但是不同类型大学的本科毕业率的均值差异已可以说明问题。此外，通过对专家的访谈得知，日本有部分大学的本科毕业率在90%以上，但本书对日本文部科学省发布的相关数据的统计，发现日本大学本科毕业率均值约为70%，这从一定程度上说明日本的大学本科毕业率在院校之间是存在差异的。

反观中国，大学的应届本科毕业率和应届学士学位授予率普遍较高，并且在不同类型高校之间不存在明显的差异。通过对2015年中国830所普通高等学校的"应届本科毕业率"和"应届学士学位授予率"的统计，可以发现，中国高校应届本科毕业率主要集中在95%以上，应届学士学位授予率集中在90%以上；应届本科毕业率和应届学士学位授予率在不同办学类型和不同学科上均不存在明显的差异。这意味着在中国，

不管大学办学质量如何，也不论其学业要求、教学管理水平、学生努力程度如何，最终的结果是几乎所有的学生都可以顺利毕业。

大学本科毕业率低的国家，如美国和法国，一直致力于提高本国大学本科毕业率，以提高高校办学效率，一方面降低因大学生辍学所带来的经济损失和教育资源的浪费，另一方面尽可能为社会发展提供充分的高层次劳动力。从表象上看，相较于大学本科毕业率低的国家，中国大学本科毕业率高，保证了经过高考筛选后获得大学"准入证"的绝大部分学生最终成为大学毕业生，似乎没有浪费高等教育资源和国家的教育财政投入。然而，问题在于，中国大学的本科毕业率高却未能得到公众对中国高等教育质量的认可。究竟是什么原因造成目前的这种状况？为解开这一疑惑，就必须从中国大学本科毕业率的形成过程入手，在对形成过程的探究中发现高等教育质量问题之所在。

第五章　中国大学本科毕业率形成机制探析

> 阐明一种生物功能的机制，意味着对它的认识从现象的描述进入了本质的说明。[①]
>
> ——《辞海》

通过对经合组织成员国的大学本科毕业率的分析，基本上展现了大学本科毕业率的全球图景，从国家、高校和个体三个层面分析了美国、法国、英国和日本的大学本科毕业率，并对中国大学本科毕业率的历史变迁以及现状特征进行梳理和总结，比较的结果显示出中国大学本科毕业率现状"高"且不同类型高校之间不存在明显差异的结论。从本书对大学毕业率形成的理论分析框架可知，中国大学本科毕业率是在一个内外部因素共同作用机制下形成的结果，扎根于中国特有的政治、经济、文化和社会环境之中。具体而言，在中国大学本科毕业率的形成过程中，政府、高校、社会与个体存在着复杂的网络关系。对中国大学本科毕业率形成机制的研究，需要探究政府、高校、社会和个体四大要素如何相互作用，从而促使中国大学本科毕业率的形成。

---

① 辞海编辑委员会：《辞海》，上海辞书出版社1979年版，第2861页。

第一节　在大学本科毕业率形成中政府的作用机制

约翰·范德格拉夫和伯顿·克拉克在考察了包括欧洲大陆、美国、英国和日本等7个国家的高等教育学术权力结构的基础上认为:"在任何时候,只要政府想对高等教育负起某些责任,某些行政机关就会成为行政管理的执行机构。但是各机关官员介入行政管理的程度有所差别。这方面的差别取决于国家与高等教育的历史联系,以及这种关系在最近政策中如何表现。"[①] 正如伯顿·克拉克提出的"三角关系",国家和市场是现代大学发展中不可回避的力量,政府对大学采取的比如控制、调节和问责等产生的影响一直存在,只是在不同的历史时期和制度环境的变迁中,政府介入大学活动的方式、途径及程度不同。政府通过多种形式和手段作用于中国大学本科毕业率的形成,而在这其中,行政管理体制、教育政策和政府评估可谓是十分重要的因素。

一　行政管理体制与大学本科毕业率的形成

高等教育管理体制是指国家和政府对各种形式的高等教育的管理和监督方式,主要反映国家和政府对高等教育的基本要求。[②] 这里的管理体制主要是指外部管理体制,反映的是政府与大学之间的关系。从历史发展来看,中国高等教育行政管理体制建设发端于新中国成立后,其形成受到所置身的政治和行政体制的深刻影响,特别是受到中央集权管理体制和计划经济体制的影响。时至今日,集中化和集权式的管理思维、管理制度、管理行为、管理习惯等依然存在于中国高等教育管理体制之中。

---

① [加]约翰·范德格拉夫等:《学术权力:七国高等教育管理体制比较》,王承绪等译,浙江教育出版社2001年版,第194页。

② 邬大光、刘振天:《"三个面向"与知识经济时代的高等教育——纪念邓小平"三个面向"题词发表15周年》,《中国高等教育》1998年第12期。

（一）行政管理体制形成的历史背景

新中国成立后，在恢复国民经济的过程中进行了有计划的社会主义经济建设，计划经济体制逐步形成，物质生产和消费完全取决于政府的分配。与高度集中的计划经济体制相适应，中国建立起了"条块分割"的高等教育管理体制。所谓"条块分割"（"条"指中央政府各部门，"块"指各地方），具体是指一部分高等学校受中央政府各部门直接管理，另一部分高等学校受地方政府直接管理。[①] 1953 年政务院《关于修订高等学校领导关系的决定》确定了高等教育部与中央有关业务部门的分工：（1）综合性大学由高等教育部直接管理；（2）与几个业务部门有关的多科性高等工业学校由高等教育部直接管理；（3）为某一业务部门或主要为某一业务部门培养干部的单科性高等学校，可委托中央有关部门负责；（4）对某些高校则委托所在地的大区或省市自治区人民政府负责管理。[②] 整个社会生活状态呈现为层层依附关系：个人依附于工作单位，单位依附于政府，下级依附于上级，地方依附于中央……高等学校改革作为社会主义制度改革的有机组成部分，自然被纳入了政府集权管理框架之内。[③]

政府对高等学校的集中统一领导深入高校的人事、财务、教育、教学等领域。1950 年 7 月出台的《关于高等学校领导关系的决定》，规定了中央人民政府教育部负有领导全国大学的责任。"全国高等学校以由中央人民政府教育部统一领导为原则。""中央人民政府教育部对全国高等学校（军事学校除外）均负有领导的责任。""凡中央教育部所颁布的关于全国高等教育方针、政策与制度，高等学校法规，关于教育原则方面的指示，以及对高等学校的设置变更或停办，大学校长、专门学院院长及专科学校校长的任免，教师学生的待遇，经费开支的标准等决定，全国高等学校均应执行。"[④] 1953 年《关于修订高等学校领导关系的决

[①] 胡建华：《中国高等教育管理体制改革分析》，《南京师大学报》（社会科学版）2005 年第 4 期。

[②] 中央教育科学研究所：《中华人民共和国大事记（1949—1982）》，教育科学出版社 1983 年版，第 90 页。

[③] 罗建国：《我国高等教育集权管理体制生成逻辑分析》，《大学教育科学》2009 年第 5 期。

[④] 国务院法制办公室：《中华人民共和国法规汇编（1949—1952）》（第 1 卷），中国法制出版社 2005 年版，第 269 页。

定》对教育部的职责进行了具体规定：

> 成立高等教育部，对全国高等学校的方针政策、建设计划（包括学校的设立或变更、院校和专业设置、招生任务、基本建设和财务计划等）、重要的规程制度（如财务制度、人事制度）、教学计划、教学大纲、教材编审、生产实习等事项，统一掌控起来。凡高等教育部关于上述事项的规定、指示或命令，全国高等学校均应执行。如有必须变通办理时，须经中央高等教育部或由中央高等教育部转报财务院批准。[1]

1961年的《教育部直属高等学校暂行工作条例（草案）》再次强调了"专业的设置、变更和取消，必须经过教育部批准"。"学校必须按照教育部制订或者批准的教学方案、教学计划组织教学工作""专业设置、教学方案、教学计划、教学大纲和教材要求稳定，不得轻易变动。课程和学科体系的重大改变，必须经过教育部批准。"[2] 由此可见，为了培养适应国家建设需要的合格人才，政府对大学的监管深入了大学内部的运作和管理，涉及大学内部的日常事务：招生人数、专业设置、人才培养目标、课程安排、就业分配都由中央政府统一安排和进行严格规定。政策管理的高度集权以及大学对政府财政投入的依赖，使得大学几乎完全依附于政府，按照政府的意志办学，办学自主权缺乏。

全面向苏联学习是新中国成立初期经济社会建设的基本方针。在中国政府全面学习苏联的方针政策下，从1952年开始仿照苏联办学模式对全国大学进行全面改造，建立起以专业为核心、按照统一的教学计划培养人才的教学制度。

> 即是采用苏联大学的教学计划和教学大纲，翻译使用苏联大学

---

[1] 李刚：《大学的终结——1950年代初期的"院系调整"》，《中国改革》2003年第8期。
[2] 上海市高等教育局研究室：《中华人民共和国建国以来高等教育重要文献选编》（上），上海市高等教育局研究室1979年版，第265页。

的组织形式成立教学研究组等。在院校调整和专业设置方面，按照苏联模式"根据经济建设部门对口培养人才"，减少综合性大学数量，增加单科性大学数量，这些新"成立起来的单科院校既保证了对口经济建设部门所需专业人才的培养，又利于政府对大学实行有计划的管理和领导"。①

此外，"按照苏联大学体制进行大学内部结构调整，大学组织调整为'大学一系'的双层结构，系内设专业、教学研究组；教学制度以专业为中心，按照统一的教学计划开展教学活动"②。大学组织结构的调整进一步巩固了按照专业统一培养人才的制度。在中华人民共和国成立之初，苏联经验在中国高等教育领域中的全面实践，促使了中国高等教育集权管理体制的形成。正如有学者所言："中国高等教育从此纳入了苏联式的高度集中计划和专才教育的模式。其特点是教育计划与国民经济计划紧密相连，国家对教育实行高度集中统一的计划管理：按产业部门、行业甚至产品设立学院、系科和专业，教育的重心放在与经济建设直接相关的工程和科学技术教育上。"③ 必须承认的是，这种与计划经济、产品经济体制同构的教育制度，可以集中资源为国家经济建设提供大批标准化的专门人才。然而，在高度集中的管理体制下，行政指令成为左右中国大学发展的重要因素，政府"一插到底"自上而下式的行政管理违背大学自身的内在规律和运行机制，其所带来的消极影响，时至今日，仍然存在于中国大学的日常运行中。

在高度集权的政治体制、计划经济体制以及"全面学苏"的政策方针下，高度集中的高等教育行政管理体制得以形成，虽然自20世纪80年代至今，"中国经历了从高度集权管理到集权管理到有限自主办学的发展阶段。总体来看，变化趋势是积极的。但集权管理与自主办学的矛盾依然尖锐，政府不愿放权、不敢放权的惯性力仍然非常强大，严重制

---

① 胡建华：《现代中国大学制度的原点：50年代初期的大学改革》，南京师范大学出版社2001年版，第119页。
② 胡建华：《现代中国大学制度的原点：50年代初期的大学改革》，第283页。
③ 杨东平：《艰难的日出：中国现代教育的20世纪》，文汇出版社2003年版，第128页。

约着高校办学自主权的落实"[1]。政府管理的"触角"直接深入大学内部日常事务中，以行政指令指导大学办学，出现行政指令与法规制度相冲突的局面，影响了大学按照知识逻辑和内部规律进行办学。

在学生管理制度方面，虽然中央政府制定并颁布了相关法律法规，严格规范高校的办学行为，具体规定学生的学业要求和学术标准，以及奖惩措施等，但政府对大学的管理方式依然主要依靠行政指令。如在1958年高等教育部下达的《关于处理高等学校学生转专业、转学、休学、复学、退学等问题的规定（草案）》中"关于退学"方面，指出"本人虽未申请，但是学校认为不宜继续留校学习应当退学的，也可以说明理由让他退学。凡因成绩不合格或涉及学校纪律问题应做退学或其他处理的，另按我部有关的规定办理"[2]。这意味着或许与成绩或者与纪律无关，只要"学校认为不宜"，就可以要求学生退学。在特殊政治环境和社会发展需求下，中央政府会用直接下达指示的方式，要求高校从服务于国家建设对人才需求的角度出发，适当放宽学业学术标准，让学生顺利毕业，以能够按时参与分配工作。以上条文实际上是与教育法律法规或者大学管理制度相违背的。此外，在国内外局势尚不稳定，经济社会发展"百废待兴"的时代背景下，中央政府根据国家建设发展需要，出台与高等教育发展相关的法律法规，或者直接下达文件和指令等，从外部强制推动高等教育改革，导致高等教育改革相对频繁，甚至出现个别政策"朝令夕改"的状况。

当时，中央政府通常通过下达指令、通知、复函等对大学内部日常事务进行直接指导，诸如专业设置、教学计划、课程安排、考核方式和审核标准无不在政府的管理范围之内。如在1956年《高等教育部函复关于高等学校课程的考试和考查问题》中，对于一门课程的考核标准都进行了具体规定："'画法几何及机械制图'……在评定考试考查成绩时……如果是'画法几何'不及格，而'机械制图'及格，该门课程的

---

[1] 别敦荣：《必须进一步扩大高校办学自主权——我国高等教育发展70年的经验》，《教育发展研究》2019年第Z1期。

[2] 教育部高校学生司：《中国高等教育学生管理规章大全（1950—2006）》，首都师范大学出版社2007年版，第62页。

成绩为'不及格',但补考时只补考'画法几何'。"① 由此可见,当时政府对大学的管理是完全封闭式的、行政性的,大学组织"知识性"和"学术性"的内在本质通常让位于"政治性",大学基本上完全按照政府意志办学,按照行政化的手段和运行机制管理教学等一切事务。自主权的缺乏,导致大学很难根据自身的知识逻辑和办学目标进行人才培养活动。

在新中国成立到20世纪80年代中期进行教育体制改革前的近40年时间里,中国高等教育的改革和发展几乎完全按照政府的行政意志进行,有些改革甚至有悖高等教育的本质规律和内在逻辑。从对本科毕业率的理论分析中可知,本科毕业率是大学人才培养目标达成的量化结果;虽然本科毕业率仅是一个数量概念,但是就其本质而言,本科毕业率是指学生在人才培养目标方面的达成情况,而人才培养目标主要是由大学根据学科的知识逻辑和专业的发展定位而制定的。从这个层面上说,大学是进行人才培养目标制定、人才培养过程管理以及人才培养成果审核的主体,应该基于知识逻辑和内在运行机制对人才培养过程进行监控和保障,以衡量学生是否真正达到学业要求及人才培养目标。反之亦然,如果一所大学不具有对内部教学管理等事务的自主决定权力,一切都按照政府意志办事,在此条件下形成的毕业率在更大程度上意味着"政府希望看到多少学生顺利毕业",这样的本科毕业率从一定程度上可以说,很难体现高等教育育人的质量水平。

(二) 行政管理体制的延续及变革

随着社会主义市场经济体制的逐步建立,中国高等教育管理体制也处于不断变革中。改变政府统管过多过死的局面,理顺政府与大学的关系,促进大学面向社会办学是高等教育管理体制发展的必然趋势。在《中共中央关于经济体制改革的决定》颁布后,1985年5月,《中共中央关于教育体制改革的决定》的颁布,拉开了中国高等教育体制改革的序幕。该决定指出:"当前高等教育体制改革的关键,就是改变政府对高

---

① 教育部高校学生司:《中国高等教育学生管理规章大全(1950—2006)》,首都师范大学出版社2007年版,第43页。

等学校统得过多的管理体制,在国家统一的教育方针和计划的指导下,扩大高等学校的办学自主权,加强高等学校同生产、科研和社会其他各方面的联系,使高等学校具有主动适应经济和社会发展需要的积极性和能力"①。1993年2月,中共中央、国务院颁布的《中国教育改革和发展纲要》强调要"改革包得过多、统得过死的体制""进行高等教育体制改革,主要是解决政府与高等学校、中央与地方、国家教委与中央各业务之间的关系,逐步建立政府宏观管理、学校面向社会自主办学的体制""在政府与学校的关系上,要按照政事分开的原则,通过立法,明确高等学校的权利与义务,使高等学校真正成为面向社会自主办学的法人实体"②。至此可以看出,中国高等教育管理体制改革的目标在于"理顺政府与大学的关系",改变政府"统得过死"的"弊端",促使高等教育体制改革与社会主义市场经济体制的建立相适应,面向社会自主发展。

此外,启动对"中央集权、部门办学"的"条块分割"高等教育管理体制的改革。1995年5月,国家教委发布《关于深化高等教育体制改革的若干意见》,总结了高等教育体制改革以来所取得的成就,并深刻地指出"高等教育体制改革的进程仍然滞后于经济体制改革和社会发展,与社会主义市场经济体制的建立不相适应""政府直接管理的职能没有完全转变""条块分割局面尚未根本扭转"等重大问题。该意见进一步指出:"高等教育管理体制改革的目标是,争取到2000年或稍长一点时间,基本形成举办者、管理者和办学者职责分明,以财政拨款为主多渠道经费投入,中央和省、自治区、直辖市人民政府两级管理、分工负责,以省、自治区、直辖市人民政府统筹为主,条块有机结合的体制框架。"③ 至1999年6月,具有重大历史意义的第三次全国教育工作会议在北京召开,此次会议印发了《中共中央国务院关于深化教育改革,全面推进素质教育的决定》。该决定继续强调在高等教育管理体制改革

---

① 《中国教育年鉴》编辑部:《中国教育年鉴 1985—1986》,湖南教育出版社1988年版,第992页。

② 教育部研究室:《中华人民共和国现行高等教育法规汇编》,人民教育出版社1999年版,第46页。

③ 教育部研究室:《中华人民共和国现行高等教育法规汇编》,第162页。

中"以块为主"的基本方向。经过一系列改革措施，21世纪初，中国基本形成了"中央和地方政府两级管理、以地方政府为主"的高等教育管理体制；经过院校调整，对普通高校的隶属关系进行改革，基本结束了中国在特定历史条件下所形成的与计划经济体制相适应的部门办学体制。

值得关注的是，与计划经济体制相适应的部门办学体制的基本结束，并不意味着中国高校办学完全摆脱了在计划经济体制下形成的管理思维、管理制度及管理行为。有学者撰文道：

> 1950年代形成的高等教育管理体制中高校与政府是行政上的下级与上级，高校与政府的关系是"行政关系"。在经过20年改革后的今天，这种"行政关系"仍然没有发生实质性的改变。"行政关系"的突出表现是高校无论在形式上还是实质上仍然是政府的下级机构，高校的办学在很大程度上仍然得执行政府的行政指令。这种"行政关系"的存在甚或在某些方面的强化，无疑将影响高校在市场经济体制下的独立办学。[①]

2010年《国家中长期教育改革和发展规划纲要（2010—2020年）》直接指出了高等教育管理体制改革中依然存在的问题，并提出要进一步"推进政校分开、管办分离。……构建政府、学校、社会之间新型关系。落实和扩大学校办学自主权。政府及其部门要树立服务意识，改进管理方式，完善监管机制，减少和规范对学校的行政审批事项，依法保障学校充分行使办学自主权和承担相应责任"[②]。或许是高等教育管理体制改革未取得实质性进展，2017年4月和9月教育部等五部委先后出台了《关于深化高等教育领域简政放权 放管结合 优化服务改革的若干意见》，以及《中共中央办公厅 国务院办公厅印发〈关于深化教育体制机制改革的意见〉》，后者直接提出了"深化教育体制机制改革的基本原

---

① 胡建华：《中国高等教育管理体制改革分析》，《南京师大学报》（社会科学版）2005年第4期。

② 中华人民共和国教育部：《国家中长期教育改革和发展规划纲要（2010—2020年）》，http://www.moe.edu.cn/srcsite/A01/s7048/201007/t20100729_171904.html。

则":"坚持放管服相结合。深化简政放权、放管结合、优化服务改革,把该放的权力坚决放下去,把该管的事项切实管住管好,加强事中事后监管,构建政府、学校、社会之间的新型关系。""要完善依法自主办学机制,依法落实高等学校办学自主权,完善中国特色现代大学制度。"①以上政策的颁布对于推动高等教育管理体制改革具有深刻意义,但同时也反映出中国高等教育管理体制改革仍未完成,且推进艰难。

毋庸置疑,历经近40年的高等教育管理体制改革取得了巨大的成就。然而,由于制度变迁中的"路径依赖","高等教育管理体制改革在推进的过程中,传统的体制观念、传统体制的惯性与惰性始终对体制改革的行进产生着阻力和消极影响"②。一些指标可以作为衡量标准:

> 数十年来,由各部门下发到高校的红头文件在数量上是减少了还是增多了?红头文件涉及的高校事务面是缩小了还是扩大了?到任何一所公立高校的文件档案里查一查就一目了然:这些红头文件大多冠以"意见""指南""计划""工程""方案""指标""办法""标准""评估""检查""认证""通知"等名称,每年从政府的各个部门、各级部门,源源不断地下发到高校。这些红头文件不仅数量繁浩,而且指令性极强,具有强制性,对高校起着指挥棒的作用,调动着高校各方各层的人力和神经,指挥着高校各个方面和各个环节的运转。③

对中国大学而言,目前中国政府的管理手段没有得到根本上的改变,管理手段仍然比较直接,管理方式过细过全,大学的办学自主权仍然缺乏,高等教育管理运行机制与市场经济体制的适应程度仍不足。具体而言,中国高等教育集权管理如影随形,大学在招生、学科专业设置、教

---

① 《中共中央办公厅 国务院办公厅印发〈关于深化教育体制机制改革的意见〉》,http://www.moe.gov.cn/jyb_xwfb/s6052/moe_838/201709/t20170925_315201.html。
② 张乐天:《高等教育政策的回顾与反思 1977—1999》,南京师范大学出版社2008年版,第102页。
③ 周川:《高等教育管理体制改革之反思》,《北京大学教育评论》2018年第2期。

学管理、财务自主等诸多方面与环节上自主权明显缺乏，在具体事务的管理上倾向于贯彻政府意志，这些与大学人才培养过程和结果紧密相连。因此，在集权制行政管理体制下，作为大学人才培养成果的数据指标，中国大学本科毕业率究竟呈现出怎样的状态，并非大学人才培养过程自然产生的结果，政府强制性或者规范性管理在其中发挥着作用。

（三）行政管理体制与中国大学本科毕业率的形成

长期以来，中国高等教育行政管理体制，采取的是集权式管理，政府和教育行政部门拥有高等教育的绝对权力，给大学办学施加了诸多直接的压力。此外，办学的管理体制决定着政府对大学的管理方式和管理内容，而且经过长期的巩固成为管理习惯，根据制度变迁的路径依赖理论，固化的管理行为很难在短时间内发生改变。

首先，在行政管理体制下，中国大学组织过度依赖政府，政府通过行政手段对大学进行管理。虽然中国的教育法和高等教育法均赋予高等学校"法人"地位以及依法办学的权力，然而，在集权行政管理体制下，高等学校的"法人"地位始终没有得到实质性的落实，依法治校的体制机制也未得到完善。因而，在实际管理运行过程中，大学为了获得自身的"合法性"以及尽可能多的政府支持，必须按照政府意志办事。科层制是行政化管理的一个重要特征，体现出极高的标准化和统一化的特征。"统一招生、统一培养和统一毕业"被概括为中国高等教育的三个步骤，这种情况的出现，是由中国长期以来实行的集权行政化管理所形成的。中国大学本科毕业率高，即是大学保证进入该校就读的学生以尽可能大的比例顺利毕业，中国高等教育人才培养过程，就是统一化和标准化的体现。

政府对大学的"统一"监管不仅体现在招生考试方面，而且体现在人才培养过程方面。教育行政部门在专业设置、课程设置以及教材方面的监管依然没有脱离行政化管理的色彩，即便这些已是中国法律赋予大学的权力。1998年的《中华人民共和国高等教育法》和2015年新修订的《中华人民共和国高等教育法》均明确规定：高等学校根据社会需求、办学条件和国家核定的办学规模，制定招生方案，自主调节系科招生比例。高等学校依法自主设置和调整学科、专业。高等学校根据教学需要，自主制订教学计划、选编教材、组织实施教学活动。然而，现实情况是，大学纷纷力争与中央政府、地方政府以及教育行政主管部门的要求一致，以免因不符合要求而被问责。其一，中国大学在招生方面并未获得自主权，即使已有部分高校拥有较小比例的自主招生名额，但大多数招生名额掌握在上级教育主管部门手里，"统一化"是中国高等教育招生不容争议的事实。其二，在专业设置方面，中国政府教育主管部门通过制定和修订《普通高等学校本科专业目录》来强化包括专业课程在内的大学教学工作的指导。2012年教育部下发的《普通高等学校本科专业设置管理规定》明确指出："教育部制定和发布《普通高等学校本科专业目录》……是设置和调整专业、实施人才培养、安排招生、授予学位、指导就业，进行教育统计和人才需求预测等工作的重要依据。"[①]与专业目录一起下发的是对各专业的详细介绍，教育部对每个专业的"培养目标""培养要求""主干学科""主要课程""主要实践性教学环节""修业年限""授予学位"等都进行了说明和规定（要求）。这些规定对大学课程的设置产生了极大影响，不同类型的高校在设立专业时，必须根据规定设置相应的课程，而这并不符合"分类指导"原则，造成大学课程的同质化。其三，在课程管理方面，在教育部的领导下，下设高等学校教学指导委员会（简称"教指委"），专门指导高校的课程以及教材建设。教指委相继制定了一批本科专业规范和基础课程教学基本要求，对本科专业的培养目标与规格、知识体系和课程体系、教学条件等提出了具体、严格的规定，对教学周数、总学分以及学分分配也进行了详细的规定，甚至对专业核心课程的课程目的和基本要求以及课程基本内容进行了规定。[②] 由此可见，中国大学一直"浸泡"在政府以及教育行政部门的"统一化""标准化"的集权行政管理之中。在计划经济时代，统一的招生、统一的培养过程以及统一的就业分配使得统一的毕业"合情合理"，这种思维被固化下来；而在市场经济时代，依旧是统一的

[①] 中华人民共和国教育部：《普通高等学校本科专业设置管理规定》，http://www.moe.gov.cn/s78/A08/gjs_left/moe_1034/s3881/201305/t20130523_152287.html。

[②] 徐高明：《政府在大学课程变革中的地位分析——基于江苏省6所大学的调查》，《国家教育行政学院学报》2012年第9期。

招生、统一的培养过程,仅仅是就业制度由"统一分配"改为"自主择业"。然而,在"就业难"的情况下,想要转变"统一毕业"的管理方式和管理思维更是难上加难。

其次,在行政管理体制下,中国公办大学是国家事业单位,具有"单位"的组织结构和组织行为特征。按照政府机构的"上下对口、统一设置"的特征,中国大学同政府机构一样,设置专门的"对口"部门,按照等级进行管理,"副部级"大学、"正厅级"大学的头衔就是这一特征的最好写照。与之相对应的是,为了方便对大学实施直接管理,政府往往按照行政管理的思维,对大学的领导人设置一定的行政级别;为了可以与政府相关部门相一致,以达到政令畅通,大学机构设置又仿照政府机构设置,任命带有行政级别的中层管理者。对大学管理者而言,本科毕业率代表的是大学的办学绩效,是大学领导者和行政人员的"政绩",而且需要以此获得中央政府或地方政府更多的政策、财政资源以及项目的支持。降低大学本科毕业率,就意味着更多的学生无法顺利毕业,这些无法顺利毕业学生的"安置"问题如何解决,对一所大学的资源能力提出了挑战,关键是会直接影响到大学的学科专业建设、就业等,而这些情况又会影响中央政府或地方政府对大学在财政拨款以及政策支持方面的判断,这些给大学带来了很大压力。在这种情况下,大学所应遵循的培养人才和学术发展的基本内在规律成为次要的制约力,大学倾向于听从作为大学组织的主要资源投入者——政府的统一安排。

在中国,政府倾向于实施"发文性"的直接管理。通过文件、意见、通知等自上而下地传达精神,是中国教育行政管理部门惯用的工作方式。作为与政府属于上下级关系的"单位",大学完全按照政府下达的政策文件行事,彻底贯彻政策文件精神,即便是涉及大学组织内部的微观管理事务也是如此。政府对大学内部事务干涉过多,必然会导致大学对于寻找自己发展道路或者进行大刀阔斧的改革产生畏难心理,如何将风险最小化成为"明智"的选择。可以说,大学本科毕业率就属于这类问题。中国大学本科毕业率之所以整体偏高,是因为几乎所有的大学都将此认作"常态",即使有部分大学管理者看到了其中的问题,但是改革意味着承担代价,而大学是否可以为这个代价"买单"?如果不能够，那么在政府没有下达相关的政策文件以前，不如就同其他大学一样，保持现有状态。可以大胆假设，如果中国政府或者教育主管部门出台一项政策，要求"中国高等学校必须将毕业率控制在某个百分比范围内"，并做出相应的规划，这一要求应该很快得以实现。

最后，在行政管理体制下，大学无法真正面向市场自主办学。所谓"经济基础决定上层建筑"，从目前高等教育管理体制的现状而言，中国行政管理体制显然存在无法适应市场经济基础这一客观规律的问题。在中国现行的行政管理体制下，高等教育市场竞争机制不足，政府通过行政化的方式对高校进行"分层"，如之前的"985工程""211工程"以及现在的"双一流"，都是政府给大学设定的"符号"，而用人单位通常按照"高校身份"来筛选人才。在这种情况下，"统一化"就是高校最好的选择。此外，中国大学在人才培养方面拥有的自主权有限，教育主管部门在大学的专业设置、课程安排和教材选择等方面的"统一化"管理，尤其是对专业人才培养目标的限制，造成不同类型大学人才培养目标趋同，而人才培养目标是包括课程设置等一切有关人才培养的"引导者"。必须明确的是，大学培养的人才最终服务于市场和社会发展的需求，最终需要得到劳动力市场的认可，而如果人才培养目标以及专业的设置主要是根据政府意志而非依据市场需求进行相应调整的话，那么必然会产生人才培养规格不符合劳动力市场需求的问题，这就回应了本书理论探讨部分所说的："符合目标"和"符合需求"之间的错位造成了高等教育质量问题，因此即使是完全符合人才培养目标的本科毕业生也并不意味着一定符合劳动力市场的需求，这是大众对中国高等教育质量最核心的质疑，也是对中国大学本科毕业率产生质疑的主要原因之一。

二 教育政策与大学本科毕业率的形成

教育政策是政府在一定时期为了实现一定的教育目的而制定的关于教育事务的行动准则和依据。换言之，是政府希望在教育领域做什么以及不做什么的规定。在不同的高等教育管理体制下，教育政策制定的方式、涉及的内容范围以及下达实施的方式都不相同。在中国高等教育行政管理体制下，教育政策既包括从宏观层面指导教育发展方向、规模和速度的基本教育政策，也包括从微观层面影响某一方面教育活动的具体教育政策。对中国大学而言，教育政策对它们的发展起着强制性和诱导性的作用。在中国大学本科毕业率的形成方面，就业政策和资源分配政策是十分重要的政策。

(一) 就业政策与大学本科毕业率的形成

自中国实施高等教育就业政策和就业制度改革以来，似乎"就业难"问题就一直高悬在高等教育的上空。自21世纪初开始，中央政府或者教育主管部门几乎每年都要发布如《关于切实做好××年普通高等学校毕业生就业（创业）工作的通知》等政策文本，强调大学需做好就业相关工作。此外，在"中央集权、地方分权"的行政管理体制下，地方高等教育的发展水平成为考核地方政府的政绩指标之一。在中央政府强调"大学生就业"的现状下，大学毕业生的就业情况对地方政府的政绩以及地方经济社会发展都起到了很大的作用。因此，地方政府也会在就业问题上给地方高校施压。

政府出台的就业政策表现出对"就业率"数据的高度关注。自1993年实施高校毕业生就业率统计制度以来，政府多次发文强调毕业生就业率的重要性，要求各高校把毕业生就业率作为指导毕业生就业工作的一个有效杠杆来抓。教育部发布的《1999年中央部委所属高校毕业生一次就业状况》，首次公布了教育部直属高校的毕业生就业率。2000年，在高校毕业生就业工作总结会议上，教育部明确提出，要定期向社会公布高校的毕业生就业率，并把就业率作为考核高校的指标。《教育部关于做好2001年全国普通高等学校毕业生就业工作的通知》再次提出："以就业率来考核、评价、推动和促进高校的人才培养工作。各地要按照经济结构战略性调整的要求，适时调整毕业生就业政策，改善和优化毕业生就业环境，提高本地区毕业生就业率。"[①] 2002年，《教育部、公安部、人事部、劳动保障部关于切实做好普通高等学校毕业生就业工作的通知》，提出"国务院有关部门将定期公布各省、自治区、直辖市高校

---

① 《教育部关于做好2001年全国普通高等学校毕业生就业工作的通知》，http://www.moe.edu.cn/jyb_xxgk/gk_gbgg/moe_0/moe_7/moe_12/tnull_5932.html。

毕业生的就业率和就业情况。各省、自治区、直辖市也要定期公布本地区范围内高校毕业生的就业率情况"①。

2003年，教育部在《关于进一步深化教育改革，促进高校毕业生就业工作的意见》中指出：

（1）坚持年度招生计划安排与毕业生就业率适度挂钩，对就业率明显偏低的地方和高校，区分情况，原则上要减少招生、控制招生或调减增幅。（2）在年度招生计划安排中，对毕业生就业率偏低的专业应严格控制或减少招生规模。（3）主管部门要将毕业生就业率作为核定高校事业中长期发展规划的重要参数加以考虑。（4）从2003年开始，要把毕业生就业率作为评议高校设置的主要依据和参数，对毕业生就业率低的地区，控制新增高校的数量。（5）加强地方教育行政部门对本科专业设置、调整的统筹管理和宏观调控。各地教育行政部门应根据本地区高校毕业生的就业情况，确定本地区控制增设的专业。从2003年开始，对连续三年本专科7月份毕业生就业率低于本地区平均就业率的高校，控制其专业总数，每增设一个新专业的同时，撤销一个旧专业，引导学校进行专业结构调整。（6）将高校就业状况纳入高等教育评估系统中，凡就业率低的高校，一般不得评为优秀。（7）将学位工作与毕业生就业率适度挂钩。②

由此可见，毕业生就业率作为一个统计大学毕业生就业情况的指标，已经不仅仅局限于作为评估大学毕业生就业情况的指标，它已经与一个地区大学数量的增加、大学招生指标、专业设置、办学水平评估以及学位授予资格等与大学发展息息相关的事情相挂钩，大学就业率已经成为中央政府及其教育行政部门对地方政府和大学进行问责的重要手段，可

---

① 《教育部、公安部、人事部、劳动保障部关于切实做好普通高等学校毕业生就业工作的通知》，http：//old.moe.gov.cn//publicfiles/business/htmlfiles/moe/moe_ 29/200209/528.html。
② 中华人民共和国教育部：《关于进一步深化教育改革，促进高校毕业生就业工作的意见》，http：//old.moe.gov.cn/publicfiles/business/htmlfiles/moe/s3265/201001/xxgk_ 80062.html。

想而知，这对地方政府和大学都产生了巨大的压力。

大学毕业生就业是重要的社会问题，每年国务院办公厅、人事部、劳动保障部或教育部都会发布和下达相关的就业指导政策。2006年，《十四部门关于切实做好2006年普通高等学校毕业生就业工作的通知》明确提出：

> 从2006年起，教育、人事、劳动保障部门要定期发布高校毕业生求职登记信息和用人单位对大学生的岗位需求登记信息。做好高校毕业生就业情况相关统计，由高校毕业生就业主管部门统计截至9月1日分地区、分学校初次就业率信息；由劳动保障部门统计截至12月31日分地区应届高校毕业生登记失业信息。①

将之前一年公布一次的就业率情况改为一年分两次公布就业率。2014年，国务院办公厅下达《关于做好2014年全国普通高等学校毕业生就业创业工作的通知》，该通知首次将"创业"明确放在其标题上，强调大学生毕业工作中"创新创业"的重要性。此外，更为重要的是，国务院办公厅规定"从2014年开始要发布高校就业质量年度报告，完善就业与招生计划、人才培养、经费拨款、院校设置的联动机制"②。近几年来，随着政府对就业创业问题的重视，以及发布就业质量报告的要求，大学追逐"高就业率"的热情始终未曾减弱。

在中央政府和地方政府的五年发展规划和年度发展计划中，都将高等教育发展水平作为政府的主要任务和政绩指标。在"中央和地方政府两级管理、以地方政府为主"的高等教育管理体制下，国家的就业政策始终强调在大学毕业生就业方面对地方政府问责，由此地方政府也倾向于给大学施加压力，大学本科毕业生的就业问题可谓始终是地方政府在高等教育领域工作方面的重中之重。2003年教育部发布的《关于进一步

---

① 《十四部门关于切实做好2006年普通高等学校毕业生就业工作的通知》，http://www.chinajob.gov.cn/EmploymentServices/content/2006-06/09/content_217913.htm。

② 国务院办公厅：《关于切实做好普通高等学校毕业生就业工作的通知》，http://old.moe.gov.cn//publicfiles/business/htmlfiles/moe/moe_29/200209/528.html。

深化教育改革,促进高校毕业生就业工作的意见》,提出:"地方和高校要把毕业生就业状况作为确定高等教育事业发展规模的重要依据",并指出"对毕业生就业率低的地区,控制新增高校的数量"①。作为地方的智力支柱,地方高校对地区经济社会发展的推动力不言而喻。在与其他地区进行经济文化发展比较时,通常,高校数量以及在校生规模等是重要的衡量指标,对新增高校数量进行限制对地方政府而言是不利的,因而,为了进一步扩大高等教育规模,必须严格保证较高的大学生就业率。2004 年,《国务院办公厅关于进一步做好 2004 年普通高等学校毕业生就业工作的通知》提出"实行中央和地方两级管理,以地方管理为主的工作体制。各省、自治区、直辖市要建立并不断完善高校毕业生就业监测体系,科学、准确、快速地报告就业工作进展情况,及时公布当地高等学校的毕业生就业率。"②近二十年来,政府每年发布的就业政策都强调:必须充分发挥(各级)政府职能,实施更加积极的高校毕业生就业政策。在分权管理体制下,面对中央政府及其教育主管部门的问责,地方政府及其教育主管部门也倾向于给大学施压,让大学保证高的就业率。

在学历这一社会背景下,社会接纳大学生首先需要的是毕业文凭和学位证书。因此,大学生解决就业问题的基本前提是获得毕业证书和学位证书。然而,政府对大学生毕业问题的高度关注,尤其是对就业率的热切追逐,把"就业率"情况与政府政绩,以及与专业设置、招生规模、评估评价等关乎大学内部办学行为的指标直接"挂钩",在中国高等教育中就出现了"就业倒逼毕业"机制,或称之为"高就业率倒逼高毕业率"的吊诡现象。可以说,在中国大学办学实际中,大学生就业问题带给政府和大学巨大的压力,这种压力可以迫使大学千方百计地保障大学生就业这一看似合理,但又似乎不合理的行为。其中不合理的地方就在于违背学术标准,阻碍大学严格把关大学生毕业水准。

---

① 中华人民共和国教育部:《关于进一步深化教育改革,促进高校毕业生就业工作的意见》,http://old.moe.gov.cn/publicfiles/business/htmlfiles/moe/s3265/201001/xxgk_80062.html。
② 《国务院办公厅关于进一步做好 2004 年普通高等学校毕业生就业工作的通知》,http://www.gov.cn/zhengce/content/2008-03/28/content_6706.htm。

（二）资源配置政策与大学本科毕业率的形成

人、财、物是高等教育资源中十分重要的三个组成部分，其中财力资源又是物力资源和人力资源的基础。自1992年国家教委联合有关部门发布了《关于进一步完善普通高等学校收费制度的通知》后，全国高等学校开始进行招生收费制度的改革，目前中国高等教育财政基本上形成了政府拨款和学费收入并举的经费来源模式。由于中国政府要求高校收取的学费最高不得超过生均培养成本的25%，因此中国高校经费的获取具有政府依赖性。在资源配置政策影响大学本科毕业率方面，地方本科高校应该比央属本科高校（尤其是教育部直属高校）受到更大的影响，原因在于地方本科高校资金来源更为单一，办学资源相对缺乏。因此，为了获得更多的政策和财政拨款倾斜，地方本科高校会更多地从"数量"的发展上占据优势。这表明，在中国政府资源配置政策不完备的前提下，目前中国大学之间的竞争，往往表现出的不是教育质量的竞争，而是教育规模的竞争，这也是影响高等教育质量的重要因素。

首先，中国高等教育财政投入主要以学生数量和生均成本为基准拨款，这种政策刺激高校倾向于保证或扩大学生规模。目前中国高校普遍实行"综合定额加转向补助"的拨款模式。2010年11月，《财政部教育部关于进一步提高地方普通本科高校生均拨款水平的意见》明确规定："原则上，2012年各地地方高校生均拨款水平不低于12000元。"[①] 在定员定额的前提下，高校获得的教育经费取决于各高校的学生规模，这在某种程度上刺激着高校不断扩大学生规模，以及提高生均成本。这种现象在处于"劣势地位"的地方本科高校中更为普遍。

截至2021年，中国共有1238所普通本科院校，其中中央部委高校114所（教育部直属高校76所，其他部委所属高校38所），地方本科高校725所。[②] 从院校数量上看，地方政府管理的高校数要远远超过中央

[①] 《财政部教育部关于进一步提高地方普通本科高校生均拨款水平的意见》，http://www.moe.gov.cn/jyb_xxgk/moe_1777/moe_1779/201308/t20130805_155147.html。

[②] 中华人民共和国教育部：《2021年教育统计数据》，http://www.moe.gov.cn/jyb_sjzl/moe_560/2021/quanguo/。

部委管理的高校数量；从学生数来说，2021年，地方本科高校（包括民办高校）在校生数为1704万人，占普通本科高校在校生总数的约90%。由此可见，如此庞大的地方高校的发展才是中国高等教育发展的"命脉"，这些地方高校为中国经济社会建设和发展提供了绝大多数的高等教育劳动力；而矛盾的是，恰恰是这些地方高校不能获得同中央部委管理高校相对平等的资金投入。与此同时，中央部委管理高校几乎都是办学水平较高的大学，教育部直属高校更是如此，在全球高等教育竞争的压力下，这些高水平大学自然会得到中央政府政策和经费上的大力支持。以国家财政性教育经费收入为例，2020年，央属普通本科高校校均国家财政性教育经费收入为21.9亿元，地方普通本科高校校均国家财政性教育经费收入为3.8亿元[1]；在生均教育经费支出方面，2020年，央属普通本科高校生均教育经费支出为65868.7元，地方普通本科高校生均教育经费支出为31703.0元[2]，前者是后者的2倍多。其实，早在2016年12月，财政部印发了《支持地方高校改革发展资金管理办法》，要求"在原支持地方高校发展资金、地方高校生均拨款奖补资金基础上，整合设立了支持地方高校改革发展资金，综合生均拨款类因素和发展改革类因素进行拨款，重点支持各地改革完善地方高校预算拨款制度，逐步提高生均拨款水平，支持地方高校深化改革和内涵式发展"[3]。

随着高校办学信息公开化，以及学生对高校和所学专业就业情况的关注，高校及专业在高等教育领域及市场上的竞争力程度，尤其是全国排名在很大程度上影响着学生择校的判断。在这种情况下，高校不得不保证各个专业的就业率保持在较高的水平上。毕竟，对于高校，尤其是地方本科院校而言，学生规模的大小决定着可获得的财政支持的多寡。因此，较高的毕业率和就业率可以帮助高校获得更好的社会声望，从而

---

[1] 中华人民共和国教育部发展规划司：《中国教育经费统计年鉴 2021》，中国统计出版社 2022年版，第8、10页。

[2] 中华人民共和国教育部发展规划司：《中国教育经费统计年鉴 2021》，第592、594页。

[3] 中华人民共和国财政部：《支持地方高校改革发展资金管理办法》，http://www.mof.gov.cn/jrtts/202201/t20220124_3784411.htm。

获得考生和家长的青睐。

其次,学生学费收入主要依赖于学生规模,因此学费政策也会刺激高校持续扩大学生规模。在中国,办学层次越低的高校,其经费来源越依赖于学杂费收入。比如,2020年中央属普通本科高校学杂费占教育经费总收入的8.6%,地方普通本科高校学杂费占教育经费总收入的25.7%。[①] 可见,学杂费收入对于地方本科高校的重要性不言而喻,这也会引导高校通过提高毕业率和就业率的方法来获得学生家长的认同,从而保证生源数量。

最后,地方本科高校办学经费有限,"缺钱"几乎是每一所地方本科高校进行改革都必须突破的障碍。可以说,学生住宿问题绝对是中国高校需要解决的重大的办学资源问题,"宿舍资源紧缺"问题在部分顶尖研究型大学相对较好,但中国大部分高校或许都无法负担大规模"延期毕业"学生的住宿问题。中国教育部对高校学生住宿问题一直是"严抓严管",一般要求高校为学生提供住宿资源和条件,如2012年《教育部关于切实加强高校学生住宿管理的通知》强调:"各高校应积极创造条件为学生解决住宿问题,原则上不允许学生自行在校外租房居住。"[②]因而,在学生毕业问题上,如果"延期毕业生"的数量超过了高校可提供的住宿资源的最大值,那么将会给高校的日常教学运行带来较大负担。这或许也是中国大部分高校无法真正实施"学分制"所遇到的资源配置问题所在。

三 政府评估与大学本科毕业率的形成

在过去三四十年间,评估成为越来越多国家和地区进行高等教育管理的方式之一,出现了各种形式的高等教育评估、评价、认证等形式,正如荷兰特兰特大学教授盖·尼夫通过对西欧国家的高等教育管理改革

[①] 中华人民共和国教育部发展规划司:《中国教育经费统计年鉴2021》,中国统计出版社2022年版,第8、10页。

[②] 《教育部关于切实加强高校学生住宿管理的通知》,http://www.moe.edu.cn/s78/A12/szs_lef/moe_1422/s256/201209/t20120918_172193.html。

的考察，认为这意味着"评估型政府"[①] 的兴起。20 世纪 80 年代后，评估在中国高等教育管理中兴起并逐渐常态化，早期的评估活动主要是由教育行政部门主导，随着中国高等教育评估经验的日趋成熟，全国大规模的评估主要由教育部通过成立高等教育教学评估中心这一独立法人组织负责实施。政府针对大学各种活动的评估，主要包括本科教学工作评估、专业评估、就业评估、党建评估等。以本科教学工作评估为例，政府评估对高校改善办学条件、规范教学管理以及提高办学质量起到了很好的引导作用，以实现"以评促建，以评促改，评建结合，重在建设"的评估目标。在中国行政管理体制下，中国政府组织实施的高等教育评估活动对中国高校发展产生了重要的规范性作用。不得不承认，在过去的 30 年里，政府启动的本科教学工作评估对高校的办学影响最为显著。

(一) 中国大学本科教学工作评估的发展历程

政府开展对教育机构的监督和评估有着充分的法律法规依据。1985 年，《中共中央关于教育体制改革的决定》提出："教育管理部门要组织教育界、知识界和用人部门定期对高等学校办学水平进行评估。"[②] 1990 年，国家教委发布《普通高等学校教育评估暂行规定》，对高等教育评估的目的、意义、原则、评估方法等做了较系统的规定。1995 年颁布的《中华人民共和国教育法》第 24 条及 2015 年修订的《中华人民共和国教育法》第 25 条规定："国家实行教育督导制度和学校及其他教育机构教育评估制度。"[③] 1998 年颁布的《中华人民共和国高等教育法》第 44 条规定："高等学校的办学水平、教育质量，接受教育行政部门的监督

[①] G. Neave, "On the Cultivation of Quality, Efficiency and Enterprise: An Overview of, Recent Trends in Higher Education in Western Europe, 1986 – 1988," *European Journal of Education*, Vol. 23, No. 1 – 2, 1988, pp. 7 – 23.

[②] 《中共中央关于教育体制改革的决定》，https://public.zzsj.gov.cn/11BBC/1516293.jhtml。

[③] 《中华人民共和国教育法》，http://www.moe.edu.cn/s78/A02/zfs__left/s5911/moe_619/201512/t20151228_226193.html；http://old.moe.gov.cn/publicfiles/business/htmlfiles/moe/moe_619/200407/1316.html。

第五章　中国大学本科毕业率形成机制探析　▶▶▶　**187**

和由其组织的评估。"① 由此可见，1995 年颁布的《中华人民共和国教育法》和 1998 年颁布的《中华人民共和国高等教育法》都将评估的权力赋予政府。一直以来，高校教学评估工作一直是由政府主导并直接组织实施的，但是，随着评估工作的日趋成熟，以及"管办评分离"管理体制改革的推进，政府逐渐将评估的权力下放给地方和社会，这一点在法律上也得以明确。2015 年修订的《中华人民共和国高等教育法》第 44 条规定："教育行政部门负责组织专家或者委托第三方专业机构对高等学校的办学水平、效益和教育质量进行评估。评估结果应当向社会公开。"② 这意味着政府认可和鼓励社会力量参与到大学评估中来，大学办学信息公开化，有利于大学更好地面向社会办学。

自 1985 年国家教委发布《关于开展高等工程教育评估研究和试点工作的通知》之后，全国各地掀起了教育评估的热潮。至此之后，教育部启动了一系列本科教育评估活动：早期评估活动（1993—2002）由教育部高等教育司负责实施，主要开展了合格评估、优秀评估和随机性水平评估。2002 年 6 月 10 日，《教育部办公厅关于印发〈普通高等学校本科教学工作水平评估方案（试行）〉的通知》，提出要实施"集优秀评价、合格评价和随机性水平评价为一体"的"本科教学工作水平评估"③，2003 年确立了五年一轮的评估制度，并于同年正式启动了普通高等学校本科教学工作水平评估，最初本科教学工作水平评估的具体组织管理工作由教育部高教司领导的普通高等学校本专科教学工作评估专家委员会的常设办事机构"评估专家委员会秘书处"组织实施，2004 年 8 月，教育部高等教育教学评估中心成立后，评估工作则主要由教育部委托这个具有独立法人资格的、半官方性质的专业性教学评估专业机构来负责实施。本科教学工作水平评估在高等教育经历"大扩招"所带来的规模迅

---

① 《中华人民共和国高等教育法》，http://old.moe.gov.cn/publicfiles/business/htmlfiles/moe/moe_619/200407/1311.html。
② 《中华人民共和国高等教育法》，http://www.moe.edu.cn/s78/A02/zfs__left/s5911/moe_619/201512/t20151228_226196.html。
③ 《教育部办公厅关于印发〈普通高等学校本科教学工作水平评估方案（试行）〉的通知》，http://www.moe.gov.cn/srcsite/A08/s7056/200408/t20040818_148778.html。

速扩大、资源紧缺、质量问题频出的背景下适时启动，在《普通高等学校本科教学工作水平评估指标和等级标准》的明确指导下，高校加强教学投入、改善办学条件、强化教学管理、深化教学改革、全面提高办学质量。

2009年《普通高等学校本科教学工作合格评估（意见稿）》的出台正式拉开了中国普通高等学校本科教学工作合格评估的序幕，以新建本科高校作为评估对象，同样在具体的《普通高等学校本科教学工作合格评估指标和基本要求》指导下实施评估工作。继本科教学工作水平评估和合格评估后，教育部启动了审核评估，对象是参加其水平评估中获得"合格"及以上结论的高校；参加本科教学工作合格评估获得"通过结论"的新建本科院校，5年后须参加审核评估，在《普通高等学校本科教学工作审核评估范围》指导下进行。可以说，这一时期是中国高等教育评估工作繁荣发展的时期，一个更为重要的成果是，2011年10月印发了《教育部关于普通高等学校本科教学评估工作的意见》，确定了"五位一体"的评估制度，将自我评估、院校评估（合格评估与审核评估）、高校本科教学基本状态数据库、专业认证及评估和国际评估，视为一个整体结构，形成本科质量保障体系。[①]

（二）评估指标与大学本科毕业率的形成

一方面，包括水平评估、合格评估和审核评估在内的本科教学工作评估指标体系，是一个涵盖了教学资源投入、专业课程建设、质量管理、教学效果等大学教学过程各个环节的体系。以《普通高等学校本科教学工作合格评估指标体系》为例，如表5-1所示，"教师队伍""教学条件与利用"和"专业与课程建设"作为教学投入性指标，为学校教学和学生学习提供充分的支持；"质量管理"和"学风建设与学生指导"作为重要的质量监控手段，保障质量标准的完善、合理以及执行过程的严格，严肃校纪校规。新建本科高校在《普通高等学校本科教学工作合格评估指标体系》的引导下，最大程度地加大教学资源投入，并完善质量标准，加强执行力度，以保证学生顺利毕业。

---

① 吴岩：《构建中国特色高等教育质量保障体系》，教育科学出版社2014年版，第65页。

表 5 – 1　　普通高等学校本科教学工作合格评估指标体系

一级指标	二级指标
1. 办学思路与领导作用	1.1. 学校定位
	1.2. 领导作用
	1.3. 人才培养模式
2. 教师队伍	2.1. 数量与结构
	2.2. 教育教学水平
	2.3. 培养培训
3. 教学条件与利用	3.1. 教学基本设施
	3.2. 经费投入
4. 专业与课程建设	4.1. 专业建设
	4.2. 课程与教学
	4.3. 实践教学
5. 质量管理	5.1. 教学管理队伍
	5.2. 质量监控
6. 学风建设与学生指导	6.1. 学风建设
	6.2. 指导与服务
7. 教学质量	7.1. 德育
	7.2. 专业知识和能力
	7.3. 体育美誉
	7.4. 校内外评价
	7.5. 就业

资料来源：中华人民共和国教育部《普通高等学校本科教学工作合格评估指标体系》，http://www.moe.edu.cn/srcsite/A08/s7056/201802/W020180209592177478521.docx。

另一方面，水平评估、合格评估和审核评估都将"就业"（包括就业率和就业质量）作为重要的指标和主要观测点。如表 5 – 2 所示，在水平评估中，就业情况主要是以"就业率"作为考查的基本指标，而且根据就业率的高低来划分高校就业工作的水平，在高校就业工作水平完全以就业率的高低来划分的情况下，就业率的高低显得尤为重要。在合格评估中，就业情况分为"就业率"和"就业质量"两个主要观测点，对"水平评估"完全以"就业率"数据作为考查点的做法进行了改善。对"就业率"的基本要求是"应届毕业生的初次就业率达到本地区高校平均水平"，这在一定程度上考虑到了不同地区经济发展情况对高校就业的影响，因此以同地区平均就业率水平作为基准。然而，这又存在着很大的弊端，同地区高校之间的"攀比"，只是为了达到"整齐划一"的就业率。此外，审核评估依然把"就业率"作为首位的审核要点，2021年启动的新一轮的审核评估更是把就业情况、就业质量和职业发展情况作为教学成效的重要指标。由此可见，在政府开展的本科教学工作评估中，就业情况始终是政府评估考查的重点，其中"就业率"处于观测的首位。于是，这又回到了"就业率"与"毕业率"的关系问题上，为了达到较高的"就业率"，高校不得不先确保毕业生高的"毕业率"。

表5-2　　就业指标在本科教学工作评估指标体系中的体现

指标体系	一级指标	二级指标	主要观测点	基本说明
水平评估	7. 教学效果	7.6. 就业	就业情况	A等级：应届毕业生的年底就业率≥80%，就业工作措施得力、效果好；C等级：应届毕业生的年底就业率达60%—70%，就业工作有措施、效果较好
合格评估	7. 教学质量	7.5. 就业	就业率	应届毕业生的初次就业率达到本地区高校平均水平
			就业质量	就业面向符合学校培养目标要求，毕业生就业岗位与所学专业相关性较高，就业岗位适应性较强，有良好的发展机会。毕业生对就业工作的满意度较高

第五章　中国大学本科毕业率形成机制探析　191

续表

指标体系	一级指标	二级指标	主要观测点	基本说明
审核评估（2013）	5. 学生发展	5.4. 就业与发展	毕业生就业率与职业发展情况	无
			用人单位对毕业生的评价	无
审核评估（2021）	7. 教学成效	7.2. 适应度	B1 毕业生面向国家和经济社会发展需要的就业情况、就业质量和职业发展情况	【可选】升学率（含国内与国外） 【可选】应届本科生初次就业率及结构
			B2 毕业生面向学校所服务的区域和行业企业就业情况、就业质量及职业发展情况	【可选】升学率（含国内与国外） 【可选】应届本科生初次就业率及结构

资料来源：中华人民共和国教育部：《普通高等学校本科教学工作水平评估指标体系》，http：//www.moe.gov.cn/srcsite/A08/s7056/200404/t20040407_124458.html；《普通高等学校本科教学工作合格评估指标体系》，http://www.moe.gov.cn/srcsite/A08/s7056/201802/t20180208_327138.html；《普通高等学校本科教学工作审核评估方案》，http：//www.moe.gov.cn/srcsite/A08/s7056/201312/t20131212_160919.html；《普通高等学校本科教育教学审核评估实施方案（2021—2025 年）》，http：//www.moe.gov.cn/srcsite/A11/s7057/202102/t20210205_512709.html?from=timeline&isappinstalled=0。

（三）评估结果运用与大学本科毕业率的形成

在加强评估、保证高等教育质量的同时，许多国家政府开始赋予评估以第二重功能，即将评估结果与财政拨款相结合。① 评估结果最终的运用通常会直接或间接地引导高校的办学行为，如果评估结果与高校的资源获取、专业课程设置等有着直接的联系，那么高校就会更加重视评估的结果，以争取最佳的成绩。

---

① 范文曜、马陆亭：《国际视角下的高等教育质量评估与财政拨款》，教育科学出版社 2004 年版，第 1 页。

2003年《关于进一步深化教育改革，促进高校毕业生就业工作的意见》提出：

> 把毕业生就业状况纳入高校（水平）评估指标体系，使评估结果更加全面地反映学校的实际状况。将毕业生就业率作为高校教学（水平）评估方案中的重要指标，凡就业率低的学校，一般不得评为优秀。在研究生教育质量评估指标体系中列入与"就业率"相关的内容，对培养单位的教育教学进行合理引导。将教育部直属高校毕业生就业率列入每年编印的蓝皮书，作为反映学校办学状况的一项重要指标。各地要按照有关文件要求，责成高校将毕业生就业工作纳入学校工作的重要议事日程，把高校毕业生就业工作作为考核高校领导干部政绩的重要内容。[①]

2003年《国务院办公厅关于做好2003年普通高等学校毕业生就业工作的通知》进一步强调："对就业率低的高校长线专业，要暂停招生或减少招生；就业率低的专业要减少招生，甚至最终撤销。"[②] 2011年，《教育部办公厅关于开展普通高等学校本科教学工作合格评估的通知》，对"评估结论使用"进行了详细阐释，其中对结论为"暂缓通过"和"不通过"的学校，"将采取限制或减少招生数量、暂停备案新设本科专业等限制措施"[③]。因此，对高校而言，任意一项指标不合格都可能导致评估结果"暂缓通过"或者"不通过"，而这将直接影响到学校的招生数量，以及新增专业建设等重要办学事务，招生和专业增设都会直接影响到高校办学规模，进而影响到教育经费总收入。

本科毕业率作为大学人才培养目标达成比例的量化结果，是大学教

[①] 中华人民共和国教育部：《关于进一步深化教育改革，促进高校毕业生就业工作的意见》，http://old.moe.gov.cn/publicfiles/business/htmlfiles/moe/s3265/201001/xxgk_80062.html。

[②] 《国务院办公厅关于做好2003年普通高等学校毕业生就业工作的通知》，http://www.gov.cn/gongbao/content/2003/content_62175.htm。

[③] 《教育部办公厅关于开展普通高等学校本科教学工作合格评估的通知》，http://www.moe.gov.cn/srcsite/A08/s7056/201802/t20180208_327138.html。

学管理质量与学生学习努力程度相结合的成果。从理论上讲，本科毕业率应该是"教师队伍""教学条件与利用"和"专业与课程建设"等教学投入水平，以及"质量管理"和"学风建设与学生指导"等质量管理水平的直接体现。然而，在现有的本科教学工作评估体系下，本科毕业率过低对本科高校而言，尤其是对地方本科院校而言肯定是"弊大于利"的。尤其是当"毕业率"与"就业率"牵扯在一起后，保证高的毕业率对于高校而言是最为保险、明智的选择。

综上所述，政府主要通过立法、颁布教育政策、进行资源配置和开展评估活动等手段引导规制大学办学。在行政管理体制下，政府及其教育主管部门倾向于按照"单位"管理方式管理大学，通过自上而下的通知、决定或者意见指导大学办学或者是改革方向，而且经常涉及大学内部管理的具体事务。政府通过强迫性机制要求大学按照政府的意志办学，并通过资源配置、评估评价等规范性手段制约大学的办学行为，中国多数大学办学趋同化，顺应政府意志，往往朝着有利于自身利益的方向发展。不管是行政管理体制下大学人才培养过程和培养成果的"统一化"、政府对就业的高度关注、就业政策的导向及资源配置的倾向，还是政府评估"指标体系"的设置，以及"评估结论使用"与资源配置之间的密切关系，都在不同程度上"强制"或者"规范"大学在办学中尽可能地让学生顺利毕业，毕竟，在巨大的行政压力和办学资源压力下，敢于朝自己"开刀"的大学是少数。与教学管理中无法坚守质量标准相比，更需要注意的是，在行政管理体制下，中国大学面向社会办学的自主性不够，人才培养目标和质量标准的设置难以满足社会或市场的需求，是大众对中国大学本科高毕业率现状产生质疑的重要原因。

概而述之，在教育行政部门简单划一的刚性评价制度和绩效性的教育经费分配等规制下，追求高毕业率成为高校办学者的统一目标，加之中国高校办学大多还陷于精英思维窠臼，未能适应大众化阶段高等教育发展之路，不同类型高校办学趋向一致，致使整个高等教育体系缺乏合理架构，高毕业率和低质量的高等教育发展悖论也随之生成，这种悖论背后反映的本质问题是中国高校办学自主权的缺乏，以及办学同质化，从而造成大学毕业生无法很好地适应市场的多元需求，导致高等教育质量问题层出。

第二节　在大学本科毕业率形成中社会的作用机制

爱德华·希尔斯曾言

> 大学现在不是、过去也从来不是自我支持的机构。她们从来没有从她们的服务中获得过足以维持自身运转的报偿。尽管大学由于培育、追求和传递有关最基本、最严肃问题的知识而受到极大的尊敬，但如果不是为还想从中得到支持的社会提供了某些服务，她们就不会在过去的几个世纪中得到那么多的支持。她们提供的服务就是培养年轻人直接从事某些职业和行使某些职责。①

毋庸置疑，高等教育发展受到政府、高校和社会三股力量的影响和制约，其中，随着高等教育系统的进一步开放，社会力量在高等教育及其管理中发挥着越来越大的作用，日益成为相对独立于政府、高校之外、可以对高等教育发展产生影响的第三种力量。作为第三种力量，它对高等教育人才培养过程和结果产生了不可忽视的重要影响，这是探究本科毕业率形成过程不可回避的因素。一方面，社会以质量为杠杆，通过市场需求、职业岗位等有选择性地接受高等教育所提供的服务，通常它会向高校提出基本的质量要求，并通过社会中介组织的评价机制等将市场信号反馈给高校，以此引导高等教育的发展；另一方面，社会通过传统文化、社会舆论、观念心理等方式影响高等教育发展路径。虽然文化观念对高等教育发展的影响方式更为隐蔽和微妙，但是传统文化和民众观念有着很强的"规范性"作用，对中国高等教育发展实施调节和产生影响。

---

① ［美］爱德华·希尔斯：《学术的秩序——当代大学论文集》，李家永译，商务印书馆2007年版，第216页。

一　就业市场与大学本科毕业率的形成

对目前的高等教育而言，市场是社会力量中最为显著、最为重要的因素。20世纪80年代以来，世界各国的高等教育开始了市场化改革：英国撒切尔政府时期成立英国大学拨款委员会，改革高等教育拨款方式；日本进行国立大学法人化改革，鼓励和支持私立大学的建立；包括荷兰、法国等在内的欧洲大陆国家进行了程度不一的市场化改革；中国高等教育同样进行了包括管理体制改革在内的市场化改革。世界各国高等教育开展市场化改革的一个重要原因在于，政府管理体制的僵化阻碍了高等教育培养适合市场需求的劳动力，"高等教育质量下降"已经成为全球关注的问题，而脱离市场的需要谈高等教育质量已不符合高等教育大众化和普及化阶段的实际情况。大学毕业生需要经过就业市场的筛选，接受就业市场的评估和检验，因而就业市场对高等教育办学起着重要的调节机制作用。

就中国高等教育而言，自20世纪末开始实施"自由择业，双向选择"的就业制度改革以来，曾经作为"上层建筑"存在的高等教育，必须面向市场办学，调整高校办学定位，优化学科专业结构，从而更好地适应市场经济的发展，为就业市场提供高质量的高等教育人才。但现实的问题是，由于行政管理体制的制约以及市场经济调节机制的不完善，中国高等教育就业市场呈现出学历社会中的"学历主义"与市场竞争中的"能力主义"共存的状态。

中国高等教育就业市场依然存在着学历社会中依据学生学历进行筛选的情况。矢仓久泰认为："所谓的'学历'是什么意思呢？不言而喻，'学历'即是指某人毕业于某所学校而已……在一般情况下，指某一个人的学历高或低的时候，都是要以他最终毕业的那所学校的程度而定的。而根据这个'学历'决定一个人一生当中在社会上所处的地位的社会，就是所谓的'学历社会'。"[1] 在学历社会中，一个人拥有的学历越高，

---

[1] ［日］矢仓久泰：《学历社会》，王振宇、程永华译，吉林人民出版社1982年版，第1页。

他所获得的社会地位就越高,而且是终身保障制的。

在中国高等教育处于精英化阶段时,大学数量较少,可以接受高等教育的人口比例较小,因此只要是获得大学学历的毕业生都属于精英,大学学历就是大学生能力的象征,通常,他们会被分配到较好的岗位上。随着中国经济社会的高速发展,大学数量迅速增加,高等教育规模急剧扩张,接受高等教育已经不再是一小部分人的机会,中国由"学历社会"向"高学历社会"转变。相对于"学历社会"中的大学毕业生所能享受到的待遇,在"高学历社会"中,大学毕业生已经不再是这个社会的"稀缺资源",他们的地位在下降,身份也似乎逐步"廉价"起来,最为显著的表现在于他们所从事职业的产业结构比例在改变,更多的大学毕业生需要从事生产性或者服务性的工作,而这些工作之前大多是由初中或高中毕业生从事的。然而,并非所有的大学毕业生都是如此,在"高学历社会"里,所毕业大学的等级层次是对大学生进行筛选的重要标准,名牌大学毕业就是学生能力最好的"符号"。正如日本的一项调查表明:"如果你想到某个有名望的公司求职,那么你首先应被某所名牌大学录取。因为劳动力市场的竞争已转变成大学高考的竞争。"[①] 这种对大学分等级的做法,在中国高等教育中普遍存在。例如,最初仅是国家为了推动中国高等教育发展以及提高高等教育竞争力而提出的"211工程"和"985工程",在建设过程中被人为地异化为对大学等级的划分,成为学生选择高校和用人单位招聘人才时参考的重要因素。近几年来,虽然国家教育行政部门一再要求在地方教育行政部门和高校举办的高校毕业生就业招聘活动中,严禁使用含有"985工程"高校、"211工程"高校、"双一流大学"字样的招聘信息,但是在实际操作中,依然很难真正忽略学生毕业院校的"头衔"。

在中国高等教育就业市场中,"学历主义"最显著的表现是在用人单位招聘时,对大学生持有"本科毕业证书"和"学士学位证书"双证

---

① 国家教育发展与政策研究中心:《发达国家教育改革的动向和趋势》第2集《美国、苏联、日本、法国、英国1986—1988年期间教育改革文件和报告选编》,人民教育出版社1987年版,第629页。

的硬性要求。在招聘应届大学毕业生时，不管是国家事业单位还是社会企业，一般都会出现"应届大学毕业生须按时获得毕业证书和学位证书，在报到时须提供毕业证书和学位证书原件以供校验"的字样，学生必须在用人单位规定的时间内携带毕业证书和学位证书去报到，如果逾期不能报到，将会被取消录取资格。就业市场对"双证"的热衷，在一定程度上是学历社会的"惯性"起着作用，学历就是个人能力的"符号"；同样，招聘到"高学历"人才就是企事业单位地位的象征。一般在用人单位看来，如果学生无法顺利毕业，就是在学习能力和学习态度上存在问题，从而质疑其难以胜任相关工作。就业市场对大学毕业生"双证"的要求，使得大学生尤其看重自己最终是否可以顺利获得"双证"，尤其是那些已经找到工作，但却因学业不良或者违纪行为而无法顺利毕业的学生，他们内心的焦虑是可想而知的。与此同时，比他们更为焦虑的或许是高校管理者，他们希望保证学校的高毕业率与就业率。此外，就目前大学生就业状况而言，大学毕业生在毕业前可以找到一份满意的工作，也是管理者和教师希望看到的。

目前中国就业市场中存在的"学历社会"对于人才的筛选方式，导致公众和高校对"文凭"的狂热追求。然而，"学历，其本意是表示人的受教育程度，并未含有必需的学历证书。要求学历证书是高一级学校招生或用人制度所规定的。有了学历证书，说明某人不仅受过某种程度的教育，而且学习成绩达到一定标准，取得了合格证书"[1]，学历证书仅代表学生接受了某种教育，并达到了最基本的要求，而且因高校的质量标准不同，学历证书并不一定可以如实反映一个人的实际能力。当然，随着市场竞争机制的引入，质量逐渐成为高校生存和发展的合理性基础，就业市场需要高校提供优质、合格的教育产品。"毕业生的综合素质体现着一所院校教育质量的高低，毕业生在劳动力市场中的抢手程度基本上反映着社会对某所院校毕业生素质的综合评定水平。"[2] 毕业生所具备的能力逐渐成为就业市场筛选人才的重要标准，"质量"不再是由"学

---

[1] 顾明远：《论学历主义与教育》，《教育研究》1995年第4期。
[2] 陈廷柱：《中国高等教育质量保证的基本策略：市场化》，《江苏高教》2002年第1期。

历"决定的,"能力"成为重要的因素。

经合组织于2008年启动了高等教育学习成果评价项目(Assessment of Higher Education Learning Outcomes,AHELO),项目组对不同利益相关者(主要是政府、雇佣者、学院/教师和学生)关于"希望大学生具备什么能力"的问卷调查结果显示,用人单位更倾向于学生具有沟通能力、团队合作能力、批判性思维能力、问题解决能力。[①] 在市场竞争机制下,用人单位对学生"学历"的关注逐渐转向对"学力"的关注,正如有研究所指出的:"目前认为'学历社会正在崩溃之中,而正逐渐转到凭借实际能力的社会'的看法,越来越得到广泛的支持。"[②] 在瑞典,学生每完成一门课程都会得到相应的学分。有些学生即使具备了毕业的条件,也可能不申请毕业文凭,因为某些专业及其课程学分在劳动力市场上是受到认可的。近年来,美国高等教育改革的趋势表现为:传统的以学分获得学位的方式是僵化的,大学生不在校园并不一定意味着学习的中断;同时,高等教育的本质目的在于赋予学生能力,而非获取学分。因此,传统的以在校园时间里获得学分继而获得学位的模式应得到改变,大学学位的授予应基于能力,高等教育质量认证体系应是能力本位的,任何形式的学习成果都应被认可,学生通过工作或培养获得的技能和知识也应被高等教育证书所认可。

可见,在这个时代,"学历"已然不是衡量大学生能力的唯一标准,毕业生的实际能力才是用人单位更为看重的因素。然而,受"学历主义"思维的影响,用人单位希望通过"学历"作为衡量大学生能力的底线标准,而这个底线标准成为大学和学生力求达到的目标。当然,大学和学生为了顺利毕业所做的一切合乎规定的行为都是合理的,毕竟,完成学业的过程是学生专业知识积累和能力提升的过程,最终是为社会输送优质、合格的人才。然而,矛盾就出现于此:在我国高等教育就业市

[①] Organization for Economic Co-operation and Development, "AHELO Feasibility Study Report: Volume 3 Further Insights," http://www.oecd.org/edu/skills-beyond-school/AHELOFSReportVolume3.pdf.

[②] [日]矢仓久泰:《学历社会》,王振宇、程永华译,吉林人民出版社1982年版,第4页。

场中，用人单位表现出对毕业生能力的偏爱，但这个能力却又需要以"学历"或者"学历证书"作为前提，这又坚定了高校和学生对于获得"毕业证书"和"学位证书"的决心。吊诡的是，高校和学生常常会为了达到用人单位所"喜闻乐见"的"学历"底线标准，而不计手段、方式和途径去获得，可谓本末倒置。可以说，学历社会中的"学历主义"与市场竞争中的"能力主义"在中国就业市场中的冲突，是造成社会对中国高等教育质量存在不满和质疑的重要原因。

二 传统文化与大学本科毕业率的形成

传统文化经过岁月的积淀，已然成为一种遗传基因存在于人们生存环境的各个方面，在塑造民族心理、价值观念、思维方式等方面有着巨大的影响作用，并在事物的发展和变革中起到推动或者阻碍的作用。

> 传统文化对高等教育的作用虽然是隐蔽的、潜在的，但又是持久的、深刻的。传统文化对高等教育的改革与发展兼具促进和阻碍作用。当高教改革与传统文化相一致，至少不相抵触时，传统文化成为一种促进力量，推动高等教育改革的顺利进行；反之，当高教改革与传统文化相冲突时，传统文化就会成为一种强劲的阻力，阻碍着高教改革的进程，或者使改革偏离预定的目标。①

从中国高等教育变革和发展之路来看，顺应传统文化和民众心理的改革比较容易推动，但是有悖于此的改革则会遇到较大的阻碍，毕竟改变"根深蒂固"的认知和思维是困难的，并非仅以制度来制约就可以达成。

在 20 世纪末，中国高等教育领域中关于"宽进严出"还是"严进宽出"的争论中，部分学者主要从传统文化的角度对"宽进严出"的高等教育模式的合理性提出质疑：中国传统文化中的中和主义、身份象征、人情观、面子观对高校管理者和教师所产生的影响是深刻的。在"得饶

---

① 刘海峰：《传统文化与高校招生考试改革》，《上海高教研究》1995 年第 3 期。

人处且饶人"的中庸之道传统文化的影响下，面对学生的求情以及学生因无法毕业而可能会遇到的巨大困难，能够坚持在教学过程的各个环节严格把关的教师为数并不多；面对成绩不合格的学生，他们通常会"高抬贵手"，让他们尽量在补考后通过。在传统的"仕途"观念影响下，加之新中国成立后学生考上大学就具备了"国家干部"的身份，是国家发展重要的建设人才，如果学生因达不到学业要求而无法顺利毕业，可能大部分管理者和老师都于心不忍；受传统文化的影响，中国社会几乎成了一张由人情编织的"大网"，教师和学生在教学过程中培养的"师生情"，以及说情现象的广泛存在，使教师宁愿选择做"顺水人情"。中国传统文化强调群体意识，通常需要通过与他人的关系来界定自己，中国人对"面子"尤为讲究。在中国老百姓心中，上大学又被"打发回府"是比考不上大学更丢面子的事情；而大学则为了少添麻烦，在处理学生成绩方面也往往宁可降低标准，网开一面。因此，多年来，中国普通高校学生的毕业率始终都很高。[①]

在中国高等教育发展处在巨大变革期和转型期的关键时刻，学者关于是否应该实施"宽进"高等教育模式改革的争论是有益的，即使有些观点在现在看来并不符合中国高等教育发展的趋势，但是他们从中国传统文化，包括人文文化和制度文化的角度来表达对高等教育"宽进严出"的担忧是非常合理的，乃至于今日，中国高等教育"严出"的改革依然远远滞后于"宽进"的改革，这也从侧面说明了中国大学本科毕业率为何一直如此之高的传统文化因素的作用。

一位高等教育学专家（兼任日本某大学客座教授）对中国大学本科毕业率形成中传统文化的重要作用表示深刻认同：

> 中国大学本科毕业率的形成，主要还是文化的问题。比如，日本大学的本科毕业率也非常高，据我了解，应该和中国大学本科毕业率差不多，基本在90%以上。但是，奇怪的是，在日本国内，

---

① 刘海峰：《传统文化与高校招生考试改革》，《上海高教研究》1995年第3期；刘海峰、李均：《中国高校不宜推行"宽进严出"》，《高等教育研究》1996年第3期。

"毕业率"尚未成为一个被热切关注的问题,大概是因为传统上大学本科毕业率应该就是如此。当然,本科毕业率的形成原因非常复杂,但是文化肯定是非常重要的原因。

从国际视野来看,传统文化对高等教育模式发展影响之大可见一斑。早在1987年美国联邦教育部出版了美国对日本教育的考察报告《日本的教育现状——美国对日本教育的研究报告》。该研究报告开门见山地指出:"中国文明对日本文化的形成具有特殊的影响,中国哲学和文学对整个日本历史都有较强的影响。"[1] 在高等教育方面,"高考是许多学生为了考上名牌大学有限的名额而展开的全国范围的竞争"[2],因此,学生在中学学习阶段除了学习外无暇顾及其他。学生在进入大学后,"大学前二年松松垮垮,学生经常缺课,把大量的时间都耗费在俱乐部及娱乐活动上",关键原因是:"在日本,一旦考上了大学,就保证能够毕业。因此,在大学校园里学习气氛不浓。大学的门难进却易出。爱德华·菲思克说得好:'一般来说,美国学生考试是为了走出学校,而日本学生考试是为了跨入校门'。"[3] 由此可见,日本高等教育和中国高等教育在大学生"毕业"问题上存在着极大的相似性,而出现这种现象的很大一部分原因在于中国与日本在传统文化上有着共同之处。

诚然,面对中国国情这一现实,在"毕业"关口推行"严出",的确受到传统文化认知和价值观念的阻碍,"淘汰机制"在高等教育中推行的困难足以彰显。20世纪80年代末中国在高校中试行过"淘汰制"。1992年12月,国家教委高校学生司在天津召开"高等学校学生学籍管理工作研讨会",此次会上提出"高等教育的改革要求在高等学校学生学籍管理中建立激励机制,淘汰制便是一种有效的方式。淘汰制要有一

---

[1] 国家教育发展与政策研究中心:《发达国家教育改革的动向和趋势》第2集《美国、苏联、日本、法国、英国1986—1988年期间教育改革文件和报告选编》,人民教育出版社1987年版,第497页。
[2] 国家教育发展与政策研究中心:《发达国家教育改革的动向和趋势》第2集《美国、苏联、日本、法国、英国1986—1988年期间教育改革文件和报告选编》,第601页。
[3] 国家教育发展与政策研究中心:《发达国家教育改革的动向和趋势》第2集《美国、苏联、日本、法国、英国1986—1988年期间教育改革文件和报告选编》,第604页。

整套淘汰办法，在正常淘汰的基础上再加上相对淘汰，按事先规定的标准淘汰掉末尾的学生""试行淘汰制，要考虑社会的种种制约因素，要考虑学生上大学时已经过一次高比例淘汰等情况"①。于此可以看出，中国大学实行"淘汰制"必须面对种种社会制约因素。三十几年的高等教育实践已经说明，"淘汰机制"在中国绝大部分高校中的实施基本流于形式。

然而，需要强调的是，"文化"不可以作为高等教育停止改革的借口，尤其是当改革顺应高等教育内在的发展规律，是为了提高高等教育质量的时候，更需要培养好的高等教育质量文化。当然，在进行高等教育改革，如进行教学管理制度改革时，就需要考虑到与改革相冲突的传统文化可能形成的阻力，进一步完善制度设计，趋利避害。

三 民众心理与大学本科毕业率的形成

在传统文化对大学本科毕业率的形成产生影响之外，社会民众对高等教育的期望也不容忽视，这种社会期望在一定程度上影响着大学的发展方向。不少研究者提出的"新读书无用论"在中国社会蔓延开来，尤其是在社会底层民众之间。"当'读书'不能保证政治身份受到认可与'留在城市'（20世纪60年代后）、较高的收入（20世纪70、80年代后）、'一份好工作'（20世纪90年代之后）等社会流动机会时，普通底层居民很难对'读书'持乐观积极的态度和投资的热情。"②诚然，当中国高校就业制度由"统包分配"转向"自由择业、双向选择"后，"找到好的工作"绝对是大部分中国家长对孩子接受高等教育的期望。在高等教育"花费多、回报低"的现状下，有家长不支持子女接受高等教育现象的出现是不可避免的。

家长的想法和态度对中国高等教育发展的影响必须受到重视。基于此，本书展开了对家长的访谈调查。根据目的抽样原则，本书对能突出

---

① 教育部高校学生司：《中国高等教育学生管理规章大全（1950—2006）》，首都师范大学出版社2007年版，第370页。
② 谢爱磊：《"读书无用"还是"读书无望"——对农村底层居民教育观念的再认识》，《北京大学教育评论》2017年第3期。

社会背景差异和可以提供丰富信息的家长进行了访谈。对受访家长的访谈，部分是在受访学生的家中进行的，部分是日常对家长进行的"非正式的对话访谈"。受访者信息如表 5-3 所示（在访谈过程中，受访者身份根据 Parents Member 的首字母缩称 PM 进行数字编码；表 5-3 仅展示文中出现其访谈内容的受访者信息）。

表 5-3　　　　　　　　　家长受访者信息

性别	年龄	受教育程度	职业	子女受教育状况	编码
女	54	本科	家庭教师	博士生在读	PM1
男	52	初中	出租车司机	本科毕业三年	PM3
女	41	小学	个体（务农）	高中（考上大学未就读）	PM5
女	49	本科	中学教师	本科生在读	PM6
男	49	本科	中学教师	应届本科毕业生	PM7

在访谈中，一位来自安徽农村家庭的孩子在 2017 年考上了一所三本大学，但是她的父母最终没有让她上大学，而是选择让她留在家里照看生意。她的妈妈（PM5）说道：

> 读三本（大学）出来没有什么出息，找不到好的工作，我们又没有什么本事，可以帮孩子找到好的工作。孩子留在大城市打拼，学历不好，又没有什么背景，太苦了。还有，读三本（大学）学费很贵，家里负担不起。一个女孩子读不读大学也没有什么关系，在家里做生意，不一定就比读大学出来赚钱赚得少。

当问到如果孩子考上的是一本（大学）呢？这位妈妈说：

> 那还是给她去读的。读重点大学的话，我们觉得比较有面子，我们家里还没有过大学生呢。工作的话，应该比读三本（大学）出来要好一些吧。

在是否让孩子接受高等教育这个问题上，有一些家长首先会从高等教育的投资和回报率角度考虑，"就业情况"或者"工资待遇"是大部分家长关注的焦点。在访谈中可以发现，高等教育"花钱多，回报低"的现状让很多经济不好的家庭望而却步。基于以上的访谈内容可以明显地感觉到，很难想象，如果她的孩子读了大学，但却无法顺利毕业带给这个家庭的打击，毕竟，父母认为读大学是"很花钱"的事情，同时读重点大学又是"有面子"的事情。如果读了大学却无法顺利毕业的话，那么他们不仅认为孩子的前途被"毁了"，而且这也是一件丢面子的事情。

与接受基础教育不同，家长对孩子在大学里的学业表现似乎并没有那么关心，偶尔也会向孩子表达要"好好学习"，但是孩子究竟学的怎么样，在学校是否表现优秀，似乎也没有那么重要。在调研期间，有一次坐出租车，司机师傅得知我是"大学生"后，对我"侃侃而谈"他的儿子，从这位父亲的语气和神态中可以感觉到读"211工程"高校的儿子是他的骄傲，唯一遗憾的是他儿子没有选择读研。他（PM3）说：

堂弟家的孩子没有我家孩子考得大学好，现在却考研读了研究生，比我家孩子学历高了。

之后，他又补充道：

其实，没有关系，我儿子更喜欢搞一些团体活动，他在大学里一直很活跃，担任很多重要的职务。读大学要不就是毕业了找到工作来做，要不就是继续考研究生，孩子想出来工作，愿意在社会上打拼，也很不错。

当问到"有没有关心过儿子的学习情况"时，他笑了笑，说：

打麻将的本事学了不少。他告诉我，宿舍里买了一台麻将机，没事就打麻将。

听到我问"那你不怕儿子挂科,甚至无法毕业吗?"

他分贝突然提高,说:怎么可能毕业不了,哪个大学生不能毕业呀?

当我告诉他,真的有学生因学业不良被退学后,他似乎表现出一些担忧,说:

> 是吗?这我还真的不知道。不过,我儿子不会的,勉勉强强及格总可以做得到吧。只是那些被退学的孩子,他们父母的钱不就白花了吗?真是可惜。

中国大部分家长可能没有想过"如果我的孩子无法顺利毕业,该怎么应对"这个问题。在大多数家长看来,虽然现在大部分大学生并非往日的"天之骄子"或者是"国家干部",但依然是国家培养的高级人才,他们毕业后要为国家建设做贡献。经过"寒窗苦读"才得以考上大学,怎么可能最终连毕业证书也拿不到。一位在市级初级中学任教的教师(PM7)的儿子因沉迷游戏而受到学校的严重"学业警示",甚至面对"劝退"的结果。

> 最初接到孩子学校老师的电话,我简直不敢相信。我的孩子一直都比较优秀,中学期间也没有玩游戏的习惯。读了大学后,虽然我经常过问他学习情况,不过,毕竟孩子长大了,也不在身边,他学习情况究竟怎样,我并不十分清楚。在我赶到学校后,老师告诉我目前孩子受到严重"学业警示"(红牌),如果继续下去,那么只能被退学了。没办法,我当时求老师再给孩子一次机会,真的太生气了,也骂了孩子。后来,经过重修、补考等,不及格的课程都通过了,还好顺利毕业了。不过,这件事情真的令我很痛心。

就中国大学本科毕业率现状而言,面对孩子无法顺利毕业的家长还是少数。但是,基本上遇到这个问题的家长,首先是表示"不敢相信",之后则是采取一切可能的方式去"求情",希望老师和学校可以再给他们的孩子一次机会。2016 年,"南京林业大学一年半劝退 49 名本科生"

的消息在网络上迅速引起关注,据报道,"其中一位劝退学生的母亲带着他到学校恳求,希望再给孩子一次留在校园学习的机会",引起社会关于学校是否应考虑该学生母亲的请求而决定该学生去留的讨论。然而,这并非个案,同在南京市的南京理工大学的一位教务管理人员也表达说:"一个被劝退学生的母亲,一直跟在我身后不停地哭诉,任你怎么解释,她只有一个恳求:让孩子留下来。可是学校有自己的制度,我们只能硬下心肠说,请你不要影响我们的工作。"①

可以说,在访谈的过程中,几乎没有家长可以坦然地接受自己的孩子"无法毕业"的结果。虽然"也有学生家长,特别是一些富裕家庭的家长,则对孩子被劝退抱平静甚至漠然态度"。南京林业大学的一位教务管理人员曾透露:"一位学生家长一开始接到学校电话还来,后来干脆连学校也不来了,对孩子放任自流,并不介意孩子学业中断。也许,他们把孩子送来只是想镀镀金,增加些阅历而已'。"② 然而,真正来自富裕家庭的学生毕竟所占比例仍然较小。受传统观念的影响,中国大部分家长对自己的孩子都寄予厚望,考上了大学却无法顺利毕业,对家长而言是无法接受的。尤其是对于大部分生活在社会底层的家庭而言,他们的孩子或许是家庭里"第一代大学生",期望孩子可以在毕业后寻得好的发展,他们把读大学与找到好的工作,甚至是整个家庭的未来建立起直接联系。

除了传统文化塑造的民众心理和价值观念之外,随着中国高等教育逐步朝普及化发展,家庭中"第二代""第三代"甚至是更多代际大学生的出现,以及信息化的高速发展,中国民众对高等教育的了解越来越充分,对高等教育质量的质疑和批判越来越多,且更为深刻。在访谈中,一些接受过高等教育的父母对中国当前的大学存在着质疑或者持批评的态度。如一位家长(PM6)所说:

---

① 秦迎:《南京林业大学一年半劝退49名本科生,家长哭诉》,https://news.qq.com/a/20161111/002237.htm。
② 秦迎:《南京林业大学一年半劝退49名本科生,家长哭诉》,https://news.qq.com/a/20161111/002237.htm。

我女儿在读大一，刚开始她对大学中的一切都很好奇，不过现在她很少跟我们聊有趣的事情了，每次视频（通话），她都是说每天都很忙，有很多课要上，有很多作业要写。但是她对老师上课（的质量）好像很不满意，感觉很多课是在浪费"生命"，还不如去图书馆自学。每次她这样说，我都劝她还是要好好听课，课后再找参考书进一步巩固知识，大学阶段的学习本就应该是自主的、独立的。毕竟，我们希望女儿继续读研究生，专业知识还是得认真学。不过，可能现在大学的教学（质量）的确让人不满意吧。

另外一位母亲对这个问题似乎有着更为深入的思考，她说，与她在读博的儿子经常会讨论大学中的一些问题。她（PM1）认为：

大学生学习成绩不良，当然他自己要负很大的责任。但是，大学是不是也有责任呢？大学的管理者和教师真的对学生负责了吗？你刚才所说的"宽进严出"，我认为"严"绝对不是由"毕业率"这个数字来体现。当然，我希望我的孩子在大学里学到真的知识，希望学校可以在学业上严格要求，但是这种"严格"不在于结果，而在于过程，在于标准。大学需要反思，自己真的为学生提供了他们所需要的制度和资源支持了吗？大学在实行"淘汰制"之前，应该做好相应的制度和资源保障。

显然，有部分家长深刻地认识到，高校只有在学业标准和学业管理上严格要求学生，学生才可以在更大程度上充分利用时间和资源，使得四年的大学时间成为真正的"黄金四年"。在他们看来，大学囿于软硬资源的缺失和不足，似乎根本无法保证学生在专业知识和实际能力上获得真正的发展，如果大学提供的是"较低质量"的高等教育，那么其在出口上"严格"要求学生，似乎并不合理。

可以说，中国大学"本科毕业率高"现象的形成，其实与中国传统文化紧密相连，并且是符合当前中国普通社会大众心理预期和价值观念的。只是，随着公众更加关注大学发展的现状，传统观念中对高等教育能够为个人发展所做的贡献所持有的"高期望",与现实中高等教育为个人发展发挥作用的有限而引发的"低期望"相碰撞。社会公众有时是矛盾的,一方面,他们普遍希望大学在学业标准和学习过程中严格要求学生,促使学生真正掌握相关的专业知识,提高自身能力,以实现更好的就业或者升学;另一方面,在与更好的就业或者升学相联系时,又希望大学在毕业问题上"网开一面",因为毕业是就业或升学的前提。传统文化和社会民众的心理对大学发展的影响虽然是隐蔽的和缓慢的,但又可谓是持久的和深远的。高校管理者和决策者在进行内部教学管理制度改革时,需要考虑到社会心理和公众舆论的影响,要尽量通过制度完善化、办学信息公开化、与家属建立长效沟通机制等措施转变公众的传统价值观念,获得公众的理解与支持。

第三节 在大学本科毕业率形成中学生的作用机制

对于一名本科生而言,大学四年的学习经历可谓是人生中最为宝贵的经历。四年的专业学习似乎意味着学生可以从大学中获得广博的知识、专业技能、好的工作,一切与他们毕业后即将面对的世界或者生活相关的东西。即使在大学学位与毕业后工作和发展之间的直接联系并不那么紧密的现实情况下,对本科生而言,获得学士学位往往意味着为个体的未来工作和发展做好了实质性的准备。毕业和获得学位的意义非凡,学生在大学中所做出的每一份努力,都是朝着最终的目标而去的。在此背景下,学生通过个体的学习和体验,对高等教育质量做出最为直接的判断,这种判断虽然感性却绝不缺乏理性的分析;更为重要的是,他们通过与管理者、教师的日常互动和交往,以自己的行为作用于大学,甚至改变了大学的制度逻辑和运行机制,最终达到自己的目标。

学生个体的学习经历和体验折射出大学本科的教育过程,是学生个体对大学制度安排、资源投入以及运行机制的反思和评价,这些要素与学生的毕业以及培养质量息息相关。基于从学生视角进行本科毕业率形成机制的研究需要,本书一方面通过自编问卷"中国大学本科生学业挑战现状调查",对 17 所本科高校①的 3493 名本科生的在校学习经历——学业任务、课程评价、课程考核、时间分配、毕业论文挑战等方面进行全面了解;另一方面,通过深入访谈考查学生在"追求毕业"道路上付出过怎样的努力,抑或是从事过何种不当的行为,以及不当的行为是怎样作用于大学,而最终影响学生毕业的。

如表 5-4 所示,本书按照院校层次、院校类型及院校所处区域对样本高校进行选择:样本高校包括 3 所"985 工程"高校、3 所"211 工程"高校、6 所普通本科高校和 5 所新建本科高校,这 17 所高校既有综合类大学,也有以文科或者理工科见长的高校,并分布在上海、江苏、安徽、河南、河北、福建、广西共 7 个省市区。囿于人力、时间以及物力的不足,问卷采用网络发放的方式。问卷发放主要分为三个步骤:首先,通过"问卷星"平台生成调查问卷网络链接;其次,联系样本高校的教师、行政人员和学生,告之问卷调查的目的和访谈对象,力求按照不同年级和不同学科进行问卷分配;最后,将调查问卷以网络链接的方式发给样本高校的教师、行政人员和学生,由他们将问卷发放给在校大学生填写。由于"问卷星"平台具有设计良好的问卷填写监控系统,可以降低因漏填、多填等技术问题造成的无效问卷的比例。共回收问卷 3539 份,有效问卷为 3493 份,问卷有效率为 98.7%。无效问卷筛选的条件是:(1)整份问卷呈现规律性作答的;(2)在正反题上出现完全矛盾性作答的;(3)不符合本问卷关于调查对象具体定义的(如研究生作答的问卷)。调查样本的基本信息如表 5-4 和表 5-5 所示。

表 5-4　　　　　问卷调查样本高校问卷分布情况

高校	回收问卷(份)	有效问卷(份)	有效率(%)
"985 工程"高校	453	448	98.9

---

① 17 所样本本科高校包括 3 所"985 工程"高校、3 所"211 工程"高校、6 所普通本科高校和 5 所新建本科高校,依次为:厦门大学、中国矿业大学、华东师范大学、苏州大学、河海大学、安徽大学、扬州大学、南京邮电大学、河北经贸大学、安徽农业大学、桂林理工大学、淮北师范大学、集美大学、洛阳理工学院、广西财经学院、皖西学院、泉州师范学院。

续表

高校	回收问卷（份）	有效问卷（份）	有效率（%）
厦门大学	177	176	99.4
东南大学	134	133	99.3
华东师范大学	142	139	97.9
"211工程"高校	528	520	98.5
苏州大学	154	152	98.7
中国矿业大学	151	147	97.4
安徽大学	223	221	99.1
普通本科高校	1514	1493	98.6
扬州大学	246	243	98.8
南京邮电大学	226	225	99.6
河北经贸大学	287	283	98.6
安徽农业大学	216	213	98.6
桂林理工大学	235	232	98.7
淮北师范大学	304	297	97.7
新建本科高校	1044	1032	98.9
集美大学	204	201	98.5
洛阳理工学院	274	273	99.6
广西财经学院	158	157	99.4
皖西学院	261	257	98.5
泉州师范学院	147	144	98.0
总计	3539	3493	98.7

在样本性别分布方面，由于高校的办学定位和学科结构存在差异，各校分样本的男女比例差异较大，但就整体而言，样本总体男女比例分别为42.2%和57.8%，大致合理（见表5-5）。

表5-5　　　　　　　　问卷调查学生样本分布信息

变量	类别	人数（人）	比例（%）
性别	男	1474	42.2
	女	2019	57.8

续表

变量	类别	人数（人）	比例（%）
年级	大一	894	25.6
	大二	1058	30.3
	大三	919	26.3
	大四（大五）	615	17.6
	其他	7	0.2
学科	人文	929	26.6
	社科	1390	39.8
	理科	395	11.3
	工科	608	17.4
	其他	171	4.9

从调查总体来看，大一到大四（包括大五）学生的比例分别为25.6%、30.3%、26.3%、17.6%，"其他"占比为0.2%，分别为"已毕业"（3人）或"延期"（4人）的学生（见表5-5）。

在参照教育部制定的《普通高等学校本科专业目录（2012年）》[1]划分的12个学科门类的基础上，按照学生所填写的学院和专业名称，对应学生所属的学科门类并进行编码：哲学、文学、历史学、经济学、法学、教育学、理学、工学、农学、医学、管理学、艺术学。为了便于分析，依据2006年教育部印发的《普通本科学校设置暂行规定》，将学科大类划分为：人文学科（哲学、文学、历史学）、社会学科（经济学、法学、教育学）、理学、工学、农学、医学、管理学。[2] 按照人文学科、社会科学、理学、工学和其他5个学科大类对这12个学科门类的编码所得的数据进行再次归类整理。其中，人文学科包括哲学、

---

[1] 《教育部关于印发〈普通高等学校本科专业目录（2012年）〉〈普通高等学校本科专业设置管理规定〉等文件的通知》，http://www.moe.edu.cn/srcsite/A08/moe_1034/s3882/201209/t20120918_143152.html。

[2] 中华人民共和国教育部：《普通本科学校设置暂行规定》，http://old.moe.gov.cn/publicfiles/business/htmlfiles/moe/s181/201006/88612.html。

文学、历史学；社会科学包括经济学、法学、教育学和管理学；理学和工学保持不变；农学、医学、艺术学均归为其他。总体样本高校学生的具体学科分布如表5-5所示：人文学科的学生占比为26.6%，社科学生占比为39.8%，理科学生占比为11.3%，工科学生占比为17.4%，其他占比为4.9%。

学生访谈分为两个阶段进行：第一个阶段是在做问卷调查之前进行开放式的谈话，积累丰富的一手材料；第二阶段是在问卷调查的基础上，根据受访者留下的联系方式，以符合研究需要为原则，选择在学习经历上具有代表性的学生进行进一步访谈。学生访谈方式主要包括面对面访谈、语音访谈以及书面访谈（有学生选择使用书面的方式回答访谈问题）。在访谈过程中，学生受访者身份根据Student Member的首字母缩称"SM"进行数字编码，"985工程"高校编码为A，"211工程"高校编码为B，普通本科高校编码为C，新建本科高校编码为D。表5-6仅展示文中出现其访谈内容的受访者信息。

表5-6　　　　　　　　　　学生受访者信息

高校类型	性别	年级	学科	编码
"985工程"高校	男	大四	理科	ASM1
	男	大四	工科	ASM2
	女	大四	工科	ASM3
	男	大四	社科	ASM5
	女	大三	理科	ASM7
"211工程"高校	女	大四	社科	BSM1
	男	大三	理科	BSM3
	女	大三	文科	BSM5
普通本科高校	男	毕业一年	社科	CSM1
	女	大四	工科	CSM3
	男	大三	工科	CSM5
	男	大二	文科	CSM6
	女	大二	理科	CSM7
	男	大四	社科	CSM8

续表

高校类型	性别	年级	学科	编码
新建本科高校	男	大三	人文	DSM1
	男	大四	人文	DSM2
	女	大四	理科	DSM3
	女	大二	社科	DSM4

为了更深入地了解"教和学"双方的态度，使得研究更为立体丰满，本书对高校教师进行了访谈调查。在访谈过程中，教师受访者身份根据 Teacher Member 的首字母缩称"TM"进行数字编码，"985 工程"高校编码为 A，"211 工程"高校编码为 B，普通本科高校编码为 C，新建本科高校编码为 D。表 5-7 仅展示书中出现其访谈内容的受访者信息。

表 5-7　　　　　　　　教师受访者信息

高校类型	性别	学科	教龄（年）	编码
"985 工程"高校	男	工科	8	ATM1
	女	社科	3	ATM2
"211 工程"高校	男	理科	11	BTM1
普通本科高校	女	人文	6	CTM1
	男	理科	30	CTM2

一　学生的课程学习与大学本科毕业率的形成

（一）课程选择

课程是高校开展教学活动的主体，也是学生学习的重要载体。学生在课程选择上的态度，一般是基于现状做出的价值判断，选课行为不仅反映的是学生的学习态度和价值取向，而且反映了院校客观的制度环境对学生行为的影响。对大学生学习经历的调查问卷显示，在学生选课行为上，对"选课时，大部分同学倾向选择那些比较好拿学分或老师打分较高的课"持否定意见（较不相符和很不相符）的学生比例仅为

17.9%，说明课程难度较低以及打分较高的课程更受学生欢迎。这种现象出现的原因，根据受访者的普遍反映，主要可以分为以下三点：一是修满学分后顺利毕业，选择较难的课程容易"挂科"，"挂科"后要补考或者重修，甚至影响正常毕业；二是合理分配时间，有些专业必修课很难，需要分配更多的时间；三是评奖评优，出国留学，需要"漂亮"的学业成绩。如一位学生受访者（CSM6）说道：

> 每一个人选课的价值观不同。比如我和我室友，其实我们俩主干课程平均分数差不多，甚至他还比我低一些。可是，他的五门选修课都选的是那种很好通过而且给分很高的课，但是我选的课程都是依照自己的兴趣来的，结果他的绩点就比我高出很多，然后他就得到了转专业的机会。

一些学生倾向于选择较易的课程，并非完全出于偷懒的心理，而是因为一个学期的课程量巨大，如果全部修读学业标准高的课程，在时间和精力上都存在不足。问卷调查的结果证明事实的确如此，在课程修读方面："一学期修读了7门课"以上的学生占有较大的比例，其中"一学期修读课程为7—9门"的学生占34.4%，"修读课程为9—11门"的学生占27.7%，"一学期修读课程为12门以上"的学生占17.9%。在学习时间分配上，有68.9%的学生认为他们"一周用于上课的时间数量超过16个小时"，其中有22.6%的学生"一周用于上课的时间为30小时以上"（占比最大的选项）；而在从事"课外学习与课外科研活动（自习、知识竞赛、创新活动等）"方面，有37.1%的学生认为他们"花费的时间为1—5小时"，而这已经是占比最大的选项了。以一周5个工作日来看，学生平均一天至少要上2—3门课，课堂时间占用约为6小时，有学生表示："曾经有一个学期，一天最多有5门课的情况。""课堂学习"和"课外学习"时间分配的鲜明对比，至少说明一点，中国大学生极大部分的时间都被课堂学习所占据。学生学习的时间和精力是有限的，在课程总数多的情况下，分配给每一门课的时间和精力必然会减少，无法同时应付如此之多的高标准的课程，那么在选择课程时则要考虑"难易结合",甚至出现"混学分"的现象,通过降低课程学业标准来获得学分,这在很大程度上无法保证课程质量。

(二)课程评价

学生对课程的评价反映了学生对课程质量最直观的判断,这种感性和理性相交叉的判断往往会影响学生日常的学习状态。

问卷调查结果显示,如表5-8所示:在对课程的难度、挑战度以及收获方面的评价,一半的学生都选择了"有一些"这一偏中性的评价。在"难度较大的课程""要求较严格的课程"上选择"较多"和"全部"的学生比例分别为26.7%和23.7%;在"学习积极性较高的课程"和"较有挑战性的课程"上选择"较多"和"全部"的学生比例分别为25.6%和23%;在"收获较大的课程"方面认为"较多"和"全部"的比例分别为33.7%和5.4%。整体而言,学生对大学课程"正向"(全部、较多、有一些)的评价要高于"负向"(较少、完全没有)的评价,然而,不管是"难度较大的课程""要求较严格的课程",还是"较有挑战性的课程",在高校中大范围(较多以及全部)存在的比例均没有达到课程总量的三分之一,尤其是在"作业量/任务量较重的课程"方面,仅有15.3%的学生表示是"较多"的。从整体上看,真正对于学生而言是"严格的""难度大的""具有挑战性"的大学课程比较有限,学生日常学业挑战度并不高。

表5-8　　　　　　　　本科生课程评价情况　　　　　　　　(%)

题目	全部	较多	有一些	较少	完全没有
学习积极性较高的课程	2.9	22.7	54.7	17.9	1.9
难度较大的课程	2.1	24.6	55	17.3	1.0
要求较严格的课程	1.7	22	57.4	17.7	1.1
作业量/任务量较重的课程	1.9	13.4	53.7	28.9	2.1
较有挑战性的课程	2.4	20.6	60.7	15.3	1
收获较大的课程	5.4	33.7	46	13.6	1.3

对"入学至今,在课程的学业负担方面"的调查显示:调查对象中

有4.3%的学生认为"很繁重",有16.7%的学生认为"比较繁重";而一半以上的学生(60.6%)认为压力"一般",认为学业"比较轻松"和"很轻松"的比例分别为14.1%和4.3%。学生选择"一般"看似是个中庸的回答,但却表达了目前大部分学生认为课业任务并未给自己带来足够的压力。平时,学业任务量及课程难度的不足,考试和期末考试严格性的降低等,使得学生能够更为轻易地通过考试,顺利地毕业并拿到学位。然而,这种做法破坏了学生的学习积极性和主动性,损害了学生通过有挑战性的本科学习过程而应获得的成就感,降低了人才培养质量。在访谈中,有不少学生反映说:"老师应该相对提高一下课程难度,激发自己学习的积极性。"有一位学生(DSM1)的回答值得思考:

> 虽然我成绩不好,学习也不太认真。我只为那些要求很严格教师的课程而努力,因为那些要求严格的教师,通常也是教得很好的老师。如果老师对自己的课程有自信,那么就应该提出高要求并严格执行。那样,或许我可以学得认真一些。而有些老师,我觉得他们从没有认真对待过课堂,上课念PPT,毫无意义。对于这种课,不带手机的话,我完全不想去上。

由此可见,大多数学生认为学业负担并不重;对一部分学生而言,他们反而希望老师可以适当提高学业要求,以此来激发他们学习的积极性。而且有学生反映老师在课堂教学上有"敷衍"行为。

弗里德里希·包尔生曾言:

> 学期不合时宜地打断了美好的假期和科学研究的悠闲时光。不论是谁,只要有了这种感觉,他就当然不会充分重视教师的责任了;他去讲课,是因为讲课是他的任务,他在课堂上读自己的笔记或者照本宣科,而不管听众是否能够听懂或者是否愿意听他讲。当的教学效果甚微,听课人数减少,甚至学生最终全部离开时,他会责怪学生而寻求自我安慰:他们实在是太笨了,以致感觉不到对真正科学的向往。而最终,他就会把自己在教学上的失败,看成是自身优越

的标志。①

令人感慨的是，这种现象在 21 世纪今日的中国大学中依然存在。

（三）课业表现

学生的课业表现是评价学生学习成果的重要指标，而学生课程的"出勤率"既是老师考查学生平时成绩的主要指标，又是学生学习态度和学习行为的最直观体现。毋庸置疑，大学对学生的"旷课"和"逃课"行为都非常重视。如美国大学把"出勤率"作为考查学生平时成绩的重要指标，甚至于每门课程都会制定具体的管理要求，"旷课"达到一定比例则会受到相应的处罚。同样，中国大学也制定了相关的制度，以规范学生的行为。

对学生"本学期所选课程的出勤率方面"的调查结果显示：有66.1%的学生表示他们的出勤率为100%，而有27.9%的学生表示出勤率为90%—100%，有0.5%的学生表示出勤率不足50%。从这一数据来看，整体上中国大学本科生的出勤率是较高的。通过深入访谈发现，课程的具体要求或者课程纪律的严格程度会直接影响学生的"出勤率"。一位学生（CSM5）说：

> 每节都要点名的课，我肯定都会去上的，老师主要是以"出勤率"来定平时成绩的，我不想丢掉太多平时成绩。有的老师不点名，对"出勤率"没有要求，但是会说你们平时的作业和期末考试都会比较严格，那就意味着这个老师还是很严格的，大家就不太敢逃课。

关于"缺课或者逃课的原因"（多选题），有91.8%的学生认为在于"教学或者课程"等客观性因素，而仅有55.2%的学生认为在于自身的主观性因素。由此看来，学生不想去上课的原因主要是认为"课程内容没有价值"或者"老师授课没有吸引力"，所以要去"做其他更有意

---

① ［德］弗里德里希·包尔生：《德国大学与大学学习》，张弛、郄海霞、耿益群译，人民教育出版社 2009 年版，第 172—173 页。

的事情（自习、听讲座等）"；"课堂纪律松散，管理不严"，所以可以"任性"地做其他的事情，如兼职打工、玩游戏甚至是睡觉（见表5-9）。

表5-9　　　　　　　　　　本科生逃课原因

原因	比例（%）
课程内容没有价值	32.9
老师授课没有吸引力	35.5
课堂纪律松散，管理不严	23.4
准备考证、考研、出国事宜	12.7
找工作、创业	4.8
参加社团或者社会实践活动	4.4
兼职、打工、勤工俭学	12.1
沉迷于网游等娱乐活动	7.8
其他　生病	4.3
其他　睡觉	1.7
其他　外出有事或回家	5.2
其他　做其他更有意义的事情（自习、听讲座等）	2.2

在对教师和学生的访谈中可以发现，在课堂教学质量方面，可以听到两种完全不同的声音。这恰如美国学者乔治·D. 库恩所言："学生来自地球，而教师则来自另一个星球。……个性和动机的差别使得教师对学生表现的看法、期望及标准都不可避免地产生分歧和误解。更重要的是，在许多教师眼中，整个本科教育都是失败的，因为学生没有很好地利用大学所提供的学习资源和机会"[①]。同样，学生对教师的教学也充满着牢骚，认为他们敷衍了事，并没有把心思放在提高教学水平上。

---

① [美] 乔治·D. 库恩：《今天的大学生：为什么我们不能顺其自然》，[美] 菲利普·G. 阿特巴赫：《为美国高等教育辩护》，别敦荣、陈艺波译，中国海洋大学出版社2007年版，第233页。

一位学生受访者（ASM7）说：

老师上课好的话，不爱去上课或者听课的人，也希望去听课。我觉得课程"有趣"很重要，不是说老师给我们讲笑话，而是老师可以将理论知识与实际生活相结合，可以深入浅出，将抽象的理论与实际例子结合起来。当然，或许有的课程或者知识点就是需要进行很严肃的讲解，然后我们自己去领悟，这样的话，希望老师可以尽量讲清楚，而不是只将知识点告诉我们，那我们还不如进图书馆自己去学喽。

而一位教师受访者（ATM1）则认为：

有时学生会反映听不懂，其实是他们没有认真听，而不是听不懂。学生经常会因为知识点比较难，或者老师教课方式没那么生动有趣，而无法集中精力。要知道很多（工科）专业理论课，可能真的无法用生动的方式讲解。至少我的课可以保证，你（学生）认真听的话肯定可以听懂。如果你（学生）有一次课没有认真听，课后又没有好好复习，那么下一次课可能就跟不上了，再下一次课难度就更大了。到了最后，有些学生就放弃了，感觉能学成什么样就什么样了。

不同的声音不仅存在于"师生"之间，也存在于"师师"之间。另一位教师受访者（CTM2）对学生"旷课"的看法是：

学生不愿意去上课与教师的教学水平有一定关系。比如，学生去上这一堂课，可以学到这个知识点；而他不去上这堂课，通过自学可能也会学到这个知识点。而一个好的课程，则是学生除了学到这些知识点之外，还有在知识迁移、知识应用、知识延伸方面的引导，锻炼和拓展学生的思维能力。如果学生自学的效果跟来听老师上课效果是一样的，那么来上课似乎是没有意义的。老师需要不断提高教学质量。

综上所述，造成学生"逃课"的原因是多方面的，既有客观原因也有主观因素，有些是对教师教学质量不满的无言反抗，有些则是"目无纪律"的越轨行为。不管是教师教学质量的客观原因，还是学生心态的主观原因，最终都造成了学生逃课行为，显而易见的后果是，要么是学生因知识掌握过于薄弱而无法顺利通过课程考核，要么是教师通过降低学业要求来让学生顺利通过课程考核。毋庸置疑，这些都是对课程质量的损害。因此，对学生"逃课"问题需要具体问题具体分析，不可"眉毛胡子一把抓"，必须及时解决问题。

二 学生的课程考核与大学本科毕业率的形成

（一）课程考核方式

目前，中国大学课程的考核方式，主要是由平时成绩（平时测试、作业测评、课外阅读或社会实践等）和期末考核成绩组成。如高校规定："鼓励进程式成绩评价，如分为期中考试、平时成绩、期末考试成绩等进行综合评定。平时成绩及期中考试成绩占30%—50%，期末考试成绩占50%—70%；实验教学课程的成绩评定办法由学院确定。任课教师应当在第一次上课时向学生宣布成绩评定办法。"[①] 问卷调查结果显示：在"重视结合学生平时的学习表现与期末考核结果来进行评价的课程"方面，有54%的学生的选项是"较多"和"全部"。由此可见，中国大学课程考核基本上摒弃了以期末考试为准的一次性考核方式，重视学生平时的学业表现。正如一位老师（ATM1）所说：

> 一些学生以高中的学习方式很难一下子适应大学学习，主要体现在自学方面，他们没有这种习惯。学生应该具有自我学习的能力，应该具有知识挖掘的能力。简单点说，就是学会把书"读厚"和"读薄"，"读厚"是指把只有一页纸的数，读出10页、100页甚至1000页的内容；"读薄"则指再把这本书从1000页读到只有100页、10页再到1页的过程。

[①] 《贵州大学本科生学籍学分制学籍管理规定》，http://agr.gzu.edu.cn/3180/list.htm。

通过加强对学生平时学业表现的考察，不仅有利于激发学生的学习积极性。而且有利于学生在完成课程任务的过程中提升自我学习能力和增强成就感，从整体上保证课程质量。然而，在被调查的学生中，有较大比例的学生认为"多数课程的学习以应试为主要目的"（74.1%）以及"考试主要考查的是对知识点的记忆"（76.7%），而且有66.4%的学生认为通过"考前突击一下就能得到不错的成绩"。很显然，这显示出即使在课程考核中重视对学生平时学业任务的考核，但当这种考核落实到实践中时，仍是"新瓶装旧酒"，这或许源于制度变迁中的路径依赖，或受制于资源配套制度，或无从下手，或是观念禁锢，反映的实际问题是原有那种强调对学生记忆力的考核方式仍然没有得到改变。对大部分学生而言，他们并不希望老师布置那种开放式的具有挑战性的课程任务，他们会给教师带来压力，让教师将任务具体化、明确化甚至是划定固定的范围，这也就是常见的在平时作业和期末考试要求方面的"讨价还价"。问卷调查还发现，有67.7%的学生认为"大部分同学对课程学习抱着'能过就行'的态度"。当课程的考核主要是对"知识点的记忆"时，当学生怀着"应试为目的"的学习态度时，必然会滋长学生"考前突击"的恶习。

当课程考核的题目主要是"选择题""名词解释""简答题"或者"问答题"时，当这些题目的设计并非开放式的、讨论式的、批判式的，而全部都有基于书本知识的固定答案时，作弊也就在所难免了，且更容易操作。在访谈中，有一位学生（CSM1）提到了作弊问题：

> 我几乎每一门课程都会做小抄带进教室，有机会的话就会作弊，被监考老师抓到过一次，不过，因为当时并没有把小抄拿出来，老师让我继续考试，只是考试内容一点也不会，最后"挂科"了。如果从大家考试带小抄的概率来看，大学中真正可以"毕业"的人可能都不到70%。

其实，早在1986年，国家教委针对全国高校校内舞弊时有发生的现象，下达了《国家教育委员会关于严肃考试纪律 防止发生舞弊的通知

(代电)》，要求全国各高等学校严肃考试纪律。当年在高校实施时成效显著，如中国纺织大学考试人数为3945名，补考人数为800名，占20.3%。当年关于舞弊现象重生的原因，高校学生司认为有以下五点：一是学生学习不努力，作风散漫；二是在高中时学习压力大，上大学后放松对自己的要求；三是课程和教学不具有吸引力；四是教师不认真负责；五是教务管理人员专业能力不足。① 不得不承认，30 年前存在于中国高等教育中的问题今天依旧存在，这的确令人痛心。

（二）课程考核不及格情况

课程成绩是任课教师基于学生平时学业表现并结合终结性考核成绩对学生在一段学习时间内的学业水平所做的综合性评价。每一门课程都设有最低的学业要求，学生课程成绩达到最低要求，则意味着"及格"，而未达到最低要求，则意味着"不及格"。

在中国高校中，课程不及格一般被称为"挂科"。在调查的3493名本科生中，有19.3%的学生出现过课程不及格的情况，如表5-10所示，其一，不及格的课程主要集中在公共必修课（51.9%）和专业必修课（45.9%）上。其二，不及格课程累计总学分主要分布在2—3个学分和4—6个学分之内，这两者的比例分别为57.1%和22.8%，根据中国高校课程学分换算方法，大概是1—3门课程；而在这其中，有4.4%的学生不及格课程累计总学分达到16—19个学分甚至是20个学分以上，可谓达到了严重"学业不良"的阶段。在调查的615名大四（大五）学生中，有34.7%的学生有过"挂科"，这一比例可谓相当的惊人；而在"挂科"的学生中，有5.9%的学生不及格课程累计总学分达到20个学分以上。

表5-10　　　　　　　　不及格累计总学分分布情况

累计总学分	全部年级		大四（大五）	
	人数（人）	比例（%）	人数（人）	比例（%）
2—3学分	369	57.1	76	35.3

---

① 教育部高校学生司：《中国高等教育学生管理规章大全（1950—2006）》，首都师范大学出版社2007年版，第218页。

续表

累计总学分	全部年级 人数（人）	全部年级 比例（%）	大四（大五）人数（人）	大四（大五）比例（%）
4—6 学分	149	22.8	50	23.5
7—9 学分	53	8.2	38	17.6
10—12 学分	33	5.2	25	11.8
13—15 学分	14	2.2	13	5.9
16—19 学分	10	1.5	0	0
20 学分以上	19	3.0	12	5.9
总计	647	100	214	100

在学生访谈中，发现曾"挂科"的学生一般都将原因归在自己身上，大部分学生认为"老师要求并不是很高，主要是自己没有认真去学""虽然老师课讲得很一般，甚至是很乏味，但是主要还是自己没有用心，稍微努力一点点，都不至于不及格"。一位因第一年无法很好地适应高校生活而"挂科"的学生（BSM3）说：

当时"挂科"（的原因）主要还是出在自己身上，我当时可以算是陷入个人信仰危机，整天都在思考一些空洞的哲学性问题，完完全全把大学学习搁置一旁，"挂科"在所难免。但我当时是完全不在意的，因为当时只倔强地守着那一桩事，便什么也不顾了。

在受访者中，有一位来自"985 工程"高校的学生，他因一门专业必修课不及格需要重修而导致延期毕业。在访谈中，他（ASM1）说道：

从师兄师姐那里知道，这门专业必修课一直都是所有课程里面通过率最低的，我们班有十几个人都"挂科"了。这门课是基础理论课程，在整个知识体系中非常重要，平时上课的时候，老师对我们的要求很严格，考试就更严格了，我觉得这是正确的。

当问到"'我觉得这是正确的'是什么意思"时，他直言：

> 虽然我"挂科"了，但这是对我（学业表现）的公正评价，我讨厌老师不认真教学却又在考试中"放水"。我挂掉的这门课的（任课）老师是一位很有学术威望的教授，他对教学很负责，在这方面我很认可他。况且，这门专业课很重要，如果我没能通过考试，说明我还有很多知识盲点，这需要补回来。

由此可见，在课程不及格方面，学生在进行原因剖析时，更为倾向于内部归因，即认为造成这种现象的原因主要是与自身有关，如学习态度、学习能力等。

当然，也存在学生不重视考试，不断拖延学业任务的现象。一位教师受访者（BTM1）说到了他的真实经历：

> 前年我开设的一门公共选修课，期末考核是提交一篇学术论文，并明确告知了 deadline（截止日期）。在 deadline 的前一天，我在群里提醒了未交作业的几位同学，通知他们在规定时间内交作业。这些同学陆续交了论文，不过还是有一位同学没有按时交作业。我单独加了他微信，他告诉我因为手机坏了，没有看到我的通知，而且他最近都在赶各门课程的作业，希望我宽限几天。考虑到他功课繁重，就心软了，同意宽限他三天时间。结果，三天后我依然没收到他的论文，想再次提醒他时，发现他竟然把我删除了。没办法，我只能将其评价为"不及格"。后来，他就先跟我软磨硬泡，求我把成绩改了，说不及格会影响他的学分绩点，他还要出国。当然，我并没有同意。再后来，他开始采用匿名的方式骚扰和威胁我，评教时给我差评。当时我想着给他机会，没有把此事上报学院，那样就严重了。持续了好长一段时间，这个学生才消停。

学生出现不断拖延学业任务的问题，一个很重要的原因在于"硬性"管理制度的缺乏，一些学生会认为和老师是可以商量的，是可以讲人情的。国外大学为了规避这一问题，通常会要求学生将论文、学业等交到专门的考试院或者专门设立一个回收学业考核试卷（论文报告）的在线平台，要求学生在规定的时限内提交作业，逾期平台将关闭，作业无法再提交。如牛津大学在其《学生手册（2022—2023）》中明确规定：平时的论文、报告、学习总结等作为公开考试的重要组成部分，学生必须在截止日期前提交到考试院、所在的学院或者是线上提交。如果学生提交作业错过了截止日期，那么后果非常严重：对于参加"最后学位考试"的学生而言，这不仅意味着一门课程不及格，而且意味着无法获得荣誉学位；对于首次参加公开考试的学生而言，就意味着这门课不及格，在重考后也只能得到"及格"，而且没有资格获得优异成绩。[①]

（三）不及格课程重修、补考的情况

在学分制学籍管理制度下，中国高校普遍实行重修制度，由于"路径依赖"及院校管理习惯的影响，学年制学籍管理制度下的补考、重考等制度依旧存在。

问卷调查结果显示：在647名"挂科"的本科生中，有53.4%的学生通过"重修"方式获得课程学分，而有66.7%的学生则是通过"补考"的方式获得课程学分，通过"重考"和"缓考"来获得课程学分的学生比例分别为4.5%和3.7%，从该数据来看，有部分学生同时使用过"补考""重修"等形式。在一门不及格课程重修或者补考的次数方面，有88.9%的学生"一次"就可以通过，而有3.7%的学生表示"需要3次以上"的补考或者重修才能拿到课程学分。

在"重修"和"补考"这两种形式之间，学生更倾向于选择后者。然而，从高校的规定来看，一般安排在新学期开学初（前两周）对上一个学期不及格的课程进行补考，这意味着学生有一到两个月的复习时间，在如此短暂的时间里要补回一个学期落下的知识点是一件难事，况且还有学生直到补考前才进行复习，高校规定"补考"只能以"60分"记录是重要的影响因素。在访谈中，一位学生（DSM2）提到：

[①] University of Oxford, "Student Handbook 2022 – 2023," https://www.ox.ac.uk/students/academic/student-handbook.

> 也是奇怪，我就是不想复习，什么时候老师通知了补考的具体时间，什么时候才开始复习，大概一个星期的时间吧。补考与重修不同，重修的成绩可以作为课程最终的成绩，但是补考（成绩）考得再高，也只能拿60分，所以考试及格就可以了，只拿及格分不是很难的事情。

如上文所说，课程成绩是对学生该课程学业表现的整体评价，课程成绩不及格并非一次考试的结果，而是结合了平时成绩。这一点使得补考（重考）失去了其制度存在的合理性，毕竟，补考是为了弥补一次考试的失败而设立的。一门课程的不及格，至少意味着学生在这门课程上存在较多的专业知识欠缺，这种欠缺很难在较短时间内得以弥补，如果只是为了让学生补回失去的学分而罔顾学生知识体系的构建，这种考试制度在保证人才培养质量方面存在很大弊端。从提高中国高等教育质量方面考虑，重修可以更好地帮助学生掌握课程知识，更好地达到高校人才培养目标。

然而，重修并不必然意味着保证质量。学生对重修的抗拒，不仅是出于偷懒心理或者节约时间的考虑，还有一个"面子"或者"自尊"方面的顾虑。一位学生（CSM1）的"重修"经历即是如此：

> 其实，重修的那次，我卷面成绩及格了，可是我只去听了一次课，任课老师因我没有去上过课，最后评定我课程成绩不及格。其实，第一节课我去上了的，只是在一间教室里，全都是学弟学妹，我实在是不好意思再去上课，以后就一次也没去过。

这种"面子"问题不仅存在于学生方面，而且中国社会中的"人情"传统文化会影响到教师的评价。一位学生（CSM8）说道：

> 上学期我有一门课程补考没有及格，我去找老师求情，但是他说他只负责出卷子改卷子，其他的与他无关。没办法，我去拜托一位平时关系很好的老师帮我说情，而这位老师与那位任课老师的关

系也不错。然后，这位老师就亲自帮我跟任课老师说情，最后这门课程顺利通过了。

以上学生的经历，为大学课程考核的制度敲了警钟：高校在保证管理制度科学化和规范化的同时，必须完善监管制度和保障制度。

三 学生的就业与大学本科毕业率的形成

在中国进行就业体制改革以来，大学生"就业难"问题一直笼罩在高等教育的上空，而"以就业倒逼毕业"似乎成为中国高等教育特殊的现象。所谓"以就业倒逼毕业"，即高校为了追求高就业率，使出浑身解数让学生顺利毕业和就业，这样也就提高了毕业率。高校采取提高毕业率的措施，既有积极地提高高等教育质量的举措，也有消极地损害高等教育底线的行为。

（一）"大四现象"

从时间段上说，毕业和就业都是发生在大学四年级（代指毕业班年级，包括大五），而这个时期出现的种种高等教育问题，被研究者称为"大四现象"，最为突出地表现在修读课程数量、课堂出勤率、"清考"和学位论文（毕业设计）等方面，而在这些方面出现的问题，都与让学生顺利毕业和就业不无关系。

1. 修读课程数量少且缺课严重

整体而言，中国高校大四学生修读课程情况不是很理想。问卷调查结果显示：在修读课程总数方面，有67.2%的毕业班学生（大四、大五）表示他们在最后一个学期没有修读课程（选择"0"），有30.6%的毕业班学生（大四、大五）表示他们修读了"1—3"门课，剩余2.2%的毕业班学生（大四、大五）表示他们修读了"4—6"门课。由于问卷设计方面的不足，即并未将"重修"科目排除在外，因而有部分学生将"重修"科目计算在修读课程内。通过访谈得知，毕业班学生在最后一个学期几乎都不再修读课程，在毕业班的第一学期会修1—2门课程，不过也有学生没有修读课程，整个毕业学年都在外面找工作、实习、提前上岗等。大部分中国高校为了方便毕业班学生考研和找工作，通常在毕业学年设置较少的课程甚至不安排课程，使得学生的修业年限被压缩到三年半甚至是三年，学生在前三年修读的课程数量就可想而知了。如前文所说，过多的课程量使得学生的学习质量无法得到保障。据了解，美国大学在课程数量安排上并不会刻意区别年级，认为学生在校学习的每一个学期都是重要的。"MIT（麻省理工学院）被推荐授予学士学位的学生，至少必须参加三个正常学期的学习，而且通常必须包括毕业学期。"[①] 一位来自研究型大学的学生（ASM2）就这个问题表达了自己的观点：

> 我认识的从地方普通本科高校考研到我们学校的学生，感觉他们的学术素养不如我们学校毕业的本科生，最直接体现在专业知识素养和对前沿知识的掌握方面。但是，他们考研分数很高，听闻他们几乎用了两年的时间来备考，这必然会影响到他们正常的课程学习。即使他们有课程不及格，只要考上研究生，学校都会想尽办法让他们顺利毕业，因为那些学校狂热追求"考研率"。当然，学校也提高了"就业率"。

此外，大四（大五）学生的课程出勤率相对较低。问卷调查结果显示：有55.6%的大四（大五）学生表示他们的课程出勤率为100%，有19.4%的大四（大五）学生表示他们的课程出勤率为90%—99%，有22.2%的大四（大五）学生表示他们的课程出勤率为80%—89%，有2.8%的大四（大五）学生表示他们的课程出勤率不足50%。从数据上看，大四（大五）学生的出勤率要低于其他年级学生的课程出勤率（此数据可参见本章第三节第一部分"课业表现"）。有62.5%的学生表示他们"逃课"的原因是"准备考研、出国事宜"以及"找工作和创业"。正如有学者所言："大四教学受到考研、考公务员、准备出国留学和求职、试工等多重冲击，教学'虚化'现象相当严重，已经

---

① 刘海涛：《麻省理工学院本科课程及学分设置的实践与思考》，《高教探索》2018年第2期。

是一个不争的事实。"①

2. "清考"现象

所谓"清考",是指依次经历结业考试、补考与重修后仍不合格而不能正常毕业的学生,在毕业前夕参加高校或学院组织的一次集中的非正常考试,目的在于让学生达到学分要求并顺利毕业,一些高校还存在"二次清考"甚至"多次清考"的现象。"清考"作为一种"隐性"制度长期流传于高校,甚至在一些高校成为正式的考试制度,这背后反映的是中国高校教学管理制度存在设计不良和执行不力等方面的重大问题。直至2018年《教育部关于狠抓新时代全国高等学校本科教育工作会议精神落实的通知》明确提出"严格考试纪律、严把毕业出口关,坚决取消'清考'制度"②。紧接着,2019年《教育部关于深化本科教育教学改革全面提高人才培养质量的意见》颁布,再次强调"严把考试和毕业出口关,加强考试管理,严肃考试纪律,坚决取消毕业前补考等'清考'行为"③。大部分高校逐步取消"清考"安排,有学者调查发现:"具体情况分为三类:一是立即取消'清考'制度;二是部分高校给学生留有缓冲期;三是部分高校限制性开展'清考'制度,如允许部分学生参加'清考',比如已经考取研究生的学生等。""部分于2018年取消'清考'制度的高校的连续5年毕业率显示,高校取消'清考'后的毕业率整体呈现稳中有降趋势,这表明取消'清考'制度对高校严把毕业出口关具有一定的积极作用。"④

也有部分学校的"清考"制度依然持续若干年,以确保取消"清考"的工作得以顺利、稳定开展。如上海海关学院决定"从2018级新生起取消清考(毕业补考)制度,2015—2017级在校生暂予保留清考

---

① 龚放:《大一和大四:影响本科教学质量的两个关键阶段》,《中国大学教学》2010年第6期。

② 《教育部关于狠抓新时代全国高等学校本科教育工作会议精神落实的通知》,http://www.moe.gov.cn/srcsite/A08/s7056/201809/t20180903_347079.html。

③ 《教育部关于深化本科教育教学改革 全面提高人才培养质量的意见》,http://www.moe.gov.cn/srcsite/A08/s7056/201910/t20191011_402759.html。

④ 尹婷婷、王建华:《中国"清考"制度的缘起、问题与治理——普及化时代高等教育质量保障的反思》,《现代大学教育》2021年第5期。

（毕业补考）制度"①。河北科技师范学院则公布"从2019级开始全面取消毕业清考"②。从上述规定中可以看出，"清考"在高校教学管理中所起到的影响不容小觑，需要逐步推进取消。

"清考"制度的存在，在一定程度上助长了学生的懒惰心理和依赖心理。在访谈中，一位大四学生即将毕业，而且已经有公司向她抛出"橄榄枝"，可是她因学业问题而可能无法顺利毕业。她（DSM3）说道：

> 现在唯一的希望就是参加毕业前的"清考"了，希望可以顺利通过。不瞒你说，我找了任课老师、辅导员和学院的领导进行沟通，他们都希望我可以顺利毕业，这样就不会影响工作了。

在网络上，输入"清考"两个字，铺天盖地都是不同高校的学生在问"是否清楚XX大学的清考""清考是不是很容易通过"等问题。对"清考"的看法，学生的观点要么是绝对的"两极化"，要么是处于矛盾的状态。在访谈中，有两位学生的观点极具代表性：

> "清考"不就是毕业前，学校怕出事情，让学生赶紧毕业的手段嘛。我身边有的同学知道学校有"清考"，挂了科也不怎么着急，说反正"补考不过还有重修，重修不过还有清考"。他们有这种心态，说实在地，学校的制度真的害了他们，大学四年就这么"浑浑噩噩"度过了。虽然说毕业后不见得他们混得就差，但是在大学里，学生应该做学生该做的事情，老师应该做老师该做的事情，大学应该像个大学，你说是不是？绝对应该取消"清考"，学校应该从别的方面加强对学生学习的帮助或者管理，在出口"放水"或者"卡人"都是不负责任的表现。（BSM1）

---

① 上海海关学院：《教务处关于取消清考制度的通知》，https：jwc. shcc. edu. cn/59/13/c960a22803 /page. htm。
② 河北科技师范学院：《关于取消清考制度的通知》，https：//jwc. hevttc. edu. cn/info/1053/2071. htm。

毕业前组织一次补考，让"挂科"的学生通过考试，顺利毕业，不耽误之后的工作、升学等，是比较人性化的；而且有的时候可能是学校管理上的疏忽，让学生拖到毕业时，既来不及补考也来不及重修。我知道"清考"的真正意图是什么，但是总觉得应该给他们一次机会，毕竟大学生都是普通家庭出来的，（不能如期毕业）爸妈可能会受不了。学校放学生一马，让学生到社会上历练吧，如果碰壁了，他们自然就后悔了。可是，到那个时候是不是太晚了……她可能意识到自己的观点相互矛盾，低头笑了一下，说：其实我也很矛盾，说不清楚了。（CSM3）

针对大学中的"清考"现象，一位高校教务处管理者深感担忧：

不能把质量控制交给最后的清考，那太晚了，对挽救学业不佳的学生效果不大，要严在平时。[1]

以上我们明确了"清考"实施的出发点及其本质，为了达到高毕业率和高就业率，依然将学业不良的学生推向"清考"，将学业标准的底线推向"清考"，也就意味着我们在将高等教育质量底线无限拉低。因此，取消"清考"势在必行，要切实加强学习过程考核，加大过程考核成绩在课程总成绩中的比重。

（二）毕业论文"边缘化"

"边缘化"是相对于毕业论文（设计）本身的重要意义而提出的一个概念。本来，作为本科教学环节中"重中之重"的毕业论文（设计），如今却被视为"可有可无、走走形式"[2]。目前，"毕业论文（设计）"仍然是高校学位管理工作的要务，为了保证毕业论文的质量，高校制定专门的毕业论文管理办法来规范学院和学生的行为。如"毕业论文（设

---

[1] 秦迎：《南京林业大学一年半劝退49名本科生，家长哭诉》，https://news.qq.com/a/20161111/002237.htm。

[2] 龚放：《大一和大四：影响本科教学质量的两个关键阶段》，《中国大学教学》2010年第6期。

计）一般安排在全学程最后一个学期进行，工作时间一般不少于 10 周。鼓励学院（系）提前启动毕业论文（设计）工作，并延长时间"①。然而，学生实际用于毕业论文（设计）的时间往往达不到学校的要求。问卷调查结果显示：用于毕业论文（设计）的时间总数在"一个月以内"的学生比例为 23.6%，在"一到两个月"的学生比例为 29.1%，在"两到三个月"的学生比例为 34.6%，而在"三个月以上"的学生比例为 12.7%。就受访者的反馈来看，他们真正用于毕业论文的时间大概在一个月，有的学生（ASM3）表示：对毕业论文非常认真，那一个多月里每天都泡在实验室里。有的学生（CSM1）则表示：没有认真对待，大概用了一个星期来写。因为大四下学期没有课嘛，我出去工作了，根本没时间写论文。直到不能再拖了，我才回来写论文。反正最后也通过了。

可以说，由于毕业论文（设计）一般安排在最后一个学期进行，而这恰恰与学生考研面试或者找工作、实习或者提前上岗等就业的时间相一致，他们往往已经不在学校，无法一心一意地高质量地完成毕业论文（设计），毕业论文（设计）的"边缘化"已经成为不争的事实。此外，高校不规范的管理制度，或者与毕业论文（设计）写作相关指导的缺乏，又恶化了这一趋势。一位学生（CSM8）说：

> 辅导员给我们毕业班发了一个通知，内容大概是"发表过学术论文、有在大型的比赛中获奖等情况的可以免写毕业论文"，其实，我觉得这个规定挺合理的，因为写毕业论文也是"糊"（敷衍）的嘛。只是这个政策被乱用了，我们班有好几个同学花钱发了大概 3000 字的学术论文，这样我觉得是没有意义的，破坏了大学良好的学术氛围。

毕业论文（设计）的根本意义不仅在于让学生在具体的实践性过程中综合运用在大学中所学到的专业知识、专业技能，独立地、具有创造

---

① 《厦门大学本科毕业论文（设计）工作管理办法（2016 年）》，https：//jwc.xmu.edu.cn/info/2181/52551.htm。

性地解决专业领域的具体问题，而且更为关键的是，让学生了解学术研究的规范，树立学术诚信的理念。然而，高校、学院和教师的做法往往让他们对学术论文（设计）无法充满"神圣感"，而是作为一项任务来敷衍。针对毕业论文"边缘化"问题，2020年《深化新时代教育评价改革总体方案》明确提出："严格学业标准。……完善过程性考核与结果性考核有机结合的学业考评制度……探索学士学位论文（毕业设计）抽检试点工作。"① 2021年教育部印发的《本科毕业论文（设计）抽检办法（试行）》提出："本科毕业论文抽检每年进行一次，抽检对象为上一学年度授予学士学位的论文，抽检比例原则上应不低于2%。本科毕业论文抽检应重点对选题意义、写作安排、逻辑构建、专业能力以及学术规范等进行考察。"② 以上的政策制定，对于高校提高对毕业论文指导的重视，加强毕业论文质量管理具有促进作用。

（三）就业市场"学历至上"

目前中国就业市场已经进入"高学历社会"，即毕业大学的等级层次是对大学生进行筛选的重要标准，名牌大学的毕业生成为用人单位最为青睐的群体。通过访谈发现，在"延期"与就业的关系上，研究型大学的毕业生和地方普通本科高校毕业生的观点存在明显的差异。研究型大学的毕业生更多地表现出对知识逻辑的认可，在未来发展上有更多的规划性和选择性；地方普通高校的毕业生表现出对就业市场"学历歧视"的无奈，以及对获得学位的重视。

对于"如何看待因自己无法顺利毕业而影响就业或者升学"的问题，研究型大学毕业生的典型回答如下：

> 大学教育偏重于素质教育，教授的应该还是比较基础的知识，那种高深的知识学习应该更多的是在研究生阶段。所以，我认为只要认真学习，很难沦落到不能毕业的状态，所以出现了这种问题的

---

① 中共中央、国务院：《深化新时代教育评价改革总体方案》，http：//www. moe. gov. cn/jyb_ xxgk/moe_ 1777/moe_ 1778/202010/t20201013_ 494381. html。
② 中华人民共和国教育部：《本科毕业论文（设计）抽检办法（试行）》，http：//www. moe. gov. cn/srcsite/A11/s7057/202101/t20210107509019. html。

最大原因还是在于学生自身。如果因为课程不及格而无法顺利毕业，那么只能坦然接受，说明我真的没有达到要求，还需要更长一点的时间来学习这些知识。如果影响到就业或者升学，当然会有些懊恼和担心，不过我觉得自己选择还是蛮多的。（ASM3）

我们班有51人，延毕的有3人，约有95%的毕业率。延毕的3位同学，他们平时的确学习不太认真，课程成绩也不好。个人希望毕业率可以低一点，这样可以逼着学生更努力学习。（ASM5）

地方普通本科高校毕业生的典型回答如下：

降低毕业率，肯定是降低我们这些普通高校的毕业率，这样会直接影响到我们就业。虽然我知道应该修满学分才能毕业，但实话实说，我不能接受无法按时毕业，毕竟学校也没教给我们什么。（CSM7）

就业的门槛的确存在。据我所知，我同学把简历投给一家公司，但是那家公司连回复都没有，而他在"985（工程）"大学读书的同学告诉他，那家公司在那所高校发布了补录通知。还有，我一个"985（工程）"大学的同学，读书期间"挂"了好几门课，成绩单上的记录不是很好看。毕业后去找工作，刚好跟我一个毕业于"211（工程）"大学的同学应聘同一家公司，结果公司还是要了"985（工程）"大学的同学。我承认高考的时候，大家的确存在差距，但是经过大学四年的学习，我努力的结果还是弥补不了四年前的差距。我需要这个学位，没有这个学位，我连和他们一起竞争的资格都没有了。（CSM8）

用人单位对毕业生能力的判断，仍然需要以学生的"学历"或者"学历证书"作为前提，无法顺利毕业的学生则失去了与其他毕业者竞争的机会。就业如此重要，就业市场发出的信号对高校和学生行为所产生的导向作用非常明显。

第四节　在大学本科毕业率形成中大学的作用机制

毋庸置疑，大学是高等教育变革和发展的主体，在人才培养的整个过程中，包括人才培养目标的设定、教学资源的投入、教学质量的管理，及对教学质量的评价等各个环节，都不得不考虑其他社会力量对高等教育的价值期望和利益诉求，可以说，大学无时无刻不处于矛盾和冲突之中。正如哈瑞·刘易斯所言："我们怎样教育学生？教给了学生什么？如何给学生打分？打分的依据是什么？在培养学生责任心方面的成败是什么？金钱对学生有什么一般性的影响？等等。这些问题很有意思，因为它们历久弥新，仅这一点就可以说明大学时刻都处于各种价值观的冲突之中。"[①]

政治、经济、文化、社会观念、民众心理、学生等通过不同的途径和方式影响并作用于大学的发展，然而，这些外部力量不可能自发地对大学的发展产生影响，而是基于大学对他们的要求或者需求进行有选择的回应才能起作用。正如有学者所言："这些现代的院校懂得大学与国家机构之间的区别。它们也懂得大学和商号之间的区别。它们同样也懂得一所复杂的大学拥有很多'灵魂'。"[②]"高深知识"的逻辑使得大学具备相对独立的组织特征，这决定了大学不可能成为"风向标"，完全听从外部力量的安排。由此看来，作为大学人才培养目标达成结果的大学本科毕业率的形成，不仅受到外部力量的利益诉求的影响，而且是大学内部教学资源、教学管理制度、评估评价制度、质量保障制度相互配合和相互作用的结果。

为了更深入地了解高校管理者对教学管理过程中相关问题的见解和

[①] [美]哈瑞·刘易斯：《失去灵魂的卓越：哈佛是如何忘记教育宗旨的》，侯定凯等译，华东师范大学出版社2012年版，第2页。

[②] [美]伯顿·克拉克：《大学的持续变革：创业型大学新案例和新概念》，王承绪译，人民教育出版社2008年版，导言第8—9页。

看法，本书对高校管理者进行了访谈调查。现将被访谈者的信息列在表5-11（在访谈过程中，受访管理者身份根据 Administrator Member 的首字母缩称"AM"进行数字编码）。

表5-11　　　　　　　　　高校受访管理者信息

高校类型	行政级别	编码
"985工程"高校	高层管理者	AM1
"985工程"高校	中层管理者	AM2
普通本科高校	中层管理者	AM3

一　中国学分制学籍管理制度的特征

（一）学籍管理制度

高等学校学生学籍和学历的管理是根据国家对高等学校学生在德、智、体方面全面发展的要求所制定的规章、制度、办学制度并按一定的程序和方法，从学生入学到毕业在校期间的学习再到毕业等进行的管理，起着维护高等学校教学秩序，促使提高教育质量，保证培养目标实现的重要作用。[①] 改革开放40年来，中国高等学校学籍管理工作经历了一个全面恢复、建立和发展的过程。1978年的《高等学校学生学籍管理的暂行规定》和1983年的《全日制普通高等学校学生学籍管理办法》，确立了高等学校学籍管理制度的基本原则和基本方法，使得管理工作有法可依；1990年相继颁发的《高等学校学生行为准则（试行）》和《普通高等学校学生管理规定》，对高等学校学生在校学习、生活、行为等方面进行了全面规定，高等学校管理工作形成了比较完善、规范的管理制度；2005年颁发的新修订的《普通高等学校学生管理规定》，将"学生的权利与义务"一章加入其中；为了应对新形势和新发展，在对2005年规定进行细节补充和完善的基础上，2017年再一次颁布了新修订的《普通高

---

① 教育部高校学生司：《中国高等教育学生管理规章大全（1950—2006）》，首都师范大学出版社2007年版，第369页。

等学校学生管理规定》。2017 年《普通高等学校学生管理规定》在"学籍管理"这一章里，围绕学生学业管理，设置了从入学到毕业整个过程的管理制度，包括入学与注册、考核与成绩记载、转专业与转学、休学与复学、退学、毕业与结业、学业证书管理。高等学校在符合国家颁布的《普通高等学校学生管理规定》的基本原则和基本方法下，根据自身的办学定位和办学目标制定本校的《学生管理规定》《学籍管理规定》及其他相关的学生管理规章制度。可以说，教育部颁布的《普通高等学校学生管理规定》及各所高校制定的普通本科学生管理规定等与学生管理相关的规章制度，是中国高校学生管理的基本规范，是对在校大学生从入学与注册、在校学习情况（选课、考核、奖惩等）到毕业各个环节的审核与管理，简单而言，大学生需要通过高校各个环节的审核方可毕业。

（二）学分制教学管理制度

对学生具体培养过程的管理需要与教学管理制度结合起来。"大学教学管理制度表现为按照大学教学的规律和特点，对大学教学工作进行计划、组织、实施、监控和反馈这一过程的行为规则或规范……大学教学管理制度告诉人们在教学活动中能够、应该、必须做什么，或者相反。"[1] 由此可见，大学教学管理制度包括所有一切与教学相关的事务，涉及学生学习、教师教学以及教学资源分配等多种范畴。从大学教学管理制度来看，中国高等教育经历了从学年制到学分制的改革。有学者根据学习内容、学习方式和学习进程的自由度，分析了从学年制到学分制的四种不同形态（见表 5-12）。其中，"学年学分制这种形态学分制的特点是每个学生的学习内容或选修课程可以不相同，但学制基本一样，学生提前或推迟毕业的可能性极小，有年级的概念，这种模式的典型例子就是日本的学分制"[2]。

---

[1] 张波：《大学教学管理制度结构性失衡的社会学分析》，《高等教育研究》2008 年第 12 期。

[2] 薛成龙、邬大光：《论学分制的本质与功能——兼论学分制与教学资源配置的相关性》，《北京大学教育评论》2007 年第 3 期。

表 5-12　　　　　　　　学年制和学分制的不同形态

形态	学习内容自由	学习进程及学习方式自由
完全学分制	学习内容（课程）完全不相同	学习进程（学制）完全不相同
学年学分制	学习内容（课程）不相同	学习进程（学制）相同
弹性学年制	学习内容（课程）相同	学习进程（学制）不相同
完全学年制	学习内容（课程）完全相同	学习进程（学制）完全相同

资料来源：薛成龙、邬大光《论学分制的本质与功能——兼论学分制与教学资源配置的相关性》，《北京大学教育评论》2007 年第 3 期。

在中华人民共和国成立之初，受计划经济体制以及"全面学习苏联"的方针政策影响，中国高校实行"学年制"的教学管理制度，学生统一入学、在统一的教学计划指导下，以班级为单位在同一时间、同一地点接受同一教师开设的同一课程，最后按照统一的标准对学生进行考核，考核合格后基本上在同一时间毕业。这种如同工厂"批量生产"的方式顺应了计划经济体制的需要，学生成才率高，淘汰率低，在短时间内为国家建设培养了大批高等教育人才。随着中国由计划经济向市场经济变革，高等教育机制体制改革的深化，以及招生、毕业生就业制度的逐步改革，对学生在校期间的教学管理制度改革提出了更高的要求，学分制改革在中国高校中盛行起来。

从形式和表象上看，学分制首先是一种教学管理制度，它是衡量学生学习量的一种工具或测量手段，其背后彰显的则是体现学习自由的大学理念，它是学习自由在学生身上的折射和具体体现。从学分制的历史发展演变不难看出，学分制是建立在学习自由基础上的一种教育制度，这种制度从形式上表现为学生选择学习内容的自由、选择学习方式或学习进程的自由以及形成自己思想的自由。[1]

---

[1]　薛成龙、邬大光：《论学分制的本质与功能——兼论学分制与教学资源配置的相关性》，《北京大学教育评论》2007 年第 3 期。

迄今为止，中国高校普遍实行学分制的教学管理制度。然而，在实际实施过程中，许多高校并未采用完全学分制，而是采用了既有学年制特征，又有学分制特征的学年学分制。目前中国高校的学分制教学管理制度普遍规定：全日制本科教学实行规定学制下的弹性学习年限制度，允许学生提前毕业（一般不超过1年）或者延长学习时间（一般不超过2年）。学生需要在弹性学制内完成学业，四年学制本科生，一般需要在3—6年内完成学业；五年学制本科生需要在4—7年内完成学业；同时要求学生必须在规定的时间内完成要求的总学分以及阶段性学分方可毕业。这种普遍的制度规定是具有法律依据的，《中华人民共和国高等教育法》第十七条规定，"本科教育的基本修业年限为四至五年"[1]，《普通高等学校学生管理规定》第三十二条规定，"学生在学校规定年限内，修完教育教学计划规定内容，成绩合格，达到学校毕业要求，学校应当准予毕业，并在学生离校前发给毕业证书"[2]。"学年制"和"学分制"并存局面的存在，究其原因，其一是"学年制"强大的制度惯性使然，作为制度变迁中"路径依赖"的产物，"学年学分制"其实只是在"学年制"稳固的制度体系上的"修修补补"而已，学生既想享有"自由选课制"所带来的益处，又想享受"学年制"按时毕业；其二是受制于教学资源投入不足，实行完全学分制对高校教学资源的投入要求较大。可以说，在中国高校教学管理制度中，"学分制"与"学年制"最大的不同在于"选修制"的加入，在学校教学资源的保障下，学生可以根据自己的兴趣和能力相对自由地进行课程选择。因此，中国高校的"学分制"也被称为"有选修课的学年制"。正如学者所言，中国"能够实现'完全学分制'的高校凤毛麟角，大多数高校是'学年学分制'。虽然这种'学年学分制'形式上以学分作为学习量的计量单位，也给予了学生一定程度的学习自由，允许学生在一定范围内选修一定比例的课程，但实际上依然按照教学计划统一开课、统一教学、统一毕业，并未实现真

---

[1] 《中华人民共和国高等教育法》，http：//www.moe.edu.cn/s78/A02/zfs__left/s5911/moe_619/201512/t20151228_226196.html。

[2] 中华人民共和国教育部：《普通高等学校学生管理规定》，http：//www.moe.gov.cn/srcsite/A02/s5911/moe_621/201702/t20170216_296385.html. 2018-01-23。

正的弹性学制和自由选课"①。

（三）学分制教学管理制度下的学籍管理制度

学籍管理制度和教学管理制度是中国高校进行人才培养的基本的管理规范和制度安排。学籍管理制度作为一种资格审核制度，一方面要运用制度在管理过程中体现出一定的约束力和强制性，使学生在人才成长的基本轨迹上前进；另一方面，要形成一种激励学生努力学习，能发挥学生学习积极性和主体作用的推动力。学籍管理这一系统中激励机制的有效形式，不仅要与招生、毕业生就业制度配套，还要与教学过程中各个环节的改革配合进行，因此其通常会随着教学管理制度的改革进行调整。结合中国高校现行的学分制教学管理制度，中国高校人才培养实行的是学分制教学管理制度下的学籍管理制度，简称"学分制学籍管理制度"。如学者所言：

> 学分制学籍管理制度通过学生成绩管理这一环节将教学计划制定与修订、任务落实和课表编排、组织学生选课、考试组织安排、教师课堂教学评估及教学档案管理等工作连成一体，来保证学校教学秩序稳定有序地进行，并以学生成绩为依据，形成学籍工作、学风建设和教学质量等科学管理的框架和管理思想。②

学分制学籍管理制度结合了"学分制"中"学习自由"的理念，实行选修制、弹性学制等制度，为学生提供更丰富的课程资源以及制度保障，既鼓励基础好、学习优秀的学生学得更多或者加快学习进度，也允许学习困难的学生延长学习时间逐步改善学业表现，同时允许学生基于创业等目的休学一段时间，分阶段完成学业要求。但是，不管是学分制教学管理制度还是学籍管理制度，都具有约束力和强制性的基本特征，设定分阶段学业要求和总学业要求、实行学业预警机制和退学警告制等，

---

① 邬大光：《走出我国大学转型发展的路径依赖》，《中国高教研究》2021 年第 10 期。
② 申翠英：《学分制教学管理制度下高校学籍管理新模式探索》，《常州信息职业技术学院学报》2012 年第 2 期。

对于达不到基本学业要求的学生进行相应的管理和淘汰，以保障人才培养质量。总而言之，学分制学籍管理制度以"宽严并济"作为基本原则，保障学生学习自由度，同时严格监管学生学习成果，把好教育质量关。从高校内部来看，中国大学本科毕业率主要是在学分制学籍管理制度下形成的，因此，中国大学本科毕业率的现状与高校学分制学籍管理制度的实际实施情况密不可分。

二 学分制学籍管理与大学本科毕业率的形成

"学生成绩管理"是学分制学籍管理制度的核心环节，意味着对学生学籍的管理主要是围绕着学生学业成绩进行的，学生学业成绩达到高校的学业水平要求即可毕业。如美国大学学士学位的基本要求包括最低总学分、主修、通识教育、最低本校学分、最低累积平均绩点和高阶课程学分等。[①] 根据本校的教育理念和人才培养目标，高校安排课程结构和学分构成，并对每一阶段的学习进行具体要求，在完成一个阶段的学习要求后才可顺利进入下一个阶段的学习，直至达到毕业要求，即可获得学位证书。因此，在学业总学分要求、阶段性学分要求、课程考核方式和标准，以及学业预警、学业试读、学业处分、退学等学业管理措施方面，高校必须做出严谨、全面的规定并保证实施过程的严格性和规范性，促使学生顺利完成学业，保障学生学习质量。

（一）本科生学分要求及学业标准不尽合理

达到高校制定的"毕业要求"，是大学生顺利毕业的最重要的前提条件。《普通高等学校学生管理规定》明确要求："学生在学校规定学习年限内，修完教育教学计划规定内容，成绩合格，达到学校毕业要求的，学校应当准予毕业，并在学生离校前发给毕业证书。符合学位授予条件的，学位授予单位应当颁发学位证书。"[②] 在学分制学籍管理制度下，中国高校制定的学业要求主要包括总学分、不同类型课程学分、分阶段学

[①] 叶信治:《美国大学学士学位要求研究》，《西南交通大学学报》（社会科学版）2015年第3期。

[②] 中华人民共和国教育部:《普通高等学校学生管理规定》，http://www.moe.edu.cn/srcsite/A02/s5911/moe_621/201702/t20170216_296385.html。

业学分的最低值，除了最低学分要求外，部分高校会规定最低学分绩点，以提高学业标准。可以说，高校制定的学业要求和学业标准的水平，代表着高校对人才培养质量高低的期望程度。

1. 学业总学分及不同类型课程学分要求

大学学制主要分为学期制和学季制两种。目前中国大学学制以实施"学期制"为主，即把一学年分为上、下两个学期，一切教学活动以此为据进行安排。如表5-13所示，基于2015年全国高校教学基本状态数据库中的数据，对中国830所本科高校的总学分、不同课程学分的统计结果显示：中国大学四年制专业毕业要求约175学分，高校之间总学分要求差异较大，有高校低至140学分，也有高校高达180学分以上；总学时的平均值为2720学时，课内教学学时平均值为2220学时。

表5-13　中国大学本科毕业学分和学时要求

项目	总学分	必修课学分	选修课学分	课内教学学分	总学时	必修课学时	选修课学时	课内教学和试验教学学时
均值	175	128	33	132	2720	2167	551	2220

资料来源：2015年全国普通高校教学基本状态数据库。

美国大学常见的学制形式是学期制和学季制。如表5-14所示，在学期制下，美国大学毕业总学分要求为120学分，每学年和每学期学分要求分别是30学分和15学分；在学季制下，美国大学毕业总学分要求为180学分，每学年和每学期学分要求分别是45学分和15学分。与之相比，中国大学毕业总学分为175学分，每学年和每学期学分要求分别是44学分和22学分。美国大学每门课程按照3—4学分计算，其本科生每学期（季）大概修习4—5门课；中国大学每门课程按照2—3学分计算，本科生每学期大概修习8—11门课。这意味着部分中国大学生每学期修读的课程数是美国大学生的近两倍。以"理论课每周1学时、上满一学期折算为1学分"来计算，美国四年制大学本科生每周课堂教学时间（不包括课后学习、实践活动的时间）不低于15学时，中国四年制大学本科生每周课堂教学时间（不包括课后学习、实践活动的时间）不低于 20 学时。

表 5-14　　中国大学和美国大学的学生学习量比较

项目	美国学期制大学	美国学季制大学	中国学期制大学
总学分	120	180	175
每学年学分	30	45	44
每学期（季）学分	15	15	22
课程学分	3	3	2—3
课程量（门）	5	5	8—11
周学时（最低）	约 15 小时	约 15 小时	约 20 小时

　　如此看来，中国大学生的课程学习量的确很大，且高于美国大学学生的课程学习量。然而，这存在着一个学分换算方法差异的问题。根据美国本科生学分制制度，学分代表所有与课程相关工作的总和，不等于实际课堂交流或授课的时间。在一般情况下，学生每周 1 小时的课程（或者讨论会）加上学生为课程做的 2 小时准备，等于 1 个课程（讨论会）学分。每周在实验室工作 2 小时，等于 1 个实验室学分。与之相比，中国大学学分与学时的换算一般只包括课堂讲授时数，而不包括学生的课程自学学习时间。目前中国大学基本规定：理论教学课程学分数＝课内总学时/16（即每周上课约 1 个学时），并不把课后学习时间计算在学时学分中。相较于中国大学，美国大学更重视学生自学时间，学生课后学习压力非常大。关于"大学生学业挑战度"的调查结果显示：中国本科生每周有大量时间用于上课，高达 62% 的被调查学生表示每周上课时间超过了 20 小时，有 8 成以上的本科生每周至少有 16 个小时以上的课程学习，其中甚至还有 21% 的学生一周上课时间超过 30 小时，若以一周 5 个工作日计算，这些学生平均每天要上课 6 小时。课堂学习时间与课外学习时间 1 比 2 的要求明显是不可能达到的。[①] 在指定书籍和材料的

---

　　① 吴凡、陈诗敏、赵泽宁：《大学生学习投入、学习时间及学习效果的比较研究——基于 F 省高校大学生线上线下学习经验调查》，《中国高教研究》2022 年第 10 期。

阅读上，平均一学年阅读量达到 20 本以上的美国博士研究型大学大一和大四年级均能超过 10%，而中国两所研究型大学几乎均不足 10%。① 就这个问题，一位教师（CTM1）说道：

> 老师要做的更多的是告诉你（学生）一个知识点，而你（学生）需要在课后花费大量的时间和精力去阅读大量书籍和文献，这在国外大学中是很常见的，学生需要花费比课堂上多很多的时间去完成阅读任务。

中国大学课程学分的设置没有充分考虑到学生课外自主学习的时间，大量的课程使得学生不停地"奔走"于各种课堂之间。相应地，学生分配给每一门课程的学习时间相对压缩，教师难以设置高的学业要求。

> 一位来自美国某著名研究型大学的华裔教授利用学术休假时间来到国内一所研究型大学做访问学者，在此期间受邀开设一门专业选修课。课程开设以后，学院的领导拜托其他老师委婉地告诉这位教授是否可以降低一下学业要求，学生普遍反映课后阅读量和写作量太大，导致无法按时完成其他课程的课后作业。

学分要求如"蝴蝶效应"般影响着教师对学生学业水平进行评价的真实性和严格性，课程不及格会带来后续"重修、补考、学业预警甚至退学"等种种麻烦的问题，对于管理者、教师和学生而言都是一种压力。这些力量会影响到教师对学业标准的制定和坚守，形成一种倒逼机制，让教师无法完全根据课程的知识逻辑制定相对应的学业标准，甚至不得不一再地降低平时学业任务量、学业标准以及期末考试难度等，以让学生更轻易地通过考试，获得学分并顺利毕业。正如亚历山大·阿斯汀研究所发现的，学生用于学习和做作业的时间对三分之二以上的高校

---

① 吴凡：《中美研究型大学本科生学业挑战度的比较研究》，《中国大学教学》2012 年第 10 期。

教育产出，如学生保持率、毕业率、升学率、标准化测验成绩等有着重要影响。①

2. 分阶段学业学分要求和标准

为保证学生在规定的学习年限内完成学业，中国大学普遍在"学籍管理规定"或者"人才培养方案"中对本科生每一阶段（一般以学期为单位）修读课程的最低学分和最高学分做出要求，加强对本科生人才培养质量的过程管理。一部分大学会在"学籍管理规定"中说明：学生应该按照专业人才培养方案或者是教学计划进行课程选择和修读，达到教学进程的学分要求；有些大学则在"学籍管理规定"中规定课程修读的最低和最高的学分要求（详见表5-15）。从各个高校对学生阶段性修读课程的具体要求来看，高校根据自身规定的最低学业总学分进行阶段性安排，是比较合理的。但是，没有明确规定每学期（年）具体应该完成的最低学分，以及无法顺利完成最低学分时的处理机制。

表5-15 中国大学本科生阶段性学业学分要求

高校	阶段性学业学分要求
复旦大学	学生每学期选课的总量不得超过32学分。第一至第四学期，学生修读课程每学期应不少于20学分
中南大学	原则上每学期选课最高不超过40学分，最低不低于15学分
湖南大学	每学期（不含短学期）修读课程（含初修、重修、补修和辅修）的学分数不少于15学分，不多于25学分。在修业期最后一学年里，每学期修读课程的学分数不少于10学分或不少于3门课程
贵州大学	平均每一学期一般修读20—25学分，最低不得少于16学分，最高不得多于35学分，优秀学生可根据修读情况适当放开。暑期小学期修读学分一般不低于4学分。
安徽大学	在标准学习年限内，学生每学期选课一般应不少于15学分
上海工程技术大学	学生每学期修读的课程最高不宜超过35学分，最低不宜低于15学分

---

① 吴凡、陈诗敏、赵泽宁：《大学生学习投入、学习时间及学习效果的比较研究——基于F省高校大学生线上线下学习经验调查》，《中国高教研究》2022年第10期。

续表

高校	阶段性学业学分要求
河南师范大学	学生每学期所选课程的总学分原则上不得低于15学分，不得超过30学分

资料来源：《复旦大学本科生教学管理规定与实施办法汇编（2022年）》，https：//jwc.fudan.edu.cn/f1/97/c27258a455063/page.htm；《中南大学本科学生学籍管理规定（2017年）》，https：//bksy.csu.edu.cn/info/1168/3391.htm；《湖南大学本科学生选课办法2012年》，http：//jwc.hnu.edu.cn/info/1171/9536.htm；《贵州大学本科生学分制学籍管理规定（试行）（2017年）》，http：//agr.gzu.edu.cn/3180/list.htm；《安徽大学本科生学籍管理规定（修订）（2017年）》，http：//jwc.ahu.edu.cn/2021/0605/c10325a261158/page.htm；《上海工程技术大学学分制学籍管理条例（2017年）》，https：//jwc.sues.edu.cn/9f/43/c24078a171843/page.htm；《河南师范大学普通全日制本科生学分制选课管理办法（修订）（2021年）》，https：//www.htu.edu.cn/teaching/2021/0325/c3253a191138/page.htm。

在这一方面，美国大学通常在"学生手册"或者课程计划中明确提出"学生在每一学年或者学季应该获得的最低学分以及相应的学分绩点"。如普林斯顿大学规定文学学位学生和理工科学位学生每学期修读课程的最小进度和正常进度（见表5-17），升入更高年级必须修读的最低课程数，如果未达到标准，则不能顺利升级（见表5-16）。此外，美国大学不仅对修读课程总数和总学分进行阶段性要求（学生只有满足上一阶段的学业要求，才能顺利进入下一阶段学习），还对学生阶段性的学分绩点做出规定。例如，弗吉尼亚大学要求学生每学期至少完成12个学分，而且学分绩点不低于1.8；威廉佩恩大学则对每一学年的累积学分绩点进行了明确的划分。在设置最低学位学业标准的情况下，美国大学进一步提出优异学业标准，以激励学生充分发挥自己的潜能。克拉克大学在基本学业标准的基础上规定了优异学业标准：在学术标准的基础上，大一新生在第一学年至少应完成五门课程，学分绩点不低于2.0，并且大二、大三和大四学生每学年至少应完成六门课程，学分绩点不低于2.0，学生课程成绩为D或者D+不得超过四门，并以学业优秀的标准来衡量学生的学习成果，以判断是否出现学业不良现象。可见，美国大学在阶段性学业要求上有着明确而严格的规定，学生只有在规定的时间内拿到最低的学分并取得最低的学分绩点，方能进入下一个阶段的学习。

表 5-16　　　　　　　美国大学本科生阶段性学业学分要求

高校	阶段性学业学分要求
普林斯顿大学	1. 文学学位（A. B.）：学生必须在八个学期的学习中成功至少完成 31 门课程和两年的院系独立工作。为了升入二年级，所有学生都必须至少成功完成七门课程。只有完成 16 门课程才能达到初级水平，只有完成 24 门课程才能开始高年级学习。攻读文学学位的学生不得在未达到初级独立工作的部门标准的情况下升入高年级 2. 理学学位（B. S. E.）：学生在四年的学习中至少要完成 36 门课程。在第一年的第一学期注册四门课程，随后的每个学期注册四门或五门课程。学生预计在第一年完成九门课程，至少需要完成八门课程才能开始二年级学习，第一年完成少于八门课程的学生必须至少参加一门暑期课程，完成足够的课程才可以继续攻读学位。大三开始需要学习 17 门课程，大四开始需要学习 26 门课程。未完成规定的升学所需的最低课程数的学生将不允许继续攻读学位
耶鲁大学	1. 学位学业标准：学生至少必须获得 8 门课程学分或同等学分才能晋升为二年级，并完成大一的分布必修课程。学生至少必须获得 16 门课程的学分或同等学分才能晋升大三，并且完成大二的分布必修课程。学生至少必须获得 26 门课程学分或同等学分才能晋升高一年级，并且完成大三的分布必修课程 2. 优异学业标准（good standing）：第一学期，至少完成 4 门课程的学分；第二学期，至少完成 8 门课程的学分；第三学期，至少完成 12 门课程的学分；第四学期，至少完成 16 门课程的学分；第五学期，至少完成 21 门课程的学分；第六学期，至少完成 26 门课程的学分；第七学期，至少完成 31 门课程的学分。如果一个学期或者连续的两个或三个学期有三门课程成绩不及格（F）的话，通常会被学校开除；比学术良好信誉或晋升的最低要求少两个以上学分的学生，即使该学生的成绩没有不及格，也将被开除
弗吉尼亚大学	每学期至少要完成 12 个学分（course work）；进入第五学期，至少需要完成 54 个学分；进入第七学期，至少需要完成 84 个学分；GPA 在 1.8 以上；除特殊情况外，学生一般不予注册第九学期
斯坦福大学	本科生需要在四年（十二个季度）内完成 180 个学分。本科生每个季度至少必须获得 9 个学分，并且在入学后的前三个学期里至少获得 36 个学分。令人满意的学业进程是平均每学年 45 个学分，连续四年至少达到 180 个学分，累积平均绩点在 2.0 以上，可获得学士学位
克拉克大学	学位学业标准：每学期至少完成两门课程，GPA 不低于 2.0 优异学业标准（good standing）：大一新生在第一学年里至少完成 5 门课程，GPA 不低于 2.0；大二、大三和大四学生每学年至少完成 6 门课程，GPA 不低于 2.0；学生课程成绩为 D 或者 D+ 不超过 4 门。

续表

高校	阶段性学业学分要求
威廉佩恩大学	第一学年至少完成27学分,累积GPA不低于1.7;第二学年至少完成57学分,累积GPA不低于1.9;第三学年至少完成87学分,累积GPA不低于2.0;第四学年至少完成124学分,累积GPA不低于2.0

资料来源:Princeton University,"Undergraduate Announcement 2022－2023,"https://ua.princeton.edu/;Yale College,"Programs of Study 2023－2024,"http://catalog.yale.edu/ycps/academic-regulations/requirements-for-ba-bs-degree/;University of Virginia,"UVA Course Catalogs for Spring 2023,"https://msisuva.admin.virginia.edu/app/catalog/courseTerms/UVA01/001212/1;Stanford University,"Bulletin Degree Requirements 2022－2023,"https://studentservices.stanford.edu/more-resources/student-policies/academic-progress/academic-progress;Clark University,"Academic Catalog2022－2023,"https://catalog.clarku.edu/index.php;William Penn University,"Academic Catalog,"https://www.wmpenn.edu/wp-content/uploads/2022/08/22.23-Completed-Academic-Catalog.pdf.

表5-17　　　　　　　普林斯顿大学本科生课程进度

学期	文学学位课程进度(门)		理学学位课程进度(门)	
	最小进度	正常进度	最小进度	正常进度
大一第一学期	3	4	3	4
大一第二学期	7	8	8	9
大二第一学期	11	12	12	13
大二第二学期	16	17	17	18
大三第一学期	20	21	21	22
大三第二学期	24	25	26	27
大四第一学期	27	28	31	32
大四第二学期	31	31	36	36

资料来源:Princeton University,"Undergraduate Announcement 2022－2023,"https://ua.princeton.edu/contents/academic-standing-leaves-of-absence-and-reinstatement.

中国大学并非完全没有关于学生阶段性学分的具体规定,专业的人才培养方案和教学计划中或许对学生每一学期或者每一学年应该修读的学分进行了规定,但在实施过程中没有得到严格遵守。例如,学生不及格的课程通常会到下一学期或者学年进行补考或者重修，很容易造成不及格课程的累积，一般要达到学业预警或者退学的地步，才可能会引起学院和老师的关注，这样既不利于在过程中监控学生学习质量，也极易造成高校为了让学生顺利毕业而主动降低学业标准。为了保证学生顺利渡过每一个学业阶段，不应将学分或者不及格的课程全部挤压到要受到学业惩罚的地步再解决，高校应该在"学籍管理规定"中具体规定学生在每一个阶段（学期或者学年）必须完成的学分总数以及学分绩点。

（二）学业不良干预制度实施不力

为了保证学生可以在学制内顺利完成学业，中国高校逐渐实施学业预警制度，密切关注学生在每学期的学习进度情况，对修课课程或者学分未达到最低学业预警要求的学生进行提醒和警示，并与其家长沟通，对存在学业困难的学生，有针对性地采取帮扶和补救措施。学业预警机制在美国大学中普遍实行，一方面，由于美国大学具有普遍较高的退学率，另一方面，在于对学生学习过程质量的控制；通过对学生学习进度和学业成绩的过程性监控，可以督促和帮助学生完成学业，并保证人才培养质量。从制度设计上看，中国大学与美国大学在"学业警示"方面的制度安排并不存在明显的差异。

2016年，南京某高校因"两年半劝退67人"而引起网络热议。从该高校教务处公布的信息中可知，自2014年正式实施规范化的学业预警机制以来，每学期都有200名以上学生收到学业预警通知。根据该校《本科学生学业警示及帮扶办法（试行）》的规定（见表5-18）："学生在校期间受橙色警示不得超过两次，否则做退学处理，不得申请试读。对受红色警示学生的退学处理，由校长办公会议研究决定。由学校出具退学决定书并送交本人，同时报省教育厅备案"，但是学校对因红色警示而退学的学生并非"一棒子打死"，学校规定"因红色警示而退学的学生，可以申请试读（编入下一年级），试读期为一学年，试读期从'学业警示'发文当学期初起算。学生在试读期内必须完成《学业警示学生个人学习计划》或者每学期获得课程学分超过15学分，否则终止试读。试读期满符合试读期要求的学生可以向教务处申请恢复学籍"。这意味着"只有对于无法完成学习计划的学生，才会予以退学"。"实行学业警示，就是要早一点把有希望的拉回来，把学业无望的请出去，关键在于关口前移、过程管理、精准帮扶。"① "受警示学生的帮扶工作由学生所在学院负责，学院应指定专人对受警示学生进行帮扶工作。帮扶责任人负责指导受学业警示的学生根据培养方案及学生实际情况制订《学业警示学生个人学习计划》，并指导和督促学生及时完成《学业警示学生个人学习计划》。"② "自 2014 年 8 月以来，受到学业警示的学生，占比极低。'目前看，有 1.08% 的学生受到学业警示，而被退学的，只有 1.1‰'。"③

表 5 - 18　　　　　　　　中国大学学业预警等制度

高校	学业预警或退学
东南大学	1. 学生在校期间，出现一个长学期（短 + 长 1 或长 2）获得学籍审核学分小于 12 学分，予以其退学警告（同一门课程的重修不累计记分）。学生在收到退学警告书之日起 10 日内，可向所在学院申请办理退学试读，经审批同意后，学生进入退学试读。退学试读期限为一学期，学生逾期未提出申请办理退学试读手续的，视为学生放弃试读。全日制本科学生在校期间仅有一次退学试读机会 2. 二年级结束，在读期间（不含保留入学资格、休学或保留学籍时间）累计获得学籍审核学分小于 55 学分；三年级结束，在读期间（不含保留入学资格、休学或保留学籍时间）累计获得学籍审核学分小于 90 学分；四年级结束，在读期间（不含保留入学资格、休学或保留学籍时间）累计获得学籍审核学分小于 130 学分（该条款仅适用于五年制学生）；退学试读期内，该学期获得学籍审核学分小于 12 学分；学生在收到退学警告书后未按照第二十六条规定的期限申请办理退学试读手续，予以退学
苏州大学	1. 有下列情形之一者，给以学业警示，期限为一学年：（1）在一学期内不合格的必修课程合计达 20 学分及以上的；（2）累计不合格的必修课程合计达 40 学分及以上的 2. 学业警示期满时，当学期内不合格的必修课程合计仍达 20 学分及以上或累计不合格的必修课程合计仍达 40 学分及以上的，经学生个人申请、家长签字确认、学院（部）审核、学校批准，可给予一次缓退试读的机会。学生在校期间只能申请一次缓退试读，试读期为一学年

---

① 《向"严进宽出"说不》，《人民日报》2016 年 11 月 11 日第 16 版。
② 《南京林业大学本科学生学业警示及帮扶办法（试行）》，https://xxgk.njfu.edu.cn/DFS//file/2022/12/10/20221210161419868 1775we.pdf。
③ 秦迎：《南京林业大学一年半劝退 49 名本科生，家长哭诉》，https://news.qq.com/a/20161111/002237.htm。

第五章　中国大学本科毕业率形成机制探析　▶▶▶　251

续表

高校	学业预警或退学
南京林业大学	1. 学业警示分三个等级：黄色警示、橙色警示、红色警示 2. 每学期开学初，学生自查，学院复核，统计受学业警示学生名单报教务处；教务处审核后发文 3. 学生在校学习期间，有下列情形之一，给予其学业黄色警示 （1）每一学期获得学分≤12分，且不及格门数≥2门；（2）未获得的已修课程学分累计≥20分 4. 学生在校学习期间（毕业学期除外），有下列情形之一，给予其学业橙色警示 （1）每一学期获得学分≤8分，且不及格门数＞3门；（2）未获得的已修课程学分累计≥30分；（3）受学业警示的学生未完成个人学习计划课程学分的70% 5. 学生在校学习期间（毕业学期除外），有下列情形之一，给予其学业红色警示 （1）每一学期获得学分≤4分；（2）未获得的已修课程学分累计≥40分
广西大学	1. 学生学业成绩或选课修读的学分数没有达到规定要求的，学校将进行学业警示（包括预警、跟班试读、编入下一年级试读）和按退学学籍处理。其中预警、跟班试读学业警示由学院负责审核、处理 2. 对于每学期学生学习过程中出现如下情况之一者，进行预警学业警示，学生应自行做好学习调整；需要学习指导和帮助的，应主动向学院提出。学院应积极给予学生学习帮助和引导 （1）学生所选课程考核不及格累计达到3门的 （2）在校学习的学生，截至第4周末（或学校规定的选课截止时间），单学期所选修课程学分总数有应修仍未选足15学分的 3. 对于每学年学生学习过程中出现如下情况之一者，应进行跟班试读学业警示，由所属学院负责审核、处理，相关情况通报学生本人并督促学生报告其家长，做好备案记录，对学生进行学习指导和帮扶教育，相关情况经每学年汇总、统计后及时报备教务处 （1）所选课程未获得学分（含考核不及格、旷考、被取消考试资格和成绩无效等课程学分）总数累计达到15学分的 （2）在校学习的学生，上一学年有足够应修课程学分但平均每学期所选修的课程学分数达到5学分而不足15学分的 4. 对于每学年学生学习过程中出现如下情况之一者，应进行编入下一年级试读学业警示，由所属学院查实原因进行审核，约谈学生本人通报相关情况，并督促学生报告其家长，由学院做好备案记录。经学院对学生进行学习指导和帮扶教育，学生书面提出改进措施，学院审核同意的，报教务处审批后并进行学籍异动处理

续表

高校	学业预警或退学
广西大学	（1）所选课程未获得学分（含考核不及格、旷考、被取消考试资格和成绩无效等课程学分）总数累计达到30学分的 （2）在校学习的学生，上一学年有足够应修课程学分但平均每学期所选修的课程学分数不足5学分的；或有少于10学分的应修课程但上一学年没有进行选课修读且没有达到退学条件的 5. 学生被学校做编入下一年级试读学籍处理时，学生不愿意到下一年级注册报到或不服从学校学籍管理、不提出改进措施接受处理的，由学院按学生学业成绩未达到学校要求审核并出示相关材料，经教务处审核后报学校做退学学籍处理，并注销学生学籍
安徽师范大学	在每学期结束时，教务处对学生的学业进行一次审核。对必修课程累计获得的学分未达到本专业已开设必修课程总学分75%的学生，给予学业预警。受到学业预警的学生可以申请降级试读。降级试读由学院审批，报教务处备案。降级试读学生应以异动学籍编入其所在专业、年级的下一年级学习。试读时间计入在校学习年限

资料来源：《东南大学全日制本科学生学籍管理规定（2018 年）》，https：//xxgk. seu. edu. cn/2020/1217/c10807a356800/page. htm；《苏州大学普通高等教育本科生学籍管理办法（2022 年）》，http：//jwc. suda. edu. cn/_ upload/article/files/49/28/bc48a4b34fdc95dc45073f5b8b42/42fa1e2d-7378-4a97-8128-e8622aafe282. pdf；《南京林业大学本科学生学业警示及帮扶办法（2022 年）》，https：//xxgk. njfu. edu. cn/DFS//file/2022/12/10/20221210161419868 1775we. pdf；《广西大学普通本科学生学籍管理规定（2017 年）》，https：//jwc. gxu. edu. cn/info/1958/6704. htm；《安徽师范大学普通全日制本科生学籍管理办法（2018 年）》，https：//tao. ahnu. edu. cn/info/1045/1031. htm。

在一定程度上可以说学业预警制度对学生的学习起到了正向的警示和促进作用，减少了因学业不良问题而无法顺利毕业的学生。然而，值得关注的是，或者是由于种种条件的约束，高校在设定"严格制度"的同时留有"灵活"的空间。

如《南京林业大学本科学生学籍管理办法（2012 年修订）》[①] 对于"退学"的规定：

（1）累计受到三次学业警示者。

---

① 《南京林业大学本科学生学籍管理办法（2012 年修订）》，http：//jwc. njfu. edu. cn//jwgl/xjgl/20190111/i22588. html。

第五章　中国大学本科毕业率形成机制探析　253

（2）一学期旷课超过五十学时（旷课一天，按实际授课时间计）者。

（3）未请假离校连续两周未参加学校规定的教学活动者。

（4）在校学习时间本科生超过六年，专科生超过五年者。

（5）不按规定缴纳学费，超过学校规定期限未注册而又无正当事由者。

（6）休学期满不办理复学手续或申请复学经学校复查不合格者。

（7）经学校动员，因病该休学而不休学，而且连续两学期缺课超过总学时三分之一者。

（8）经过二级甲等以上医院确诊，患有精神病、癫痫等疾病或者意外伤残无法继续在校学习者。

（9）本人申请退学，经说服教育无效者。

（10）因其他特殊情况，学校认为必须退学者。

南京林业大学把"因学业警示而退学"作为"符合退学"的条件之一，表明高校对"学业标准"的捍卫。然而，《南京林业大学本科学生学籍管理办法（2012年修订）》进一步提出："对仅因受到学业警示而退学的学生，可在两周内由本人提出书面申请，家长签字，经所在学院同意，教务处、学生处审核，报主管校领导批准后给予降级试读机会，试读期限为一年，规定学习年限内只能试读一次。试读期内，每学期获得学分≥12学分且一学年累计获得学分≥30学分者，可恢复学籍。"[①]由此可见，高校在严格管理学生学业进度和学业成绩的同时，会给予学生多次弥补机会，如"因学业警示而退学"的学生依然可以进行"缓退试读"。与此规定不同的是，美国大学通常会划定准确的"边界"：收到学业试读（留校察看）、学业警示但成绩并未差到退学地步的学生，才可以进行试读，达到退学标准的学生，则必须给予退学处理（见表5-19）。就目前情况而言，中国高校大学生因学业不良问题被退学而无法

[①]《南京林业大学本科学生学籍管理办法（2012年修订）》，http://jwc.njfu.edu.cn/jwgl/xjgl/20190111/i22588.html。

顺利毕业的学生比例很小。只要没有非常严重的违纪行为，都可以顺利毕业并拿到学位证书，这种情况在中国得到普遍认同。

从中国高校与美国高校的毕业要求（包括学分要求和学业标准）以及学业不良干预制度来看，因中国高等教育系统改革一直以美国高等教育系统为范，所以在教学管理制度的完备性上似乎并不明显落后于美国。对于中国高校而言，最根本的问题在于无法有效地实施制度，无法严格遵守学业标准，无法彻底实施学业惩罚制度等。制度实施的不规范不仅体现在学业要求和学业管理上，而且体现在作为评价学生学业重要手段的考试制度上，这进一步造成学生在学习上的懒惰性和依赖性。

表 5-19　　　　　　　　　　美国大学学业预警等制度

高校	学业预警或退学
普林斯顿大学	1. 学生学业表现差，比如一个学期有两门以上课程成绩为 D；在学期中，如果学生无故旷课，或课程学习表现不佳，予以学业预警 2. 学生学业表现差（还未差到足以退学），则会受到留校试读警示；或在入学后的第三个学期结束时未达到写作能力要求，不论学业表现如何，都会受到学业留校试读和写作留校试读的双重警示。这类学生在第四学期结束时，仍未达到要求的话，则会被要求退学；或在留校试读警示期内，如果学生的学业表现并未得以改善，或者一门课不及格或者两门及以上课程成绩为 D，予以退学处理 3. 新生一学期有 3 门课程考试不及格，或一学年累计 4 门课程考试不及格；老生一学期有 2 门或 2 门以上课程不及格，或连续学期累计有 3 门课程不及格，或在第二、三、四个学年里累计有 4 门课程不及格，予以退学处理 4. 受到学业预警的学生，在随后学期内情况没有改善；或在二年级春季学期里未完成写作课程要求；或学生未完成每学期最低课程门数要求者；或独立研究工作（Independent Work）成绩为 F；或转校生总学分未达到要求者；或未通过学院测试者，予以退学处理 5. 被要求退学者，允许学生在随后的学期返校复读，但这种情况最多不超过 2 次
贝勒大学	1. 每学期的第六个星期会对那些分数低，考试或者是作业不及格，或者是没有正常出勤的学生进行学业预警。受到学业警示的学生应该采取行动改善学习状况，学校和学院都会提供相应的资源支持。在受到学业警示后，学生需要选择放弃本学期的一门课程 2. 任一学期学生的 GPA 和累积 GPA 低于 2.0（未达到退学的标准），予以留校试读警示；处于试读期的学生，学分不足 30 分（包括 30 分）的则需要拟定一份学业提高计划；在试读期结束时，学生学期 GPA 和累积 GPA 都达到 2.0 及以上，该处分就可以撤销；学生学期 GPA 达到 2.0 及以上，但是累积 GPA 未达到 2.0，仍维持试读，直到累积 GPA 达到 2.0 及以上 3. 留校试读记录撤销后，如果学生的学期 GPA 低于 2.0，则予以休学；若是在第二次留校试读期内，学生累积 GPA 不能达到 2.0 及以上，予以退学

第五章　中国大学本科毕业率形成机制探析 ▷▷▷▷　255

续表

高校	学业预警或退学
霜堡州立大学	1. 累积 GPA 超过 0 但低于 2.0，予以留校试读警示；如果是第一次被留校试读警示的学生，必须和学术顾问一起制订补习计划，并且达到最低学业进程的学分要求 2. 如果学期 GPA 低于 1.5 并且累积 GPA 低于 2.5，将被置于学术警示状态，如果你处于留校试读警示或学术警示状态，每学期注册的学分不得超过 15 学分。学术顾问需要审查和批准学生的课程安排和压力，学生确保在整个学期里定期与学术顾问会面 3. 符合以下任何一项则予以退学 累积 GPA 为 0；或在学业观察期内的任何一个学期里，一半以上的课程没有及格；或在学业观察期内，学生已经取得学分却没有达到学业发展水平的最低要求；或在留校试读期内，连续三个学期累积 GPA 低于 2.0

资料来源：Princeton University,"Undergraduate Announcement 2022 – 2023," https：//ua. princeton. edu/；Baylor University,"Undergraduate Catalog 2021 – 2022," https：//catalog. baylor. edu/undergraduate/undergraduate-archived-catalogs/2021 – 2022_ Catalog_ ug. pdf；Frostburg State University,"Academic Aatalog," https：//www. frostburg. edu/academics/academic-catalogs. php#/content/61ef092e4326d587375124b8.

（三）课程考核中重修和补考制度并存

作为一种重要的教育评价手段，考核（考试）最重要的作用在于检测学生的学习成果，而学生学习成果是影响学生进一步学习计划乃至于最终是否达到毕业标准的最根本因素，同样，考核（考试）方式也对学生学习态度和学习方式产生着影响。在学分制学籍管理制度下，中国大学开始实施以重修代替补考，重修制度的实施，意味着不及格的课程只能选择再次学习一遍。相较于补考制度，重修制度更为符合大学高深知识逻辑，而且可以更好地保证学生掌握学科知识，提高人才培养质量。美国大学一般要求学生重修不及格的课程或者通过选修其他课程补齐缺失的学分，普林斯顿大学要求："虽然一门不及格的课程通常并不意味着必须重修该课程，但是一些特定的课程必须进行重修。如果学生重修一门不及格的课程，不及格的成绩会保留在成绩单上，而重修课程的成绩和学分也会反映在成功完成该课程的学期的成绩单上。"① 还有一些高

---

① Princeton University,"Undergraduate Announcement 2022 – 2023," https：//ua. princeton. edu/contents/academic-standing-leaves-of-absence-and-reinstatement.

校根本不存在补考或者重修制度，如"剑桥（大学）……没有补考和重修制度，学生只要有一门课考试不及格，只能退学。当然有的学生抗议此规定，认为该规定不够人性化。于是个别学院允许补考，但你一定考不过"①。然而，中国大多数高校在实施重修制度的同时，依然保留了"学年制"制度下的补考、重考等考试制度。

自2005年《普通高等学校学生管理规定》颁布后，教育行政管理部门赋予大学更多的办学自主权，如在学生成绩管理方面规定："学生学期或者学年所修课程或者应修学分数以及升级、跳级、留级、降级、重修等要求，由学校规定。"② 由于"学分制"的普遍实施，中国大学逐渐取消"升级、跳级、留级、降级"等要求，改为重修制度；就目前重修制度实施来看，单独使用重修的高校并不多，大部分高校都是补考、重考等形式与重修并存。

"补考"等考试形式由来已久，在"新中国成立前，'补考'行为早已经出现些微缩影"③。至中华人民共和国成立之初，"补考""重考"等考试制度在"学年制"制度下不断形成。早在1954年高等教育部颁布《高等学校课程考试与考查规程》中就出现了"补考"的规定："不及格课程需进行补考，有三门以下课程不及格者须进行补考。……补考在第二学期开课后一个月内进行。补考后如仍有不及格之课程，在特殊情况下，校（院）长可准其在该学期内进行第二次的补考。"④ 1962年教育部发布《教育部直属高等学校学生成绩考核暂行规程（草案）》，该暂行规程规定："个别学生因特殊情况，经过系主任批准可以推迟补考时间，但不得迟于开学后一个月。"⑤ 由此可见，"补考、重考"等制度在今日的大学制度中依然存在，可以说是制度变迁中"惯性"所致，在短时间内

---

① 邬大光：《什么是好大学》，商务印书馆2023年版，第230页。
② 中华人民共和国教育部：《普通高等学校学生管理规定（2005年）》，http://old.moe.gov.cn/publicfiles/business/htmlfiles/moe/moe_621/201001/xxgk_81846.html。
③ 刘丽霞：《高校本科学业"清考"制度研究——基于历史制度主义视角》，硕士学位论文，安徽师范大学，2022年。
④ 教育部高校学生司：《中国高等教育学生管理规章大全（1950—2006）》，首都师范大学出版社2007年版，第31页。
⑤ 教育部高校学生司：《中国高等教育学生管理规章大全（1950—2006）》，第86页。

很难完全撤销这些固化的制度。

如表5-20所示，目前严格遵守"重修"制度的大学一般要求所有不及格的课程都必须选择重修，如厦门大学、北京大学、苏州大学；而"重修"和"补考"或者"重考"并存的大学，一般是将不同的考核方式结合起来进行不及格课程的考核，先是对符合补考要求的不及格课程进行补考，补考后仍未及格的学生则必须重修该课程。还有高校根据考试分数划分"补考"和"重修"，具体规定为"课程考试未获得学分，但考试试卷卷面成绩在40分及以上者可参加下一学期开学前的补考（当学期延长学习时间申请的学生和结业生除外），经补考不合格的课程，应当重新选学；课程考试未获得学分，且考试试卷卷面成绩低于40分者，不能参加补考，应当重新选学。课程补考成绩的评定不再考虑平时成绩"①。按照试卷卷面成绩来划分"补考"和"重修"的科学性仍待讨论，但由此可以看出完全实施重修制度，对高校而言的确很难。即使在补考安排上，高校之间也存在差异，一些高校明确要求"仅有1次补考机会"，但是也有高校会给予学生两次甚至多次补考机会。

有学生受访者（DSM4）表示：

> 曾有一门课程不及格，先是进行补考，补考未通过后进行了重修，结果重修也没有通过，之后参加了一次补考后才通过。我想着反正就一门课挂掉，不影响学业进度，而且学校也规定可以补考和重修，机会很多。

学生的切身经历，给大学管理者敲响了警钟："重修""补考""重考"，甚至是"缓考""免考""免修或者免听""结业后补考或者重修"制度的存在，看似给了学生更为人性化的关怀，实则由于制度体系、配套机制的不完善，使得这些制度在实施中不断地"异化"，不断拉低"底线"以迎合学生，目的就是让学生毕业。例如，"免修或免听"制度

---

① 《广西科技大学普通本科学生学籍管理规定（试行）（2019年）》，https://www.gxust.edu.cn/jwc/info/1059/1970.htm。

使得"重修"成为另外一种形式的"补考",违背了重修的本质;"结业后返校重修或补考"更是使得毕业成为学校送给学生的"糖果"。这样一系列"补救"措施的存在,在一定程度上会让学生更加不重视考试、不珍惜资源,不看重学习,拉低本科教育质量。

表 5-20　　　　　　　　中国大学重修等制度规定细则

高校	重修等制度	具体要求
厦门大学	重修	必修课程考核不合格必须重修;选修课程考核不合格可选择重修或根据培养方案要求改修其他课程。重修课程如停开,所在学院可以指定学生修读学分相同、要求相近的其他替代课程。重修课程不允许免听。考核已合格的课程不允许重修
北京大学	重修	课程考核不合格者,必修课必须重修,选修课可以根据教学计划要求重修或选修其他课程取得学分。学生因重修等原因确需修读上课时间部分冲突的课程时,经任课老师和院系同意可申请以自修方式修读其中冲突部分的课程。考核已合格的课程不允许重修
苏州大学	重修	凡课程考核等级低于D等或学分绩点低于1.0、违纪、作弊、无故缺考或者缺课1/3以上者,应当重修该门课程;对等级高于(或等于)D等或学分绩点大于(或等于)1.0的课程成绩不满意者亦可申请重修。重修课程成绩以最高成绩作为有效成绩记录,并在成绩单上以"重修"标记予以标注
南京大学	重修和补考	课程考试不及格的,可以申请重修并缴纳课程学分学费,重修不及格的不得申请补考,只能再次重修。学生首次修读的课程成绩不及格,可以申请一次补考,课程补考成绩按平时成绩(含期中)和补考卷面成绩综合评定,课程原成绩和补考成绩分别记载在成绩单上,注明"补考"字样,课程原成绩注明"无效"字样。已考核通过且总评成绩低于80分(不包含)的课程,只允许申请重修一次。总评成绩高于80分(包含)的课程不得申请重修
华中科技大学	重修和补考	补考是指每学期开学初对学生上一学期不及格课程再次安排的考试环节。每门课程参加补考次数不超过1次。补考合格者,成绩以60分记载。必修课程补考后仍未获得学分,学生应当重修;选修课程未获得学分,可以重修也可另外选择其他课程学习。学生不得重修已取得学分的课程。在规定学习年限内不及格课程的重修次数不限。重修课程考核成绩均记入成绩记录表并注明重修

续表

高校	重修等制度	具体要求
中国矿业大学	重修和补考	培养计划规定的课程（实践环节除外）第一次考核成绩不及格者，学校给予一次免费补考机会；实践环节课程原则上不组织补考，但给在校生一次免费重新学习机会。旷考、禁考、考核违纪、作弊或补考不及格者，必须重新学习。学生在校期间申请重新学习同一门课程的次数不得超过两次。重新学习的课程不设置补考
安徽大学	重修和补考	实践环节课程考核不及格、补考不及格、考试违规、旷考的学生，一律重修；选修课考核不及格者可以选择重修，也可以改选其他课程。专业培养方案所规定课程（不含选修课程和实践环节课程）考核不及格者，准予补考1次；补考成绩高于60分（含60分）的以60分计，低于60分不能获得学分，应当重修
西安邮电大学	重修和补考	学生参加必修课程和限选课程的正常考试未通过，可在下一学期开学初参加一次补考；补考成绩按照卷面实际成绩记载，并予以标注。重修课程与正常课程的教学要求一致，学生必须按时参加所申请课程的全部教学活动，完成课程的全部教学要求后方能参加考试并认可成绩；重修成绩按课程总评成绩记载，并予以标注
辽宁工业大学	重修和补考	每门课程的考核分为正常考试、补考和重修考试。凡教学计划规定的必修课程和院指定的部分专业选修课程以及实践性教学环节考核成绩不合格，允许补考。补考在每学期开学初进行。补考课程成绩点最高。即补考成绩在79分以下（含79分）时，按实际成绩记载，补考成绩在79分以上时，按79分记载。期末考试成绩（满分100分）低于30分（含30分），不得参加补考，应予重修。实践教学环节考核不及格者，原则上不予补考，应予重修。选修课不及格者，不予补考，学生可重修，也可重选其他课程
上海海关学院	重修和补考	考核成绩不及格需补考的，补考安排在考核学期的下一学期开学第1周。补考仍不合格，低年级开设相同的课程且该课程有补考环节，不合格的学生在校期间可申请参加此门课程的考试（申请受理时间以公布为准）；如因专业人才培养方案调整，低年级不再开设的课程，经原任课教师同意后，学生可向教务处申请，在下一年级补考期间给予一次单独补考机会。考试课程补考成绩达60分以上以60分记，60分以下以实际分数记，补考成绩须标注补考 通识教育类选修模块课程考核成绩不及格（不通过）的，期末成绩以不及格（不通过）记载，并标注重修，不安排补考，学生重新选修通识教育类选修模块课程。实践环节、毕业论文、实习专题报告不合格应当重修，重修安排跟下一年级

资料来源：《厦门大学本科生学籍管理规定（2017年）》，https://cm.xmu.edu.cn/_t99/2019/1203/c18339a388879/page.htm；《北京大学本科生学籍管理办法（2019年）》，http://

www. dean. pku. edu. cn/web/rules_ info. php？id＝20；《苏州大学普通高等教育本科生学籍管理办法（2019 年版）》，https：//chemistry. suda. edu. cn/52/a5/c18369a414373/page. htm；《南京大学普通全日制本科生学籍管理办法（2021 年）》，https：//jw. nju. edu. cn/46/e2/c24750a542434/page. htm；《华中科技大学普通本科生学籍管理细则（2021 年）》，http：//cpa. hust. edu. cn/info/1093/11071. htm；《中国矿业大学本科学生学籍管理规定（2021 年）》，https：//jwb. cumt. edu. cn/info/1245/6005. htm；《安徽大学本科生学籍管理规定（修订）（2017 年）》，http：//jwc. ahu. edu. cn/2021/0605/c10325a261158/page. htm；《西安邮电大学本科生学分制学籍管理办法（修订）（2021 年）》，http：//jyc. xupt. edu. cn/info/1135/2511. htm；《辽宁工业大学学分制学籍管理规定（修订）（2017 年）》，https：//www. lnut. edu. cn/info/14002/185619. htm；《上海海关学院全日制本科学生学籍管理办法（2019 年）》，https：//xxgk. shcc. edu. cn/9w1xsxjgl/list. htm。

（四）考试制度的异化——"清考"

中华人民共和国成立之后，高等教育政策中明确提出"毕业前补考"可以追溯到 1962 年 11 月教育部发布的《教育部直属高等学校学生成绩考核暂行规程（草案）》。该暂行规程规定："有一门课程不及格而准其升学的学生……在以后的各学期中，如所有其他课程均及格（或经补考及格）的，其原不及格的一门课程允许在毕业以前再补考一次或重修。"[①] 1983 年《全日制普通高等学校学生学籍管理办法》再次提出，"学生历年如有不及格的课程，学校应在学生在校学习期间分期安排重新修读。修读不及格者，不准补考，毕业时作结业处理"，但是又附加一条"如无时间安排重修，可按下列办法处理：1. 毕业分配前再补考一次，补考后仍不及格者，发给结业证书，不及格的课程以后不再补考；2. 毕业时发给结业证书，不及格的课程在结业后一年内可申请补考一次，及格后换发毕业证书"[②]。

1987 年《部分高等学校试行学分制工作座谈会对全日制普通高等学校试行学分制学籍管理办法的建议稿》对成绩考核方面的要求是："必修课和限定性选修课考核不及格者，允许补考，补考仍不及格应重修。

[①] 教育部高校学生司：《中国高等教育学生管理规章大全（1950—2006）》，首都师范大学出版社 2007 年版，第 86 页。

[②] 教育部高校学生司：《中国高等教育学生管理规章大全（1950—2006）》，第 175 页。

若因故无条件重修者,也可在毕业前再补考一次。""凡作结业处理的学生,补考后不及格的课程,因课程冲突等正当理由未能重修,在毕业前也无机会再行补考的课程,结业后一年内可申请补考(补作)一次,及格并取满学分者,换发毕业证书。"① 在制度变迁的"路径依赖"中,中国在试行学分制改革时,依然把"学年制"制度下的一些考核考查制度照搬过来,出现补考和重修同时存在的混乱局面。1990年颁布的《普通高等学校学生管理规定》提出:"凡擅自缺考或考试作弊者,该课程成绩以零分计,不准正常补考,如确实有悔改表现的,经教务部门批准,在毕业前可给一次补考机会。"② 1996年5月,《国家教育委员会关于严格高等学校考试管理及有关问题的通知》下达,该通知指出:"依照《普通高等学校学生管理规定》,凡擅自缺考或考试作弊的学生,该课程成绩以零计分,不准正常补考,如确实有悔改表现的,经教务部门批准,在毕业前可给一次补考机会。"③ 2005年3月,教育部颁布《普通高等学校学生管理规定》,提出"给予警告、严重警告、记过及留校察看处分的,经教育表现较好,在毕业前对该课程可以给予补考或者重修机会"④。直至2017年《普通高等学校学生管理规定》才对此进行了修改,具体为:"给予警告、严重警告、记过及留校察看处分的,经教育表现较好,可以对该课程给予补考或者重修机会"⑤,取消了对补考或者重修时间的具体限定。

综上所述,可以发现"不及格的课程,视具体情况,可以在毕业前给一次补考(或者重修)的机会"是上述政策文件中共同存在的。由此推断,"毕业前给一次补考(或者重修)"的政策规定即是目前中国大学"清考"存在的政策依据,是中国行政化管理体制在高校管理中的具体体现。值得关注的是,"毕业前给一次补考(或者重修)"的政策规定是

---

① 教育部高校学生司:《中国高等教育学生管理规章大全(1950—2006)》,首都师范大学出版社2007年版,第234页。
② 教育部高校学生司:《中国高等教育学生管理规章大全(1950—2006)》,第323页。
③ 教育部高校学生司:《中国高等教育学生管理规章大全(1950—2006)》,第454页。
④ 教育部高校学生司:《中国高等教育学生管理规章大全(1950—2006)》,第657页。
⑤ 中华人民共和国教育部:《普通高等学校学生管理规定(2017年)》,http://www.moe.edu.cn/srcsite/A02/s5911/moe_621/201702/t20170216_296385.html。

针对"缺考"或者违反校规校纪后表现良好的学生给予一次考试的机会，这一政策规定在演变成为"清考"后，则成为所有课程不及格学生顺利毕业的最后一根稻草。

"清考"的产生及存在的确反映出教育教学管理过程中对质量底线把关不严。一位高校高层管理者（AM1）对"清考"有着自己的忧虑：

> 第一次听说大学有"清考"这种制度，我是震惊的，当即就去确认我们学校是否有"清考"制度，结果是否定的。作为分管教学和科研的管理者，收到将被"学业警告"或者"退学"学生写来的"请求再给一次机会"（笔者对原话略有改动）的信件并不稀奇，有时候还会接到家长打来的电话。面对这种情况，作为一个教育者，难免产生恻隐之心。偶尔也会视情况再给学生一次机会，但是那种严重学业不良或者严重违纪的学生，是不可能再给机会的，毕竟保持较高的学业标准，才能保证一流人才培养质量。从保证人才培养质量来看，"清考"是毫无底线的行为，有辱大学斯文。

在实践过程中，"清考"的确已经成为学生顺利拿到毕业证书的"低门槛"关口。在"清考"制度没有取消之前，某高校在《本科教育学分制条例》中规定："学生首次修读的课程不合格，在正常修业年限内最多可以再参加两次该门课程的补考。第一次补考安排在课程结束的下一学期，第二次补考安排在毕业前。补考或清考通过的课程绩点一律计为1.0。"① 有些高校甚至还会组织多次"清考"②，直至学生顺利完成学分要求。

对于学业不良的学生而言，"清考"会加重他们的依赖心理和懒惰心理。从学生问卷调查中，关于"本科生了解所在高校是否组织'清考'"的问题上，有一半以上（52%）的学生表示"不清楚"，选择

---

① 《海南大学本科教育学分制条例》，http：//www.hainu.edu.cn/stm/zy_jwc/2015513/10418000.shtml。

② 江西财经大学：《关于组织第二次清考的通知》，http：//jwc3.jxufe.edu.cn/news-show-119.html。

"不清楚"选项的学生比例随着年级的提高而呈现出降低的趋势,从大一到大四（大五）的比例分别为61.2%、54%、25%、16.7%。从以上数据可以看出,"清考"作为一项非正式的高校教学管理制度,学生对它的认识是逐渐形成的,尤其是随着年级的升高,越临近毕业的时候,学生对"清考"的依赖就越来越凸显。

中国在学分要求、学业标准或者学业不良干预制度上仍存在不合理的地方,需要高校投入更多的精力和资源进行制度完善。中国高校学分制学籍管理制度中最为根本的问题,在于"好"制度无法得到严格执行。在学分制学籍管理过程中,中国高校重修与补考、重考等制度的并存及混乱使用,甚至催生出"清考"这一非正常考试形式,这会使得大学制定的如总学分和阶段性学分的学业要求和学业标准等规章制度成为"一纸空谈"。庆幸的是,教育部早在2018年就发文指出"坚决取消毕业前补考等'清考'行为"[1],在政策指导下,全国高校开始实施取消"清考"的改革,同时加强学业预警和学业扶持等方面的工作,如有些高校在通知取消"清考"的同时亦宣布积极推进学业预警制度。[2]

在取消"清考"的改革中,部分高校反应及时,在当年即停止一切"清考"行为,部分高校则推迟进行,"从2020届毕业生开始""从2018级本科生开始""从2019级本科生开始""从2020级本科生严格执行"等不同的取消"清考"的时间要求,这就造成近两年来仍然有部分高校组织毕业清考;还有高校未完全取消"清考"行为,规定部分学生群体可参加"清考",如"一是考取硕士研究生。二是获批实用新型专利且排名第一,或获批国家发明专利且排名前三。三是获《安徽省大学生学科和技能竞赛部分A、B类项目列表》（以当年度颁布的目录为准）

---

[1] 《教育部关于狠抓新时代全国高等学校本科教育工作会议精神落实的通知》,http：//www.moe.cn/srcsite/A08/s7056/201809/t20180903_347079.html；《教育部关于深化本科教育教学改革 全面提高人才培养质量的意见》,http：//www.moe.cn/srcsite/A08/s7056/201910/t20191011_402759.html。

[2] 河北科技师范学院：《关于取消清考制度的通知》,https：//jwc.hevttc.edu.cn/info/1053/2071.htm。

中 B 类竞赛二等及以上奖励，或 A 类竞赛三等及以上奖励。四是以第一作者且 E 学院为第一单位发表三类及以上论文"[1]。这意味着高校仍然在为"清考"预留生存的土壤；需要"警惕'变异'的'清考'行为，比如前移考试时间、降低考试难度、放宽考试环境等变相提高考试的通过率"[2] 的行为。有学者在 2020 年的一项调查中得到了如下信息："一位高校分管教学的副校长说'省内的一些高校为了方便学生出国和就业，在本科生毕业成绩单上都会把绩点提高一些'，而且'比较普遍'。"这不仅令人感慨："取消'清考'之后，竟然又有高校'发明'了提高绩点的'对策'。"[3] 之所以如此，是因为高校为"变异"的"清考"行为提供了土壤，正如有学者所言："不仅仅需要取消表面所看到的'清考'实体，还需要清除'清考'扎根的土壤，否则考试还是有可能会决堤放水。"[4]

总而言之，在政府的行政管理体制及教育政策和评估的导向下，高校基于"维稳"及资源有效利用的考虑，在最大程度上保障了学生的顺利毕业。从表面上看，于高校而言，"合格"的学生是多了，但长此以往，只会进一步拉低高校的人才培养质量，影响高校的社会声誉，损害高等教育质量，不利于高等教育高质量发展。

三 学分制学籍管理的"灵活性"与大学本科毕业率的形成

学分制的核心是"选课制"，其本质是学习自由的理念，学生可以基于兴趣、爱好、意愿和学习能力自主地选择学习内容和学习进程，教师和高校管理者为不同的学习主体提供资源支持和过程质量管理。"选课制"的存在改变了学年制下人才培养统一化的特征；在此基础上，需要管理制度上体现出更多的"灵活性"，才更有利于提高学生学习的自由程度。可以说，弹性学制、学分互认与转学制度是高校管理制度"灵

---

[1] 参见尹婷婷、王建华《中国"清考"制度的缘起、问题与治理——普及化时代高等教育质量保障的反思》，《现代大学教育》2021 年第 5 期。
[2] 杨晓宏：《警惕变异的"清考"》，《教育与教学研究》2021 年第 8 期。
[3] 邬大光：《雪山的雪线与高等教育的质量底线》，《高校教育管理》2022 年第 1 期。
[4] 卢晓东：《取消"清考"后还需改什么》，《中国科学报》2018 年 9 月 18 日第 5 版。

活性"的集中体现。

（一）弹性学制实施效果不佳

从中国实施"弹性学制"改革的进程来看，自1978年起，中国已经有部分高校试行学分制改革，弹性学制是其中主要的改革事项。1983年《全日制普通高等学校学生学籍管理办法》规定："实行学分制的学校，未修满必修课学分或总学分的学生，毕业时作结业处理或延长修业期一年。"[①] 1985年《中共中央关于教育体制改革的决定》明确提出积极进行包括学分制在内的各项教学改革试验，试行学分制的高校大幅度增加。2005年《普通高等学校学生管理规定》要求，"学生可以分阶段完成学业。学生在校最长年限（含休学）由学校规定"[②]；2017年《普通高等学校学生管理规定》稍作修改后规定，"学生可以分阶段完成学业，除另有规定外，应当在学校规定的最长学习年限（含休学和保留学籍）内完成学业"[③]，这些都给中国大学实施弹性学制改革提供了充分的政策支持。

从目前中国大学实施的学分制学籍管理制度来看，弹性学制已经是较为普遍的管理制度，允许学生提前或者推迟毕业年限。一般而言，学生最多提前一年毕业，最多推迟毕业年限不得超过两年，如四年制学生的学制年限为3—6年。有部分高校对弹性学制安排会进行一些调整，如2021年《中国矿业大学本科学生学籍管理规定》提出，"本科学制四年（建筑学专业学制五年），按照学分制管理机制，实行弹性学习年限。……本科生在校最长年限（含休学）为所在专业学制加2年，参军入伍及休学创业时间不计入最长学习期限内。超过此年限者，不予注册"[④]，但是高校修订前的规定为"本科生在校最长年限（含休学）为所在专业学制加四年，超过此年限者，不予注册。参军入伍时间不计入

[①] 教育部高校学生司：《中国高等教育学生管理规章大全（1950—2006）》，首都师范大学出版社2007年版，第175页。

[②] 教育部高校学生司：《中国高等教育学生管理规章大全（1950—2006）》，第658页。

[③] 中华人民共和国教育部：《普通高等学校学生管理规定（2017年）》，http://www.moe.gov.cn/jyb_xwfb/gzdt_gzdt/s5987/201702/t20170216_296400.html。

[④]《中国矿业大学本科学生学籍管理规定（2021年）》，https://jwb.cumt.edu.cn/info/1245/6005.htm。

最长学习期限内"①，整体上弹性学习时间在缩短。此外，中国大学推迟学习年限一般包括了休学、保留学籍、修读双学位及休学创业的时间。

从实际执行情况来看，中国高校学生真正申请延迟毕业的学生只是极少数，一项关于中国15所研究型大学的实际调查表明，申请延迟毕业的学生平均约占当年毕业生总数的2%②，即使该项调查距今已近十年，但是从目前中国大学本科毕业率的现状来看，这一状况在整体上并未得到很大改变。

此外，通过对学生问卷调查数据分析发现，在被调查的622名毕业生（615名"大四、大五"+7名"其他"）中，共有12名学生（占比约2%）属于"延期"状态，其中11人"因未达到毕业要求而延期（如未达到总学分和学分绩点要求、不及格课程需要重修或补考等）"而延迟毕业，仅有1人"因考研、出国留学主动申请延期"。由此可见，因学业不良而被动延期毕业的占较大的比例。值得关注的是，在被调查的大一、大二和大三的2891名学生中，有14人选择了"延期"选项，而"延期"的理由则是"因考研、出国留学主动申请延期"，这14位学生均来自研究型大学。现状表明，申请主动延期的大学生比例仍较小，而且这部分大学生主要来自于办学资源相对丰富的研究型大学。不可否认，学分制和弹性学制的实施的确需要大量的资源投入。一位来自研究型大学的学生（ASM2）因学业不良而被"延期"。在谈到"延期"这个问题时，他表现得很坦然，还"调侃"道：

> 你看起来比我自己还替我感到担心。（笑）说实话，"延期"对我而言没有太大影响，我没觉得有太大压力，可能主要是因为我父母并没有给我压力，他们让我静下心来好好重修这门课。还有一个重要的原因，就是学校为延期的学生提供了充分的支持，我有宿舍住（免费的），食堂、图书馆、自习室的一切资源都可以正常使用，

---

① 《中国矿业大学本科学生学籍管理规定（2019年）》，https://oldjwb.cumt.edu.cn/67/1b/c3225a550683/page.htm。

② 薛成龙：《中国研究型大学学分制与教学资源配置的相关性研究——课程改革与资源配置视角》，博士学位论文，厦门大学，2010年。

跟以前一模一样。

弹性学制在中国大学中的实施成效并不显著,其中有一个重要的制约性因素是高校可以提供的资源支持力度。一位曾在教务处工作的高校中层管理者(AM2)表明:

> 说到"毕业率"问题,就不得不提到我国大学弹性学制的实施情况。我国延期毕业学生的比例较小,要考虑到大学可以提供的资源支持情况。比如,是否要为延期毕业的学生提供宿舍?美国大学完全不用担心这个问题,因为大部分的美国大学不需要为学生提供宿舍,或者不用全程提供宿舍,它们没有这方面的负担。但是,这种情况在我国大学是绝对不允许的,教育部要求大学必须为学生提供学校宿舍。

上述事实说明,办学资源的有限性在一定程度上制约了高校实施弹性学制的有限性,经济压力和心理压力也制约了学生选择"延期毕业"的行为,按照教学计划在正常学制内顺利毕业,好像可以取得效益最大化。

(二)学分互认下的转学制度形同虚设

1978年《高等学校学生学籍管理的暂行规定》提出:"高等学校学生,一般不得转学。高等学校学生,无正当理由不得转换专业。"[①] 直至1983年《全日制普通高等学校学生学籍管理办法》才取消了这一规定,改为"学生有下列情况之一者,应准许转专业、转学"[②],显而易见,"转专业、转学"等政策是在高等教育发展过程中形成的,体现出高等教育管理制度的灵活性。就实施情况而言,相较于高校间的"转学",学生在高校内的"转专业"要容易很多。然而,如果对于部分有学业困难的学生而言,高校设置的学业要求远远超过了他的能力,或者种种因素阻碍了他适应高校环境,那么高校能给予他的帮助或许是让他转到更

---

① 教育部高校学生司:《中国高等教育学生管理规章大全(1950—2006)》,首都师范大学出版社2007年版,第108页。

② 教育部高校学生司:《中国高等教育学生管理规章大全(1950—2006)》,第170页。

为适合他的高校进行学习。

然而，中国教育行政部门和高校在学生"转学"制度方面的规定，似乎都存在较大的局限性。《普通高等学校学生管理规定》对"转学"条件进行了规定：

> 学生一般应当在被录取学校完成学业。因患病或者有特殊困难、特别需要，无法继续在本校学习或者不适应本校学习要求的，可以申请转学。有下列情形之一，不得转学：（一）入学未满一学期或者毕业前一年的；（二）高考成绩低于拟转入学校相关专业同一生源地相应年份录取成绩的；（三）由低学历层次转为高学历层次的；（四）以定向就业招生录取的；（五）研究生拟转入学校、专业的录取控制标准高于其所在学校、专业的；（六）无正当转学理由的。学生因学校培养条件改变等非本人原因需要转学的，学校应当出具证明，由所在地省级教育行政部门协调转学到同层次学校。①

上述政策规定表明，中国教育行政部门支持学生在高校之间的转学行为，但仍强调"学生一般应当在被录取学校完成学业"。的确如此，转学行为需要高校之间，而且多是省市之间的多方协调，容易出现转学违规的现象。2015年《教育部规定高校学生十类情形不得转学：严禁以转学为幌子变相择校择专业》出台，明令"严禁以转学为幌子，变相突破高校招生录取分数线择校、择专业"②。

从中国高校之间"转学"的实施情况来看，大致可分为三类：一是普通转学，一般是由办学规格高向办学规格较低的学校流动，而且接收高校一般以学生高考分数（尤其是录取批次）为依据，而非由学生在大学中的学业成绩为依据；二是以"插班生"制度进行转学，如2000年上海市普通高校招收插班生改革试点方案开始试行，大学生通过相关考

---

① 中华人民共和国教育部：《普通高等学校学生管理规定（2017年）》，http://www.moe.gov.cn/jyb_xwfb/gzdt_gzdt/s5987/201702/t20170216_296400.html。

② 《教育部规定高校学生十类情形不得转学：严禁以转学为幌子变相择校择专业》，http://old.moe.gov.cn//publicfiles/business/htmlfiles/moe/s5147/201505/188024.html。

试后，可以从一所高校转入另一所高校就读；三是由相同办学规格或者相同区域内的高校成立"联盟"，联盟之间的高校可以通过"学分互认"进行跨校选课等行为，实现变相转学，如 C9 联盟、卓越大学联盟、重庆大学联盟等。

从政策设计和制度安排上看，中国高校之间的转学制度在不断完善；但从实际实施情况来看，中国高校之间的"流动性"仍然壁垒重重，院校之间的学分互认实现情况并不理想。高等教育系统之间流动性的缺乏，对学生而言意味着，如果因不适应高校的学习环境，或者因无法达到高校学业要求而出现学业不良情况，并导致无法顺利完成学业，那么，他们申请到其他高校进行就读的机会很小，尤其是对于地方普通高校的学生而言。此外，按照教育部"入学未满一学期或者毕业前一年的学生不可以转学"的规定，学生在转学之前应该已经修读课程并获得了学分，然而，大多数高校并未制定关于转学学生的学分互认制度，这也是中国大学之间学分互认制度尚未完善的表现。

四 对大学学分制学籍管理制度"严格性"与"灵活性"的反思

从表面上看，中国大学在学分制学籍管理制度上逐步完善，并不缺乏如选课制、弹性学制、重修制度、学分互认等重要的教学管理制度，这些管理制度都可以作为大学人才培养质量的保障。然而，在学分制学籍管理制度下，中国高等教育质量问题凸显，突出表现在用人单位和公众对大学毕业生质量的认可度不高，大学生对自己接受的高等教育同样存在质疑方面。通过前文分析，中国大学学分制学籍管理中的"严格性不足"及"灵活性不足"是导致人才培养质量不高的重要原因。

(一) 中国大学学分制学籍管理制度的严格性不足

中国大学学分制学籍管理制度严格性不足主要体现在两个方面：一是管理制度设计的合理性和科学性不足；二是管理制度实施的严谨性和规范性不足。

不合理的管理制度会导致高校管理者、教师甚至是学生在具体实践过程中产生混乱，给高校的管理带来不便。大学中总学分数过高及课程数量过多的问题，使得学生疲于应付课程，无法保证课程修读的质量；

迫于学校管理者、教学评价制度及学生感情带来的压力，教师很难提出较高的学业标准，也很难严格按照出勤、课堂表现、作业、学术报告和考试成绩对学生进行学业评价，造成学业挑战度不足，且学分含金量不高。此外，在课程出勤率考核方面，高校和教师均会做出严格的规范要求，如旷课达到一定比例，则不得参加考试，课程成绩以零分记，等等。然而，由于缺乏监督管理制度，在实践过程中很难操作，学生的"出勤率"无法得到保障，影响到学生掌握课程知识的系统性，课程修读质量难以得到保证。

重修、重考、补考等制度的并存及混乱使用，造成高校制定的学业标准难以得到严格坚守，容易受到各种非学术性因素的干扰，质量底线难以得到保障。而且，考核制度的混乱使用以及学业标准的难以坚守，直接影响到其他管理环节，如中国高校学生管理中存在的"结业"和"毕业"双重制度。最初"结业"对于学生而言意味着高等教育经历，有利于学生顺利就业。如1983年《全日制普通高等学校学生学籍管理办法》对"结业与毕业"进行了规定："毕业设计（论文）毕业实习或毕业时的课程考核不及格的课程未达到留级门数者，先发给结业证书。在分配工作后一年内向学校申请补考（补作）一次，及格者换发毕业证书。"[①] 随着高等教育管理体制的改革，该规定在2005年《普通高等学校学生管理规定》中被调整为"结业后是否可以补考、重修或者补作毕业设计、论文、答辩，以及是否颁发毕业证书，由学校规定"[②]。自主权的扩大为高校进行学生管理规定的制定提供了更为广阔的空间，如有高校规定："结业学生，经本人自愿申请，在学校规定的最长学习年限内由学校安排一次补考，或申请跟其他班级一起补考，补考成绩合格，可换发毕业证书。"[③] 然而，因监管不严、保障制度的缺失，或者高校基

[①] 教育部高校学生司：《中国高等教育学生管理规章大全（1950—2006）》，首都师范大学出版社2007年版，第175页。

[②] 中华人民共和国教育部：《普通高等学校学生管理规定》，http://old.moe.gov.cn/publicfiles/business/htmlfiles/moe/moe_621/201001/xxgk_81846.html。

[③] 《海南大学本科学生学籍管理规定（2015年）》，https://ha.hainanu.edu.cn/jwc/info/1013/1487.htm。

于招生、就业及其他相关利益的考虑，往往会降低学业标准让学生毕业，最终造成学术标准无法得到严格实施，造成高校学生管理中的混乱现象。

在一般情况下，如果不是因为考试作弊、论文抄袭及其他的违反校规校纪行为，高校学生都可以拿到毕业证书和学位证书。即使是因为考试作弊或者按论文抄袭等未能获得学士学位的学生，也有高校规定：

> 具有下列情况之一者：修读课程平均学分绩点达 2.50（含 2.50）以上者；获一次校级综合奖学金二等以上或累计两次（含两次）校级综合奖学金三等者；获市级以上荣誉称号者；作为项目负责人获学校认可的创新创业活动（竞赛）（全国大学生英语竞赛除外）省级三等奖以上者；全国大学英语四级成绩 450 分（含 450 分）以上或六级成绩 425 分（含 425 分）以上；外语类专业毕业前通过国家专业英语（日语）八级；获全国计算机等级考试三级（含三级）以上证书；毕业当年通过国家硕士研究生入学考试并被录取者，但平均学分绩点达 1.50 以上（含 1.50）；经过学校批准可以准予授予学士学位。[①]

上述情况是否能够真正反映学生学术水平，使之可以成为学生重新申请学位的条件有待商榷，但是设想一下，如果学生通过了国家硕士研究生入学考试，不让学生获得毕业证书或者学位证书的话，对于高校而言并不是理性的选择，因此高校就设置了类似的指标，只为尽可能保障学生顺利毕业。此外，即使在规定学制内（一般为 4 年）暂时无法获得毕业证书和学位证书，有的高校也规定"主修专业符合以下情形之一者，可补授主修学士学位：按结业方式处理，在学校规定的修业年限内达到毕业要求并准予换发毕业证书，经审查符合学士学位授予条件的；已毕业学生平均学分绩点未达到学士学位授予标准，在学校规定的修业

---

① 《大连工业大学本科学生学士学位授予工作细则（2018 年）》，http://jiaowu.dlpu.edu.cn/upload/file/202203/27164833721572745345.pdf。

年限内重修相应课程，达到学士学位授予条件的"①。以上旨在激励学生通过个人努力获得学位的制度安排，却常因保障制度不完善或者制度实施的不规范，而使得制度流于形式。

（二）中国大学学分制学籍管理制度灵活性不够

中国很多大学都规定实行弹性学制，但是真正提前毕业和延迟毕业的学生比例很低。不得不承认，实行学分制和弹性学制需要资金资源、硬件资源和师资资源大量充分的投入，因而在资源相对充足的研究型大学中弹性学制实施的效果更好。对于大部分高校而言，学生无法顺利毕业和就业会影响到学校所能获取的高等教育资源，最为直接的是来自中央政府或者地方政府的财政投入，于是高校就可能会通过降低学业要求和学业标准而让学生按期毕业。由此可见，很多高校之所以降低学位要求让学生按时毕业与修业年限缺乏弹性有一定关系。值得注意的是，造成高校修业年限缺乏弹性的因素较为复杂：政府和社会的压力、高校制度设计的欠缺，或者学生的心理和观念都会产生较大的影响。

高校间"学分互认"制度尚未完善，高等教育系统的流动性较弱，导致有学业困难的学生无法顺利转到其他专业，或者申请到其他高校进行学习，这大大增加了学生因"学业不良"而造成的"退学"等心理负担。在被调查的3493名本科生中，有近一半的学生（48.9%）表示所学专业并非"第一志愿"，这部分学生中有57.8%的学生考虑过转专业，最终成功转专业的学生仅占有意向转专业学生的11.3%；在所学专业是"第一志愿"的学生中，则有25.4%的学生考虑过转专业，最终成功转专业的学生仅占有意向转专业学生的7.8%。从这一组数据中可知，所学专业并非"第一志愿"的学生更倾向于转专业，他们希望可以转入自己感兴趣或者更为擅长的专业中。然而，成功获得转专业的学生比例并不高，在被调查的3493名本科生中，转专业成功的学生比例仅约为3.9%。

不得不承认，大学生被"退学"后的"出路"几乎是令人绝望的，

---

① 《西南大学本科毕业生学士学位授予工作实施细则（修订）（2021年）》，http：//jwc.swu.edu.cn/s/jwc/gzzd2glwj/20211217/4706074.html。

如某高校规定：

> 学生退学的后续问题，按下列规定办理：经批准退学的，自正式通知退学之日起，不再享受在校生待遇；退学学生发给退学证明，并根据学习年限及成绩发给肄业证书（至少学满一学年）；不按规定办理退学手续擅自离校的学生不发给肄业证书和退学证明；取消学籍或退学的学生均不得申请复学。[①]

然而，也有高校在"退学"制度安排上体现出了流动性，如清华大学规定："退学学生办理退学手续后，学校发给退学证明。在校学满一学期的，发给肄业证书。退学学生五年内重新参加入学考试、符合录取条件，再次入学的，在校学习期间所修课程及已获得学分，经院系认定，予以承认。"[②] 由此可见，"退学"学生的出路大概分为三类：一是直接就业；二是重新参加高考；三是出国留学。"退学"给学生和家长带来极大的经济压力和心理压力，学生和家长难免会对高校施压，带来一定的不和谐因素。为了避免大学生因无法正常毕业而带来的就业压力和社会压力，通过设置较低的学术质量要求，甚至一再降低要求以让学生毕业成为"理性"的选择。

（三）学分制学籍管理制度中坚持"严格性"与"灵活性"相结合

大学学分制学籍管理中的"弹性不足"及"流动性较弱"的问题，导致大学在内外部多种因素的压力下，有时不得不通过设置较低的学业标准，或者放宽管理规范，使得大学生按时毕业。可见，大学人才培养过程中"灵活性"的缺乏往往会影响教学管理制度实施的严格程度。由此，大学应该通过真正放宽修业年限来严守学位要求。对于那些不能在规定学制内完成学业要求的学生，可以通过延长他们的学习年限，让他

[①]《长安大学本科学生学分制学籍管理规定（2022年）》，https：//jwc.chd.edu.cn/_upload/article/files/32/cb/586327c446978b0484b8feaa6ef0/7bf1b966-028b-48f6-930d-48e350c6c60d.pdf。
[②]《清华大学本科生学籍管理规定》，https：//www.tsinghua.edu.cn/info/1142/1108.htm?ivk_sa=1024320u。

们用更充分的时间达到毕业要求和学位要求。在这个过程中，需要高校给予资源上的大力支持，如为学生提供宿舍、制订学习计划和提供学习指导等。最重要的是，中国高等教育系统应尽快打通高校之间的"壁垒"，提高学生在高校之间的流动性，为高校实施"淘汰制"提供制度支持。

  总而言之，保障高等教育人才培养质量的关键，或者说"严出"的本质并非在最终的"关口"这里不让学生毕业，这个时候的"严"稍显晚了一些，"严"更应该体现在培养过程的严格上。在教师方面，提高课程学业标准；提高课程作业设计的合理性，使之与课程学习目标有效结合起来；保证课程考查（平时课堂测验、课后作业以及中期考查等）的严格性；在管理者方面，则需要完善学业预警机制等教学管理制度，要及时告知学生在学业中已经遇到问题，必须关注自己的学业问题，而不是到了快要毕业时，才通知学生因累积过多未完成学分而无法顺利毕业。到了那个时候，要么是学生延期毕业，要么是通过一些突破底线的手段让学生毕业，这两种方式都不利于保障和提高人才培养质量。

第六章　对中国大学本科毕业率的反思与展望

> 中国教育的确有许多问题，非改革不可，但也不是一无是处的。更重要的是要立足国情。即使西方某些先进的东西，也不是照搬就能生效的。[①]
>
> ——潘懋元

第一节　中国大学本科毕业率问题的本质探析

不管是呈现大学本科毕业率的全球图景，还是对中国大学本科毕业率现状和特征进行总结，抑或是探究我国大学本科毕业率的形成机制，目的都在于揭示中国大学本科毕业率问题的本质。

其一，从国际比较来看，大学本科毕业率数据作为一个表象，它是一个国家社会制度和高等教育体制的反映，因而难以进行具体比较。其二，从对中国大学本科毕业率的历史溯源入手，结合高等教育发展的政治、经济、文化等制度环境的发展，以及具体的高等教育管理体制和管理制度的分析，发现在很长时间内，中国大学本科毕业率都被看作一种合理的存在，并未遭受任何质疑，直到高等教育质量问题的凸显。其三，

[①] 潘懋元：《理论自觉与实践建构：高等教育的历史、现实与未来》，北京师范大学出版社2014年版，第550页。

从对中国大学本科毕业率的形成机制分析来看，目前中国大学教学管理制度和实施过程中所存在的不足，并不能完全归咎于大学，有些是大学为回应各方压力"不得已而为之"；政府、市场、社会群体等多方利益相关者通常基于自身的需求对高等教育质量提出价值诉求，并且通过各种途径对大学施加压力，当这些价值诉求得不到满足时，则会引起他们对高等教育质量的质疑，而作为大学人才培养成果数字化指标的大学本科毕业率则"首当其冲"。因此，中国大学教学管理制度和实施过程中存在的不足，也仅是与大学本科毕业率的形成相关的一些"现象"而已，它并不是中国大学本科毕业率成为一个问题的根本原因。中国大学本科毕业率成为一个问题的根本原因在于，它与高等教育质量"挂钩"；从质量的视角来看，中国大学本科毕业率问题的本质在于中国高等教育质量无法满足多元利益相关者的价值期望。

一 大学本科毕业率与高等教育质量之间"一元"与"多元"的逻辑关系

大学本科毕业率是指在规定年限内完成大学规定的学业要求，达到规定的学术水平，并顺利获得学士学位证书或者学历证书的本科学生数的比例，其最终指向是大学中一个群体的人才培养目标达成情况。从本质来理解，大学本科毕业率完全是大学内部教学管理的结果，即大学依据人才培养目标和相应的学业要求来衡量学生通过学习过程所取得的学习成果或者学业成就。这意味着在大学坚守人才培养目标和学业要求，严格教学管理过程，严把毕业出口关的情况下，有多大比例的学生能够毕业，就有多大比例的学生达到"合格"，不管大学本科毕业率高还是低，都实现了大学对高等教育人才培养质量的期望。因此，如果是对大学本科毕业率的高低产生质疑，则说明大学内部教学管理制度的制定、实施和评价出现了问题，那么仅针对具体的内部教学管理问题进行解决即可。

然而，在办学实践过程中，大学很难完全不受到政府、市场、社会、文化等外部力量的干预，只是在不同的高等教育系统运行机制中，大学所受到的外部力量干预的途径和程度不同罢了。大学本科毕业率的形成是一个结合了大学人才培养从"进口"到"出口"的完整过程，在招生、人才培养目标和学业要求制定、课程安排、教材选择、课程考核、毕业资格审核等各个环节，在不同的高等教育系统中，大学会受到不同程度的干预或者影响。这意味着无法仅从大学内部来解决大学本科毕业率问题，因为大学内部教学管理制度或许并非由大学主观希望为之，而是迫于来自各方的压力或者历史遗留问题而不得不为之。因此，对大学本科毕业率问题的研究，必须立足于国家的社会系统和高等教育系统的综合视角进行。

大学本科毕业率的形成受到多元主体的影响，他们通常是高等教育利益相关者，而高等教育利益相关者对大学本科毕业率的评价通常基于其自身对高等教育质量的价值期望。大学本科毕业率作为大学人才培养成果的最直观的数据体现，当高等教育人才培养质量无法达到主体的价值期待时，主体自然会把对高等教育质量的质疑迁移到对大学本科毕业率的质疑上，因此，"因大学本科毕业率而质疑高等教育质量"或者"因高等教育质量而质疑大学本科毕业率"现象的发生也就不足为怪了。简而言之，高等教育质量的本质在于不同利益主体对高等教育实践过程及产生结果的价值期望的满足程度。不同的利益相关者都秉持着自身的价值诉求和期望，对高等教育质量提出的诉求并不相同；大学本科毕业率与高等教育质量之间就形成了"一元"与"多元"的矛盾关系，这就意味着不能线性地以大学本科毕业率的高低来推断高等教育质量的高低，反之亦然。

二 中国大学本科毕业率问题的本质——人才培养质量难以满足多元利益相关者的需求

（一）问题表象：大学教学管理制度和实施过程存在不足

中国大学本科毕业率高引起了学术界和公众的高度关注。从表面上看，公众对大学本科毕业率高的质疑，集中在对大学内部教学管理不严现象，诸如"放水""人情关系""面子""清考"等的"讨伐"上。通过对中国大学本科毕业率形成过程的分析，可以发现，大学学分制学籍教学管理制度在设计和实施过程中存在"严格性不足"和"灵活性不够"的问题，例如重修、补考、"清考"的混乱使用，"弹性学制"与"学分互认"制度的形同虚设都导致了大学在人才培养过程中出现偏离正常教学管理轨道的现象。

　　大学在教学管理过程中出现偏差，的确有部分原因在于大学没有很好地守住"底线"。然而，必须承认的是，在集权式高等教育管理体制下，中国大学办学自主权缺乏，按照政府行政部门的政策和指令办事的方式依然没有得到根本性改变。基于这样一个大前提，教育行政部门简单划一的刚性评价制度和绩效性的教育经费分配的规制，市场"学历本位"的引导，传统文化和社会观念对高等教育发展的制约，有些直接作用于大学，而有些则通过反馈给政府，再由政府作用于大学，甚至是直接对大学施压。可以想见，在这样的制度环境下，中国大学在做着多少明知是错误的但又不得已而为之的事情。

　　以"清考"在中国大学中的出现与演变为例。"清考"可谓是中国大学教学管理"乱象"中比较突出的一种现象。"清考"之所以被屡屡批评，就是因为这种考试形式并非以测评学生学业水平或者以促进学生学习为目的，因而常常伴随着考试难度和考核标准的降低，学生并没有真正达到学术要求和学业标准。从本科毕业率的指向是一个群体的人才培养目标达成来看，通过"清考"这样的违背知识逻辑和学术标准的考核方式而取得的本科毕业率，有悖于本科毕业率的本质。从这个层面来看，应坚决贯彻取消"清考"的政策，然而，在目前的社会系统和高等教育系统下，取消了"清考"并非一劳永逸之举措。从"清考"的起源及发展过程来看，"清考"之所以一直存在于大学之中，是因为有"需求"，只要这种"需求"依然存在，即使废除了"清考"也只是废除了一种代名词而已，还会有其他类似的换个名称的制度出现，可能更甚于"清考"，因此更需要警惕取消"清考"后的"变异"制度。

　　一方面，从产生的源头来看，"清考"的原型——"毕业前补考"的规定出现在教育行政部门颁布的关于高等教育管理规定的条文中，而且随着高等教育的发展，相关管理制度还进行了调整。最初，教育主管部门出台的高等教育管理规定中提出"对于不及格的课程允许在毕业以前补考或者重修一次"。如 1962 年 11 月发布的《教育部直属高等学校学生成绩考核暂行规程（草案）》、1983 年《全日制普通高等学校学生学籍管理办法》和 1987 年《部分高等学校试行学分制工作座谈会对全日制普通高等学校试行学分制学籍管理办法的建议稿》均对此有具体的规定。然而，1990 年国家教育委员会颁布的《普通高等学校学生管理规定》则对该规定进行了修订，对允许在毕业前补考或者重修的条件进行了限制，规定"凡擅自缺考或考试作弊者，该课程成绩以零分计，不准正常补考，如确实有悔改表现的，经教务部门批准，在毕业前可给一次补考机会"[1]。2005 年《普通高等学校学生管理规定》同样要求"给予警告、严重警告、记过及留校察看处分"的学生，"经教育表现较好，在毕业前对该课程可以给予补考或者重修机会"[2]；2017 年《普通高等学校学生管理规定》则删除了"在毕业前"这一表述。

由此可见，"清考"的产生应该是教育行政部门提出的"毕业前补考或者重修一次"规定的"异化"。在计划经济时代，教育行政部门提出这样的政策规定，大致是基于当时国家对高等教育人才需求的考虑，因而尽可能让有能力的学生毕业。然而，这一规定却在大学办学的具体实施过程中获得了"清考"的称谓，并逐渐制度化。随着学分制的推行，中国教育行政部门取消了"对于不及格的课程允许在毕业以前补考或者重修一次"的规定，而是对那些受到纪律处分但经教育表现良好的学生，在毕业前给予一次"弥补"的机会。然而，"清考"并没有朝着这个方面发展，现实的结果是，彻底使得"毕业前的一次补考或者重修"面向了所有因课程不及格而无法顺利毕业的学生。

另一方面，从现实因素来看，"清考"的存在或者说存续则是因为它由政府的需求转变为大学（包括学生）的需求，当然，这种需求并非一定是主动的需求。对于大学来说，在追求高就业率和高毕业率的刚性化政府评估和绩效性的财政拨款制度下，以及出于减少资源压力和维护校园稳定的考虑，组织不能按时毕业的学生进行一次"清考"不失为一

---

[1] 教育部高校学生司：《中国高等教育学生管理规章大全（1950—2006）》，首都师范大学出版社 2007 年版，第 323 页。

[2] 教育部高校学生司：《中国高等教育学生管理规章大全（1950—2006）》，第 657 页。

个"互利"的选择。对于学生而言，由于大学"弹性学制"和"学分互认"制度不完善，以及相关配套资源（如宿舍资源）支撑力度不足，无法顺利毕业不仅意味着就业时间的延迟，还将给学生及其家庭带来经济和精神的压力。因此，无法顺利毕业的学生倾向于"清考"制度。因此，只要有需求存在，像"清考"这样的制度就无法从大学中彻底消失，它将以其他可见或者不可见的形式存在着，最终仍然会造成高校一再放低学业标准，造成对高等教育人才培养质量的损害。根除高校中一切类似于"清考"制度的唯一途径，是消除高校或者学生等主体对这种制度的"需求"。

基于以"清考"制度为例的分析，可以发现，对大学本科毕业率的批判，不能仅把目光停留在大学自身，因为大学不应该也无力承担所有的错误。中国大学本科毕业率高是一个现象，中国大学教学管理中存在的不合理、不规范的要求或者行为，也仅可能是造成大学本科毕业率问题的一些相关现象，而且这类现象又是由其他更为多元复杂的因素引起的，这也是本书一直强调用"系统论"的方法论来研究大学本科毕业率问题的根本所在。只有深入那些多元复杂因素的背后，才可能触及中国大学本科毕业率问题的本质。

（二）问题本质：高等教育人才培养质量无法满足利益相关者的多元需求

大学教学管理制度及其实施过程中所存在的不合理和不规范之处，直接造成大学毕业生的学业水平未达到大学制定的人才培养目标，有悖于大学本科毕业率的本质。然而，这些只是中国大学本科毕业率问题的"表层问题"，因为这些表层问题是由更为多元复杂的因素引起的，其深层问题是中国高等教育人才培养质量无法满足利益相关者的多元需求。毋庸置疑，社会对中国大学本科毕业率的质疑，其根本不在于毕业率的高低，而是对中国高等教育质量的质疑，焦点在于他们对高等教育的价值期望没有达成，高等教育质量能够满足他们基于个体利益的价值诉求才是关键。如果高等教育人才培养质量可以满足利益相关者的多元需求，那么，大学本科毕业率的高低自然就不会成为问题。

高等教育作为供给面，一是在系统层面为国家、社会、经济的建设和发展提供劳动力；二是在个体层面为受教育者提供教学活动。因而，对中国高等教育的质疑，通常是由政府、市场、社会、个体分别从系统层面或者个体层面提出的。具体而言，包括以下两个方面：

一方面，中国高等教育人才培养质量没有满足政治、经济、社会系统对劳动力质量的需求。威廉·冯·洪堡在柏林大学计划中明确指出："大学始终是与国家的需要紧密相联的""承担着国家的实际事务"[1]。无独有偶，约翰·范德格拉夫等人也认为："高等教育作为国家头等重要的事业，其活动原则必须符合国家需要和广泛接受的社会标准。"[2] 毋庸置疑，从高等教育的公共投入来看，不管是政府还是社会，都希望看到的是大学可以充分利用办学经费和办学资源，在人才培养、科学研究和社会服务方面做出贡献，在满足劳动力市场需求、推动科技发展、提高国家竞争力方面取得应有的成就。然而，就目前中国高等教育在推动这些方面人才的发展上，仍然难以令人满意。

其一，本科毕业生在满足劳动力市场需求方面仍然存在欠缺，结构性就业难问题是目前大学生和市场用人单位同时面临的问题。根据麦可思《2016年中国本科生毕业报告》关于"本科生基本工作能力重要度和满足度"的调查结果，2013—2015届大学本科毕业生在毕业时所掌握的基本工作能力水平，如理解与交流能力、科学性思维能力、管理能力、应用型分析能力及动手能力等方面，均低于工作岗位所要求的水平[3]。对于国家而言，学生在接受了四年的高等教育后所获取的专业知识、核心素养、工作能力无法满足就业市场的需求，在一定程度上意味着高校办学绩效存在问题，大学毕业生无法更好地服务于经济和社会的发展。

其二，本科毕业生的科学研究能力不足，主要以中国研究生质量普遍不高，以及中国科学研究水平在国际上的竞争力不足两个方面来体现。

---

[1] 转引自苏扬《洪堡的高等教育思想新探》，《华东师范大学学报》（教育科学版）1994年第4期。

[2] ［加］约翰·范德格拉夫等：《学术权力：七国高等教育管理体制比较》，王承绪等译，浙江教育出版社2001年版，第12页。

[3] 麦可思研究院：《2016年中国本科生就业报告》，社会科学文献出版社2016年版，第183页。

本科毕业生是中国开展研究生教育的主要生源，而本科生的专业知识素养及思维能力的不足，会直接影响中国研究生教育质量。著名的"钱学森之问"——对"中国为什么培养不出创新人才"的质疑，则直指这一问题。

其三，中国一流大学在国际上的竞争力亟待提高。中国提出建设"高等教育强国"的战略目标，由高等教育大国向高等教育强国发展，其核心在于推进高等教育高质量发展，建设高质量的高等教育。从目前的世界大学排名来看，中国已有部分顶尖研究型大学进入世界一流大学之列，但是数量依然较少，中国高等教育的国际竞争力仍亟待提高。

另一方面，中国高等教育人才培养质量没有满足个体在认知和能力方面的增值，或在提高就业质量及社会地位上的期望。本科教育质量问题的关键是，它是否能为学生做好充分的准备，让他们在毕业后能够自给自足，获得丰厚的经济回报，成为有责任感的公民。[①] 然而，现实的情况是，中国高等教育质量与满足个体需求仍存在差距。

其一，学生在接受高等教育时的学习经历与学习体验对学生评价高等教育质量至关重要，从学者的实证调查研究结果来看，学生对接受高等教育在推动其知识和能力的提升，为未来生活做准备等方面的满意度并不高。如果大学四年的经历，只能用"浑浑噩噩""混日子""混证书"等词语来概括的话，那么大学所提供的高等教育必然是低质量的。

其二，学生在获得毕业证书和学位证书后是否可以获得满意的工作，对于学生和家长选择是否接受高等教育，以及是否认可高等教育质量至关重要。正如有学者所言："人们常常用金钱来衡量个人接受高等教育的种种好处，也就是说，与其他人相比，大学毕业生能多赚多少钱。……如果人们真的只是关心大学质量，那么每年不可能有成百上千的家庭将大部分收入花费在大学上，雇主也不可能更加青睐有大学学位的雇员。"[②]

[①] ［美］乔治·D. 库恩：《今天的大学生：为什么我们不能顺其自然》，［美］菲利普·G. 阿特巴赫：《为美国高等教育辩护》，别敦荣、陈艺波译，中国海洋大学出版社2007年版，第228页。

[②] ［美］乔治·D. 库恩：《今天的大学生：为什么我们不能顺其自然》，［美］菲利普·G. 阿特巴赫：《为美国高等教育辩护》，别敦荣、陈艺波译，第229页。

不得不说，社会公众对高等教育为个人所做的贡献抱着极大的期望，如果学生和家长对高等教育的价值期望得不到满足，则会直接质疑高等教育质量，作为大学人才培养成果最直观的数据指标，大学本科毕业率很容易成为众矢之的。

第二节　中国大学本科毕业率的现象剖析与趋势研判

一　中国大学本科毕业率的特征

（一）中国大学本科毕业率之"高"具有历史延续性

从对民国时期以来的中国大学本科毕业率的历史溯源可知，民国时期大学本科毕业率相对偏低，而从中华人民共和国成立至今，中国大学本科毕业率基本保持高走位趋势。民国时期大学本科毕业率低的形成与当时的高等教育体制及特殊的政治社会背景相关，具有特殊的时代特征。在中华人民共和国成立之初，由于高等教育规模较小，以及经济社会发展的现实需要，为了保证学生按时顺利毕业并参与工作分配，颁布了一些教育政策和管理制度，从而形成了大学本科毕业率高的情况。可以说，当时的历史背景和现实需求，为中国高等教育的"宽出"提供了条件。

一方面，在"精英化"高等教育阶段，中国高等教育入学选拔的严格性保证了生源质量。在新中国成立后的很长一段时间里，中国高等教育始终处于"精英化"阶段，1978年中国高等教育毛入学率仅为2.7%，1993年，高等教育毛入学率达到5%，直至2002年高等教育毛入学率才达到15%，这标志着中国高等教育进入"大众化"阶段。此外，在新中国成立初期，中国经济社会资源相对匮乏，高等教育基础非常薄弱，因而高等教育的招生规模非常有限，1987年，中国高等教育录取率为27.1%，同年的本科录取率为14.6%；这与2021年中国92.9%的高等教育录取率，41.2%的本科录取率不可同日而语。学生选拔时的高筛选率，在很大程度上保证了接受高等教育的生源质量。在有限的教育资源下，国家为了筛选出精英接受高等教育，必须保证选拔的严格性，从生源质量上保证高等教育人才培养的质量。简而言之，当时录取标准和录取率的"严进"为"宽出"提供了条件。

另一方面，在计划经济时代，高等教育作为中国计划经济体制的一部分，其专业是国家按照经济建设部门进行对口设置的，大学招生计划也是根据用人计划设置的，大学建立起以专业为核心、按照统一的教学计划培养人才的教学制度，这意味着学生按部就班地完成教学计划后毕业，并接受统一分配。在当时经济建设和社会发展急需高等教育人才的背景下，按时按需完成国家的人才培养计划，避免教育资源和人才资源的浪费，可以说符合了当时社会的现实需要。

然而，当时国家和高校为了保证大学生可以按时按需毕业和分配工作，在制定严格的管制制度和管理方法的同时，也不可避免地颁布了一些不符合教育规律的管理政策。时至今日，大学"宽出"的历史条件和社会现实已发生了改变。然而，由于惯性，历史上形成的制度在今天的大学中依然发挥着作用，再加上传统文化和社会心理的影响，中国大学本科毕业率的高走位趋势依然没有发生改变，甚至有延续的趋势。

（二）中国大学本科毕业率呈现出整体偏高且院校之间呈弱差异性的现状

在大学本科毕业率现状方面，通过对经合组织成员国的大学本科毕业率，以及所选取的典型国家——美国、法国、英国和日本四国的大学本科毕业率现状进行比较发现：大学本科毕业率存在着国别差异，这些国家间的大学本科毕业率不尽相同，如美国和法国大学本科毕业率整体偏低，而英国和日本的大学本科毕业率整体偏高；大学本科毕业率存在院校差异，就高等教育系统内部而言，不同办学层次和办学类型的大学之间，大学本科毕业率存在着差异。

从整体上看，相较于国外大学本科毕业率，中国大学本科毕业率现状呈现出整体偏高且院校差异性较弱的现状。根据对2015年中国大学本科毕业率的抽样调查，中国大学本科毕业率普遍在95%以上，从均值上看，本科毕业率和学士学位授予率分别为97.7%和94.7%。从院校差异上看，不同办学类型大学的本科毕业率之间的差异较小，且部分研究型大学的本科毕业率低于地方普通本科高校的本科毕业率，甚至一些"双一流"大学本科毕业率相对偏低，而且本科毕业率还在逐渐下降，如厦门大学本科毕业率由 2012 年的 94.5% 下降为 2022 年的 88.6%。[1] 美国、法国和英国的大学则是排名越靠前，本科毕业率相对越高，因此在院校差异方面存在很大的不同。

二 中国大学本科毕业率形成的复杂原因

从本质上看，大学本科毕业率看似仅是大学内部教学管理的结果，事实上，大学本科毕业率的形成与一个国家的社会系统及高等教育系统关系紧密，并在不同程度上受到政府、市场、社会、文化等方面的影响。因此，需要使用系统性和复杂性的思维来分析大学本科毕业率的形成问题，以免因忽略社会环境和高等教育系统因素所造成的"一叶障目"，无法还原大学本科毕业率形成的原貌。中国大学本科毕业率高并非一朝一夕形成的，一方面有其深刻的历史原因；另一方面受到中国特殊的高等教育管理体制、市场机制、传统文化及社会观念的影响。

（一）中国统一化的招生、人才培养和就业制度长期的惯性作用

中华人民共和国成立后，国家经济社会建设和发展急需大量的高等教育人才，为了保证招收学生的质量，以及确保每一位大学毕业生都可以按照国家计划需要分配到相应的岗位上，中国实施"统一招生""统一培养""统一分配就业"的制度。

在"统一招生"方面，全国统一招生考试制度自 1952 年正式形成，中央成立全国高等学校招生委员会，统一命题，统一规定报考条件、考试题目、政治审查标准、健康检查标准、录取新生原则，以及招生的方针、政策、方法。全国高等学校一律参加统一招生，并规定已录取的学生不得要求转院系及转学校。[2] 当时社会资源匮乏，高等教育招生规模有限，为了选拔精英接受高等教育，国家实施统一的高等教育入学考试，并且严格筛选过程，保证了入学学生的质量。在"统一培养"方面，通过"全面学苏"建立起以专业为核心、按照统一的教学计划培养人才的

---

[1] 《厦门大学 2012 年本科教学质量报告》，https://jwc.xmu.edu.cn/xxgk/zlbg.htm；《厦门大学 2021—2022 年本科教学质量报告》，https://jwc.xmu.edu.cn/xxgk/zlbg.htm。

[2] 张轩：《中国高等教育制度变迁研究》，现代出版社 2016 年版，第 63 页。

教学制度，如专业设置、人才培养目标、课程安排、教材使用等大学内部教学事务均由中央教育行政部门统一安排和严格规定。在"统一分配就业"方面，在计划经济体制下根据用人计划来安排大学招生计划，为了保证为国家建设提供充足的高等教育人才，政府要求大学进行严格的教学管理，确保大学生可以按照计划顺利毕业，并服从国家统一就业分配。在当时特殊的历史条件下，由于国家高等教育资源稀缺，以及国家对高等教育人才的迫切需求，为了避免浪费宝贵的人才资源，政府政策指令要求一些虽未达到毕业要求，但是学业成绩并不太差的学生可以先参与分配工作，工作后再通过补考等形式达到毕业条件。由此可见，在国家计划性人才培养的历史背景下，大学生按计划完成学业要求，毕业后听从统一就业安排具备一定的社会发展阶段性，体现了中国高等教育发展的"阶段性"与"特殊性"。

客观地说，虽然当时有些管理政策的科学性有待商榷，但在中国高等教育规模较小，国家急需高等教育人才的背景下，"统一招生""统一培养""统一分配就业"的制度符合当时特殊的社会背景。在精英高等教育时期，高等教育人才培养规模较小，且在国家统一安排就业的背景下，当时的高等教育质量和大学本科毕业率都没有受到公众的关注。

20世纪80年代，中国开启了在政治、经济、教育等领域的体制改革。在中国经济体制由计划经济体制转向市场经济体制之时，高等教育领域也出现了面向市场办学的改革。最为突出的表现是在就业制度方面的巨大变革，实现由"统一分配"制度向"市场化"就业的转变。然而，中国高等教育在招生和人才培养制度方面的改革始终滞后于就业制度上发生的巨大变革。虽然在招生的灵活性方面进行了改革，但中国高等教育统一的考试制度和招生制度并未发生根本的改变，在人才培养方面，国家主管部门逐步将办学自主权下放给大学。现实情况是，在专业设置、专业人才培养目标、教材选择等方面，大学并未实现充分的自主权，高校办学之间的趋同化现象仍较为明显。由此可见，历史的惯性所带来的路径依赖仍在延续，"统一招生、统一培养、统一毕业"的现象在中国依旧存在；同样，大学本科毕业率始终保持着高走位。

(二) 高等教育内外部多方面因素的作用结果

根据本书提出的"大学本科毕业率质量分析框架",大学本科毕业率的形成是多元利益相关者共同作用的结果,其中既包括高等教育系统外部力量,如政府、市场和社会文化等;也包括高等教育系统内部力量,如大学(管理者、教师)和学生等。这些利益相关者基于自身利益对高等教育提出价值诉求或价值期望,并通过直接或间接的方式作用于大学。在这个过程中,这些利益相关者之间也不可避免地产生着相互作用。

从高等教育外部来看,在计划经济体制基础上形成的高等教育集中制管理模式和思维依然存在,致使中国大学办学缺乏自主权,人才培养"统一化"和"同质性"现象严重,"统一入学、统一培养、统一毕业"的办学模式没有从根本上得到改变。美国不同类型、不同竞争力的大学,乃至相同类型、相同竞争力的大学毕业率都存在明显差异,其根源在于美国多元化的高等教育体系,不同类型、不同竞争力的大学秉承着个性自由、民主开放的高等教育发展理念,可以坚守自身的学术标准和教育教学质量要求,出现差异化的毕业率,高等教育质量也可以得到保障和提升。反观中国,在教育行政部门简单划一的刚性评价制度和绩效性的教育经费分配制度等规制下,追求高毕业率成为高校办学者的统一目标,加之中国高校办学大多仍处于精英思维的窠臼中,未能适应大众化阶段高等教育发展之路,不同层次和不同类型的高校办学趋向一致,致使整个高等教育体系缺乏合理架构,毕业率高和质量低的高等教育发展悖论随之生成。这种悖论背后所反映的问题本质是中国高校缺乏办学自主权,办学同质化,高等教育人才培养质量无法满足多元化的市场需求,从而引发高等教育质量问题。

受历史和现实诸多因素的影响,中国高等教育体制管理趋向集中制,表现为高等教育具体的管理制度和运行机制缺乏灵活性。在制度缺位加之大学生就业的现实因素作用下,就不难理解为何中国大学生统一追求四年毕业;高校管理者为了迎合教育行政部门的绩效考核和对未来招生影响的考虑而对未达毕业要求的大学生大开方便之门。由此,中国大学本科毕业率年年居高成为必然之势。

在市场因素方面,就业市场的"学历主义"造成大学生对毕业证书和学位证书的追逐，学历就是个人能力的"符号"，社会接纳大学生首先需要的是毕业文凭，这间接地阻碍着高校在学生毕业问题上严格把关。此外，在传统文化观念和公众社会心理的共同作用下，中国高等教育形成了一种整齐划一和"不允许失败"的氛围，导致中国高校本科"毕业率高"。一方面，中国社会"重人情""爱面子"等社会心理基因深深根植于中国高校的教育教学中。教师与学生四年的相处，拉近了师生之间的心理距离，但也可能导致教师降低学业要求。另一方面，受功利主义的影响，教师、学生、学生家长和社会民众普遍形成了学生进入大学四年之后应当顺利毕业的观念，这无疑加重了学生未能毕业对社会各群体造成的心理负担。因此，在整齐划一和"不允许失败"等复杂的文化观念和社会心理作用下，中国大学生的毕业问题承载着学生、家长和社会的多重压力，使得学生顺利毕业似乎是最"理性"的选择，哪怕是以破坏学校声誉以及降低人才培养质量"皆输"的方式实现。

从高等教育内部来看，中国大学本科毕业率的形成与大学教学管理制度和学籍管理制度设计不完善及执行不力紧密相关。客观地说，中国大学内部教学管理制度和学籍管理尚未发生根本性的变革，只是在旧的管理制度上的"修修补补"，导致目前中国大学教学管理制度和学籍管理制度存在着很明显的"制度惯性"。中华人民共和国成立以来教育行政部门颁布的法规规章，或下达的通知、批复、复函等，对中国普通高校学生转专业、转学、休学、复学、退学、提前毕业、缓修或者免修等学籍管理问题，以及高校学生的考试考核方法、成绩评定标准、依据课程成绩评定升级、留级、退学乃至于课程不及格学生的处理问题均进行了具体的规定。2005年的《普通高等学校学生管理规定》赋予高校更多的管理自主权，高校可以自主决定有关学生学业管理问题，如学业标准、考试考核方法、成绩评定标准、依据课程成绩评定升级、留级、退学等。但即使制定了新的学生管理制度，由于制度惯性及路径依赖的影响，目前高校学生管理仍陷于集中化和行政化的管理思维和管理行为窠臼中，导致很多有效的管理制度在实施中遇到阻碍，甚至是流于形式。更为重要的是，政府的行政化管理方式以及绩效性的财政拨款政策导向，加上市场"学历本位"的引导，使得大学必须保证高的本科毕业率。就目前情况而言，中国高校大学生只要没有考试作弊或者其他严重的违纪行为，基本上都可以顺利毕业并拿到学位。

中国大学教学管理制度设计上缺乏灵活性也对制度的实施产生了阻碍，当前亟待破解的难题是"弹性学制"的实施以及高校间"学分互认制"等制度的建立和完善。虽然目前中国高校普遍实行"弹性学制"，但真正提前或推迟毕业的学生比例并不高。其根本原因在于"学年制在我国深耕了 17 年，早已经渗透进大学教学管理的骨髓，已经形成了强大惯性"，自 1985 年《中共中央关于教育体制改革的决定》提出实行学分制至今已近 40 年，但是学分制的本质在于学生选择的自由度，"学生选择的自由度越大，对教育资源的需求就越大"①。但是，目前中国高等教育资源还不是很充足，造成高校在制度设计上缺乏相关的资源保障和制度支持，学生无法在延期毕业期间得到学业上的支持或者学习资源的保障，必然会寄希望于通过各种方式和手段按时毕业。此外，因高校之间的"学分互认"制度或者"转学机制"仍不完善，遭到"淘汰"的学生基本上只有两种选择：被推向社会或者重新进行高考，这两种情况对于学生和家长而言都是难以接受的。在种种因素的制约之下，基于学生个人的未来发展、保证就业率或稳定安全的考虑，高校都会从最大程度上确保学生按时毕业。

三　中国大学本科毕业率发展的趋势研判

造成中国大学本科毕业率和学士学位授予率普遍较高的原因，在宏观层面，是高等教育所处的政治、经济、社会、文化环境与高等教育自身发展相互作用、相互影响，在微观层面，是制度惯性和路径依赖以及不同主体的利益需求所导致的。其各种影响因素，包括政府集中化的行政管理体制、刚性的评估制度以及绩效性的教育财政政策，就业市场的"学历主义"倾向，民众的传统观念以及对高等教育"回报率"的期望，传统文化中的"面子主义""人情关系"，大学内部教学管理制度不完善，造成教学管理制度的"严格性不足"和"灵活性不够"等问题。因

---

① 邬大光：《走出我国大学转型发展的路径依赖》，《中国高教研究》2021 年第 10 期。

此，针对某一个因素进行改革的难度都非常大，这也说明为何中国大学本科毕业率被质疑如此之久，却始终没有得到根本改变这一问题。

大学本科毕业率高的形成是一个系统性的问题，既有路径依赖的历史因素，又有中国高等教育体制改革不彻底，无法培养出满足社会需求人才的现实因素，可谓"牵一发而动全身"。尤其是随着中国高等教育迈入普及化阶段，将会有更多的学生进入大学接受高等教育，大学本科毕业率的高低会牵涉到更大群体的利益问题。在如此复杂因素的制约之下，政府或教育主管部门不进一步推进高等教育管理体制改革，就业市场就无法得到进一步完善，大学不进行教学管理制度改革，在可预见的时间内，中国大学本科毕业率将保持高走位趋势。

目前，学术界和社会公众对大学本科毕业率高的疑惑以及对高等教育质量的质疑受到了政府的关注。2018年以来，教育部接连提出"中国教育'玩命的中学、快乐的大学'的现象应该扭转""推动以本为本，四个回归""课堂革命""合理'增负'"①等重视本科教育的要求，并直指"一部分学生天天打游戏，天天睡大觉，天天谈恋爱，'醉生梦死'的日子一去不复返了。一部分教师'认认真真培养自己，稀里马虎培养学生'的日子一去不复返了。一部分学校'领导精力投入不足，教师精力投入不足，学生精力投入不足，资源配置投入不足'的日子一去不复返了"②。2018年印发的《教育部关于狠抓新时代全国高等学校本科教育工作会议精神落实的通知》明确提出：全面整顿教育教学秩序，严格本科教育教学过程管理。加强学习过程管理。各高校要全面梳理各门课程的教学内容，淘汰"水课"、打造"金课"，合理提升学业挑战度、增加课程难度、拓展课程深度，切实提高课程教学质量。③紧接着，2019年颁布《教育部关于深化本科教育教学改革 全面提高人才培养质量的意

---

① 中华人民共和国教育部：《坚持以本为本 推进四个回归 建设中国特色、世界水平的一流本科教育——新时代全国高等学校本科教育工作会议召开》，http：//www.moe.gov.cn/jyb_xwfb/gzdt_gzdt/moe_1485/201806/t20180621_340586.html。

② 叶雨婷：《教育部高教司长吴岩：对不起良心的专业应该停办了》，《中国青年报》2018年11月5日第4版。

③ 《教育部关于狠抓新时代全国高等学校本科教育工作会议精神落实的通知》，http：//www.moe.gov.cn/srcsite/A08/s7056/201809/t20180903_347079.html。

见》，强调"严格教育教学管理""落实学士学位管理办法，健全学士学位管理制度，严格学士学位标准和授权管理，严把学位授予关""深化教育教学制度改革""完善学分标准体系，严格学分质量要求，建立学业预警、淘汰机制"①。同时，这两份文件均提出了要"严把毕业出口关，坚决取消毕业前补考等'清考'行为"。在两年内紧锣密鼓地出台关于高等教育质量的文件，说明中国大学本科教育质量问题突出，反映了国家对大学教学管理和毕业出口质量把关问题的关注，体现了国家在提高本科教育质量上的决心。

可以预见，在教育行政部门的推动之下，中国大学必将进一步落实和加强教学管理过程中的"严格性"，毫无疑问，必定有利于本科教育质量的提高，而"严把毕业出口关"的政策要求或许会对中国大学本科毕业率产生直接影响，自2018年以来部分高校本科毕业率的确出现了下降趋势。必须清醒地认识到，越是在改革的关键时期越需要保持理智，大学本科毕业率问题需要全方位、系统化的解决方案，而不是强制性地降低大学本科毕业率，这样做可能会因为缺乏充分的制度保障而无法顺利实施。当然，通过行政命令式的，或者强制性的改革必将无益于真正提高大学人才培养质量。

第三节 基于当前中国大学本科毕业率现实问题的思考

中国大学本科毕业率问题的本质在于高等教育质量无法满足利益相关者的多元需求，而造成此问题的原因在于，政府、市场、社会、学生等主体都基于自身利益提出对高等教育的价值期望，并通过不同的途径和方式作用于大学，大学再结合各方面的需求做出回应，这本无可厚非；但是，行政管理逻辑在中国高等教育发展中始终发挥着重要作用，计划经济时代的管理思维和管理方式依然在很大程度上影响着高校内部管理，

---

① 《教育部关于深化本科教育教学改革 全面提高人才培养质量的意见》，http://www.moe.gov.cn/srcsite/A08/s7056/201910/t20191011_402759.html。

使得大学在人才培养目标制定和人才培养过程中更多地受政府行政指令的规制，面向市场自主办学能力不足。此外，办学自主权的不足，导致大学极易受到外部因素的不良干预，加之内部教学管理制度的不完善，使得大学在教学管理过程中做出一些有悖于知识逻辑和学术标准的行为，最终导致政府、社会对大学本科毕业率的质疑。

一 回归大学本科毕业率的本质

大学本科毕业率的本质是，学生必须满足大学制定的学业要求，达到大学制定的人才培养目标；如果学生未达到学业标准和人才培养目标却得以毕业，那么，因此而形成的大学本科毕业率是无意义的。因此，从保证学生达到大学制定的学业标准而获得真实的大学本科毕业率的角度来说，中国大学需要进行内部相关教学管理制度改革，以及完善制度改革相关的配套制度和配套资源以保障改革的推进。在此前提下，大学应坚守学业标准，严把高等教育质量关。

（一）完善教学管理制度，提高制度的"灵活性"

中国大学教学管理制度在实施过程中，通常出现的"有法不依"的原因在于制度上"灵活性"的缺乏。大学"弹性学制"实施状况不佳，以及高等教育系统内部的"学分互认"或者是"转学制度"的形同虚设，使得学业不良的学生几乎没有再做选择的可能性，他们只能在不适合的专业或者不适合的大学里等待着"毕业"或者"退学"，或通过一些不良的途径和手段获得毕业，而学生的行为通常会对大学产生"倒逼作用"，使之无法坚守制度。

一方面，应加强大学教学管理制度的"灵活性"。这一举措主要是针对大学"弹性学制"实施状况不佳提出的。造成中国大学修业年限弹性不足的因素较为复杂，有政府的行政管理及绩效考核、高等教育办学资源的有限、高校配套机制的欠缺，以及学生的心理和观念等。因而，"弹性学制"的顺利实施需要在多方面进行改善。另一方面，应加强高等教育系统的"开放性"。这一举措主要是针对高校内的转专业、高校之间"学分互认"制度以及高校间的"转学制度"在具体实施过程中阻碍重重的现状而提出的。中国高等教育系统"封闭性"较强，一是体现在高校内部"转专业"的不容易上，绝大部分高校在"转专业"方面限制条件很多，尤其是"习惯于主要通过学习成绩有选择地满足学生转专业的需要，那些学不好的或者不愿学现读专业的学生最需要转专业，却往往因为成绩因素而被'筛选'出局，转专业政策呈现出明显的'选拔性'特征"[1]，学生在既不喜欢也不擅长的专业上"熬"到毕业。在转专业的自由度方面，可以参考美国、法国等国家的做法，如"法国综合性大学贯彻'宽进严出'的原则，大学生的学业成功率无法和国内高校相提并论，但是学校为提高学业成功率采取了不少举措，给学生提供更多的出路，比如转专业"[2]。二是高等教育系统的封闭性导致高校之间的流动性较差，在一所大学被退学的学生几乎没有到另外一所大学就读的可能性。2019 年《教育部关于深化本科教育教学改革 全面提高人才培养质量的意见》明确提出："支持高校建立与学分制改革和弹性学习相适应的管理制度，加强校际学分互认与转化实践，以学分积累作为学生毕业标准。"[3] 近些年来，部分高校正在探索高校学分互认，如清华大学、北京大学和北京外国语大学互选本科课程学分互认[4]，河南 5 高校（华北水利水电大学、河南农业大学、河南理工大学、河南财经政法大学、郑州航空工业管理学院）签署了《校际课程互选与学分互认合作框架协议》推进高校学分互认[5]，甘肃省教育厅印发了《甘肃省高校"课程互选、学分互认、教师互聘、教学互评、资源互享、学位互授"实施办法（试行）》，满足本科生多样化学习和发展的需求。[6] 因此，完善高校之间的"学分互认"和"转学制度"，应在遵守知识逻辑和学术标准的前提下，高校之间建立起科学的学分核算机制，搭建"转学"的桥梁和通

---

[1] 顾建民、江美芬、黄亚婷：《高校学生转专业满意度及其影响机制》，《教育发展研究》2022 年第 3 期。

[2] 吕继群：《法国本科学分制改革及其对我国高校的启示》，《高教探索》2018 年第 3 期。

[3] 《教育部关于深化本科教育教学改革 全面提高人才培养质量的意见》，http：//www.moe.gov.cn/srcsite/A08/s7056/201910/t20191011_ 402759.html。

[4] 陈昊原：《学分互认"打破"知识围墙》，《中国青年报》2022 年 9 月 16 日第 7 版。

[5] 中华人民共和国教育部：《河南 5 高校实行课程互选学分互认》，http：//www.moe.gov.cn/jyb_ xwfb/s5147/201901/t20190110_ 366524.html？from = singlemessage。

[6] 甘肃省教育厅：《甘肃高校将实现课程互选学分互认》，http：//jyt.gansu.gov.cn/jyt/c120301/202303/148883834.shtml。

道，给予仍然有希望的学生再一次学习的机会，而不是在原来封闭的高等教育系统内，宁愿以违背学术标准为代价也要让学生毕业。

（二）落实教学管理环节，坚守制度的"严格性"

在加强教学管理制度"灵活性"的前提下，人才培养过程中需要大学制定合理的人才培养目标和学术要求，严格落实教学管理环节并坚守学术标准，以保证人才培养目标的达成，即大学人才培养质量的实现。

一方面，大学需要制定合理的具有挑战性的学术标准。高深知识逻辑决定了学生在接受高等教育时必须经历智力上的挑战，课程应当具有相当的深度和难度，教师应该提出较高的学术要求并严格执行，这是大学保障人才培养质量的重要措施。从问卷调查结果来看，目前大学生中认为"学业要求（标准）"高或者必须以"极大的努力才能达到学业要求（标准）"的比例并不是很高，而且有部分学生认为学校或者教师提出的学业要求（标准）很低。正如有学者发出的质问："如果学位只是一种用三年而不是四年的时间就可以买到的证书，大学也通过减少本科阶段的通识文科课程来鼓励这种证书主义的话，那学生为什么还偏要支付有些大学所收取的成倍上升的额外费用呢？"[①]

高等教育意味着学生要进行"高等层次"的学习，要接受"心智上的挑战"。罗纳德·巴勒特（Ronald Barnett）认为："真正的高等学习是颠覆性的，它推翻了学生们诸如奋斗、学问、个人打算或创新等想当然的一切，而进入了开启其心智的那个世界。真正的高等教育会让人心绪不宁，绝不意味着舒适惬意。"[②] 真正的高等教育不能一味迁就学生，以致让他们毫无压力地轻松毕业。因此，大学应该基于学科知识逻辑，为学生制定合理的具有挑战度的学业要求。当然，不同办学定位的高校应该根据生源质量设定不同的学术标准，既保证学术上的挑战性，又不致让学生因畏难心理而自暴自弃。比如，一流大学必须坚持较高的学术标准，但拿一流大学的学术标准去衡量其他类型大学学生的学习质量亦是

---

① ［美］埃里克·古尔德：《公司文化中的大学》，吕博、张鹿译，北京大学出版社2005年版，第32页。
② ［英］罗纳德·巴尼特：《高等教育理念》，蓝劲松等译，北京大学出版社2012年版，第199页。

不合理的。

另一方面，大学需要严格落实教学管理环节上的各项制度，不能因任何非学术性的原因而"妥协"，造成不坚守学术标准的现象。正如有学者所认为的，在质量哲学方面，大学的理念是止于至善，而不是合乎标准。[1] 换一种说法就是，如果大学连合乎标准都无法达成的话，就更遑论质量了。从目前中国大学制定以及实施的各项教学管理制度而言，如"阶段性学业要求""学业警示制度"或其他学业不良干预制度，都是符合人才培养规律的先进制度，但却难以发挥其实效，这与中国教学管理制度以及相关的监管制度或者说质量保障制度的不完善有关，也与大学在办学实践中受到其他内外部力量的不良干预有关。相较于制度的完善，大学中的管理者和教师坚守自己的立场和标准更为重要。恰如有学者所指出的："中国大学并不缺乏与设备相关的称之为'硬件'的东西，或者是与人事、行政制度、教育政策等相关的'软件'手段，运用之妙存乎一心，而是从业人员的'心件'出了问题。"[2]

高等教育"高深知识"的内在逻辑，要求高等教育在人才培养过程中，首先要符合学科专业自身的学术标准，而非外在的诉求，这与大学本科毕业率的本质是相一致，需要大学坚守自身的学术标准。德里克·博克曾言：

> 大学有很多方式传达自己的道德标准：坚持严格的学术标准、公正得当地处理学生和员工的事务……说起来容易做起来难，只有目睹校领导为自己宣扬的道德信仰做出牺牲，学生才能体会到最大的震撼——拒绝含有可疑附加条款的捐赠、顶住外部压力捍卫学术价值。[3]

同样，"高等教育的第一行动者是高校教师，只有他们充分认识到质

---

[1] 王建华：《从复制到分享：高等教育质量管理的方向》，《复旦教育论坛》2010年第2期。
[2] 郭位：《心件：大学校长谈教育》，中信出版社2016年版，第6—7页。
[3] [美] 德里克·博克：《回归大学之道——对美国大学本科教育的反思与展望》，侯定凯等译，华东师范大学出版社2008年版，第107页。

量建设的重要性并致力于探讨教学质量提升的路径,才能从根本上解决质量问题"①。因而,回归大学本科毕业率的本质,最根本的在于大学中的管理者以及教师坚守学术标准,并将此与大学教学管理中的相关制度和措施一起,逐步形成一种高等教育质量文化,深入师生心中,使得坚守学术标准和学业管理制度成为一种自觉行为。

二 妥善处理大学组织本质与外部社会多元需求的关系

中国大学本科毕业率的形成并非大学一者所为,而是涉及政府、社会、个体等多元利益相关者的影响,更为重要的是,中国大学本科毕业率问题的本质,在于中国高等教育人才培养质量无法满足多元利益相关者的需求。有学者在访谈中得知,当问及高校的党委书记和校长"在工作中感到最困难的是什么"的时候,其中不少人回答是处理大学与政府、社会之间的关系问题。②

从中国高等教育办学现状来看,中国高等教育人才培养质量无法满足多元需求的根本原因在于,大学办学自主权的缺失使之很难面向市场自主办学,灵活地根据市场的需求调整人才培养目标、人才培养方案、专业设置以及课程安排等。自20世纪80年代中国政府开始启动高等教育体制改革以来,扩大大学办学自主权一直是改革的重点,然而改革的道路困难重重,依然任重而道远。

从高等教育发展的历史脉络来看,中国高等教育规模发展的速度之快在世界范围内都是罕见的。"世界主要发达国家高等教育毛入学率从5%进入大众化水平15%,美国用了30年,日本用了23年,英国用了16年,韩国用了14年,澳大利亚和德国均用了10年;根据48个国家高等教育发展统计,从大众化进入普及化所花的平均时间为20至25年。"③2019年中国高等教育毛入学率达到51.6%④,这就意味着中国高等教育

---

① 王洪才:《论高质量高等教育发展面临的五个基本命题》,《教育科学探索》2022年第1期。
② 刘献君:《高等学校战略管理》,人民出版社2008年版,第122页。
③ 别敦荣、易梦春:《普及化趋势与我国高等教育发展的战略选择——兼论两岸高等教育交流与合作》,《清华大学教育研究》2017年第3期。
④ 中华人民共和国教育部:《我国高等教育毛入学率去年已达51.6%,进入普及化发展新阶段》,http://www.moe.gov.cn/fbh/live/2020/52717/mtbd/202012/t20201204_503492.html。

从大众化阶段进入普及化阶段所用时间仅为 17 年。

问题在于，政府和高校似乎都没有做好充分的准备去应对高等教育领域发生的急剧变化，在高等教育管理体制上依然呈现出由计划经济时期形成的管理思维所主导，依然有着高等教育"精英化"阶段人才培养制度的痕迹。就目前中国高等教育发展现状来看，从招生、人才培养目标制定、专业设置、课程安排、教材选择、教学质量评价等方面，无不体现出中国政府行政化管理的"影子"。然而，在现阶段的高等教育中，统一招生和统一培养的毕业生需要面对的是自主择业，而非统一分配，大学毕业生要被推到市场上进行竞争。矛盾就此出现，那些满足了大学人才培养目标的毕业生，并不必然意味着可以满足社会或者市场的需求，这也是大学本科毕业率与高等教育质量之间的基本矛盾。

联合国教科文组织曾经提出高等教育应该"通过高层次知识和技能相结合的职业资格和能力的培训，采用不断适应社会需要的课程和教学内容，培养高层次合格的毕业生。这些毕业生将成为满足人类活动各方面需求的负责任的公民"[1]。由此可见，培养高层次的合格毕业生，其中一个前提条件，即不断适应社会需要。在行政化高等教育管理体制下，最为简单的是政府不要以行政意志指导高等教育发展，把大学的事情交给大学。简而言之，"如果我们将教育和研究的管理交给那些懂行的人，我们就会获得最好的结果"[2]。针对落实大学办学自主权的问题，"推进与深化高等教育管理体制改革始终是与不断解除传统体制的束缚与障碍同时进行的。而扩大高校办学自主权也是与解除对高校自主权的约束相联系的"[3]。因此，提升高等教育质量，必须落实高校办学自主权，教育行政部门必须进一步转变在计划经济体制基础上形成的集中制高等教育

---

[1] United Nations Educational, Scientific, and Cultural Organization, "World Declaration on Higher Education for the Twenty-first Century: Vision and Action," http://www.unesco.org/education/wche/declaration.shtml.

[2] [美] 罗伯特·M. 赫钦斯：《美国高等教育》，汪利兵译，浙江教育出版社 2001 年版，第 12 页。

[3] 张乐天：《高等教育政策的回顾与反思 1977—1999》，南京师范大学出版社 2008 年版，第 102 页。

管理模式和思维,将高校办学的真正权力回归高校办学者。而且"'放权'只是高等教育管理体制改革的一个方面,更主要的方面应是'简政'",办学自主权的落实,绝不只是"纯粹的'学校改革',或者说'校内改革'",而是要真正"转变政府职能,改革主管部门的管理方式"①。

总之,理顺政府、大学和社会之间的关系,主要在于明确大学在高等教育发展中的主体地位。在中国集权制的高等教育管理体制下,政府行政化式的评估以及绩效性质的教育经费分配之策,无不将大学导向追求"高毕业率";更为重要的是,政府集权制的管理,使得大学无法真正面向社会培养适合社会需要的人才,这意味着高的毕业率没有质量方面的意义。在市场经济体制下,中国政府和教育行政部门应该转变计划经济体制下形成的管理思维,赋予大学更多的办学自主权,让大学可以在结合学科知识逻辑和社会需求的基础上制定人才培养目标和学业要求、形成专业设置及专业人才培养目标、进行课程安排、教材选择等,让大学严把人才培养过程和出口关。与此同时,需要大学坚守自身立场和组织使命。正如有学者所言:

> 我们在对历史上曾经发生的高等教育改革进行评价时,不仅要看改革是否使高等教育与社会发展达到新的相互适应,而且要考察改革是否有利于高等教育自身的发展。换句话说,改革虽然使高等教育与社会发展达到了新的相互适应,但是却可能不利于甚至阻碍了高等教育自身的发展(特别是从长远的角度来看)。②

与中国大学本科毕业率形成过程的复杂性一样,对中国大学本科毕业率问题的解决之路亦是复杂的、艰难的,甚至是漫长的。基于本书对中国大学本科毕业率形成过程中政府、社会、大学、个体等多方面因素

---

① 周川:《我国高等教育管理体制70年探索历程及其展望》,《高等教育研究》2019年第7期。
② 胡建华:《现代中国大学制度的原点:50年代初期的大学改革》,南京师范大学出版社2001年版,第290页。

第六章　对中国大学本科毕业率的反思与展望

所产生的影响和作用力的分析，并结合中国大学本科毕业率问题的本质来看，在中国高等教育管理体制机制的现实下，中国大学本科毕业率问题的解决至少要做到"两条腿"走路：一者需要大学在改革中拿出不畏难的勇气，在坚守学术标准上拿出不妥协的底气；二者更需要高等教育系统外部各方力量的协调和支持。前者和后者应该同步进行，甚至后者应该先于前者的进展，没有内外部因素的协调和支持作为前提，大学内部无论推进何种改革都无非"掩耳盗铃"而已，无益于真正促进高等教育的高质量发展。

附　　录

附录一　本科生调查问卷

中国大学本科生学业挑战现状调查

亲爱的同学：

　　您好！感谢您参与本次调查！本问卷主要是了解您在学期间的学习情况及感受，您所提供的信息对提升我国本科人才培养质量有着重要的参考价值。我们衷心期望你能参与本调查研究，共同为提升我国本科教育质量贡献一分力量！

　　本问卷采用匿名填写，所需时间为 8—10 分钟。调查结果仅供本书使用，学校人员及其他资料使用者均无从知悉您个人身份，请放心作答。

　　填写时请仔细阅读，按照提示填写相应内容，谢谢您的合作！

一　个人基本信息

1. 您所就读的高校_____
2. 您所就读的院系_____
3. 您所就读的专业_____
4. 您的性别（　　）
　□男　　　　　　　□女
5. 您所在的年级（　　）
　□大一　　　　　□大二　　　　　□大三
　□大四（包括大五）　□其他_____

6. 您现在所学的专业是否为第一志愿（　　　）

□是　　　　　　　　□否

7. 您是否考虑过转专业（　　　）

□是　　　　　　　　□否

8. 您是否转过专业（　　　）

□是　　　　　　　　□否

二　学业情况

1. 您入学以来所修课程成绩的平均分大约是（　　　）

□90 以上（含 90）　　□80—89　　　　　□70—79

□60—69　　　　　　□60 以下

2. 您入学以来是否有课程不及格（　　　）

□是　　　　　　　　□否

3. 不及格课程累计总学分（　　　）

□2—3 学分　　　　　□4—6 学分　　　　□7—9 学分

□10—12 学分　　　　□13—15 学分　　　□16—19 学分

□20 学分以上

4. 是否收到来自学校或者学院的学业预警通知（　　　）

□是　　　　　　　　□否

5. 不及格课程类型［多选题］（　　　）

□公共必修课　　　　□公共选修课　　　□专业必修课

□专业选修课　　　　□实践类课程

6. 不及格课程重修或补考的方式［多选题］（　　　）

□重修　　　　　　　□补考

□缓考　　　　　　　□重考

7. 一门不及格课程重修或补考的次数（　　　）

□1 次　　　　　　　□2 次

□3 次　　　　　　　□3 次以上

8. 是否参加过学校组织的"清考"，即毕业前集中对不及格课程的补考（　　　）

□是 □否

9. 如果参加过"清考",是否通过考试（　　　）

□是 □否

10. 您是否延期（　　　）

□是 □否

11. 您延期毕业的原因

□因考研、出国留学主动申请延期

□因就业、创业需求主动申请延期

□因未达到毕业要求而延期（未达到总学分和学分绩点要求、需重修或补考课程等）

□因未达到学位授予要求而延期（如学位论文未完成或未通过答辩等）

□因违反学校学生管理规章要求而延期

□因身体健康等个人问题而延期

□因曾休学、留级等原因申请延期

□其他_____

三 学业挑战情况

1. 入学至今,大部分课程的课业负担如何

很轻松←				→很繁重
1	2	3	4	5
□	□	□	□	□

2. 请根据您入学以来所修课程情况,回答以下问题:

项目	全部	较多	有一些	较少	完全没有
1. 学习积极性较高的课程	□	□	□	□	□
2. 难度较大的课程	□	□	□	□	□

续表

项目	全部	较多	有一些	较少	完全没有
3. 要求较严格的课程	□	□	□	□	□
4. 作业任务量较重的课程	□	□	□	□	□
5. 较有挑战性的课程	□	□	□	□	□
6. 收获较大的课程	□	□	□	□	□
7. 重视结合平时的学习表现与期末考核结果进行评价的课程	□	□	□	□	□
8. 仅以一次期末考试进行评价和考核的课程	□	□	□	□	□

3. 下列描述与您经历的课程考核情况是否相符

项目	非常相符	比较相符	相符	较不相符	很不相符
1. 多数课程的学习以应试为主要目的	□	□	□	□	□
2. 考试主要考查的是对知识点的记忆	□	□	□	□	□
3. 考前突击一下就能得到不错的成绩	□	□	□	□	□
4. 选课时，大部分同学倾向于选择那些比较好拿学分或者容易拿高分的课程	□	□	□	□	□
5. 大部分同学对课程学习抱着"能过就行"的态度	□	□	□	□	□
6. 课程成绩能反映学生的真实水平	□	□	□	□	□
7. 老师会根据个人课程考核结果提供反馈意见	□	□	□	□	□
8. 课程学习使自己在相关知识和能力方面有所提高	□	□	□	□	□

4. 您本学期总共上了多少门课（   ）

0	1—3	4—6	7—9	10—12	12 以上
□	□	□	□	□	□

5. 您本学期所选课程的出勤率（   ）
□100%　　　　　　□90%—99%　　　　　□80%—89%
□70%—79%　　　　□60%—69%　　　　　□50%—59%
□50% 以下

6. 缺课或者逃课的主要原因 [多选题]（   ）
□课程内容没有价值　　　　□老师授课没有吸引力
□课堂纪律松散，管理不严　□准备考研、出国事宜
□找工作、创业　　　　　　□兼职、打工、勤工俭学
□沉迷于网游等娱乐活动　　□其他_____

7. 平均来说，本学期一周 7 天你用于各项活动的时间分配（小时）

项目	0	1—5	6—10	11—15	16—20	21—25	26—30	30 以上
1. 上课	□	□	□	□	□	□	□	□
2. 考研复习	□	□	□	□	□	□	□	□
3. 找工作、创业	□	□	□	□	□	□	□	□
4. 课外学习与课外科研活动（自习、知识竞赛、创新活动等）	□	□	□	□	□	□	□	□
5. 参加课外活动（学生会、文娱活动等）	□	□	□	□	□	□	□	□
6. 兼职、学习、打工、勤工俭学活动	□	□	□	□	□	□	□	□
7. 上网聊天、看视频、玩游戏、浏览论坛	□	□	□	□	□	□	□	□

8. 您用于毕业论文写作（毕业设计）的时间总数（仅限大四或大五的学生）

☐一个月以内　　　　☐一个月到两个月
☐两个月到三个月　　☐三个月以上

9. 您认为毕业论文（毕业设计）通过的挑战程度（仅限大四或大五的学生）

☐非常大　　　　☐较大
☐有一点　　　　☐没有

四　总体评价

1. 您非常清楚地了解教师（学校）制定的学业要求

☐非常相符　　　　☐比较相符　　　　☐相符
☐较不相符　　　　☐很不相符

2. 您认为教师（学校）提出的学业要求

☐非常高　　　　☐比较高
☐不高　　　　　☐一点也不高

3. 您必须以极大的努力才能达到教师（学校）的要求

☐非常相符　　　　☐比较相符　　　　☐相符
☐较不相符　　　　☐很不相符

同学们，辛苦了！非常感谢您对问卷的认真回答！
如果您愿意，可以留下您的联系方式，以方便后期进一步学习交流。
邮箱_____；QQ_____；微信_____

附录二　本科生访谈问卷

本科生访谈提纲

亲爱的同学：

您好！感谢您参与本次访谈！本次访谈主要是围绕您本科在读期间

的学习情况和感受，重点在于了解您对达成学校和教师提出的学业要求方面的压力感知程度。非常感谢您的参与！

1. 您如何看待学校的补考、重修以及"学业预警机制"等教学管理制度？
2. 在学期间，您是否有课程不及格？是什么原因造成的不及格？
3. 您对因学分达不到学校每学期的最低学分要求（可以理解为"挂科"太多）而被要求留级、劝退或者延期的现象怎么看？
4. 您如何看待"清考"？（"清考"即毕业前的一次性清零考试）
5. 您认为大学是否应该实施严格的"淘汰制"，降低目前大学的本科毕业率？请说明一下您的观点。
6. 到目前为止，您认为大学学习学业挑战度如何？可以做一个整体评价吗？

附录三 大学教师访谈问卷

大学教师访谈提纲

尊敬的老师：

您好！非常感谢您在百忙之中接受访谈！

本次访谈主要围绕您日常的课程教学和课程考核方面展开，旨在了解您在日常教学和课程考核方面的具体做法，以及对于学校教学管理制度的看法。再次表达对您的感谢！

1. 结合您的教学经验，您认为怎样才是成功的一堂课？
2. 您是如何将课程学习与课程考核联系起来的？
3. 您如何看待和应对学生课程成绩不及格的？
4. 您如何看待目前大学生的学业挑战度？
5. 您如何看待目前学校实施的教学管理制度？您是否有自己的意见或者建议？

参考文献

一 中文文献
（一）著作类

安心：《高等教育质量保证体系研究》，甘肃教育出版社1999年版。

陈洪捷：《德国古典大学观及其对中国的影响》，北京大学出版社2006年版。

陈玉琨等：《高等教育质量保障体系概论》，北京师范大学出版社2004年版。

陈玉玲：《国民政府初期对高等教育的整顿：1927—1937》，中国社会科学出版社2018年版。

辞海编辑委员会：《辞海》，上海辞书出版社1979年版。

顾明远：《教育大辞典·增订合编本》（上），上海教育出版社1998年版。

郭位：《心件：大学校长谈教育》，中信出版社2016年版。

国家教育发展与政策研究中心：《发达国家教育改革的动向和趋势》第2集《美国、苏联、日本、法国、英国1986—1988年期间教育改革文件和报告选编》，人民教育出版社1987年版。

国务院法制办公室：《中华人民共和国法规汇编（1949—1952）》（第1卷），中国法制出版社2005年版。

郝维谦：《高等教育史》，海南出版社2000年版。

何晋秋、曹南燕：《美国——科技与教育发展》，人民出版社2003年版。

胡赤弟：《教育产权与现代大学制度构建》，广州高等教育出版社2008年版。

胡建华：《现代中国大学制度的原点：50年代初期的大学改革》，南京师范大学出版社 2001 年版。

胡建华等：《高等教育学新论》，江苏教育出版社 1995 年版。

黄海涛：《学生学习成果评估：美国高等教育质量保障研究》，教育科学出版社 2014 年版。

教育部高校学生司：《中国高等教育学生管理规章大全（1950—2006）》，首都师范大学出版社 2007 年版。

教育部研究室：《中华人民共和国现行高等教育法规汇编》，人民教育出版社 1999 年版。

教育大辞典编纂委员会编：《教育大辞典》第 1 卷《教育学、课程和各科教学、中小学校》，上海教育出版社 1990 年版。

康翠萍：《学位论》，人民教育出版社 2005 年版。

来茂德：《中国研究型大学本科教育探索：浙江大学的思考与实践》，浙江大学出版社 2002 年版。

刘海峰：《高校招生考试制度改革研究》，经济科学出版社 2009 年版。

刘献君：《高等学校战略管理》，人民出版社 2008 年版。

潘懋元：《潘懋元教育口述史》，肖海涛、殷小平整理，北京师范大学出版社 2007 年版。

潘懋元：《潘懋元文集》卷一《高等教育学讲座》，广东高等教育出版社 2010 年版。

潘懋元：《理论自觉与实践建构：高等教育的历史、现实与未来》，北京师范大学出版社 2014 年版。

钱学森等：《论系统工程》，湖南科学技术出版社 1982 年版。

上海市高等教育局研究室：《中华人民共和国建国以来高等教育重要文献选编》（上），上海市高等教育局研究室，1979 年。

石慧霞：《抗战时期的厦门大学——民族危机中的大学认同》，厦门大学出版社 2012 年版。

邬大光：《什么是好大学》，商务印书馆 2023 年版。

吴岩：《构建中国特色高等教育质量保障体系》，教育科学出版社 2014 年版。

武毅英：《高校毕业生就业问题的教育学审视》，厦门大学出版社 2006 年版。

熊明安：《中国高等教育史》，重庆出版社 1988 年版。

杨晓明：《高等教育政策问题研究》，大象出版社 2011 年版。

张乐天：《高等教育政策的回顾与反思 1977—1999》，南京师范大学出版社 2008 年版。

张轩：《中国高等教育制度变迁研究》，现代出版社 2016 年版。

赵文华：《高等教育系统论》，广西师范大学出版社 2001 年版。

中央教育科学研究所：《中华人民共和国大事记（1949—1982）》，教育科学出版社 1983 年版。

（二）期刊类

别敦荣、易梦春：《普及化趋势与我国高等教育发展的战略选择——兼论两岸高等教育交流与合作》，《清华大学教育研究》2017 年第 3 期。

别敦荣：《必须进一步扩大高校办学自主权——我国高等教育发展 70 年的经验》，《教育发展研究》2019 年第 Z1 期。

陈廷柱：《中国高等教育质量保证的基本策略：市场化》，《江苏高教》2002 年第 1 期。

冯宏义：《近年来美国提高高校毕业率的主要措施及对我国的启示》，《内蒙古师范大学学报》（教育科学版）2012 年第 1 期。

龚放：《大一和大四：影响本科教学质量的两个关键阶段》，《中国大学教学》2010 年第 6 期。

顾建民、江美芬、黄亚婷：《高校学生转专业满意度及其影响机制》，《教育发展研究》2022 年第 3 期。

顾明远：《论学历主义与教育》，《教育研究》1995 年第 4 期。

胡赤弟：《高等教育中的利益相关者分析》，《教育研究》2005 年第 3 期。

胡建华：《中国高等教育管理体制改革分析》，《南京师大学报》（社会科学版）2005 年第 4 期。

胡建华：《高等教育质量内部管理与外部监控的关系分析》，《高等教育研究》2008 年第 5 期。

胡伟卿:《美国大学毕业率相关因素分析及启示》,《中国高等教育》2009年第Z3期。

胡伟卿:《影响美国大学毕业率的相关因素研究》,《广东工业大学学报》(社会科学版)2010年第6期。

李福华:《高等教育质量:内涵、属性和评价》,《现代大学教育》2003年第2期。

李刚:《大学的终结——1950年代初期的"院系调整"》,《中国改革》2003年第8期。

李均:《"宽进严出论"质疑》,《电力高等教育》1995年第4期。

李子丰、李雪娇、王鹏:《高等学校学生的毕业率与毕业证的含金量和社会投资回报率》,《中国西部科技》2010年第36期。

林松月、雷鹏飞:《美国高校毕业率特征及启示——基于对高校记分卡2001—2018年的大数据分析》,《理论月刊》2021年第5期。

刘海峰:《传统文化与高校招生考试改革》,《上海高教研究》1995年第3期。

刘海峰、李均:《中国高校不宜推行"宽进严出"》,《高等教育研究》1996年第3期。

刘海涛:《麻省理工学院本科课程及学分设置的实践与思考》,《高教探索》2018年第2期。

刘强:《我国高校毕业率衡量高等教育质量何以可能——再论高校毕业率与高等教育质量的相关性》,《黑龙江高教研究》2018年第10期。

刘少雪:《高等教育评价中的"数字陷阱"》,《苏州大学学报》(教育科学版)2016年第1期。

刘炜:《2004年法国高等教育将推行"358学制"》,《国际人才交流》2004年第2期。

卢晓东:《本科教育质量核心数据再探讨》,《中国大学教学》2013年第3期。

罗建国:《我国高等教育集权管理体制生成逻辑分析》,《大学教育科学》2009年第5期。

吕继群:《法国本科学分制改革及其对我国高校的启示》,《高教探索》

2018年第3期。

邵泽斌：《OECD教育产出指标的内涵与启示》，《南京师大学报》（社会科学版）2020年第6期。

申翠英：《学分制教学管理制度下高校学籍管理新模式探索》，《常州信息职业技术学院学报》2012年第2期。

唐安国、张云鹰：《对上海高校实行"宽进严出"办学模式的探讨》，《高等教育研究》1997年第2期。

唐安国：《试论上海高校实行"宽进严出"办学模式的必要性与可行性》，《上海教育科研》1995年第7期。

滕曼曼：《荷兰高等教育质量保障中大学自治与政府问责之间的张力关系及其实现路径》，《外国教育研究》2017年第9期。

王洪才：《论高质量高等教育发展面临的五个基本命题》，《教育科学探索》2022年第1期。

王建华：《从复制到分享：高等教育质量管理的方向》，《复旦教育论坛》2010年第2期。

王建华：《什么是高等教育高质量发展》，《中国高教研究》2021年第6期。

韦颖：《改革开放以来我国大学生就业政策的变迁——基于支持联盟框架的分析》，《高等教育研究》2015年第5期。

邬大光、刘振天：《"三个面向"与知识经济时代的高等教育——纪念邓小平"三个面向"题词发表15周年》，《中国高等教育》1998年第12期。

邬大光、滕曼曼、李端淼：《大学本科毕业率与高等教育质量相关性分析——基于中美大学本科毕业率数据的比较分析》，《高等教育研究》2016第12期。

邬大光：《走出我国大学转型发展的路径依赖》，《中国高教研究》2021年第10期。

邬大光：《雪山的雪线与高等教育的质量底线》，《高校教育管理》2022年第1期。

吴凡、陈诗敏、赵泽宁：《大学生学习投入、学习时间及学习效果的比较研究——基于 F 省高校大学生线上线下学习经验调查》,《中国高教研究》2022 年第 10 期。

吴凡:《中美研究型大学本科生学业挑战度的比较研究》,《中国大学教学》2012 年第 10 期。

谢爱磊:《"读书无用"还是"读书无望"——对农村底层居民教育观念的再认识》,《北京大学教育评论》2017 年第 3 期。

熊丙奇:《高等教育进入"宽进严出"新阶段》,《在线学习》2020 年第 7 期。

徐高明:《政府在大学课程变革中的地位分析——基于江苏省 6 所大学的调查》,《国家教育行政学院学报》2012 年第 9 期。

许晓东:《全国高校教学基本状态数据库的研究与应用》,《中国大学教学》2012 年第 4 期。

薛成龙、邬大光:《论学分制的本质与功能——兼论学分制与教学资源配置的相关性》,《北京大学教育评论》2007 年第 3 期。

杨德广、李梅:《"宽进严出"是我国高校发展的必然趋势》,《现代大学教育》2011 年第 3 期。

杨晓宏:《警惕变异的"清考"》,《教育与教学研究》2021 年第 8 期。

杨志坚:《中国本科教育培养目标研究(之二)——本科教育培养目标的基本理论问题》,《辽宁教育研究》2004 年第 6 期。

叶信治:《美国大学学士学位要求研究》,《西南交通大学学报》(社会科学版)2015 年第 3 期。

尹婷婷、王建华:《中国"清考"制度的缘起、问题与治理——普及化时代高等教育质量保障的反思》,《现代大学教育》2021 年第 5 期。

张安富、靳敏、施佳璐:《高等教育质量与水平及相关概念辨析》,《高等教育研究》2009 年第 11 期。

张波:《大学教学管理制度结构性失衡的社会学分析》,《高等教育研究》2008 年第 12 期。

张国强:《OECD 教育发展指标体系分析及启示——以教育概览:OECD 指标(2003)为例》,《外国教育研究》2006 年第 11 期。

张亚群:《林文庆与厦门大学早期的发展》,《厦门大学学报》(哲学社会科学版）2011年第2期。

张应强：《宽进严出论评析——与唐安国同志商榷》，《中国电力教育》1996年第4期。

钟启泉：《准确地把握"宽进严出"的内涵》，《上海高教研究》1996年第3期。

周川：《高等教育管理体制改革之反思》，《北京大学教育评论》2018年第2期。

周川：《我国高等教育管理体制70年探索历程及其展望》，《高等教育研究》2019年第7期。

周艳：《论就业政策对我国大学生就业的影响》，《湖北行政学院学报》2006年第6期。

（三）译著类

[英] E. 阿什比：《科技发达时代的大学教育》，滕大春、滕大生译，人民教育出版社1983年版。

[美] R. 爱德华·弗里德曼：《战略管理：利益相关者方法》，王彦华等译，上海译文出版社2006年版。

[法] 埃德加·莫兰：《复杂思想：自觉的科学》，陈一壮译，北京大学出版社2001年版。

[美] 埃里克·古尔德：《公司文化中的大学》，吕博、张鹿译，北京大学出版社2005年版。

[美] 爱德华·希尔斯：《学术的秩序——当代大学论文集》，李家永译，商务印书馆2007年版。

[美] 伯顿·克拉克：《大学的持续变革：创业型大学新案例和新概念》，王承绪译，人民教育出版社2008年版。

[美] 伯顿·克拉克：《高等教育新论——多学科的研究》，王承绪等译，浙江教育出版社2001年版。

[美] 德里克·博克：《回归大学之道——对美国大学本科教育的反思与展望》，侯定凯等译，华东师范大学出版社2008年版。

[美] 菲利普·G. 阿特巴赫、[日] 马彻越：《亚洲的大学：历史与未来》，邓红风主译，中国海洋大学出版社2005年版。

[德] 弗里德里希·包尔生：《德国大学与大学学习》，张弛、郄海霞、耿益群译，人民教育出版社2009年版。

[美] 哈瑞·刘易斯：《失去灵魂的卓越：哈佛是如何忘记教育宗旨的》，侯定凯等译，华东师范大学出版社2012年版。

[美] 罗伯特·M. 赫钦斯：《美国高等教育》，汪利兵译，浙江教育出版社2001年版。

[英] 罗纳德·巴尼特：《高等教育理念》，蓝劲松等译，北京大学出版社2012年版。

[美] 乔治·D. 库恩：《今天的大学生：为什么我们不能顺其自然》，[美] 菲利普·G. 阿特巴赫：《为美国高等教育辩护》，别敦荣、陈艺波主译，中国海洋大学出版社2007年版。

[日] 矢仓久泰：《学历社会》，王振宇、程永华译，吉林人民出版社1982年版。

[日] 天野郁夫：《日本高等教育改革：现实与课题》，陈武元等译，厦门大学出版社2014年版。

[美] 威廉·G. 鲍恩：《数字时代的大学》，欧阳淑铭、石雨晴译，中信出版社2014年版。

[美] 约翰·布伦南、特拉·沙赫：《高等教育质量管理——一个关于高等院校评估和改革的国际性观点》，陆爱华译，华东师范大学出版社2005年版。

[加] 约翰·范德格拉夫：《学术权力：七国高等教育管理体制比较》，王承绪译，浙江教育出版社2001年版。

[美] 约瑟夫·M. 朱兰：《朱兰质量手册》，焦叔斌等译，中国人民大学出版社2003年版。

联合国教科文组织国际教育委员会编著：《学会生存——教育世界的今天和明天》，华东师范大学比较教育研究所译，教育科学出版社1996年版。

（四）学位论文类

刘丽霞：《高校本科学业"清考"制度研究——基于历史制度主义视角》，硕士学位论文，安徽师范大学，2022年。

苗耀祥：《我国高等教育质量保证政策研究》，博士学位论文，东北大学，2015年。

王玮：《中国教会大学科学教育研究 1901—1936》，博士学位论文，上海交通大学，2008年。

王旭辉：《我国高等教育的供求问题研究——教育"专业"层面的探讨》，博士学位论文，厦门大学，2017年。

吴凡：《我国研究型大学本科人才培养质量研究——基于"985工程"高校大学生学习经验调查》，博士学位论文，厦门大学，2013年。

薛成龙：《中国研究型大学学分制与教学资源配置的相关性研究——课程改革与资源配置视角》，博士学位论文，厦门大学，2010年。

杨少琳：《法国学位制度研究》，博士学位论文，西南大学，2009年。

（五）报纸类

陈昊原：《学分互认"打破"知识围墙》，《中国青年报》2022年9月16日第7版。

樊静、邱晨辉：《一封来信再揭大学教育弊病》，《中国青年报》2015年7月13日第9版。

卢晓东：《毕业率90%何以成为新闻》，《中国教育报》2011年7月4日第5版。

卢晓东：《取消"清考"后还需改什么》，《中国科学报》2018年9月18日第5版。

马慧娟、张茜：《大学教师的挣扎：严格还是放水》，《中国青年报》2015年8月10日第9版。

秦春华：《"宽进严出"的大学真的有吗》，《光明日报》2015年6月2日第14版。

吴雪君：《中国高毕业率怪象》，《工人日报》2013年6月25日第1版。

熊丙奇：《放弃质量标准是大学真正的危机》，《中国教育报》2013年7月26日第3版。

《向"严进宽出"说不》，《人民日报》2016年11月11日第16版。

（六）网络资源类

《美国遗产辞典》，http：//americanheritage. yourdictionary. com/。

《韦氏新世界大学辞典》，http：//websters. yourdictionary. com/。

《远距离开放教育词典》,http://mall.cnki.net/Reference/ref_search.aspx?bid=R200607317&inputText=%E6%AF%95%E4%B8%9A%E7%8E%87。

《大连工业大学本科学生学士学位授予工作细则（2018年）》,http://jiaowu.dlpu.edu.cn/upload/file/202203/2716483372157274534.pdf。

甘肃省教育厅:《甘肃高校将实现课程互选学分互认》,http://jyt.gansu.gov.cn/jyt/c120301/202303/148883834.shtml。

《广西科技大学普通本科学生学籍管理规定（试行）（2019年）》,https://www.gxust.edu.cn/jwc/info/1059/1970.htm。

《国务院办公厅关于进一步做好2004年普通高等学校毕业生就业工作的通知》,http://www.gov.cn/zhengce/content/2008-03/28/content_6706.htm。

《国务院办公厅关于做好2003年普通高等学校毕业生就业工作的通知》,http://www.gov.cn/zwgk/2005-08/12/content_22200.htm。

《海南大学本科教育学分制条例》,http://www.hainu.edu.cn/stm/zy_jwc/2015513/10418000.shtml。

《海南大学本科学生学籍管理规定（2015年）》,https://ha.hainanu.edu.cn/jwc/info/1013/1487.htm。

河北科技师范学院:《关于取消清考制度的通知》,https://jwc.hevttc.edu.cn/info/1053/2071.htm。

江西财经大学:《关于组织第二次清考的通知》,http://jwc3.jxufe.edu.cn/news-show-119.html。

《南京林业大学本科学生学籍管理办法（2012年修订）》,http://jwc.njfu.edu.cn//jwgl/xjgl/20190111/i22588.html。

《南京林业大学本科学生学业警示及帮扶办法（试行）》,https://xxgk.njfu.edu.cn/DFS//file/2022/12/10/202212101614198681775we.pdf。

秦迎:《南京林业大学一年半劝退49名本科生,家长哭诉》,http://www.huitongcorp.com/?p=4337。

《清华大学本科生学籍管理规定》,https://www.tsinghua.edu.cn/info/1142/1108.htm?ivk_sa=1024320u。

《三明学院 2019—2020 年本科教学质量报告》，https：//www.fjsmu.edu.cn/_upload/article/files/d3/92/2cc43b6c435293eabca23eb3d7c3/836b8c0b-e855-4c8d-aed6-05c658df5bf4.pdf。

《厦门大学 2012 年本科教学质量报告》，https：//jwc.xmu.edu.cn/xxgk/zlbg.htm。

《厦门大学 2021—2022 年本科教学质量报告》，https：//jwc.xmu.edu.cn/xxgk/zlbg.htm。

《厦门大学 2020—2021 年本科教学质量报告》，https：//jwc.xmu.edu.cn/info/2031/61621.htm。

《厦门大学本科毕业论文（设计）工作管理办法（2016 年）》，https：//jwc.xmu.edu.cn/info/2181/52551.htm。

上海海关学院：《教务处关于取消清考制度的通知》，https：jwc.shcc.edu.cn/59/13/c960a22803/page.htm。

上海交通大学：《2017—2018 年度本科教学质量报告》，https：//gk.sjtu.edu.cn/Data/View/1382。

《西南大学本科毕业生学士学位授予工作实施细则（修订）（2021 年）》，http：//jwc.swu.edu.cn/s/jwc/gzzd2glwj/20211217/4706074.html。

杨小辉：《看看早年的清华对学生多苛刻》，http：//finance.ifeng.com/money/roll/20130327/7831077.shtml。

《长安大学本科学生学分制学籍管理规定（2022 年）》，https：//jwc.chd.edu.cn/_upload/article/files/32/cb/586327c446978b0484b8feaa6ef0/7bf1b966-028b-48f6-930d-48e350c6c60d.pdf。

中共中央、国务院：《深化新时代教育评价改革总体方案》，http：//www.moe.gov.cn/jyb_xxgk/moe_1777/moe_1778/202010/t20201013_494381.html。

《中共中央关于教育体制改革的决定》，http：//www.moe.edu.cn/jyb_sjzl/moe_177/tnull_2482.html。

《中国矿业大学本科学生学籍管理规定（2019 年）》，https：//oldjwb.cumt.edu.cn/67/1b/c3225a550683/page.htm。

《中国矿业大学本科学生学籍管理规定（2021 年）》，https：//jwb.

cumt. edu. cn/info/1245/6005. htm。

中华人民共和国财政部：《支持地方高校改革发展资金管理办法》，http：//www. mof. gov. cn/jrttts/202201/t20220124_ 3784411. htm。

中华人民共和国教育部：《2001年全国教育事业发展统计公报》，http：//www. moe. gov. cn/jyb_ xxgk/gk_ gbgg/moe_ 0/moe_ 8/moe_ 26/tnull_ 400. html。

《2021年全国教育事业发展统计公报》，http：//www. moe. gov. cn/jyb_ sjzl/sjzl_ fztjgb/202209/t20220914_ 660850. html。

中华人民共和国教育部：《本科毕业论文（设计）抽检办法（试行）》，http：//www. moe. gov. cn/srcsite/A11/s7057/202101/t20210107509019. html。

《财政部教育部关于进一步提高地方普通本科高校生均拨款水平的意见》，http：//www. moe. gov. cn/jyb_ xxgk/moe_ 1777/moe_ 1779/201308/t20130805_ 155147. html。

中华人民共和国教育部：《关于进一步深化教育改革，促进高校毕业生就业工作的意见》，http：//old. moe. gov. cn/publicfiles/business/htmlfiles/moe/s3265/201001/xxgk_ 80062. html。

中华人民共和国教育部：《关于切实做好2006年普通高等学校毕业生就业工作的通知》，http：//www. chinajob. gov. cn/EmploymentServices/content/2006-06/09/content_ 217913. htm。

中华人民共和国教育部：《国家中长期教育改革和发展规划纲要（2010—2020年）》，http：//www. moe. edu. cn/srcsite/A01/s7048/201007/t20100729_ 171904. html。

中华人民共和国教育部：《河南5高校实行课程互选学分互认》，http：//www. moe. gov. cn/jyb_ xwfb/s5147/201901/t20190110 _ 366524. html？from = singlemessage。

中华人民共和国教育部：《坚持以本为本 推进四个回归 建设中国特色、世界水平的一流本科教育——新时代全国高等学校本科教育工作会议召开》，http：//www. moe. gov. cn/jyb_ xwfb/gzdt_ gzdt/moe_ 1485/201806/t20180621_ 340586. html。

参考文献 ▶▶▶ 319

《教育部、公安部、人事部、劳动保障部关于切实做好普通高等学校毕业生就业工作的通知》，http：//old. moe. gov. cn//publicfiles/business/htmlfiles/moe/moe_ 29/200209/528. html。

《教育部办公厅关于开展普通高等学校本科教学工作合格评估的通知》，http：//www. moe. gov. cn/srcsite/A08/s7056/201802/t20180208_ 327138. html。

《教育部办公厅关于印发〈普通高等学校本科教学工作水平评估方案（试行）〉的通知〉》，http：//www. moe. gov. cn/srcsite/A08/s7056/200408/t20040818_ 148778. html。

《教育部关于狠抓新时代全国高等学校本科教育工作会议精神落实的通知》，http：//www. moe. gov. cn/srcsite/A08/s7056/201809/t20180903_ 347079. html。

《教育部关于切实加强高校学生住宿管理的通知》，http：//www. moe. edu. cn/s78/A12/szs_ lef/moe_ 1422/s256/201209/t20120918_ 172193. html。

《教育部关于全面提高高等教育质量的若干意见》，http：//old. moe. gov. cn/publicfiles/business/htmlfiles/moe/s6342/201301/xxgk_ 146673。

《教育部关于深化本科教育教学改革 全面提高人才培养质量的意见》，http：//www. moe. gov. cn/srcsite/A08/s7056/201910/t20191011_ 402759. html。

《教育部关于印发〈普通高等学校本科专业目录（2012 年）〉〈普通高等学校本科专业设置管理规定〉等文件的通知》，http：//www. moe. edu. cn/srcsite/A08/moe_ 1034/s3882/201209/t20120918_ 143152. html。

《教育部关于做好 2001 年全国普通高等学校毕业生就业工作的通知》，http：//www. moe. edu. cn/jyb_ xxgk/gk_ gbgg/moe_ 0/moe_ 7/moe_ 12/tnull_ 5932. html。

《教育部规定高校学生十类情形不得转学：严禁以转学为幌子变相择校择专业》，http：//old. moe. gov. cn//publicfiles/business/htmlfiles/moe/s5147/201505/188024. html。

中华人民共和国教育部：《面向 21 世纪教育振兴行动计划》，http：//

old. moe. gov. cn//publicfiles/business/htmlfiles/moe/s6986/200407/2487. html。

中华人民共和国教育部：《普通本科学校设置暂行规定》，http：//old. moe. gov. cn/publicfiles/business/htmlfiles/moe/s181/201006/88612. html。

中华人民共和国教育部：《普通高等教育学历证书管理暂行规定》，http：//old. moe. gov. cn/publicfiles/business/htmlfiles/moe/moe_ 621/200409/2725. html。

中华人民共和国教育部：《普通高等学校本科教学工作水平评估方案（试行）》，http：//www. moe. gov. cn/srcsite/A08/s7056/200404/t20040407_ 124458. html。

中华人民共和国教育部：《普通高等学校本科专业设置管理规定》，http：//www. moe. gov. cn/s78/A08/gjs_ left/moe_ 1034/s3881/201305/t20130523_ 152287. html。

中华人民共和国教育部：《普通高等学校学生管理规定》，http：//www. moe. edu. cn/srcsite/A02/s5911/moe_ 621/201702/t20170216_ 296385. html。

中华人民共和国教育部：《我国高等教育毛入学率去年已达51.6%，进入普及化发展新阶段》，http：//www. moe. gov. cn/fbh/live/2020/52717/mtbd/202012/t20201204_ 503492. html。

中华人民共和国教育部：《中共中央办公厅 国务院办公厅印发〈关于深化教育体制机制改革的意见〉》，http：//www. moe. gov. cn/jyb_ xwfb/s6052/moe_ 838/201709/t20170925_ 315201. html。

中华人民共和国教育部：《2021年教育统计数据》，http：//www. moe. gov. cn/jyb_ sjzl/moe_ 560/2021/quanguo/。

《中华人民共和国高等教育法》，http：//www. moe. edu. cn/s78/A02/zfs_ _ left/s5911/moe_ 619/201512/t20151228_ 226196. html。

《中华人民共和国教育法》，http：//www. moe. edu. cn/s78/A02/zfs_ _ left/s5911/moe_ 619/201512/t20151228_ 226 193. html。

《中华人民共和国学位条例暂行实施办法》，http：//www. moe. edu. cn/s78/A02/zfs_ _ left/s5911/moe_ 620/tnull_ 3133. html。

二　外文文献

A. Vega, R. Martinez, "A Latino Scorecard for Higher Education: A Focus on Texas Universities," *Journal of Hispanic Higher Education*, Vol. 11, No. 1, 2012.

A. W. Astin, "Student Involvement: A Developmental Theory for Higher Education," *Journal of College Student Personnel*, Vol. 25, No. 4, 1984.

A. W. Astin, "The Methodology of Research on College Impact, Part One," *Sociology of Education*, Vol. 43, No. 3, 1970.

A. W. Astin, "To Use Graduation Rates to Measure Excellence, You Have to Do Your Homework," *Chronicle of Higher Education*, Vol. 51, No. 9, 2004.

A. W. Astin, *Achieving Educational Excellence*, San Francisco: Jossey-Bass, 1985.

American Enterprise Institute for Public Policy Research, "Diplomas and Dropouts: Which Colleges Actually Graduate Theirs Students and Which Don't," http://www.aei.org/publication/diplomas-and-dropouts/.

B. J. Hosch, "Institutional and Student Characteristics that Predict Graduation and Retention Rates," http://www.ccsu.edu/uploaded/departments/AdministrativeDepartments/Institutional_Research_and_Assessment/Research/20081104a.pdf.

C. Alexandria, G. Samantha, P. Marlene, "College Completion Rates: Does the Type of Financial Aid Received Influence Student College Completion?," *Issues in Political Economy*, Vol. 30, No. 1, 2021.

C. S. Wolter, A. Diem, D. Messer, "Drop-outs from Swiss Universities: An Empirical Analysis of Data on All Students between 1975 and 2008," *European Journal of Education*, Vol. 49, No. 4, 2014.

D. Dannefer, "Adult Development and Social Theory: A Paradigmatic Reappraisal," *American Sociological Review*, Vol. 49, No. 1, 1984.

E. Pascarella, "College Environment Influences on Learning and Cognitive Development: A Critical Review and Synthesis," J. Smart, *Higher Education: Handbook of Theory and Research*, New York: Agathon, 1985.

G. Neave, "On the Cultivation of Quality, Efficiency and Enterprise: An Overview of, Recent Trends in Higher Education in Western Europe, 1986 - 1988," *European Journal of Education*, Vol. 23, No. 1 - 2, 1988.

G. W. Spady, "Dropouts from Higher Education: An Interdiscipline Review and Synthesis," *Interchange*, Vol. 1, No. 1, 1970.

G. W. Spady, "Dropouts from Higher Education: Toward an Emprical Model," *Interchange*, Vol. 2, No. 3, 1971.

J. Bound, F. M. Lovenheim, S. Turner, "Why Have College Completion Rates Declined? An Analysis of Changing Student Preparation and Collegiate Resources," *American Economic Journal: Applied Economics*, Vol. 2, No. 3, 2010.

J. C. Doaney, *The Quality Education Challenge*, Thousand Oaks: Corwin Press, 1994.

J. P. Bean, "Interaction Effects Based on Class Level in an Explanatory Model of College Student Dropout Syndrome," *American Educational Research Journal*, Vol. 22, No. 1, 1985.

J. P. Bean, "Student Attrition, Intentions, and Confidence: Interaction Effects in a Path Mode," *Research in Higher Education*, Vol. 17, No. 6, 1982.

J. P. Bean, B. S. Metzner, "A Conceptual Model of Nontraditional Undergraduate Student Attrition," *Review of Educational Research*, Vol. 55, No. 4, 1987.

J. P. Bean, "Dropouts and Turnover: The Synthesis and Test of a Causal of Student Attrition," *Research in Higher Education*, Vol. 12, No. 2, 1980.

L'Etudiant, "Quelles Sont Vos Chances de Réussite, Selon Votre Bac et Votre Fac?," https://www.letudiant.fr/etudes/parcoursup/vos-chances-de-reussite-en-licence-par-universite.html.

Lumina Foundation, "Our Assumptions about Today's College Students are

Wrong," https：//www. luminafoundation. org/todays-student.

Lumina Foundation, "What Is the Issue?," https：//www. luminafoundation. org/goal_ 2025#goal-urgent.

M. Yorke, *Leaving Early：Undergraduation Non-completion in Higher Education*, London：Falmer Press, 1999.

National Center for Education Statistics, "Characteristics of Degree-Granting Postsecondary Institutions," https：//nces. ed. gov/programs/coe/indicator _ csa. asp.

National Center for Education Statistics, "Trends in High School Dropout and Completion Rates in the United States：2014," https：//nces. ed. gov/pubs2018/2018117. pdf.

National Center for Education Statistics, "Undergraduate Retention and Graduation Rates," https：//nces. ed. gov/programs/coe/indicator_ ctr. asp.

Organization for Economic Co-operation and Development, "AHELO Feasibility Study Report ：Volume 3 Further Insights," http：//www. oecd. org/edu/skills-beyond-school/AHELOFSReportVolume3. pdf.

Organization for Economic Co-operation and Development, "Education at a Glance：OECD Indicators 1998," http：//www. oecd-ilibrary. org/education/education-at-a-glance-1998_ eag-1998-en.

Organization for Economic Co-operation and Development, "Education at a Glance：OECD Indicators 2013," http：//www. oecd-ilibrary. org/education/education-at-a-glance-2013_ eag-2013-en.

Organization for Economic Co-operation and Development, "Education at a Glance 2002：OECD Indicators," https：//www. oecd-ilibrary. org/education/education-at-a-glance-2002_ eag-2002-en.

Organization for Economic Co-operation and Development, "Education at a Glance 2010：OECD Indicators," https：//www. oecd-ilibrary. org/docserver/eag-2010-en. pdf? expires = 1680274294&id = id&accname = guest& checksum = 71CE055CFB320A1127EAD2C86CBBB717.

Organization for Economic Co-operation and Development, "Education at a

Glance 2011: OECD Indicators," https://www.oecd-ilibrary.org/education/education-at-a-glance-2011_ eag-2011-en.

Organization for Economic Co-operation and Development, "Education at a Glance 2013: OECD Indicators," https://www.oecd-ilibrary.org/docserver/eag-2013-en.pdf? expires = 1680273373&id = id&accname = guest& checksum = 098AB398A78B412030523863A944EEB0.

Organization for Economic Co-operation and Development, "Education at a Glance 2014: OECD Indicators," https://www.oecd-ilibrary.org/education/education-at-a-glance-2014_ eag-2014-en.

Organization for Economic Co-operation and Development, "Education at a Glance 2016: OECD Indicators," https://www.oecd-ilibrary.org/docserver/eag-2016-en.pdf? expires = 1680334114&id = id&accname = guest& checksum = 528EB6F25F104C912C3C627A0ADB14DD.

Organization for Economic Co-operation and Development, "Education at a Glance 2022: OECD Indicators," https://www.oecd-ilibrary.org/education/education-at-a-glance-2022_ 3197152b-en.

P. G. Carpenter, M. Hayden, M. Long, "Social and Economic Influences on Graduation Rates from Higher Education in Australia," *Higher Education*, Vol. 35, No. 4, 1998.

P. G. Rubin, C. J. Hearn. "The Policy Filtering Process: Understanding Distinctive State Responses to the National College Completion Agenda in the United States," *Education Policy Analysis Archives*, Vol. 26, No. 60/61, 2018.

P. Martorell, I. McFarlin, "Help or Hindrance? The Effects of College Remediation on Academic and Labor Market Outcomes," *The Review of Economics and Statistics*, Vol. 2, No. 93, 2011.

R. G. Pike, J. M. Hansen, E. J. Chldness, "The Influence of Student' Pre-College Characteristics, High School Experiences, Colllege Expectations, and Initial Enrollment Characteristics on Degree Attainment," *College Student Petention*, Vol. 16, No. 1, 2014.

R. Stinebrickner, T. Stinebrickner, "Academic Performance and College Drop-out: Using Longitudinal Expectations Data to Estimate a Learning Model," *Journal of Labor Economics*, Vol. 32, No. 3, 2014.

R. Stinebrickner, T. Stinebrickner, "The Effect of Credit Constraints on the College Drop-out Decision: A Direct Approach Using a New Panel Study," *American Economic Review*, Vol. 98, No. 5, 2008.

T. Bailey, D. Jenkins, T. Leinbach, "Graduation Rates, Student Goals, and Measuring Community College Effectiveness," https://eric.ed.gov/contentdelivery/servlet/ERICServlet?accno=ED489098.

The College Board, "Education Pays 2016: The Benefits of Higher Education for Individuals and Society," https://trends.collegeboard.org/education-pays.

U. S. Department of Education, "U. S. Department of Education Strategic Plan for Fiscal Years 2011 – 2014," https://www2.ed.gov/about/reports/strat/plan2011-14/draft-strategic-plan.pdf.

United Nations Educational, Scientific, and Cultural Organization, "World Declaration on Higher Education for the Twenty-first Century: Vision and Action," http://www.unesco.org/education/wche/declaration.shtml.

United Nations Educational, Scientific, and Cultural Organization, "International Standard Classification of Education 2011," http://www.uis.unesco.org/Education/Documents/isced-2011-ch.pdf.

University of Oxford, "Student Handbook 2022 – 2023," https://www.ox.ac.uk/students/academic/student-handbook.

V. Tinto, *Leaving College: Rethinking the Causes and Cures of Student Attrition* (2nd ed.), Chicago: The University of Chicago Press, 1993.

V. Tinto, "Dropout from Higher Education: A Theoretical Synthesis of Recent Research," *Review of Educational Research*, Vol. 45, No. 1, 1975.

V. V. Perez, *Conceptualizing Latino Dropout: How the School System Contributes*, University of Chicago Doctoral Dissertation, 2011.

W. Bowen, D. Bok, *The Shape of the River*, Princeton, NJ: Princeton University Press, 1998.

W. N. Evans, M. S. Kearney, B. Perry, J. X. Sullivan, "Increasing Community College Completion Rates among Low-income Students: Evidence from a Randomized Controlled Trial Evaluation of a Case Management Intervention," *Journal of Policy Analysis and Management*, Vol. 39, No. 4, 2020.

后　　记

本书是在我的博士学位论文（部分有删减）基础上形成的。

对于初次进入大学的本科生而言，他们满怀着敬仰和憧憬，开启人生中重要的一次"黄金之旅"。在这短短的四年之间，他们需要不断地从大学这块土壤中汲取养分，为未来发展道路上的无限可能储备知识和能力。当然，前提是他们的确希望从大学中收获到名副其实的东西。现实情况是，有些学生做出了这样的选择，并为之做出努力，有些学生则没有，而是虚度光阴，唯图一学位而已。但这并非目前中国大学才有的现象，早在1917年，蔡元培校长在"任北京大学校长之就职演说"中已经对大学生发出警醒：

> 诸君肄业于此，或三年，或四年，时间不为不多，苟能爱惜光阴，孜孜求学，则其造诣，容有底止。若徒志在做官发财，宗旨既乖，趋向自异。平时则放荡冶游，考试则熟读讲义，不问学问之有无，惟争分数之多寡；试验既终，书籍束之高阁，毫不过问，敷衍三四年，潦草塞责，文凭到手，既可借此活动于社会，岂非与求学初衷大相背驰乎？光阴虚度，学问毫无，是自误也。

时至今日，蔡元培校长针砭时弊的一席话仍然有着强烈的警示作用，让人产生共鸣。原因何在？显而易见，缘之上述的现象仍然存在于我国高等教育之中，甚至有过之而无不及。教师的无奈，学生的抱怨，管理者的无措，使得建设一流本科教育之路显得如此艰难，这究竟是制度出了问题，还是"心件"出了问题？

对此问题同样怀有深切担忧和关切的还有我的导师邬大光教授。作为一位资深的教育学者，邬大光教授始终心系本科教育，坚定地认为"不重视本科教育的大学不是好大学"，他在其近二十年的大学管理实践中始终践行这一信念。繁忙的大学管理工作不仅没有阻碍邬老师发现和思索教育问题的脚步，反而使得他具备了更宽广的研究视野和更高的理论站位，而这些都使得邬老师在发现教育问题时具有极高的敏锐性。这从邬老师提出中国大学本科毕业率问题就可见一斑。

2014年，在我入学后，邬老师在师门沙龙中多次提到"大学毕业率"问题，这源于他偶然得知2009年奥巴马在第一次国会演讲中提及"务必让美国拥有大学毕业生比例重新回到世界首位"。邬老师敏锐地捕捉到这一信息，并提出自己的疑问：中国大学本科毕业率如此之高，是否已经成为一个大家早已熟视无睹的问题？而这是否与中国大学本科教育质量相关？对于发现本科毕业率问题，邬老师很是兴奋，而当时的我则是懵懵懂懂，不明所以。时间很快就到了2015年，这一学期邬老师开设了"中国高等教育问题专题研究"课程，恰巧美国雪城大学（Syracuse University）马颖毅教授来厦门大学进行为期半年的学术交流，她常常来参与课程，并与我们进行学术交流，热情并且耐心地为我们解答疑惑。在与马老师的交流过程中，更多地了解到美国大学本科毕业率及其本科教育的现状和问题，这让邬老师愈加肯定"中国大学本科毕业率"问题的研究价值，更为重要的是，在这个过程中，我对"中国大学本科毕业率"问题亦产生了研究兴趣。通过进一步搜集资料和进行可行性论证，最终确定"中国大学本科毕业率问题研究"作为我的博士学位论文选题。

其实，在确定选题期间，不止一个声音告诉我：毕业率问题的研究十分复杂，而研究的过程证明事实的确如此。在研究的最初阶段，提出的一些观点似乎总是可以被轻易推翻，对此，我也曾抓狂，也曾气馁，也曾想着换题。但是，每当邬老师关切地问起"论文进展如何？""要坚持下去，这是一个很有价值的选题"时，总会让我对自己的畏难心理感到愧疚。随着研究的深入，当更多地了解到学生的学习状态，他们千奇百怪的想法或者匪夷所思的行为，以及他们在学习和就业方面的纠结矛盾心理的时候；当我了解到教师对学术职业的崇拜，对教学的坚守，对学生的期待和他们的无可奈何形成强烈对比的时候；当愈加证明中国大学本科毕业率是一个被"熟视无睹"但却亟待被"发声"的问题的时候，都坚定了我继续研究的信念。

在我博士学位论文的写作接近尾声的时候，2018年教育部及高教界对于本科生培养过程和毕业关口问题的关注，表明中国大学本科毕业率问题终于被摆在桌面上进行讨论和解决，这是一个很好的开端。毋庸置疑，博士学位论文写作的结束，绝不意味着大学本科毕业率问题研究的终结。结合诸多因素来看，保持对大学本科毕业率问题的持续关注，是我应当承担的学术责任。

写到这里，颇为感慨，大学本科毕业率和本科教育质量的研究几乎贯穿了我在厦门大学教育研究院四年的学习生涯，而这四年成为我一生中无比珍贵的经历。在这期间，得到了老师和同学给予的诸多温暖，每每想起，心里犹若阳光洒在芙蓉湖面的波光粼粼，又如月光照在芙蓉湖面的静谧宁静。

时至今日，依然清晰记得四年前博士生入学面试时，自己站在台上的紧张窘迫，忐忑不安。一度以为就此与厦大无缘，承蒙邬老师不弃，收下我这样一个"看起来就像没见过世面的村妞"。有幸的是，四年来，邬老师一直带领着我"见世面"。丰富的阅历、独特的情怀、超脱的视野，使得邬老师可以发现他人所不曾发现的学术宝藏，从大学建筑、大学钟声、大学图书馆、大学典故到大学与斯文、大学与艺术再到大学迁徙，古今中外的大学理念、大学历史与大学文化似乎都跃然纸上，开启了我真正发掘大学之美的心灵之门。对于学术研究，邬老师可以是浪漫的，浪漫在他的情怀，但又绝对是理性睿智、脚踏实地的。如邬老师自己所言，学术研究必须发现真问题、解决真问题，在他几十年的研究过程中，的确时刻践行着自己的信念，如大学贷款问题、高等教育大众化发展问题、民办大学发展问题以及诸多与本科教育改革相关的问题等，无一不体现出邬老师对中国高等教育发展过程中"真"问题的深切关怀。我常常责怪自己不够聪慧，无法在这四年间领悟老师更多的思想，庆幸的是，在以后的成长道路上，邬老师的教育情怀、发现问题的角度以及研究问题的视野时常鞭策着我，让我去参悟。在这里，我还要感谢一位特殊的人儿，那就是我敬爱的师母。家有"严父慈母"，在"邬门"这个大家庭里，师母一直待我们慈爱温善，在师门聚会时，若师母在，总觉得是件异常开心的事情。

每每想到潘先生慈祥的目光和亲切的笑容，都有如一缕阳光直接照进内心，心中似乎就有颗种子，是那颗渴望成长的种子在发芽。潘先生的"高等教育学专题研究"课程是博士新生入学后第一个学期的必修课，其中的一个学业要求是做两次学术报告，而这两次报告需要学生在学习先生编纂的讲义后，自主选择研究方向和确定研究题目。第一次讨论研究题目的时间很快就到了，而我仍然无法将自己的研究题目确定下来，先生并没有责怪我，而是宽容地鼓励我再认真地想一想。最终，在先生的指导之下，确定了一个自己感兴趣的题目。在那几日后，我正在图书馆里学习，突然接到一个陌生号码打来的电话，接通后，电话那头传来"是滕曼曼吗？我是潘懋元"的话语。紧接着，先生就关切地问我：论文进展得怎么样？是否可以把握好这个题目？并给我推荐了一位研究该方面问题的师兄，让我去请教。挂掉电话后，我的内心久久不能平静，先生如此繁忙，仍关心着每一位学生的论文进展，这种"爱生如子"的感情怎能不令人震撼！四年来，不论是在课堂上，还是在学术报告中，先生总会一语中的地提出我研究中的问题，给予我最有价值的指导，并鼓励我不断进步。只是因为自己进步缓慢，常常深感愧对先生！先生虽已溘然长逝，但先生的指导和鼓励，将永远铭记于心，让每一颗渴望成长的种子发芽结果，为此砥砺前行！

感谢别敦荣老师和王洪才老师在四年的学习过程中对我的指导和帮助！别老师和王老师治学严谨、学识丰富，对待学生平易近人，平时向他们请教问题，总是可以得到耐心解答，在我气馁的时候，两位老师都曾鼓励我"不妄自菲薄，厚积薄发"。感谢史秋衡老师、武毅英老师、吴薇老师、郭建鹏老师和徐岚老师在学位论文开题的时候提出的宝贵意见和建议。感谢研究生院薛成龙老师对我的指导，在确定学位论文选题以及学位论文研究过程中，薛老师都提出了宝贵的意见，以及提供了多方面的帮助，特此感谢！感谢教师发展中心吴凡老师一直以来对我学业的关心和督促。她是我的老师，更是我的师姐，总是毫无保留地把自己的经验和想法倾囊相授，以让我少走弯路。在学位论文开题之前，吴老师还特地邀来周序老师和洪志忠老师共同给我提意见，在此，也非常感谢周老师和洪老师的指导！感谢雪城大学的马颖毅教授，多次深刻的交流和学习，让我更了解美国高等教育及其毕业率问题的相关情况，不管在学位论文还是在今后的研究中，都深有收益。在此，需要特别感谢南京师范大学的胡建华老师和王建华老师，从求学到工作的十余年时间里，两位老师对我的关心不曾中断，这份师生情谊，永存于心。

此外，在论文写作的过程中，还得到诸多老师、学生以及家长无私热情的帮助。特此感谢那些抽出宝贵时间帮助我发放问卷，接受调查和访谈的各位高校老师和大学生，以及接受访谈的学生家长们。

衷心感谢师兄师姐师弟师妹们的相互陪伴和相互帮助，同时感谢2014级博全班同学四年来的并肩作战，"团结、紧张、严肃、活泼"的班训是我们四年博士学习和生活的最好写照。

家人永远放在我内心中最柔软的地方，在那里，可以放下伪装、放下防备、放下沉沉的铠甲，不用假装坚强，因为我知道，那里有最温暖的怀抱。奶奶是一位传统中国女性，但因为我学习上"争气"，她对我的宠爱丝毫不少于对我哥的。2016年春节，因为想利用假期完成一篇学术论文，所以决定不回家过年。虽然奶奶很是不舍，却还是安慰我说"学业要紧，不要挂念家里"。奶奶也已经于去年离开了，但是她对于我的爱给我带来永远的温暖。"父语我眠食以珍重兮，母语我以早归"，道尽了天下父母对子女的担忧和期盼，闻之则悄然落泪。从17岁读大学到工作已经在外16年了，望此后可以有更多的时间陪伴家人，行儿女之孝。

感谢中国社会科学出版社为本书出版付出的努力！囿于本人的学识见解，对于所思问题仍存在不足之处，期待学界同仁的批评和指教，我将在今后的研究中继续加深对相关问题的思考和研究。

念念不忘，必有反响。

滕曼曼

2023 年 5 月